창세기 강해 II

A COMMENTARY
ON
THE GENESIS

BY

DR. YONGGI CHO

Printed in Republic of Korea
Seoul Logos Co., Inc.

창세기 강해 II

조용기 목사 지음

서울말씀사

창세기 강해 II

조용기 목사 지음

초판 1쇄 인쇄 2009년 3월 13일
초판 1쇄 발행 2009년 3월 20일

발행처 서울말씀사
편집인 최문홍
등 록 제11-105호

서울 강서구 가양동 1487 가양테크노타운 306
Tel, 02-846-9222
Fax, 02-846-9225

정가 16,000원
ISBN 978-89-8434-472-3 03230

머리말

Foreword

하나님께서는 모든 사람이 구원받고 영생을 얻기를 원하십니다. 이러한 하나님의 뜻은 성경에 잘 나타나 있습니다. 성경에는 소망스러운 구원의 길이 제시되어 있고 온전한 진리가 수록되어 있습니다. 성경은 신 · 구약 66권으로 구성되어 있는데, 그 중 첫 번째 책이 창세기입니다.

창세기는 '시작의 책' 으로 잘 알려져 있습니다. 천지의 창조, 인간의 창조와 결혼 제도, 죄의 유래와 구원의 약속, 나라와 민족의 시작, 문명의 시작 등 우주 만물의 근원과 시작이 창세기에 기록되어 있습니다.

과학이 발달하면서 인류의 기원에 대한 연구는 오랜 세월에 걸쳐 꾸준히 계속되어 왔습니다. 그리고 그 연구 결과 '진화론' 이 강력하게 대두되었습니다. 그러나 과학이 고도로 발달한 오늘날 '진화론' 은 부인되고 있습니다. 창세기는 인간의 지식과 능력으로 도저히 밝힐 수 없는 이러한 문제에 대한 해답을 제시하고 있는데, 그것은 하나님께서 창조하셨다는 '창조론' 입니다. 이와 같이 창세기는 우리가 풀지 못하는 여러 가지 근원적인 수수께끼에 대한 답을 명백히 가르쳐 주고 있습니다.

그러나 우리는 단지 우리의 궁금증을 풀려는 목적으로 과학과 비교하여 창세기의 내용을 해석하고 적용해서는 안 됩니다. 성경은 하나님의 감동으로 기록된 책이므로 반드시 성령의 조명하심을 받고 믿음으로 받아들여야 하는 것입니다. 이러므로 창세기를 공부하시는 성도 여러분은 모두 성령의 조명하심을 받고 공부하심으로 창조주 하나님을 만나시고 구원의 진리를 믿어 영생을 얻게 되시기를 기원합니다.

2008. 10.

여의도순복음교회

원로목사 조용기

목 차

Contents

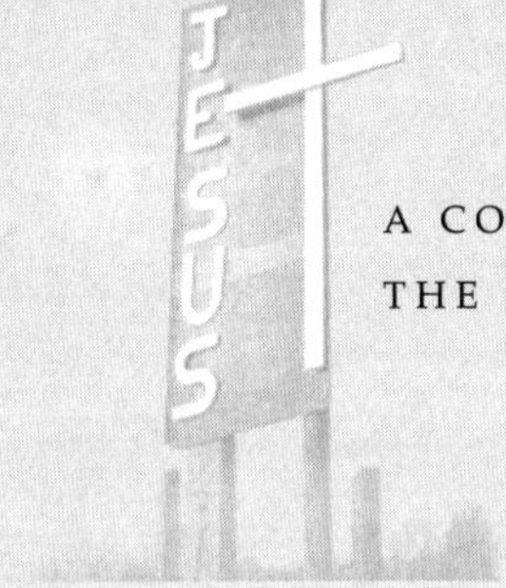

A COMMENTARY ON
THE GENESIS

32 하나님과 씨름한 야곱

33 야곱과 에서의 재회

34 디나로 인한 보복 사건

35 벧엘로 올라가는 야곱

36 에서의 후손들

37 애굽으로 팔려가는 요셉

서론

Preface

1. 주제 및 기록 목적

창세기는 성경 첫 권을 장식하는 책으로서 만물의 기원과 하나님의 구속사의 시작을 보여주고 있습니다. 즉, 창세기는 신비한 우주적 진리와 그 기원을 명백히 서술하고 모든 우주 만물은 그것을 지으신 창조주 하나님의 주권적 통치를 받는다는 사실을 밝히고 있습니다.

또한 창세기에는 유일하신 하나님께서 그의 품을 떠난 인간들을 위하여 구원을 계획하시고 하나님의 택한 자들을 통하여 끊임없이 구속 사역을 이루심이 선명히 드러나고 있습니다.

그러므로 성경 전체가 예수 그리스도에 초점을 맞추고 있다면, 창세기는 예수 그리스도를 통한 궁극적인 구원의 필연성과 그 시작을 보여주는 책이라고 할 수 있습니다.

성경 전체에 담겨 있는 하나님의 계시의 비밀을 밝혀 두는 뿌리와도 같은 창세기의 궁극적인 기록 목적은 다음과 같습니다.

첫째, 인간이 경배하고 섬겨야 할 대상은 우주 만물을 창조하시고 섭리하시는 하나님 한 분뿐임을 가르쳐 주기 위함입니다.

둘째, 인간이 타락한 경위를 밝힘으로써 구원의 필연성과 이를 위한 하나님의 계획을 보여 주기 위함입니다.

2. 기록자 및 기록 연대

전통적으로 창세기의 기록자는 모세라고 인정되어 왔습니다. 뿐만 아니라 신 · 구약 성경이 모세를 본서의 기록자로 인정하고 있습니다(출 24:4; 레 14:3; 민 5:2~4; 신 31:9; 마 8:4; 막 10:3; 눅 5:14; 요 5:46,47).

이와 같이 이스라엘의 민족 지도자였던 모세에 의해 기록된 창세기는 이스라엘 민족이 애굽에서 구원받은 주전 1446년 이후로부터 모세가 느보산에서 임종한 주전 1406년 사이, 즉 주전 1440년경에 기록된 책으로 인정하고 있습니다.

3. 역사적 배경

창세기의 내용은 창조 시대로부터 족장 시대까지를 배경으로 하고 있습니다.

1) 창조 시대

성경의 역사는 인류의 역사라고 할 수 있습니다. 창세기는 우주 만물의 시작에 대하여 말씀하고 있습니다. 그러나 이스라엘 역사의 기원은 아브라함으로부터 시작됩니다.

2) 족장 시대

족장이란 가족이나 씨족의 할아버지, 또는 부족의 어른, 추장 등을 의미하며 대표적인 족장으로는 아브라함, 이삭, 야곱, 요셉이 있습니다.

믿음의 조상 아브라함은 주전 2000년경 갈대아 우르에서 가나안 땅으로 옮겨와서 100세에 사라와의 사이에서 약속의 아들 이삭을 낳아 이스라엘의 혈통을 이었습니다.

이삭은 리브가와의 사이에서 쌍둥이 아들, 에서와 야곱을 낳았습니다.

야곱은 형 에서의 장자권을 가로챈 후 하란에 있는 외삼촌 라반의 집에 피신하여 20년간 살면서 두 명의 아내와 두 명의 첩을 통하여 12명의 아들을 얻었는데 이들이 이스라엘 12지파의 선조가 되었습니다.

야곱이 가장 사랑하던 아들 요셉은 형들에 의해 종으로 팔려 애굽에서 종살이를 하고 여러 가지 환난을 겪으면서도 믿음을 굳게 지켜 국무총리의 자리에 올랐습니다.

그 후 계속된 가뭄으로 인하여 야곱을 비롯한 약 70명의 가족들은 모두 애굽의 고센 땅으로 이주하여 살게 되었습니다.

4. 특징

창세기는 '시작의 책' 입니다. 천지 만물의 생성, 인류의 시작, 안식일의 기원, 결혼 제도 및 가정의 형성, 죄의 기원, 종족의 발전, 문명의 시작 등 온 우주 만물의 근원과 시작이 창세기에 기록되어 있습니다.

뿐만 아니라 창세기는 구속사의 시작을 보여 주는 책으로서, 죄의 유래와 그 결과 및 하나님의 구원 계획에 대해서 기록되어 있습니다.

또한 창세기에는 아담, 셋, 노아, 셈, 아브라함, 이삭, 야곱, 유다로 이어지는 계보를 자세히 언급하고 있습니다. 이 계보는 후에 유다의 후손으로 태어나는 다윗을 거쳐 예수 그리스도로 이어지게 됩니다(마 1:1~6; 눅 3: 23~38).

5. 성경과 과학

과학과 성경은 서로 상치되는 것이기 때문에 과학적 입장을 고수하려면 성경의 내용을 전적으로 버려야 하고, 성경의 정확 무오성을 믿는다는 것은 곧 과학을 거부하는 것으로 인식되어 온 적이 많습니다. 그러나 이러한 인식은 잘못된 것입니다.

오늘날의 발달된 과학 이론이나 고고학적 자료들은 오히려 성경의 말씀이나 역사적 사건들의 진실성을 점차적으로 입증해 주고 있습니다.

그러나 과학과 성경이 서로 조화를 이루어 간다고 해서, 과학이 성경의 감추어진 진리를 완전히 밝힐 수 있을 것이라고 생각해서는 안 됩니다. 왜냐하면 성경(특히 창세기)은 과학의 범주 안에서 기록된 것이 아니라 과학의 범주를 넘은, 즉 과학을 초월한 차원에서 영적 진리를 말하고 있기 때문입니다.

하나님의 말씀들은 오직 믿음으로 받아들여야 합니다.

제 25 장

아브라함의 죽음과 이삭의 두 아들

아브라함의 죽음	25:1~11
이스마엘의 후예	25:12~18
에서와 야곱의 출생	25:19~26
장자권을 판 에서	25:27~34

본장은 아브라함의 삶을 마무리 지으면서 그의 혈통을 타고는 났지만 언약에서 제외된 그두라의 후손들과 이스마엘의 후손들에 대해서, 아브라함의 죽음과 장사에 대해서 기록하고 있습니다.

이삭과 리브가가 결혼한 지 20년 만에 기도를 통해 쌍둥이를 잉태했을 때, 복중에 있는 쌍둥이의 장래에 대한 하나님의 예언적 계시가 있었습니다. 특별히 이것은 하나님께서 아브라함과 이삭의 뒤를 이어 언약의 땅 가나안의 상속자로서 향후 하나님의 언약을 계승해 나갈 자를 계시하셨다는 데에 의의가 있습니다.

장자로 태어난 에서는 자신의 장자권을 경홀히 취급하여, 결국 장자의 명분을 노리던 동생 야곱에게 장자권을 팥죽 한 그릇에 팔아 넘기는 어리석음을 범했습니다. 이 일로 인하여 하나님의 계시대로 야곱은 장자권을 갖게 되었지만, 그 후 에서와 야곱은 적대 관계에 있게 되었습니다. 이러한 적대 관계는 야곱 당대에서 그치지 않고 그들의 후손들 사이에서도 지속되었습니다.

1. 아브라함의 죽음(25:1~11)

1. 아브라함이 후처를 맞이하였으니 그의 이름은 그두라라 2. 그가
시므란과 욕산과 므단과 미디안과 이스박과 수아를 낳고 3. 욕산은
스바와 드단을 낳았으며 드단의 자손은 앗수르 족속과 르두시 족속
과 르움미 족속이며 4. 미디안의 아들은 에바와 에벨과 하녹과 아비
다와 엘다아이니 다 그두라의 자손이었더라 5. 아브라함이 이삭에
게 자기의 모든 소유를 주었고 6. 자기 서자들에게도 재산을 주어 자
기 생전에 그들로 하여금 자기 아들 이삭을 떠나 동방 곧 동쪽 땅으로
가게 하였더라 7. 아브라함의 향년이 백칠십오 세라 8. 그의 나이가
높고 늙어서 기운이 다하여 죽어 자기 열조에게로 돌아가매 9. 그의
아들들인 이삭과 이스마엘이 그를 마므레 앞 헷 족속 소할의 아들 에
브론의 밭에 있는 막벨라 굴에 장사하였으니 10. 이것은 아브라함이
헷 족속에게서 산 밭이라 아브라함과 그의 아내 사라가 거기 장사되
니라 11. 아브라함이 죽은 후에 하나님이 그의 아들 이삭에게 복을
주셨고 이삭은 브엘라해로이 근처에 거주하였더라

1절 아브라함이 후처를 맞이하였으니 그의 이름은 그두라라

아브라함이 100세에 아들 이삭을 낳은 것과 이삭이 40세에 결혼한 것을 감안할 때 아브라함의 나이는 적어도 140세가 넘었을 것입니다. 그때쯤 아브라함이 그두라를 후처로 맞아들였습니다. 하갈은 그의 첩으로 있다가 아들 이스마엘과 함께 집에서 쫓겨났고, 본처인 사라가 죽은 뒤 그 후처로 그두라를 취하게 된 것입니다.

2-4절 그가 시므란과 욕산과 므단과 미디안과 이스박과 수아를 낳고 욕산은 스바와 드단을 낳았으며 드단의 자손은 앗수르 족속과 르두시 족속과 르움미 족속이며 미디안의 아들은 에바와 에벨과 하녹과 아비다와 엘다아이니 다 그두라의 자손이었더라

아브라함은 후처 그두라와의 사이에 여섯 아들을 낳았습니다. 그두라가 낳은 아들의 이름은 시므란, 욕산, 므단, 미디안, 이스박, 수아입니다.

아바라함은 자손들이 상당히 많습니다. 이스마엘을 통해서 열두 방백이 태어났고, 이삭을 통해서 열두 지파가 태어났고, 그두라를 통해서 여섯 아들을 낳았습니다. 이 결과로 중동 지방에서는 아브라함의 자손들 간에 역사상 끊임없는 살상이 일어나고 있습니다.

그런데 아브라함의 혈통에서 나왔다고 해서 모두 아브라함의 자손으로 선택받은 것은 아닙니다. 하나님께서는 아브라함이 하갈을 통해서 낳은 이스마엘 자손을 하나님의 선민으로 삼지 아니하셨고, 그두라를 통해서 낳은 여섯 아들도 택하지 않으셨습니다. 하나님께서 택한 사람은 오직 약속의 자녀인 이삭을 통해서 낳은 자손들로 이들만 하나님의 선민으로 삼아 이스라엘 민족이 되게 하셨던 것입니다.

아브라함이 하나님의 택함을 받았다고 해서, 아브라함의 자손이라고 해서 모두 다 선민이 된 것은 아닙니다. 마찬가지로 사람들이 교회에 나온다고 해서 모두 다 구원받는 것은 아닙니다. 곧 종교를 가졌다고 해서 다 구원받는 것이 아닙니다. 불교를 아무리 잘 믿어도, 유교를 아무리 잘 믿어도, 마호메트교를 아무리 잘 믿어도, 유대교를 아무리 잘 믿어도 구원받지 못하며 교회에 아무리 열심히 나와도 그 때문에 구원받는 것은 아닙니다. 하나님의 택함을 받고 예수 그리스도를 믿는 사람만이 구원받을 수 있는 것입니다. 아무리 성실하고 정직하게 인생을 살아도 하나님과는 상관이 없습니다. 오직 예수 그리스도 안에서 믿음으로 택함받은 자만이 하나님의 자손이 되는 것입니다.

그러므로 우리는 어떤 일이 있어도 우리를 위해서 십자가에서 죽으셨다가 장사한 지 사흘 만에 부활해서 승천하신 예수님을 놓쳐서는 안됩니다. 예수님을 놓치면 생명을 놓치는 것이고, 삶의 의미와 가치를 놓쳐 버리는 것이며, 인생의 모든 것을 다 놓쳐 버리는 것입니다.

5, 6절 아브라함이 이삭에게 자기의 모든 소유를 주었고 자기 서자들에게도 재산을 주어 자기 생전에 그들로 하여금 자기 아들 이삭을 떠나 동방 곧 동쪽 땅으로 가게 하였더라

아브라함의 그 많은 자손들 가운데 오직 이삭만이 그의 혈통을 잇는 자손입니다. 그래서 아브라함은 이삭을 합법적인 상속자로 삼아 자기의 모든 소유를 주었습니다. 아브라함은 단지 재산뿐만 아니라 가나안 땅에 대한 약속과 축복의 상속권까지도 모두 이삭에게 물려주었습니다. 이것은 하나님께서 이전에 아브라함과 언약을 맺으실 때에 친히 지시하

셨던 것입니다(창 15:4).

아브라함은 서자들에게도 재물을 나누어 주었습니다. 이것은 아브라함의 생각에 자기가 죽으면 서자들이 이삭과 같이 살게 됨으로 여러 가지 문제가 생겨 집안싸움이 계속될 것 같아 서자들에게도 어느 정도의 재산을 주어서 동방으로 떠나보낸 것입니다. 그리고 언약의 후계자인 이삭이 아무 탈없이 가나안 땅의 축복을 이어받도록 배려한 것이었습니다.

7,8절 아브라함의 향년이 백칠십오 세라 그의 나이가 높고 늙어서 기운이 다하여 죽어 자기 열조에게로 돌아가매

사람이 이 세상에 살면서 온갖 고통을 다 당하다가 죽는 것은 굉장히 괴로운 일입니다. 특히 무서운 암이나 심장병, 당뇨병 등 흉악한 여러 가지 질병으로 심하게 고통받다가 죽는 것은 병자 자신은 물론 가족들과 주위 사람들에게도 고통을 줍니다.

아브라함처럼 수가 높고 나이가 많아 기운이 진해져서 그대로 등불이 꺼지듯 순식간에 고통 없이 죽는 것이 복된 죽음인 것입니다.

그러므로 우리는 기도할 때 이 세상에서 사는 동안만 잘 살게 해달라고 기도하지 말고, 주님이 오시기 전에 죽게 된다면 평안한 가운데 죽음을 맞도록 기도해야만 합니다. 고통 없이 평안하게 죽는 것은 그리스도 안에서 굉장히 큰 복입니다.

9절 그의 아들들인 이삭과 이스마엘이 그를 마므레 앞 헷 족속 소할의 아들 에브론의 밭에 있는 막벨라 굴에 장사하였으니

피는 물보다 진하다는 말이 맞습니다. 아브라함이 첩 하갈을 통해서

낳은 아들 이스마엘은 아버지에게 원한을 가질 만했습니다. 왜냐하면 전에 아버지 아브라함이 이스마엘을 그 어머니 하갈과 함께 떡과 물 한 가죽 부대를 주어서 광야로 쫓아 버렸기 때문입니다(창 21:14). 그런데 아브라함이 세상을 떴을 때 이스마엘이 와서 이삭과 함께 아버지를 사라가 묻힌 막벨라 굴에 장사 지냈습니다.

부모 자식 간의 원한은 세월이 지나면 다 사라지고 맙니다. 남남끼리는 무서운 원한이 사무치지만 부모 자식간에는 혹 원한이 들었다가도 세월이 흘러가면 사라져 버립니다. 우리 주위에도 부부간에 자식 없이 이혼한 사람은 재결합하는 일이 거의 없는 것을 봅니다. 그러나 자식이 있는데 이혼한 사람은 그 자식들이 부모 사이를 왕래하여 연결시켜 주어서 나중에 다시 재결합하는 경우가 많습니다. 부부는 돌아서면 남이 되지만, 부모와 자식의 관계는 끊을 수 없는 것이기 때문입니다. 이처럼 자식이란 부모에게 굉장히 강한 인연의 줄이 되고 또 접착제 역할을 합니다. 이스마엘은 그 어머니와 함께 집에서 쫓겨나 정처없이 떠돌아다니며 살았지만, 아버지가 죽었을 때는 상을 치르러 온 것입니다.

10, 11절 이것은 아브라함이 헷 족속에게서 산 밭이라 아브라함과 그의 아내 사라가 거기 장사되니라 아브라함이 죽은 후에 하나님이 그의 아들 이삭에게 복을 주셨고 이삭은 브엘라해로이 근처에 거주하였더라

아브라함이 죽은 후에 하나님께서 그 아들 이삭에게 복을 주셨습니다. 우리가 이 세상에 살 때에 하나님께로부터 복을 받아야 하는 일들이 잘 풀려 나갑니다. "네가 만일 네 하나님 야훼의 말씀만 듣고 내가 오늘

네게 내리는 그 명령을 다 지켜 행하면 네 하나님 야훼께서 네게 기업으로 주신 땅에서 네가 반드시 복을 받으리니 너희 중에 가난한 자가 없으리라 네 하나님 야훼께서 네게 허락하신 대로 네게 복을 주시리니 네가 여러 나라에 꾸어 줄지라도 너는 꾸지 아니하겠고 네가 여러 나라를 통치할지라도 너는 통치를 당하지 아니하리라"(신 15:4~6)는 말씀대로 하나님께서 복을 주시면 풍성한 삶을 살 수 있는 것입니다.

복은 세 가지로 나눌 수 있습니다. 그 첫째가 영혼의 복입니다. 이것은 사람이 구원받아서 하나님을 아버지로 섬기고, 우리 주 예수 그리스도를 주로 모시고 성령충만하게 영적인 삶을 사는 것을 말합니다. 이 복은 영원한 복이기 때문에 복 중에서 가장 크며 근원적인 것입니다.

두 번째로는 물질적인 복입니다. 우리가 헐벗고 굶주리고 가난하게 되면 많은 일을 할 수 없습니다. 물질이 있어야 자기가 하고 싶은 일을 많이 할 수 있는 것입니다.

마지막으로 건강의 복입니다. 우리가 활동하며 건강하게 사는 것은 큰 복입니다.

그러므로 성경은 "사랑하는 자여 네 영혼이 잘됨 같이 네가 범사에 잘되고 강건하기를 내가 간구하노라"(요삼 1:2)고 말씀하고 있습니다. 하나님께서는 이와 같이 우리를 위해 영혼의 복과 물질적인 복과 건강의 복을 준비해 놓고 우리를 부르시는데, 많은 사람들이 하나님을 등지고 자꾸만 세상의 물질만 따라가고 육신의 정욕, 안목의 정욕, 이 세상의 자랑을 좇아가기 때문에 어려움을 당하는 것입니다. 건강이나 물질의 문제로 막다른 골목에 다다르면 그때에야 비로소 오도가도 못하고 천지를 지으신 하나님 아버지께로 나아오는 경우도 있습니다. 이는 하나님께서 우리에게 영적인 복을 주서서 영원히 살게 하고, 또 우리가 영원히 복받기를 원하시기 때문입니다. 그리고 하나님께서는 환난과 고통 가운데서 회개하고 하나님을 의지하는 자를 회복시키사 영혼 구원과 더불어 물질과 건강의 복도 주십니다. 그러므로 우리는 하나님의 나라와 그 의를 먼저 구하고 하나님 섬기는 일을 해야 합니다.

2. 이스마엘의 후예(25:12~18)

12. 사라의 여종 애굽인 하갈이 아브라함에게 낳은 아들 이스마엘의
족보는 이러하고 13. 이스마엘의 아들들의 이름은 그 이름과 그 세
대대로 이와 같으니라 이스마엘의 장자는 느바욧이요 그 다음은 게
달과 앗브엘과 밉삼과 14. 미스마와 두마와 맛사와 15. 하닷과 데마
와 여둘과 나비스와 게드마니 16. 이들은 이스마엘의 아들들이요
그 촌과 부락대로 된 이름이며 그 족속대로는 열두 지도자들이었더
라 17. 이스마엘은 향년이 백삼십칠 세에 기운이 다하여 죽어 자기
백성에게로 돌아갔고 18. 그 자손들은 하윌라에서부터 앗수르로 통
하는 애굽 앞 술까지 이르러 그 모든 형제의 맞은편에 거주하였더라

12-15절 사라의 여종 애굽인 하갈이 아브라함에게 낳은 아들 이스마엘의 족보는 이러하고 이스마엘의 아들들의 이름은 그 이름

과 그 세대대로 이와 같으니라 이스마엘의 장자는 느바욧이요 그 다음은 게달과 앗브엘과 밉삼과 미스마와 두마와 맛사와 하닷과 데마와 여둘과 나비스와 게드마니

하나님께서는 아브라함은 물론 서자 이스마엘과 그 자손들에게도 복을 주셔서 이스마엘 자손으로 열두 방백을 삼으셨습니다. 전에 하갈이 쫓겨나서 광야에서 방황할 때에 하나님께로부터 그의 자손의 크게 번성하게 될 것이라는 약속이(창 16:10) 성취된 것입니다.

하갈의 소생인 이스마엘은 비록 언약의 계승자는 아니었지만 그들도 번성하여 종족의 우두머리가 된 열두 아들을 두게 되었는데, 여기에 그 열두 아들들의 이름이 기록되어 있습니다. 즉 느바욧을 장자로 해서 게달, 앗브엘, 밉삼, 미스마, 두마, 맛사, 하닷, 데마, 여둘, 나비스, 게드마입니다.

16-18절 이들은 이스마엘의 아들들이요 그 촌과 부락대로 된 이름이며 그 족속대로는 열두 지도자들이었더라 이스마엘은 향년이 백삼십칠 세에 기운이 다하여 죽어 자기 백성에게로 돌아갔고 그 자손들은 하윌라에서부터 앗수르로 통하는 애굽 앞 술까지 이르러 그 모든 형제의 맞은편에 거주하였더라

이스마엘은 많은 자손을 낳고 137세에 세상을 떠났습니다. 그는 한많은 세월을 살았으나 그 자손들으 번성하여 열두 방백을 이루어, 동으로는 하윌라에서부터 서쪽으로는 애굽에 가까운 술 광야에 이르기까지 넓은 지역에 걸쳐 살게 되었습니다. 이는 분명 하나님의 신실하신 약속에 대한 성취인 것입니다(창 17:20).

3. 에서와 야곱의 출생(25:19~26)

19. 아브라함의 아들 이삭의 족보는 이러하니라 아브라함이 이삭을
낳았고 20. 이삭은 사십 세에 리브가를 맞이하여 아내를 삼았으니
리브가는 밧단 아람의 아람 족속 중 브두엘의 딸이요 아람 족속 중
라반의 누이였더라 21. 이삭이 그의 아내가 임신하지 못하므로 그를
위하여 야훼께 간구하매 야훼께서 그의 간구를 들으셨으므로 그의
아내 리브가가 임신하였더니 22. 그 아들들이 그의 태 속에서 서로
싸우는지라 그가 이르되 이럴 경우에는 내가 어찌할고 하고 가서 야
훼께 묻자온대 23. 야훼께서 그에게 이르시되 두 국민이 네 태중에
있구나 두 민족이 네 복중에서부터 나누이리라 이 족속이 저 족속보
다 강하겠고 큰 자가 어린 자를 섬기리라 하셨더라 24. 그 해산 기한
이 찬즉 태에 쌍둥이가 있었는데 25. 먼저 나온 자는 붉고 전신이 털
옷 같아서 이름을 에서라 하였고 26. 후에 나온 아우는 손으로 에서
의 발꿈치를 잡았으므로 그 이름을 야곱이라 하였으며 리브가가 그
들을 낳을 때에 이삭이 육십 세였더라

19, 20절 아브라함의 아들 이삭의 족보는 이러하니라 아브라함이 이삭을 낳았고 이삭은 사십 세에 리브가를 맞이하여 아내를 삼았으니 리브가는 밧단 아람의 아람 족속 중 브두엘의 딸이요 아람 족속 중 라반의 누이였더라

이삭은 부모 아브라함과 사라가 오랫동안 기도하여 얻은 아들입니다.

이삭은 아브라함의 축복의 계승자로서 그를 통해서 약속의 자손들이 태어날 것이었지만, 결혼을 서두르지는 않았습니다. 어머니 사라의 상을 당한 연고로 이삭은 모친이 돌아가신 지 3년 뒤인 그의 나이 40세가 되어서야 리브가와 결혼했습니다. 이삭의 아내가 된 리브가는 이삭의 사촌 브두엘의 딸로 이삭에게 5촌 조카뻘 되는 사람입니다.

21절 **이삭이 그의 아내가 임신하지 못하므로 그를 위하여 야훼께 간구하매 야훼께서 그의 간구를 들으셨으므로 그의 아내 리브가가 임신하였더니**

이삭은 리브가와 결혼한 지 20년이 지나도록 자식이 없었습니다. 그래서 이삭은 리브가가 잉태하게 해달라고 하나님께 간절히 기도했습니다. 이에 하나님께서 응답하셔서 리브가는 잉태하게 되었습니다.

성경에 보면 아이를 못 낳는 부부가 많이 있는데, 하나님께 간절히 기도하여 하나님의 응답을 받아 아이를 낳게 된 경우가 많이 있습니다. 제가 아는 성도들 가운데 의학적으로 도저히 아이를 낳을 수 없다고 선고받은 사람이 하나님 앞에 간절히 기도하거나 주의 종의 안수 기도를 받고 난 다음에 아이를 낳은 경우가 많이 있습니다. 이처럼 하나님께서는 성령의 능력으로 불임의 병을 고쳐 주시고 자녀를 얻도록 역사해 주십니다.

22절 **그 아들들이 그의 태 속에서 서로 싸우는지라 그가 이르되 이럴 경우에는 내가 어찌할꼬 하고 가서 야훼께 묻자온대**

리브라가 아기를 잉태했는데 쌍둥이였습니다. 쌍둥이를 가졌으니 가만히 있기만 해도 몸이 무겁고 힘들었을 것입니다. 그런데 뱃속에서 아이들이 싸우기까지 하니 리브가는 괴로워서 더 견디기가 힘이 들었습니다. 리브가는 이로 인하여 마음속에 불안한 생각이 들어 하나님께 기도했습니다. 이것을 볼 때 리브가는 하나님의 뜻을 물어 가면서 순종의 삶을 살았던 믿음과 기도의 여인임에 틀림이 없습니다.

23절 야훼께서 그에게 이르시되 두 국민이 네 태중에 있구나 두 민족이 네 복중에서부터 나누이리라 이 족속이 저 족속보다 강하겠고 큰 자가 어린 자를 섬기리라 하셨더라

하나님께서는 리브가의 태중에 두 국민이 있다고 예언해 주셨습니다. 그리고 두 민족 중 큰 자가 어린 자를 섬길 것이라고 예언하셨습니다. 하나님께서는 어머니 뱃속에서부터 형 에서와 동생 야곱이 서로 싸우는 것을 아시고 그들의 미래를 예언하신 것입니다. 이와 같이 사람의 운명은 태어나기도 전에 이미 하나님의 뜻대로 예정되어 있습니다.

사람들 중에는 성격이 차분한 사람이 있는가 하면 성격이 괄괄한 사람이 있습니다. 이해심이 많은 사람이 있는가 하면 이해심이 거의 없는 사람이 있습니다. 이러한 성격은 우리에게 닥쳐오는 여러 가지 선택에 있어서 절대적인 영향력을 미칩니다. 하루에도 수많은 사건이 일어나는데 우리가 선택을 잘하면 제대로 뻗어나가고, 선택을 잘못하면 아주 험한 길로 들어가게 됩니다. 이처럼 사람의 운명이란 하나님의 선하신 뜻 안에서 자신의 선택에 달려 있는 것입니다. 그런데 그 선택은 그 사람의 성격에 따라 달라지는 것입니다. 에서와 야곱도 그들의 성격대로 그들의 가는 길을 선택하였습니다.

24-26절 그 해산 기한이 찬즉 태에 쌍둥이가 있었는데 먼저 나온 자는 붉고 전신이 털옷 같아서 이름을 에서라 하였고 후에 나온 아우는 손으로 에서의 발꿈치를 잡았으므로 그 이름을 야곱이라 하였으며 리브가가 그들을 낳을 때에 이삭이 육십 세였더라

이게 기한이 차매 리브가가 쌍둥이를 해산했습니다. 먼저 붉은 털이 전신에 나 있는 에서가 나오고, 이어서 에서의 발꿈치를 잡고 야곱이 나왔습니다. 에서는 야성적이고 혈기가 왕성하여 육욕적인 성품을 가졌고, 야곱은 '발꿈치를 잡은 자' 또는 '속이는 자', '빼앗는 자' 라는 이름의 의미에 걸맞게 교활하고 꾀가 많은 성품의 사람이었습니다.

이처럼 이삭은 결혼한 지 20년 만인 나이 60세에 아들 쌍둥이를 얻었습니다. 이것은 하나님께서 이삭의 끊임없는 믿음의 간구를 통해서 이루신 결과였습니다.

4. 장자권을 판 에서(25:27~34)

27. 그 아이들이 장성하매 에서는 익숙한 사냥꾼이었으므로 들사람이 되고 야곱은 조용한 사람이었으므로 장막에 거주하니 28. 이삭은 에서가 사냥한 고기를 좋아하므로 그를 사랑하고 리브가는 야곱을 사랑하였더라 29. 야곱이 죽을 쑤었더니 에서가 들에서 돌아와서 심

히 피곤하여 30. 야곱에게 이르되 내가 피곤하니 그 붉은 것을 내가 먹게 하라 한지라 그러므로 에서의 별명은 에돔이더라 31. 야곱이 이르되 형의 장자의 명분을 오늘 내게 팔라 32. 에서가 이르되 내가 죽게 되었으니 이 장자의 명분이 내게 무엇이 유익하리요 33. 야곱이 이르되 오늘 내게 맹세하라 에서가 맹세하고 장자의 명분을 야곱에게 판지라 34. 야곱이 떡과 팥죽을 에서에게 주매 에서가 먹으며 마시고 일어나 갔으니 에서가 장자의 명분을 가볍게 여김이었더라

27절 그 아이들이 장성하매 에서는 익숙한 사냥꾼이었으므로 들사람이 되고 야곱은 조용한 사람이었으므로 장막에 거주하니

에서는 성격이 사나이답고 괄괄해서 매일 산과 들을 뛰어다니며 노루, 곰, 새들을 잡아와 맛있게 요리하여 아버지께 드리곤 했습니다. 아버지 이삭은 에서가 이처럼 사나이답기 때문에 무척 좋아했습니다.

반면에 야곱은 조용한 성격의 사람이었습니다. 마음이 차분하고 조용해서 늘 어머니 리브가의 곁에 있곤 했습니다. 어머니하고 같이 있으니까 야곱은 그의 조상에 관한 이야기를 많이 듣게 되었습니다. 그의 할아버지 아브라함은 어떤 분이며, 하나님의 명령을 받고 갈대아 우르 땅에서 나온 것으로부터 시작해서 애굽으로 내려간 사건이라든지 아브라함이 기적적으로 아버지 이삭을 낳은 이야기, 그리고 이삭을 모리아 산에 가서 제물로 드리려 했던 것 등 많은 것을 듣게 된 것입니다. 야곱은 그러한 이야기를 듣는 중에 자신이 하나님 앞에 굉장히 중요한 존재라는 사실을 알게 되었고, 하나님께서 가계와 혈통을 매우 중요시한다는 사실도 깨달았습니다.

신앙의 혈통은 주로 어머니를 통해서 이어집니다. 그래서 이스라엘에서는 오늘날에도 아버지가 유대인이고 어머니가 이방인이면 그 자손을 유대 민족으로 받아주지 않습니다. 그러나 아버지가 이방인일지라도 어머니가 유대 민족이면 그 자손은 당연하게 그 나라의 시민권을 받게 되어 있습니다. 신앙의 혈통이 어머니를 통해서 이어지는 좋은 실례로 디모데를 들 수 있습니다. 디모데는 헬라인 아버지와 유대인 어머니 사이에서 태어났습니다. 그런데 그는 아버지의 영향을 받아 헬라적인 다신 사상에 빠진 것이 아니라 어머니에게로부터 신앙 교육을 받아 훌륭한 그리스도인으로 성장했습니다(딤후 1:5). 이처럼 어머니의 신앙을 계승한 디모데는 바울의 동역자가 되어 초대교회 발전에 지대한 공헌을 했습니다.

야곱은 혈통을 중요시하는 하나님께서 특히 장자를 통해서 복을 주신다는 사실을 깨닫고 아브라함, 이삭, 에서로 이어지는 장자권을 부러워하게 되었습니다.

28절 이삭은 에서가 사냥한 고기를 좋아하므로 그를 사랑하고 리브가는 야곱을 사랑하였더라

에서는 아버지의 사랑을 받았고 야곱은 어머니의 사랑을 받았습니다.

에서는 사냥한 고기로 음식을 만들어 아버지에게 대접해 기분 좋게 해드리고 아버지의 사랑을 받았습니다. 그러나 리브가는 늘 자기의 곁에서 일을 도와주는 야곱을 사랑했습니다. 결국 이러한 부모의 편애는 두 아들 사이를 벌려 놓고 가정을 불화하게 만드는 원인이 되고 말았습니다.

29-30절 야곱이 죽을 쑤었더니 에서가 들에서 돌아와서 심히 피곤

하여 야곱에게 이르되 내가 피곤하니 그 붉은 것을 내가 먹게 하라 한지라 그러므로 에서의 별명은 에돔이더라

에서는 활동적인 성격의 소유자이며, 눈에 보이는 이득에 더 가치를 두는 사람이었습니다. 어느 날 에서가 들에서 사냥하느라고 지쳐 기력을 상실한 채 집으로 돌아왔습니다. 마침 집에 있기를 좋아하는 야곱은 죽을 쑤고 있었는데, 에서가 이를 보고 야곱에게 죽을 달라고 부탁했습니다.

31절 야곱이 이르되 형의 장자의 명분을 오늘 내게 팔라

야곱은 장자가 되지 못한 것을 늘 억울하게 생각하고 있었는데, 마침 형 에서가 와서 죽을 달라고 부탁하자 장자가 될 수 있는 기회가 온 것이라고 생각했습니다. 그래서 야곱은 팥죽을 줄 터이니 그 대신에 장자권을 자기에게 팔라고 에서에게 흥정을 했습니다. 이처럼 야곱은 하나님 앞에서 혈통이 얼마나 중요하고 장자의 명분이 얼마나 귀중한지를 잘 알고 있었던 것입니다.

32절 에서가 이르되 내가 죽게 되었으니 이 장자의 명분이 내게 무엇이 유익하리요

에서는 하나님에 대한 두려움이나 가족의 혈통에 대하여 관심이 전혀 없었습니다. 당장 배가 고픈 현실적인 욕구를 해소하기 위해서라면 전통과 특권쯤은 쉽게 내어 버릴 수 있는 것으로 여겼습니다.

여기에서 이들의 성격이 각각의 운명을 결정짓고 있는 것을 볼 수가 있습니다. 즉 야곱은 차분한 성격에 하나님과 가문을 중요하게 여겼기

때문에 올바른 선택을 했고, 에서는 육의 사람이라 활기차고 실질적인 성격으로 하나님이나 가문의 전통을 별로 귀중하게 여기지 않았기 때문에 자기의 장자의 명분을 팥죽 한 그릇에 팔아 버리는 선택을 했던 것입니다. 이처럼 에서는 육신의 사람이요, 야곱은 신앙의 사람입니다.

33, 34절 야곱이 이르되 오늘 내게 맹세하라 에서가 맹세하고 장자의 명분을 야곱에게 판지라 야곱이 떡과 팥죽을 에서에게 주매 에서가 먹으며 마시고 일어나 갔으니 에서가 장자의 명분을 가볍게 여김이었더라

에서는 팥죽 한 그릇에 하나님의 복인 장자권을 팔아 버렸습니다. 그는 하나님의 이름을 들어서 자신의 장자의 명분을 동생 야곱에게 줄 것을 맹세하고 넘겨 주었습니다.

우리는 결정을 잘못해서 하나님께서 주시는 복을 팥죽 한 그릇과 같은 조그마한 육신적인 이익을 위해 간단히 팔아 버릴 때가 있습니다. 돈 때문에 하나님께서 주시는 복을 팔기도 하고, 세상의 지위 때문에 하나님께서 주시는 복을 팔기도 하며, 자기 마음의 교만이나 일시적인 성급한 기분 때문에 하나님께서 주신 중요한 복을 팔아 버리기도 합니다.

선택을 잘못하면 그로 인해 인생이 크게 망쳐질 수 있습니다. 에서는 혈통상 장자였으므로 당연히 "아브라함의 하나님, 이삭의 하나님, 에서의 하나님"이 될 수 있었고, 하나님 나라에서도 "아브라함의 하나님, 이삭의 하나님, 에서의 하나님"이 되어 주님의 상에 참여할 수도 있었습니다. 그러나 에서는 잘못된 선택으로 말미암아 이러한 반열에서 제외되었습니다.

오늘날도 에서가 장자의 명분을 팥죽 한 그릇의 가치로 생각했던 것처럼 세상의 부귀, 영화, 공명 때문에 신앙을 버리는 사람이 있습니다. 얼마나 어리석은 일인지 모릅니다. 세월이 가면 이 세상의 부귀, 영화, 공명이란 다 분토와 같이 사라지는 것이며, 그것을 좇던 사람은 장차 다가올 영원한 하나님 나라에도 들어갈 수가 없게 되어 버립니다.

그러므로 여러분이 예수님과 세상의 부귀, 영화, 공명 중에 하나를 선택해야 될 위치에 있게 되면 단호하게 예수님을 선택하시길 바랍니다.

제 26 장

이삭의 행적들

A COMMENTARY ON THE
GENESIS

이삭은 극심한 흉년으로 인해 오랫동안 거주했던 '브엘라해로이'를 떠나 블레셋 족속의 땅인 '그랄'로 이주했습니다. 그곳에 나타나신 하나님께서는 아브라함에게 약속하셨던 가나안 땅의 상속과 후손의 번영을 이삭에게 재약속해 주셨습니다. 한편 그랄에 거주하던 이삭은 아내 리브가를 누이라고 속임으로 위험에 빠질 뻔했습니다. 그러나 당신의 백성을 눈동자같이 지키시는 하나님의 섭리로 이 문제는 은혜롭게 해결되었습니다.

그 후 당시 물이 귀한 가나안 땅에서 극히 중요시되던 우물을 놓고 이삭과 블레셋 사람들 사이에 갈등과 분쟁이 생겼습니다. 즉 이삭이 블레셋 땅 그랄에서 번성하고 창대케 되자 그곳 원주민들이 이를 시기하여 이삭이 판 우물을 흙으로 메우고 탈취함으로써 공공연히 이삭을 핍박한 것입니다. 그러나 이삭은 이에 대항하지 않고 핍박받을 때마다 온유한 마음으로 거주지를 옮겨 계속 새로운 우물을 파 나갔습니다. 이러한 이삭에게 하나님께서 크게 복 주시자 블레셋 사람들이 스스로 이삭을 찾아와 화친 동맹을 제의, 협정하게 되었습니다.

1. 그랄로 이주한 이삭(26:1~5)

1. 아브라함 때에 첫 흉년이 들었더니 그 땅에 또 흉년이 들매 이삭이 그랄로 가서 블레셋 왕 아비멜렉에게 이르렀더니 2. 야훼께서 이삭에게 나타나 이르시되 애굽으로 내려가지 말고 내가 네게 지시하는 땅에 거주하라 3. 이 땅에 거류하면 내가 너와 함께 있어 네게 복을 주고 내가 이 모든 땅을 너와 네 자손에게 주리라 내가 네 아버지 아브라함에게 맹세한 것을 이루어 4. 네 자손을 하늘의 별과 같이 번성하게 하며 이 모든 땅을 네 자손에게 주리니 네 자손으로 말미암아 천하 만민이 복을 받으리라 5. 이는 아브라함이 내 말을 순종하고 내 명령과 내 계명과 내 율례와 내 법도를 지켰음이라 하시니라

1절 아브라함 때에 첫 흉년이 들었더니 그 땅에 또 흉년이 들매 이삭이 그랄로 가서 블레셋 왕 아비멜렉에게 이르렀더니

이 지역의 첫 흉년은 이삭의 때로부터 약 100년 전인 아브라함의 때에

있었습니다(창 12:10). 아브라함이 하나님의 부르심을 받아 하란을 떠나 가나안 땅에 왔는데, 그때 그곳에 크게 흉년이 들어 있었습니다. 마실 물이 떨어지고, 데리고 온 짐승들도 다 죽게 되자 종들마저 뿔뿔이 다 흩어졌습니다. 그래서 아브라함은 그의 아내와 조카 롯을 데리고 애굽으로 내려갔던 것입니다.

흉년은 하나님의 심판이지 복은 아닙니다. 흉년이 들면 하나님이 진노하셔서 심파하는 것이니 곧 회개해야 합니다. 자연 현상을 통해서 나타나는 실제적인 흉년 뿐 아니라 개인적인 신앙생활에도 흉년이 들 때가 있습니다. 기도가 나오지 않고 찬송도 나오지 않고 마음에 시험이 들어서 고통이 다가오게 되면 마음에 흉년이 든 것입니다. 마음에 흉년이 다가온 것 역시 하나님의 심판이기 때문에 그때는 죄를 회개하고 성령의 단비가 부어질 때까지 하나님 앞에 통회 자복해야 합니다. 성령의 단비가 임하지 아니하면 영적인 생명은 다 사라져 버리고 마는 것입니다. 마치 엘리야가 3년 6개월 동안 비가 내리지 않은 이스라엘 나라를 구원하기 위해서 갈멜 산에서 바알신을 섬기는 제사장들과 일대 격전을 벌인 것과 마찬가지입니다.

이스라엘 백성들이 아합 왕의 아내 이세벨의 꾐에 빠져서 모두 야훼 하나님을 버리고 바알신을 섬기므로 하나님께서 진노하사 이스라엘에 3년 6개월 동안 비를 내리지 않고 무서운 흉년을 겪게 하시므로 수많은 사람들이 굶어죽게 되었습니다. 그래서 엘리야와 바알의 제사장들이 어느 신이 참신인지를 알아보고자 대결했을 때, 야훼 하나님이 살아계신 참하나님이신 것이 증명되었습니다. 이에 이스라엘 백성들이 모두 회개하자 큰 비가 내리고 흉년이 그치게 되었습니다. 이와 같이 영적인 흉년이든지 실제적인 흉년이든지간에 흉년은 하나님의 심판이기 때문에 회개를 해야 합니다.

아브라함이 가나안에 들어왔을 때 흉년이 든 것은 아브라함이 하나님께 불순종했기 때문이고, 이삭 때 흉년이 든 것은 가나안 땅에 사는 백성들이 하나님 앞에 범죄했기 때문입니다. 이삭이 흉년을 피하기 위해 가나안 땅에서 그랄로 가서 블레셋 왕 아비멜렉에게 이르렀습니다.

2절 야훼께서 이삭에게 나타나 이르시되 애굽으로 내려가지 말고 내가 네게 지시하는 땅에 거주하라

아브라함은 흉년이 다가오니까 하나님의 명령을 저버리고 아내와 조카 롯을 데리고 애굽으로 내려갔습니다. 이것은 하나님을 믿다가 어려우니까 그만 믿음을 버리고 애굽, 곧 타락한 세상으로 되돌아갔음을 의미합니다. 하나님께서는 이삭도 그렇게 할지 모르기 때문에 이삭에게 나타나셔서 애굽으로 내려가지 말라고 막으셨습니다.

하나님께서는, 흉년이 들고 괴로울 때도 주님 앞에 올바로 사는 사람에게는 그 흉년을 피할 수 있도록 지시하여 주십니다. 그리고 다른 사람의 죄 때문에 의인이 하나님의 심판을 함께 당하게 되더라도 하나님께서 의인을 그 환난 가운데서 건져내 주시는 것입니다. 성경에 "의인은 고난이 많으나 야훼께서 그의 모든 고난에서 건지시는도다"(시 34:19)라고 말씀하셨습니다.

오늘날에도 신앙생활을 하다가 큰 시험과 환난을 당하면 쉽게 하나님을 버리고 애굽, 즉 타락한 세상으로 되돌아가는 사람들이 있습니다. 세상으로 내려가서 옛날에 살던 식으로 삽니다. 그러나 하나님께서 우리

에게 흉년을 만나게 하실 때는 회개 자복하고 하나님께 더욱 가까이 나아와 하나님의 지시를 기다려야 합니다. 그렇게 할 때 하나님께서는 말씀과 더불어 음성 또는 마음의 소원, 확신, 깨달음으로, 그리고 환경의 역사를 통해 우리에게 지시해 주십니다.

3, 4절 이 땅에 거류하면 내가 너와 함께 있어 네게 복을 주고 내가 이 모든 땅을 너와 네 자손에게 주리라 내가 네 아버지 아브라함에게 맹세한 것을 이루어 네 자손을 하늘의 별과 같이 번성하게 하며 이 모든 땅을 네 자손에게 주리니 네 자손으로 말미암아 천하 만민이 복을 받으리라

우리 앞에 아무리 흉년이 다가왔다 할지라도 하나님 앞에 회개하고 하나님의 뜻을 기다리면 땅을 지시해 주십니다. 또한 아무리 흉년이 다가와도 하나님께서 지시하신 그 땅에 있기만 하면 하나님께서 복을 주십니다. 그러나 시험과 환난이 다가왔다고 해서 세상으로 나가면 하나님께로부터 버림받습니다.

하나님은 복의 근원이십니다. 오늘날 우리도 하나님의 지시에 다라 살면 하나님께서 우리와 함께해 주시고 복을 주십니다. 그러나 우리가 하나님의 지시를 거역하고 하나님의 뜻대로 살지 않으면 하나님께서 우리와 함께하시지 않습니다.

하나님께서 지시하실 때 우리의 이성이나 경험으로 이해할 수 없는 일도 대단히 많습니다. 하나님은 사람보다 지혜롭고 위대하시기 때문에 하나님께서 하시는 일을 그 당시로서는 이해할 수 없지만 그래도 우리는 믿음으로 따라가야만 되는 것입니다.

하나님께서는 이삭에게 당신이 지시한 땅에 있으면 함께하셔서 복을 주시고, 그 땅을 이삭과 그 자손에게 다 주고 아버지 아브라함에게 맹세한 것을 반드시 이루시겠다고 말씀하셨습니다. 그리고 이삭의 자손으로 인하여 온 세상 만민이 복을 받을 것이라고 말씀하셨습니다. 이 말씀은 실제로 그의 혈통을 통해서 예수 그리스도가 태어나셔서 온 세상과 만민에게 복의 근원이 되심으로 성취되었습니다.

5절 이는 아브라함이 내 말을 순종하고 내 명령과 내 계명과 내 율례와 내 법도를 지켰음이라 하시니라

하나님께서 아브라함이 복 받은 것은 그가 하나님의 말씀에 순종하고 명령과 계명과 율례와 법도를 지켰기 때문이라고 말씀하셨습니다. 우리가 구원받는 것은 오직 믿음으로 말미암습니다. 하나님의 아들 예수 그리스도께서 우리를 대신해서 십자가에 못박혀 몸 찢기고 피 흘리셔서 우리의 죄를 갚아 주셨으며, 이를 믿으므로 구원을 받습니다. 이처럼 우리는 예수님을 믿으므로 구원받아 하나님 나라에 가지만, 복을 받으려면 말씀에 순종하고 하나님의 명령과 계명을 지켜야 합니다. 왜냐하면, 복은 하나님의 말씀에 순종하고 그 명령을 지키는 행위를 통해서 받게 되는 것이기 때문입니다.

아브라함은 하나님의 말씀에 불순종해서 많은 고난도 겪었지만 나중에는 그 아들 이삭을 드리기까지하는 순종하는 사람이 되었습니다. 그래서 하나님께서는 아브라함에게 복 주고 번창케 하며, 가나안 땅을 그와 그 자손에게 주시겠다고 당신의 이름으로 맹세하여 약속해 주셨습니다.

우리에게 있어서 가장 중요한 것은 하나님의 말씀에 순종하는 것입니다. 성경에 "사무엘이 이르되 야훼께서 번제와 다른 제사를 그의 목소리를 청종하는 것을 좋아하심 같이 좋아하시겠나이까 순종이 제사보다 낫고 듣는 것이 숫양의 기름보다 나으니 이는 거역하는 것은 점치는 죄와 같고 완고한 것은 사신 우상에게 절하는 죄와 같음이라"(삼상 15:22, 23)고 말씀하셨습니다. 이와 같이 하나님께서 가장 기뻐하시는 것은 하나님의 말씀에 순종하는 것이므로 우리는 늘 하나님의 말씀에 순종하는 삶을 살아야 합니다.

2. 아내를 누이라고 속인 이삭(26:6~11)

6. 이삭이 그랄에 거주하였더니 7. 그 곳 사람들이 그의 아내에 대하여 물으매 그가 말하기를 그는 내 누이라 하였으니 리브가는 보기에 아리따우므로 그 곳 백성이 리브가로 말미암아 자기를 죽일까 하여 그는 내 아내라 하기를 두려워함이었더라 8. 이삭이 거기 오래 거주하였더니 이삭이 그 아내 리브가를 껴안은 것을 블레셋 왕 아비멜렉이 창으로 내다본지라 9. 이에 아비멜렉이 이삭을 불러 이르되 그가 분명히 네 아내거늘 어찌 네 누이라 하였느냐 이삭이 그에게 대답하되 내 생각에 그로 말미암아 내가 죽게 될까 두려워하였음이로라 10. 아비멜렉이 이르되 네가 어찌 우리에게 이렇게 행하였느냐 백성 중 하나가 네 아내와 동침할 뻔하였도다 네가 죄를 우리에게 입혔으

리라 11. 아비멜렉이 이에 모든 백성에게 명하여 이르되 이 사람이나 그의 아내를 범하는 자는 죽이리라 하였더라

6, 7절 이삭이 그랄에 거주하였더니 그 곳 사람들이 그의 아내에 대하여 물으매 그가 말하기를 그는 내 누이라 하였으니 리브가는 보기에 아리따우므로 그 곳 백성이 리브가로 말미암아 자기를 죽일까 하여 그는 내 아내라 하기를 두려워함이었더라

아브라함도 애굽에 내려갔을 때 자기 아내를 누이라고 속이고 바로에게 시집보낸 일이 있었는데, 그 아들 이삭도 그랄에서 자기 아내를 누이라고 속였습니다. 왜냐하면, 리브가의 미모가 뛰어나기 때문에 그랄 사람들이 리브가가 자기의 아내임을 알면 리브가를 빼앗기 위해 자기를 죽일까 두려워했기 때문입니다. 이삭은 하나님의 택함을 받고 하나님을 믿는 자는 하나님께서 지켜 주신다는 것을 담대하게 믿지 못하고 인간적인 생각에 사로잡혀 불신앙적인 행동을 취한 것입니다.

8절 이삭이 거기 오래 거주하였더니 이삭이 그 아내 리브가를 껴안은 것을 블레셋 왕 아비멜렉이 창으로 내다본지라

하루는 이삭이 왕궁 주위 숲에 산책 나갔다가 그 아내를 껴안았습니다. 그런데 이삭과 리브가가 서로 수풀 속에서 끌어안은 것을 멀리서 아비멜렉 왕이 보았습니다. 우리 옛말에 '먼 눈이 두렵다.' 는 말이 있는데, 바로 이런 경우인 것입니다. 아비멜렉은 리브가가 이삭의 누이가 아니고 아내라는 사실을 알게 되었습니다.

9절 이에 아비멜렉이 이삭을 불러 이르되 그가 분명히 네 아내거늘 어찌 네 누이라 하였느냐 이삭이 그에게 대답하되 내 생각에 그로 말미암아 내가 죽게 될까 두려워하였음이로라

예수님을 믿는 사람이 잘못하면 불신자에게 질책을당합니다. 만일 이삭이 하나님을 믿는 사람으로서 담대하게 정직한 태도를 취했었다면 하나님의 보호를 받게 되었을텐데 자기 아내를 누이라고 거짓말함으로 인하여 오히려 불신자인 블레셋 왕에게 큰 질책을 당하게 된 것입니다.

두려움이란 부정적인 세력입니다. 마음의 확신은 긍정적인 사고를 하게 하지만, 마음에 두려움이 들어오면 하나님의 명령을 저버리고 부정적인 생각에 사로잡혀 불순종하고 뒤로 물러나게 됩니다.

하나님께서 우리에게 주시는 마음은 두려워하는 마음이 아니요, 믿음과 사랑과 근신하는 마음입니다. 두려움은 사탄이 주는 것입니다. 그러므로 우리는 두려운 마음이 들 때 즉시 예수님의 이름으로 이를 물리치고, 하나님께서 주시는 믿음과 사랑과 근신하는 마음으로 무장해야 할 것입니다.

10, 11절 아비멜렉이 이르되 네가 어찌 우리에게 이렇게 행하였느냐 백성 중 하나가 네 아내와 동침할 뻔하였도다 네가 죄를 우리에게 입혔으리라 아비멜렉이 이에 모든 백성에게 명하여 이르되 이 사람이나 그의 아내를 범하는 자는 죽이리라 하였더라

아비멜렉이 이삭에게 리브가가 이삭의 아내인 줄을 모르고 그랄 사람 중 어떤 이가 리브가를 결혼하자고 데리고 가서 동침했으면 어쩔 뻔 했느냐고 질책했습니다. 아비멜렉은 비록 하나님을 믿지 않는 이방인이지만

윤리관이 뚜렷했습니다. 남의 아내를 빼앗아서 간음하면 안된다는 것과 간음은 하나님께 큰 심판을 받을 죄라는 것을 알고 있었습니다. 그런데 하물며 하나님을 믿는 이삭이 자기 아내를 누이라고 속여서 다른 사람으로 하여금 간음죄를 범할 가능성을 제공했다는 것은 부끄러운 일이었습니다.

아비멜렉은 그의 백성들에게 이삭과 리브가는 부부간이므로 어느 사람이든지 이삭이나 리브가를 해치는 자는 사형에 처하라고 명했습니다.

3. 우물로 인한 분쟁(26:12~22)

12. 이삭이 그 땅에서 농사하여 그 해에 백 배나 얻었고 여호와께서 복
을 주시므로 13. 그 사람이 창대하고 왕성하여 마침내 거부가 되어
14. 양과 소가 떼를 이루고 종이 심히 많으므로 블레셋 사람이 그를
시기하여 15. 그 아버지 아브라함 때에 그 아버지의 종들이 판 모든
우물을 막고 흙으로 메웠더라 16. 아비멜렉이 이삭에게 이르되 네
가 우리보다 크게 강성한즉 우리를 떠나라 17. 이삭이 그 곳을 떠나
그랄 골짜기에 장막을 치고 거기 거류하며 18. 그 아버지 아브라함
때에 팠던 우물들을 다시 팠으니 이는 아브라함이 죽은 후에 블레셋
사람이 그 우물들을 메웠음이라 이삭이 그 우물들의 이름을 그의 아
버지가 부르던 이름으로 불렀더라 19. 이삭의 종들이 골짜기를 파서
샘 근원을 얻었더니 20. 그랄 목자들이 이삭의 목자와 다투어 이르

되 이 물은 우리의 것이라 하매 이삭이 그 다툼으로 말미암아 그 우물 이름을 에섹이라 하였으며 21. 또 다른 우물을 팠더니 그들이 또 다투므로 그 이름을 싯나라 하였으며 22. 이삭이 거기서 옮겨 다른 우물을 팠더니 그들이 다투지 아니하였으므로 그 이름을 르호봇이라 하여 이르되 이제는 야훼께서 우리를 위하여 넓게 하셨으니 이 땅에서 우리가 번성하리로다 하였더라

12, 13절 이삭이 그 땅에서 농사하여 그 해에 백 배나 얻었고 야훼께서 복을 주시므로 그 사람이 창대하고 왕성하여 마침내 거부가 되어

이삭은 그 땅에 살면서 목축도 하고 농사도 지었는데 그 해에 그 땅에서 백 배의 수확을 얻었습니다.

하나님께 순종하고 믿음으로 행하면 하나님께서는 반드시 복을 주십니다. 하나님께서는 복의 근원이시기 때문에 30배, 60배, 100배로 복 주시는 것입니다. 부자가 되는 것이 나쁜 것은 아닙니다. 예수님을 믿지 않고서 부자가 되면 나중에 그 재물이 화가 되고 덫이 되어서 그 영혼도 잃고 그의 생활도 파멸될 수 있습니다. 즉 예수님을 믿지 않고 부자 된 사람은 그 물질만 믿고 의지하여 하나님을 믿지 않으므로 그 영혼이 파멸에 처하게 됩니다.

재물에는 마귀가 주는 재물이 있고 하나님께서 주시는 재물이 있습니다. 마귀가 주는 재물은 우리로 하여금 하나님을 믿지 않고 이 세상 물질의 종이 되게 하기 위함입니다. 사탄이 예수님을 시험할 때 온 천하 만국의 영광을 보이면서 자기에게 절을 하면 주겠다고 말했는데(눅 4:5,6), 이 말에 굴복하면 이것이 우상이 되어서 하나님을 저버리게 되는

것입니다.

그러나 하나님께서 복을 주시면 우리가 그 풍성한 복을 받아 누리며 하나님을 영화롭게 하는 삶을 살게 됩니다. 하나님의 나라와 그 의를 먼저 구하고 하나님 중심으로 살며 믿고 순종하는 사람에게는 하나님께서 필요한 모든 것을 더하여 주시는 것입니다. 세상의 재물은 근심을 가져오지만, 하나님께서 주시는 복은 근심을 가져오지 않습니다.

하나님께서 이삭에게 복을 주시매 농사 지어 한 해에 백 배나 얻고, 창대하고 왕성하여 마침내 거부가 되었습니다. 아브라함도 이삭도 야곱도 부자였습니다. 우리 그리스도인이 부자 되는 것에 거부감을 가질 이유는 없습니다. 우리의 사랑을 어디에 두느냐가 문제인데, 사랑을 하나님께 두고 하나님의 영광을 위해서 받은 복을 사용하는 사람에게는 물질이 많을수록 좋습니다. 그러나 하나님을 사랑하지 아니하고 물질을 하나님보다 더 사랑하면 이 물질이 일만 악의 뿌리가 되는 것입니다.

예수님을 믿는 사람은 세상 사람들처럼 인간의 수단과 방법으로 돈을 벌어서 부자가 되는 것이 아니라 하나님께 순종하고 믿음으로 하나님께 복을 받아서 부자가 됩니다. 들에서도 복을 받고, 집에서도 복을 받고, 떡 반죽 그릇을 만지면 떡 반죽 그릇이 복을 받고, 짐승의 새끼가 복을 받고, 머리가 되고 꼬리가 되지 않고, 위에 있고 아래로 내려가지 않고, 남에게 꾸어 줄지라도 꾸지 않게 되는 것입니다. 즉 세상의 복이 펌프로 끌어올리는 것이라면, 하나님의 복은 하늘에서 장대 같은 소낙비 같이 쏟아지는 것이라고 할 수 있습니다.

우리 하나님은 만복의 근원이십니다. 우리 영혼을 잘되게 하시고 범사를 잘되게 하시고 강건하게 하시는 것은 하나님 아버지의 뜻입니다.

우리 하나님은 좋으신 하나님이십니다. 좋으신 하나님께서 우리에게 나쁜 것을 주실 리가 없고, 악한 마귀가 우리에게 좋은 것을 줄 리가 없습니다. 물론 예수님을 믿는 사람이 어렵게 사는 것을 무조건 나쁘다고 할 수는 없습니다. 그 가운데서라도 예수님을 잘 믿고 살면 영광스러운 것입니다. 그러나 그러한 사람은 다른 사람들에게 별로 도움이 되지 않고 유익을 끼칠 수가 없는 것입니다.

우리가 전도하려면 배고픈 자에게는 먹여 주고, 헐벗은 자에게는 입혀 주고, 집이 없는 자에게는 있을 곳을 마련해 주면서 전도해야 효과적으로 이루어지기 때문에, 하나님의 복을 받아 우리도 누릴 뿐 아니라 남에게도 나누어 주는 삶이 되어야 할 것입니다.

14, 15절 양과 소가 떼를 이루고 종이 심히 많으므로 블레셋 사람이 그를 시기하여 그 아버지 아브라함 때에 그 아버지의 종들이 판 모든 우물을 막고 흙으로 메웠더라

어떤 사람이 하나님의 복을 많이 받으면 원수가 시기를 합니다. 이삭이 하나님께 복을 받아서 양과 소가 떼를 이루고 노복이 심히 많게 되자 블레셋 사람이 그를 시기하여 아브라함의 종들이 파놓은 우물들을 막고 진흙으로 메웠습니다.

팔레스타인은 물이 귀한 지역입니다. 그러므로 그곳에서 우물은 생명줄과도 같은 것입니다. 왜냐하면, 우물들이 없이는 농사도 짓지 못하고, 목축도 못하기 때문입니다. 블레셋 사람들은 이삭이 하나님께 복을 받아 거부가 되는 것을 시기해서 짐승들이 마시고 농사짓는 데 필요한 모든 우물을 막고 진흙으로 메운 것입니다.

이러한 일들은 오늘날에도 마찬가지로 일어납니다. 우리 교회가 하나님의 복을 받아 세계 최대의 교회가 된 것을 시기하는 사람들이 많이 있습니다. 그 시기가 극도에 달해서 하나님의 나라인 교회에 흉악한 이야기를 퍼뜨리고 협박과 공갈을 합니다. 마치 이삭을 시기하여 블레셋 사람들이 아브라함의 종들이 판 모든 우물을 막고 진흙으로 메웠던 것과 같이, 우리 교회에 하나님의 은혜과 복이 충만한 것을 시기하여 모함을 하는 것입니다. 예전에는 그런 모함을 들으면 억울해서 밤잠을 못잤는데, 이제는 '또 왔구나.' 하면서 그냥 받아들입니다. 이처럼 남보다 잘되고 높이 있으면 시기와 모함을 받는 것입니다.

16, 17절 아비멜렉이 이삭에게 이르되 네가 우리보다 크게 강성한즉 우리를 떠나라 이삭이 그 곳을 떠나 그랄 골짜기에 장막을 치고 거기 거류하며

아비멜렉이 이삭에게 "네가 우리보다 크게 강성한즉 우리를 떠나라"고 했습니다. 이에 이삭은 그랄 골짜기로 옮겨 갔습니다. 복을 받는다고 반드시 좋은 일만 있는 것은 아닙니다. 큰 복을 받으면 큰 시기를 받게 되고, 큰 시련과 환난도 다가오는 것입니다. 이삭은 할 수 있는 한 최대로 양보하고 최후의 선까지 양보했습니다.

우리도 이같이 시기하고 질투하고 분노하는 사람들에게 우리가 할 수 있는 한계까지는 양보하는 것이 좋습니다. 우리가 물러갈 수 있는 데까지는 물러가고, 양보하고 더 이상 물러갈 수 없을 때 단호하게 맞서야 하는 것입니다. 참을 만큼은 참고 물러갈 만큼은 물러가는 것이 그리스도인의 미덕인 것입니다. 그러므로 우리는 최후의 선에 이르기까지 양보

하는 미덕을 가져야 됩니다.

18절 그 아버지 아브라함 때에 팠던 우물들을 다시 팠으니 이는 아브라함이 죽은 후에 블레셋 사람이 그 우물들을 메웠음이라 이삭이 그 우물들의 이름을 그의 아버지가 부르던 이름으로 불렀더라

이삭은 블레셋 사람들이 시기해서 메워 버린 우물을 다시 팠습니다. 우리도 예수님 믿고 성령의 생수가 터지면 우리의 블레셋인 원수 마귀가 와서 자꾸 우물을 메우려고 합니다. 시기, 분노, 질투, 염려, 근심 등의 진흙을 가지고 우리 마음속의 우물을 자꾸 메우려고 합니다. 그러므로 우리는 기도를 통해서 진흙을 자꾸 파내야 합니다. 그래야만 생수가 솟아나오는 것입니다. 그렇지 않고 메워진 우물을 그대로 내버려 두면 생수가 다 갈해져서 신앙이 바싹 마르게 됩니다.

19절 이삭의 종들이 골짜기를 파서 샘 근원을 얻었더니

이삭의 종들이 골짜기에 우물을 파서 샘 근원을 얻었습니다. 이와 마찬가지로 기도로 자꾸 파 내려가면 샘 근원이 나옵니다. 기도하고 또 기도하고 계속 기도하면 샘 근원이 파헤쳐져서 은혜의 물줄기가 콸콸 쏟아지며 나타납니다. 자꾸 기도하되 철야 기도하고 혹은 금식 기도하면서 부르짖어 파헤치면 드디어 생수의 근원 되신 예수님의 응답을 얻을 수가 있는 것입니다.

20절 그랄 목자들이 이삭의 목자와 다투어 이르되 이 물은 우리의 것이라 하매 이삭이 그 다툼으로 말미암아 그 우물 이름을 에섹이

라 하였으며

이삭의 종들이 막힌 우물을 파서 물이 나오는 것을 보고 그랄 목자들이 와서 자기들의 우물이라고 주장했습니다. 제가 어릴 때 있었던 일이 기억납니다. 어느 날 동네의 어린 아이들을 데리고 밀밭에 놀러 갔다가 꿩이 한 마리 앉아 있는 것을 보았습니다. 제가 가까이 가니까 꿩이 놀라서 날아가는데 그 자리에 약 20개의 알이 놓여 있었습니다. 제가 너무 좋아서 꿩알을 모두 주머니에 넣었는데 나를 따라왔던 이웃집 아이 하나가 자기 것이라고 고함을 치는 것입니다. 그러자 그 어머니가 뛰어 나오더니 자기의 아들이 그 꿩알을 발견한 것이라고 같이 우겨댑니다. 결국 할 수 없이 제가 절반을 나누어 주었습니다.

분명히 이삭의 종들이 우물을 팠는데, 그랄 목자들이 자기네들 것이라고 우기며 이삭의 목자들과 다툽니다. 이에 이삭은 우물을 그들에게 양보했습니다. 그리고 기삭은 그 우물 이름을 '에섹' 이라고 했습니다. '에섹' 이란 '다툼' 이라는 뜻입니다.

21절 또 다른 우물을 팠더니 그들이 또 다투므로 그 이름을 싯나라 하였으며

이삭이 또 다른 우물을 팠더니 그랄 목자들이 또다시 찾아와서 자기네 우물이라고 주장했습니다. 그러자 이삭은 이것도 양보했습니다. 싸우는 것보다는 양보할 만큼 양보하고 싸우지 않는 것이 좋은 것입니다. 야곱은 이 두 번째 우물의 이름을 '싯나' 라고 했는데, '싯나' 는 '대적해서 달려든다.' 는 뜻입니다.

22절 이삭이 거기서 옮겨 다른 우물을 팠더니 그들이 다투지 아니하였으므로 그 이름을 르호봇이라 하여 이르되 이제는 야훼께서 우리를 위하여 넓게 하셨으니 이 땅에서 우리가 번성하리로다 하였더라

이삭이 세 번째로 우물을 파서 성공했습니다. 세 번째 판 우물은 그랄 목자들이 빼앗지 않았던 것입니다.

우리도 한 번 사업에 실패했다고 낙심해서는 안 됩니다. 한번 해서 실패하면 두 번 하고, 두 번째도 실패하면 세 번 하는 것입니다. 그러면 세 번째는 성공합니다. 전도도 마찬가지입니다. 한 번 전도해서 안되거든 두 번 전도하고, 그래도 안되면 세 번 전도하면 성공하게 되는 것입니다.

이삭은 끊임없이 하나님을 의지하고 낙심하지 않았습니다. 이와 같이 하나님을 믿고 의지하는 이삭에게 하나님께서 복을 주심으로 더 이상 그랄 목자들과 분쟁하지 않고 우물을 파서 목축할 수 있게 되었습니다. 이삭은 세 번째 우물을 '르호봇' 이라고 이름 짓고 하나님께서 넓은 터를 주어서 번창하며 살게 하셨다고 고백했습니다.

4. 이삭에게 임한 하나님의 계시(26:23~25)

23. 이삭이 거기서부터 브엘세바로 올라갔더니 24. 그 밤에 야훼께서 그에게 나타나 이르시되 나는 네 아버지 아브라함의 하나님이니

두려워하지 말라 내 종 아브라함을 위하여 내가 너와 함께 있어 네게 복을 주어 네 자손이 번성하게 하리라 하신지라 25. 이삭이 그 곳에 제단을 쌓고, 야훼의 이름을 부르며 거기 장막을 쳤더니 이삭의 종들이 거기서도 우물을 팠더라

23절 이삭이 거기서부터 브엘세바로 올라갔더니

이삭이 르호봇을 떠나 브엘세바로 올라갔습니다. 브엘세바는 아버지 아브라함이 오랫동안 살았던 곳입니다. 이삭이 거주지를 브엘세바로 옮긴 것은 '혹시 블레셋 사람들이 또 와서 괴롭히지 않을까.' 하는 두려움 때문인 듯 합니다.

24절 그 밤에 야훼께서 그에게 나타나 이르시되 나는 네 아버지 아브라함의 하나님이니 두려워하지 말라 내 종 아브라함을 위하여 내가 너와 함께 있어 네게 복을 주어 네 자손이 번성하게 하리라 하신지라

이삭이 브엘세바로 올라간 날 밤에 하나님께서 이삭에게 나타나셔서 확신을 주셨습니다. 하나님께서는 아브라함에게 가나안 땅을 아브라함의 자손들에게 주시겠다고 분명하게 약속하셨는데, 이제는 아브라함의 아들 이삭에게 나타나셔서 그 약속을 거듭 확인시켜 주시고 계십니다.

우리도 은혜를 받았을지라도 확증을 얻어야 하고, 믿음이 식어지려고 할 때마다 다시 또 확증을 얻어야 합니다. 이를 위하여 예수님을 믿고 은혜를 받았음에도 불구하고 부흥회에 참석하고, 주일 예배에서 은혜를 받고 삼일 예배에서 확인을 받은 후, 구역 예배에 가서 다시 한 번 확인을

받아야 하는 것입니다. 이렇게 거듭 확인받는 가운데 우리의 신앙은 더 굳어지게 되어 낙심하여 뒤로 물러가지 않게 되는 것입니다. 그러므로 우리는 이삭처럼 확인받는 신앙을 가져야만 합니다. 은혜 받았으니 끝났다고 생각하는 것은 큰 잘못입니다. 계속해서 확증을 얻도록 기도하고 은혜의 자리를 사모하는 것이 필요합니다.

25절 이삭이 그 곳에 제단을 쌓고, 야훼의 이름을 부르며 거기 장막을 쳤더니 이삭의 종들이 거기서도 우물을 팠더라

이삭은 하나님께서 나타나신 곳에 단을 쌓아서 하나님의 이름을 부르며 제사를 드렸습니다. 그리고 그 곳에 장막을 치고 우물을 파니까 거기에서 물이 솟아올랐습니다. 하나님께서 계신 곳에 물이 솟아오르지 않을 리가 없는 것입니다. 우리도 하나님의 은혜를 받으면 우리의 마음속에 생수가 샘물같이 솟아오르게 됩니다.

흉년을 피해 그랄 지방으로 갔던 이삭은 브엘세바로 돌아와 그의 말년까지 그곳에 머물렀습니다.

5. 이삭과 아비멜렉의 계약(26:26~33)

26. 아비멜렉이 그 친구 아훗삿과 군대 장관 비골과 더불어 그랄에서부터 이삭에게로 온지라 27. 이삭이 그들에게 이르되 너희가 나를

미워하여 나에게 너희를 떠나게 하였거늘 어찌하여 내게 왔느냐
28. 그들이 이르되 야훼께서 너와 함께 계심을 우리가 분명히 보았
으므로 우리의 사이 곧 우리와 너 사이에 맹세하여 너와 계약을 맺으
리라 말하였노라 29. 너는 우리를 해하지 말라 이는 우리가 너를 범
하지 아니하고 선한 일만 네게 행하여 네가 평안히 가게 하였음이니
라 이제 너는 야훼께 복을 받은 자니라 30. 이삭이 그들을 위하여 잔
치를 베풀매 그들이 먹고 마시고 31. 아침에 일찍이 일어나 서로 맹
세한 후에 이삭이 그들을 보내매 그들이 평안히 갔더라 32. 그 날에
이삭의 종들이 자기들이 판 우물에 대하여 이삭에게 와서 알리어 이
르되 우리가 물을 얻었나이다 하매 33. 그가 그 이름을 세바라 한지
라 그러므로 그 성읍 이름이 오늘까지 브엘세바더라

26절 아비멜렉이 그 친구 아훗삿과 군대 장관 비골과 더불어 그랄에서부터 이삭에게로 온지라

어떤 사람이나 단체가 하나님의 복을 풍성하게 받아서 강대해지면 원수가 굴복합니다. 이삭이 하나님께로부터 복을 받아서 강성한 힘을 갖게 되자, 그랄에서 아비멜렉이 그 친구 아훗삿과 군대 장관 비골과 함께 이삭에게 화해를 청하기 위해 찾아왔습니다.

27, 28절 이삭이 그들에게 이르되 너희가 나를 미워하여 나에게 너희를 떠나게 하였거늘 어찌하여 내게 왔느냐 그들이 이르되 야훼께서 너와 함께 계심을 우리가 분명히 보았으므로 우리의 사이 곧 우리와 너 사이에 맹세하여 너와 계약을 맺으리라 말하였노라

하나님께 복을 받으면 하나님을 믿지 않는 사람도 그가 복 받은 사람인 줄을 알아보게 됩니다. 이삭이 복을 받으니까 이방인인 블레셋 왕 아비멜렉조차 하나님께서 이삭과 함께하시고 복을 주시고 있다고 인정한 것입니다.

제가 몇 년 전에 헝가리에서 온 대표를 미국에서 만난 적이 있습니다. 그는 외부와 거의 차단된 채 살아가고 있는 소련(현 러시아 공화국)에 두 가지 국외 소식이 알려져 있는데, 그것은 세계적인 부흥사 빌리 그래함 목사님과 세계에서 가장 큰 여의도순복음교회에 대한 소식이라고 했습니다. 그리고 인도네시아에서는 어느 산골짜기에서도 한국 사람만 만나면 여의도순복음교회를 아느냐고 묻는다고 했습니다.

이와 같이 우리 교회는 우리가 생각하는 것보다 더 유명합니다. 실제로 그 유명한 것만큼 알맹이가 있는가 하는 것을 생각하면 두렵기도 하지만 하나님께로부터 복을 받았기 때문에 유명해진 것이지, 유명해지고 싶다고 말하고 다닌다고 되는 것은 아닙니다. 그러므로 누가 점점 유명해지거든 그 사람에게 이제 복이 임하기 시작한다고 생각하면 맞습니다. 그러나 복이 떠나가면 점점 무명해집니다. 우리 교회가 자꾸 유명해지고 있는 것은 하나님께서 복 주시고 있다는 증거입니다. 그러므로 더욱 하나님께서 기뻐하시는 교회가 되어야 합니다.

여기 이삭도 하나님께서 복을 주시므로 유명해진 것입니다. 그래서 원수인 아비멜렉이 그 군대 장관과 더불어서 화친 계약을 맺으러 온 것입니다.

29절 너는 우리를 해하지 말라 이는 우리가 너를 범하지 아니하고 선

한 일만 네게 행하여 네가 평안히 가게 하였음이니라 이제 너는 야훼께 복을 받은 자니라

아비멜렉은 이삭을 그동안 잘 돌보아 주고 아무 해도 끼치지 않았다고 말했습니다. 그러나 이것은 맞는 말이 아닙니다. 블레셋 사람들이 우물을 메우고 빼앗을 행위를 놓고 볼 때 피차 싸움없이 헤어진 것은 이삭이 양보하고 참았기 때문이지 아비멜렉의 배려나 우호 때문만은 결코 아닌 것입니다.

나아가 아비멜렉은 이삭에게 상호 불가침을 제의했습니다. 서로 침략하거나 해치지 말고 화해하자는 것입니다.

30, 31절 이삭이 그들을 위하여 잔치를 베풀매 그들이 먹고 마시고 아침에 일찍이 일어나 서로 맹세한 후에 이삭이 그들을 보내매 그들이 평안히 갔더라

이삭은 아비멜렉의 제안을 수락하고 상호 불가침 협정에 동의하는 의미로 잔치를 베풀었습니다. 그리고 이튿날 아침 일찍 이삭은 그들과 평화조약을 체결한 후에 그들을 돌려보내 주었습니다.

32, 33절 그 날에 이삭의 종들이 자기들이 판 우물에 대하여 이삭에게 와서 알리어 이르되 우리가 물을 얻었나이다 하매 그가 그 이름을 세바라 한지라 그러므로 그 성읍 이름이 오늘까지 브엘세바더라

중동에 가면 물을 얻는 것이 가장 중요한 일입니다. 그곳은 메마른 사막이기 때문에 물이 있어야지만 푸른 초장을 만들고 옥토를 만들어 짐승

을 기르고 곡식을 거둘 수가 있습니다. 그래서 물을 얻는 것은 천금을 얻는 것과 같습니다. 그런데 이삭은 가는 곳마다 물을 발견했습니다. 이삭의 종들이 가는 곳마다 땅을 파면 물이 솟아났던 것입니다. 이것이 하나님의 복입니다.

오늘날도 예수님을 믿는 사람들이 기도하는 곳마다, 일어서고 앉는 곳마다 성령의 역사가 일어납니다. 이것은 하나님께 복 받은 증거입니다.

6. 에서의 결혼(26:34, 35)

34. 에서가 사십 세에 헷 족속 브에리의 딸 유딧과 헷 족속 엘론의 딸 바스맛을 아내로 맞이하였더니 35. 그들이 이삭과 리브가의 마음에 근심이 되었더라

34절 에서가 사십 세에 헷 족속 브에리의 딸 유딧과 헷 족속 엘론의 딸 바스맛을 아내로 맞이하였더니

에서는 부모가 원치 않는 이방 여자를 둘이나 취해서 아내로 삼았습니다.

장자의 명분을 경홀히 여겨 팥죽 한 그릇에 팔아넘긴 에서는 결혼마저도 소홀히 여겨 헷 족속의 여인들과 결혼했던 것입니다. 에서가 당시 온

갖 우상으로 오염된 가나안 족속의 여인들과 쉽게 결혼하는 망령된 행위를 한 것은 자신의 집안이 하나님 앞에 순수한 혈통과 야훼 신앙의 정통성을 지닌 가문이라는 사실을 무시한 처사였습니다.

35절 그들이 이삭과 리브가의 마음에 근심이 되었더라

부모가 자녀를 어릴 적에 야훼의 법도로 잘 양육하지 않으면 나중에 나이 들어서 마음의 가시가 됩니다. 성경은 "마땅히 행할 길을 아이에게 가르치라 그리하면 늙어도 그것을 떠나지 아니하리라" (잠 22:6)고 교훈합니다. 하나님을 경외하는 이삭과 리브가는 에서와 야곱에게 철저한 신앙 교육을 했을 것입니다. 그러나 에서는 부모의 신앙을 본받지 않고 급기야는 결혼까지도 자기의 뜻대로 이방 여인들과 했습니다. 이삭과 리브가는 에서가 헷 족속 브에리의 딸 유딧과 헷 족속 엘론의 딸 바스맛을 맞아서 아내로 취함으로 인하여 마음에 근심이 가득 차게 되었습니다.

제 27 장

야곱을 축복하는 이삭

이삭의 예언 준비	27:1~4
리브가의 계교	27:5~14
에서로 가장한 야곱	27:15~20
이삭이 야곱에게 축복	27:21~29
에서의 통곡과 이삭의 예언	27:30~40
야곱에 대한 에서의 분노	27:41~46

A COMMENTARY ON THE
GENESIS

태어날 때부터 예고되어 온 에서와 야곱의 다툼은 단순히 장자권에 대한 다툼이 아니라 하나님의 언약 상속권을 놓고 벌이는 영적 전쟁이라고 할 수 있습니다.

이미 에서로부터 장자권을 사들인 야곱은 아버지 이삭이 연로하여 언제 갑자기 죽음을 맞게 될지 모르게 되자, 어머니 리브가와 공모하여 이삭을 속이고 에서가 받을 축복을 가로챘습니다. 이를 알게 된 에서는 야곱을 죽일 마음을 품게 되고, 결국 야곱은 외삼촌 라반의 집이 있는 하란으로 도망을 가게 됩니다.

이와 같이 야곱은 아버지와 형을 속이는 큰 죄를 지었지만, 하나님께서는 야곱을 통해 하나님의 뜻을 이루어 가십니다. 참으로 하나님의 선택을 받는 것은 하나님의 절대 주권에 속한 것이요, 하나님의 전폭적인 은혜임을 알 수 있습니다.

1. 이삭의 예언 준비(27:1~4)

1. 이삭이 나이가 많아 눈이 어두워 잘 보지 못하더니 맏아들 에서를 불러 이르되 내 아들아 하매 그가 이르되 내가 여기 있나이다 하니 2. 이삭이 이르되 내가 이제 늙어 어느 날 죽을는지 알지 못하니 3. 그런즉 네 기구 곧 화살통과 활을 가지고 들에 가서 나를 위하여 사냥하여 4. 내가 즐기는 별미를 만들어 내게로 가져와서 먹게 하여 내가 죽기 전에 내 마음껏 네게 축복하게 하라

1절 이삭이 나이가 많아 눈이 어두워 잘 보지 못하더니 맏아들 에서를 불러 이르되 내 아들아 하매 그가 이르되 내가 여기 있나이다 하니

이제 이삭은 나이가 많아 눈이 어두워졌습니다. 이삭은 자기의 죽음이 임박했다고 생각되자 자기가 죽기 전에 해야 할 일들을 떠올리게 되

었습니다. 당연히 이삭은 장차 자기의 뒤를 이어서 가계를 이어갈 장자 에서에게 축복해 주어야 한다는 생각을 제일 먼저했습니다. 왜냐하면 이삭 자신이 그의 아버지 아브라함으로부터 계승받았던 하나님의 언약과 신앙을 후손들에게 물려주어야 하기 때문입니다. 그래서 이삭은 에서를 불렀습니다.

여기서 보면 이삭이 하나님의 뜻을 따르지 않고 자기의 뜻대로 축복하려는 것을 알 수 있습니다. 하나님께서 "큰 자가 어린 자를 섬기리라 하셨더라"(창 25:23)고 말씀하심으로 야곱을 선택하셨음을 가르쳐 주셨는데 이삭이 자기가 사랑하는 맏아들 에서에게 축복해 주려고 한 것입니다.

2-4절 이삭이 이르되 내가 이제 늙어 어느 날 죽을는지 알지 못하니 그런즉 네 기구 곧 화살통과 활을 가지고 들에 가서 나를 위하여 사냥하여 내가 즐기는 별미를 만들어 내게로 가져와서 먹게 하여 내가 죽기 전에 내 마음껏 네게 축복하게 하라

아버지는 가정의 제사장입니다. 아담도 그 가정의 제사장이었고, 아브라함도 그 가정의 제사장이었으며, 이삭도 그 가정의 제사장이었습니다. 복은 제사장을 통해서 나오는 것이므로 가정에서 아버지가 예수님을 잘 믿으면 그 아버지의 축복을 통해서 자녀들이 복을 받고, 그 아버지가 저주를 하면 그 자식이 저주를 받습니다. 노아를 보면 잘 알 수 있습니다. 노아가 아들 셈과 야벳에게는 축복을 하고 함에게는 저주를 했는데 그 자손들이 그대로 되었습니다.

이삭은 자기의 나이가 많아 눈도 보이지 않고 기운도 쇠잔해지자, 죽

을 때가 가까웠다고 느끼고 죽기 전에 에서에게 축복해 주겠다고 했습니다. 아버지가 축복해 주면 그 축복은 하나님께서 그대로 들으시고 집행해 주십니다. 재산 상속도 마찬가지입니다. 성경에 "네 아버지와 어머니를 공경하라 이것은 약속이 있는 첫 계명이니 이로써 네가 잘되고 땅에서 장수하리라"(엡 6:2, 3)고 기록하고 있습니다. 그러므로 복을 받으려면 먼저 효도해야 합니다. 부모에게 효도하는 것이 보이지 않는 하나님을 공경하는 것의 증거가 됩니다.

이삭은 에서에게 전통과 활을 가지고 들에 가서 사냥해 와서 맛있는 별미를 만들어 자기를 대접하라고 했습니다. 그러면 그것을 먹고 흡족한 마음으로 한껏 축복해 주겠다는 것입니다.

이러므로 하나님께 복을 많이 받으려면 빈손으로 나가지 말고 별미를 들고 나가는 것이 좋습니다. 예수님께서는 우리를 위하여 보물을 땅에 쌓아두지 말고 하늘에 쌓아두라고 교훈하시면서 "네 보물 있는 그 곳에는 네 마음도 있느니라"(마 6:21)고 하셨습니다. 우리가 하나님께 예배드릴 때 특별히 소원 예물이나 감사 예물을 별미로 정성껏 준비해서 드리면 하나님께서 즐겁게 받아 주십니다.

2. 리브가의 계교(27:5~14)

5. 이삭이 그의 아들 에서에게 말할 때에 리브가가 들었더니 에서가
사냥하여 오려고 들로 나가매 6. 리브가가 그의 아들 야곱에게 말하
여 이르되 네 아버지가 네 형 에서에게 말씀하시는 것을 내가 들으니
이르시기를 7. 나를 위하여 사냥하여 가져다가 별미를 만들어 내가
먹게 하여 죽기 전에 야훼 앞에서 네게 축복하게 하라 하셨으니 8.
그런즉 내 아들아 내 말을 따라 내가 네게 명하는 대로 9. 염소 떼에
가서 거기서 좋은 염소 새끼 두 마리를 내게로 가져오면 내가 그것으
로 네 아버지를 위하여 그가 즐기시는 별미를 만들리니 10. 네가 그
것을 네 아버지께 가져다 드려서 그가 죽기 전에 네게 축복하기 위하
여 잡수시게 하라 11. 야곱이 그 어머니 리브가에게 이르되 내 형 에
서는 털이 많은 사람이요 나는 매끈매끈한 사람인즉 12. 아버지께서
나를 만지실진대 내가 아버지의 눈에 속이는 자로 보일지라 복은 고
사하고 저주를 받을까 하나이다 13. 어머니가 그에게 이르되 내 아
들아 너의 저주는 내게로 돌리리니 내 말만 따르고 가서 가져오라
14. 그가 가서 끌어다가 어머니에게로 가져왔더니 그의 어머니가 그
의 아버지가 즐기는 별미를 만들었더라

5-7절 이삭이 그의 아들 에서에게 말할 때에 리브가가 들었더니 에서가 사냥하여 오려고 들로 나가매 리브가가 그의 아들 야곱에게 말하여 이르되 네 아버지가 네 형 에서에게 말씀하시는 것을 내가 들으니 이르시기를 나를 위하여 사냥하여 가져다가 별미를 만들

어 내가 먹게 하여 죽기 전에 야훼 앞에서 네게 축복하게 하라 하셨으니

우리나라의 옛말에 "부인은 만년 남이다."라는 말이 있습니다. 부부간이라도 참신앙 안에서 하나가 되어야 참부부가 되는 것이지, 법적으로 맺은 부부는 언제나 남이 될 수가 있습니다. 이삭의 집안도 마찬가지였습니다. 리브가는 이삭이 에서에게 하는 말을 모두 들어 이삭이 에서에게 축복해 주려는 것을 알아차렸습니다.

이삭은 리브가도 자기와 같은 마음을 가지고 있는 줄 알았습니다. 그러나 이삭이 에서를 편애하듯이 리브가는 야곱을 편애하고 있었습니다. 그렇기 때문에 리브가는 에서가 장자의 축복을 받게 될 것을 안 이상 수수방관하고 있을 수 없었습니다. 리브가는 맏아들 에서가 사냥하러 나가자마자 둘째 아들 야곱을 불렀습니다. 그리고는 이삭이 에서에게 했던 말을 전해 주었습니다.

8-10절 그런즉 내 아들아 내 말을 따라 내가 네게 명하는 대로 염소 떼에 가서 거기서 좋은 염소 새끼 두 마리를 내게로 가져오면 내가 그것으로 네 아버지를 위하여 그가 즐기시는 별미를 만들리니 네가 그것을 네 아버지께 가져다 드려서 그가 죽기 전에 네게 축복하기 위하여 잡수시게 하라

리브가는 급히 야곱에게 에서를 축복해 주려는 이삭의 의도를 알려주고 자신이 시키는 대로 하라고 명령했습니다. 리브가가 야곱에게 지시한 것은 연로하고 병약한 이삭을 속이고 축복을 가로채려는 술수였습니다.

사실 리브가는 매우 행동적인 여성입니다. 아브라함의 종 엘리에셀이 이삭의 신부감을 물색하러 갔을 때에도 아무 망설임없이 마음의 결단을 하고 따라왔던 여인입니다. 그런데 이제는 남편 이삭을 속이고 둘째 아들 야곱에게 장자권을 넘겨 주려는 계획을 세운 것입니다. 즉 에서 대신 야곱이 별미를 가지고 이삭에게 들어가서 장자의 축복을 받게 하려는 것입니다. 그렇게 하기 위해서는 에서가 돌아오기 전에 급히 서둘러 축복을 받아야 했습니다.

그래서 야곱이 집에 있는 염소 중에서 좋은 새끼를 골라서 잡아 오면 자기가 요리를 해주겠다고 했습니다. 사실 이삭의 구미에 맞는 별미를 만드는 데는 한평생 같이 살아온 리브가가 적격이었을 것입니다. 리브가는 야곱에게 자기가 별미로 만든 음식을 이삭에게 갖다주고 이삭의 축복을 받으라고 지시했습니다. 이와 같이 리브가는 이 일에 야곱보다 더 적극적으로 나섰습니다.

11, 12절 야곱이 그 어머니 리브가에게 이르되 내 형 에서는 털이 많은 사람이요 나는 매끈매끈한 사람인즉 아버지께서 나를 만지실진대 내가 아버지의 눈에 속이는 자로 보일지라 복은 고사하고 저주를 받을까 하나이다

야곱이 성격이 차분하고 꼼꼼했습니다. 어머니 리브가의 책략을 들은 야곱이 눈이 어두운 이삭의 눈은 어느 정도 속일 수 있다고 할지라도 촉각까지야 어떻게 속일 수 있겠느냐는 우려는 나타냈습니다. 즉 이삭이 신분을 확인하기 위해 몸을 만져 본다면 털이 많은 형 에서와 매끈매끈한 자기가 너무도 대조적이기 때문에 들킬 수밖에 없다고 걱정을 한 것입니

다. 그렇게 되면 축복은커녕 아버지께 저주를 받게 되어 인생을 망치게 될 것이 뻔하므로 야곱은 어머니의 지시에 선뜻 따르지 못했습니다. 야곱이 이러한 우려를 나타낸 것은 아버지가 자녀들에게 복과 저주를 줄 수 있는 하나님께 위임받은 권위를 지녔다고 믿었기 때문입니다.

13절 어머니가 그에게 이르되 내 아들아 너의 저주는 내게로 돌리리니 내 말만 따르고 가서 가져오라

야곱이 만일 속임수가 탄로나면 복은 고사하고 저주를 받을 것이라고 걱정하자, 리브가는 자신이 모든 책임을 질 테니 "내 말만 따르라."고 말했습니다. 이에 야곱은 별도리 없이 어머니가 시키는 대로 했습니다.

14절 그가 가서 끌어다가 어머니에게로 가져왔더니 그의 어머니가 그의 아버지가 즐기는 별미를 만들었더라

결국 야곱은 어머니의 지시대로 염소 새끼를 잡아왔고, 그의 어머니 리브가는 이삭이 즐기는 별미를 만들었습니다. 이로써 야곱과 그 어머니 리브가는 정당치 못한 방법으로 이삭의 축복을 가로채는 일에 공범이 된 것입니다.

하나님의 복을 받는 데 인간적으로 교활하게 거짓말을 해서는 안됩니다. 하나님은 공의로우시고 살아계신 분이시기 때문에 인간적인 방법으로 속임수를 써서는 하나님의 복을 받을 수 없는 것입니다. 어떤 도둑이 밤새 도둑질을 하고 난 다음 십일조를 떼어서 하나님의 성전에 던지면서 "주여, 십일조 받으시고 복을 주옵소서."라고 했답니다. 이것은 계속 도둑질을 잘하게 해달라는 말밖에 안됩니다. 하나님은 이런 일을 결코 허

용하시지 않습니다.

3. 에서로 가장한 야곱(27:15~20)

15. 리브가가 집 안 자기에게 있는 그의 맏아들 에서의 좋은 의복을
가져다가 그의 작은 아들 야곱에게 입히고 16. 또 염소 새끼의 가죽
을 그의 손과 목의 매끈매끈한 곳에 입히고 17. 자기가 만든 별미와
떡을 자기 아들 야곱의 손에 주니 18. 야곱이 아버지에게 나아가서
내 아버지여 하고 부르니 이르되 내가 여기 있노라 내 아들아 네가 누
구냐 19. 야곱이 아버지에게 대답하되 나는 아버지의 맏아들 에서로
소이다 아버지께서 내게 명하신 대로 내가 하였사오니 원하건대 일
어나 앉아서 내가 사냥한 고기를 잡수시고 아버지 마음껏 내게 축복
하소서 20. 이삭이 그의 아들에게 이르되 내 아들아 네가 어떻게 이
같이 속히 잡았느냐 그가 이르되 아버지의 하나님 야훼께서 나로 순
조롭게 만나게 하셨음이니이다

15-17절 리브가가 집 안 자기에게 있는 그의 맏아들 에서의 좋은 의복을 가져다가 그의 작은 아들 야곱에게 입히고 또 염소 새끼의 가죽을 그의 손과 목의 매끈매끈한 곳에 입히고 자기가 만든 별미와 떡을 자기 아들 야곱의 손에 주니

리브가는 이삭이 냄새를 맡았을 때 탄로나지 않게 하기 위해서 맏아들 에서의 체취가 물씬 배어 있는 옷을 야곱에게 입혔습니다.

그리고 리브가는 야곱의 손과 목에 염소 가죽을 대어 꾸몄습니다. 이는 만일 이삭이 야곱을 만져 보더라도 염소털을 에서의 털로 알고 속아 넘어가게 하기 위해서였습니다.

리브가는 이삭을 속일 만반의 준비를 마치고 난 후 야곱의 손에 가지가 만든 별미를 들려 이삭의 방으로 들여 보냈습니다.

18절 야곱이 아버지에게 나아가서 내 아버지여 하고 부르니 이르되 내가 여기 있노라 내 아들아 네가 누구냐

이삭은 비록 노쇠하였지만 야곱의 목소리와 에서의 목소리를 구별할 수 없을 정도는 아니었습니다. "내 아버지여" 하고 부르는 목소리라 평소에 듣던 에서의 목소리와는 뭔가 조금 다르다는 것을 느꼈습니다. 그래서 이삭은 "네가 누구냐" 하고 물었습니다.

19절 야곱이 아버지에게 대답하되 나는 아버지의 맏아들 에서로소이다 아버지께서 내게 명하신 대로 내가 하였사오니 원하건대 일어나 앉아서 내가 사냥한 고기를 잡수시고 아버지 마음껏 내게 축복하소서

야곱은 마침내 담대하게 거짓말을 했습니다. 아버지에게 자기를 에서라고 속이고 자기가 직접 사냥해온 고기를 잡수시고 자기를 축복해 달라고 했습니다.

처음에 야곱은 어머니 리브가의 계획에 조바심을 내며 걱정하는 태도

를 보였으나 막상 실제에 와서는 서슴없이 아버지를 속인 것입니다. 이처럼 사람은 일단 부정한 일에 발을 들여 놓으면 결국에는 스스로 죄악의 수렁으로 빠져들 수밖에 없는 실로 나약한 존재일 뿐입니다.

20절 이삭이 그의 아들에게 이르되 내 아들아 네가 어떻게 이같이 속히 잡았느냐 그가 이르되 아버지의 하나님 야훼께서 나로 순조롭게 만나게 하셨음이니이다

이삭은 야곱에게 어떻게 이처럼 빨리 사냥을 해서 요리해 가지고 왔느냐고 물었습니다. 이에 야곱은 하나님의 도우심과 섭리에 의해서 빨리 준비할 수 있었다고 대답했습니다.

결국 야곱은 자신의 거짓말을 합리화시키기 위해 야훼 하나님의 이름을 도용한 것입니다. 이와 같이 거짓은 또 다른 거짓을 낳습니다.

그러나 이삭은 야곱의 말을 듣고 의심스러운 생각이 들었습니다. 왜냐하면 평소에 야곱은 하나님을 늘 경외하지만, 에서는 그렇지 않다는 것을 잘 알고 있었기 때문입니다. 평소에 하나님을 경외하지 않는 에서가 어떻게 야훼 하나님께서 자기를 도와 주셔서 빨리 사냥할 수 있었다고 고백할 수 있겠습니까? 그래서 이삭은 의심을 하게 되었던 것입니다.

4. 이삭이 야곱에게 축복(27:21~29)

21. 이삭이 야곱에게 이르되 내 아들아 가까이 오라 네가 과연 내 아
들 에서인지 아닌지 내가 너를 만져보려 하노라 22. 야곱이 그 아버
지 이삭에게 가까이 가니 이삭이 만지며 이르되 음성은 야곱의 음성
이나 손은 에서의 손이로다 하며 23. 그의 손이 형 에서의 손과 같이
털이 있으므로 분별하지 못하고 축복하였더라 24. 이삭이 이르되
네가 참 내 아들 에서냐 그가 대답하되 그러하니이다 25. 이삭이 이
르되 내게로 가져오라 내 아들이 사냥한 고기를 먹고 내 마음껏 네게
축복하리라 야곱이 그에게로 가져가매 그가 먹고 또 포도주를 가져
가매 그가 마시고 26. 그의 아버지 이삭이 그에게 이르되 내 아들아
가까이 와서 내게 입맞추라 27. 그가 가까이 가서 그에게 입맞추니
아버지가 그의 옷의 향취를 맡고 그에게 축복하여 이르되 내 아들의
향취는 야훼께서 복 주신 밭의 향취로다 28. 하나님은 하늘의 이슬
과 땅의 기름짐이며 풍성한 곡식과 포도주를 네게 주시기를 원하노
라 29. 만민이 너를 섬기고 열국이 네게 굴복하리니 네가 형제들의
주가 되고 네 어머니의 아들들이 네게 굴복하며 너를 저주하는 자는
저주를 받고 너를 축복하는 자는 복을 받기를 원하노라

21절 이삭이 야곱에게 이르되 내 아들아 가까이 오라 네가 과연 내 아들 에서인지 아닌지 내가 너를 만져보려 하노라

의심을 품은 이삭은 자신의 손으로 직접 만져 보아서 정말 에서인지

아닌지를 확인해 보려고 했습니다. 이삭은 털이 많은 장남 에서와 털이 없이 매끈매끈한 야곱의 피부를 구별해 낼 수 있었습니다. 그래서 이삭은 야곱을 가까이 오게 했습니다.

22, 23절 야곱이 그 아버지 이삭에게 가까이 가니 이삭이 만지며 이르되 음성은 야곱의 음성이나 손은 에서의 손이로다 하며 그의 손이 형 에서의 손과 같이 털이 있으므로 분별하지 못하고 축복하였더라

이삭은 야곱이 에서로 변장했기 때문에 분별해 낼 수가 없었습니다. 음성이나 말솜씨로 보아서는 분명히 야곱인 것 같은데, 손으로 만져 보니 털이 많은 것으로보아 에서임에 틀림이 없었습니다. 이삭에게는 참으로 당황할 만한 일이었습니다. 그래서 이삭은 다시 한 번 확인합니다.

24-26절 이삭이 이르되 네가 참 내 아들 에서냐 그가 대답하되 그러하니이다 이삭이 이르되 내게로 가져오라 내 아들이 사냥한 고기를 먹고 내 마음껏 네게 축복하리라 야곱이 그에게로 가져가매 그가 먹고 또 포도주를 가져가매 그가 마시고 그의 아버지 이삭이 그에게 이르되 내 아들아 가까이 와서 내게 입맞추라

이삭은 그가 정말 에서인지를 물어 보았습니다. 이와 같이 이삭은 장자에 대한 축복권 행사에 있어 신중을 기하면서 끝까지 맏아들 에서를 축복하려고 애를 썼습니다. 아마 보통 사람 같았으면 이러한 상황을 더 이상 견디지 못하고 그 자리에서 뛰쳐 나왔을 것입니다. 그러나 야곱은 태연

하게 자신의 신분을 속였습니다.

마침내 이삭은 의심을 떨쳐 버리고 야곱에게 축복하기로 결심했습니다. 일이 이렇게 된 것은 외형적으로는 야곱과 리브가의 완벽한 계략과 이삭의 심각한 노후 현상 때문인 것 같습니다. 그러나 이것은 어디까지나 리브가의 태 속에서부터 에서를 미워하고 야곱을 사랑하고 선택해 주신 하나님의 예정과 섭리의 결과인 것입니다(말 1:2,3; 롬 9:13).

리브가나 야곱이 하나님의 복을 받으려는 소원을 갖고 있는 것은 좋았지만, 거짓말을 하여 축복을 가로챈 것은 잘못입니다. 사람을 속일 수는 있어도 하나님을 속일 수는 없습니다. 만일 야곱이 속임수를 써서 축복을 가로채지 않았더라도 하나님께서는 하나님의 예정과 뜻대로 야곱에게 복을 주셨을 것입니다. 결국 하나님께서 야곱에게 복을 주셨지만, 그것은 하나님께서 리브가에게 하셨던 말씀(창 25:23)을 성취하신 것일 뿐입니다.

야곱은 속임수를 써서 축복을 받았으나 그 대가로 많은 고생을 하게 되었습니다.

27-29절 그가 가까이 가서 그에게 입맞추니 아버지가 그의 옷의 향취를 맡고 그에게 축복하여 이르되 내 아들의 향취는 야훼께서 복 주신 밭의 향취로다 하나님은 하늘의 이슬과 땅의 기름짐이며 풍성한 곡식과 포도주를 네게 주시기를 원하노라 만민이 너를 섬기고 열국이 네게 굴복하리니 네가 형제들의 주가 되고 네 어머니의 아들들이 네게 굴복하며 너를 저주하는 자는 저주를 받고 너를 축복하는 자는 복을 받기를 원하노라

이제 이삭이 야곱에게 축복을 합니다. 이삭은 에서의 옷에 배어 있는 에서의 체취와 가나안 들판의 향취를 맡고 끓어오르는 감흥으로 마음껏 축복했습니다.

야곱이 받은 축복은 단지 아버지께 받는 축복이 아니라 아버지 이삭이 경외하는 하나님께 받은 축복입니다. 이삭은 하나님께서 하늘의 이슬과 비를 다 주시고 곡식들을 다 주시기를 원한다는 물질 축복에 이어, 만민이 야곱에게 굴복하리라는 영적 축복을 해주었습니다. 이것은 야곱의 후손인 이스라엘이 장차 열방 중에서 하나님의 선민으로 택정되어 제사장의 나라가 될 것이라는 의미입니다.

그리고 이삭은 야곱에게 하나님께서 아브라함에게 허락하셨던 복을 재확인시켜 주었습니다. 이것은 아브라함의 복에 대한 계승으로써, 하나님의 언약의 대상이 아브라함과 이삭을 거쳐 야곱의 대에 이르러 다시 한 번 더 확인되는 것입니다. 즉 '아브라함의 하나님, 이삭의 하나님, 에서의 하나님' 이 되지 않고, '아브라함의 하나님, 이삭의 하나님, 야곱의 하나님' 이 된 것입니다.

이와 같이 야곱은 언약의 계승자요, 축복의 대리자가 되었으며, 아브라함과 이삭과 야곱으로 계승된 복은 야곱의 후손으로 오신 예수 그리스도를 통해 세계 만민에게 적용되게 되었습니다.

5. 에서의 통곡과 이삭의 예언(27:30~40)

30. 이삭이 야곱에게 축복하기를 마치매 야곱이 그의 아버지 이삭
앞에서 나가자 곧 그의 형 에서가 사냥하여 돌아온지라 31. 그가 별
미를 만들어 아버지에게로 가지고 가서 이르되 아버지여 일어나서
아들이 사냥한 고기를 잡수시고 마음껏 내게 축복하소서 32. 그의
아버지 이삭이 그에게 이르되 너는 누구냐 그가 대답하되 나는 아버
지의 아들 곧 아버지의 맏아들 에서로소이다 33. 이삭이 심히 크게
떨며 이르되 그러면 사냥한 고기를 내게 가져온 자가 누구냐 네가 오
기 전에 내가 다 먹고 그를 위하여 축복하였은즉 그가 반드시 복을
받을 것이니라 34. 에서가 그의 아버지의 말을 듣고 소리 내어 울며
아버지에게 이르되 내 아버지여 내게 축복하소서 내게도 그리하소
서 35. 이삭이 이르되 네 아우가 와서 속여 네 복을 빼앗았도다 36.
에서가 이르되 그의 이름을 야곱이라 함이 합당하지 아니하니이까
그가 나를 속임이 이것이 두 번째니이다 전에는 나의 장자의 명분을
빼앗고 이제는 내 복을 빼앗았나이다 또 이르되 아버지께서 나를 위
하여 빌 복을 남기지 아니하셨나이까 37. 이삭이 에서에게 대답하
여 이르되 내가 그를 너의 주로 세우고 그의 모든 형제를 내가 그에
게 종으로 주었으며 곡식과 포도주를 그에게 주었으니 내 아들아 내
가 네게 무엇을 할 수 있으랴 38. 에서가 아버지에게 이르되 내 아버
지여 아버지가 빌 복이 이 하나 뿐이리이까 내 아버지여 내게 축복하
소서 내게도 그리하소서 하고 소리를 높여 우니 39. 그 아버지 이삭
이 그에게 대답하여 이르되 네 주소는 땅의 기름짐에서 멀고 내리는
하늘 이슬에서 멀 것이며 40. 너는 칼을 믿고 생활하겠고 네 아우를

섬길 것이며 네가 매임을 벗을 때에는 그 멍에를 네 목에서 떨쳐버리리라 하였더라

30절 이삭이 야곱에게 축복하기를 마치매 야곱이 그의 아버지 이삭 앞에서 나가자 곧 그의 형 에서가 사냥하여 돌아온지라

야곱이 아버지 이삭을 속이고 축복을 받고 나가자마자 에서가 돌아왔습니다. 조금만 지체되었더라면 형 에서에게 들켰을텐데 순간의 차이로 두 사람이 부딪치지 않았습니다.

31절 그가 별미를 만들어 아버지에게로 가지고 가서 이르되 아버지여 일어나서 아들이 사냥한 고기를 잡수시고 마음껏 내게 축복하소서

에서는 자기가 사냥해 온 고기로 별미를 만들어 이삭에게로 가져와서 "아버지여 일어나서 아들의 사냥한 고기를 잡수시고 마음껏 내게 축복하소서"라고 말했습니다.

그러나 이미 이삭이 야곱에게 축복하였기 때문에 에서는 축복을 받을 수 없었습니다. 이렇게 된 원인은 겉으로 드러나기에는 리브가와 야곱이 이삭을 속인 데 있는 것 같으나 실제로는 에서가 하나님의 약속을 소홀히 여기고 팥죽 한 그릇에 장자의 명분을 팔아 버렸기 때문입니다. 하나님과의 관계를 소홀히 한 사람은 인간의 어떤 수단으로도 그 관계를 회복할 수 없는 것입니다.

32, 33절 그의 아버지 이삭이 그에게 이르되 너는 누구냐 그가 대답하되 나는 아버지의 아들 곧 아버지의 맏아들 에서로소이다

이삭이 심히 크게 떨며 이르되 그러면 사냥한 고기를 내게 가져온 자가 누구냐 네가 오기 전에 내가 다 먹고 그를 위하여 축복하였은즉 그가 반드시 복을 받을 것이니라

에서의 말을 듣는 순간 이삭은 큰 충격을 받았습니다. 이삭은 이제야 비로소 자기가 축복한 사람이 에서가 아니라 야곱이라는 사실을 깨달았던 것입니다. 이삭은 에서에게 축복해 주려던 자기의 계획이 깨지고 야곱에게 축복해 준 것이 하나님의 예정과 섭리에 의한 것임을 깨닫고 두려움에 떨었습니다.

이삭은 하나님께서 선택하신 자가 야곱이라는 것을 분명히 알고 "그를 위하여 축복하였은즉 그가 반드시 복을 받을 것이니라" 고 확언했습니다. 족장인 이삭의 축복은 신적 선고와 다름없기 때문에 취소하거나 변개할 수 없었습니다.

34절 에서가 그의 아버지의 말을 듣고 소리 내어 울며 아버지에게 이르되 내 아버지여 내게 축복하소서 내게도 그리하소서

에서는 소리 내어 울며 자기에게도 축복해 달라고 했습니다. 이것은 전날 팥죽 한 그릇에 장자권을 팔아먹었던 자신의 어리석음에 대한 한탄과 회개에서 나온 참회의 눈물이 아니었습니다. 에서가 소리 내어 운 것은 야곱에 대한 분노와 축복권 상실에 대한 절망감 때문이었습니다.

35, 36절 이삭이 이르되 네 아우가 와서 속여 네 복을 빼앗았도다 에서가 이르되 그의 이름을 야곱이라 함이 합당하지 아니하니이까 그가 나를 속임이 이것이 두 번째니이다 전에는 나의

장자의 명분을 빼앗고 이제는 내 복을 빼앗았나이다 또 이르되 아버지께서 나를 위하여 빌 복을 남기지 아니하셨나이까

이삭은 야곱이 속임수를 써서 장자의 축복을 가로챘지만 그것이 하나님의 뜻대로 된 일이기 때문에 자기의 뜻대로 무효화할 수 없다는 것을 잘 알고 있었습니다. 그러나 사랑하는 아들 에서가 비통하게 울부짖을 것을 보고 그냥 있을 수많은 없었습니다. 그래서 이삭은 에서를 위로하며 "이미 네 아우 야곱이 속임수로 네 복을 빼앗았다." 고 했습니다.

야곱은 비록 성격을 교활했지만 하나님을 사랑하는 일에는 양보가 없었고, 또한 하나님께서 주시는 장자의 축복의 가치와 중요성을 알았습니다. 그리고 아버지에게 축복받은 아들이 가문의 대를 잇는다는 것을 알았기 때문에 그것을 굉장히 사모했습니다.

하나님께서는 교활하고 사기성 있는 성격의 야곱을 사랑하신 것이 아니라 하나님을 사랑하고 하나님의 권위를 존경하는 야곱을 가상히 여기신 것입니다.

우리는 완전하기 때문에 복을 받는 것이 아닙니다. 아브라함도 불완전하고 이삭도 불완전하고 야곱 또한 매우 불완전한 사람이었습니다. 그럼에도 불구하고 그들이 하나님께 복 받은 것은 그들을 택해 주신 하나님의 은혜로 인한 것이었으며, 그들에게 하나님을 사랑하고 하나님께 복 받기를 원하는 뜨거운 마음과 믿음이 있었기 때문입니다.

사람은 완전을 향해 늘 나아가야 하겠지만 하나님께서 보시는 것은 그 마음입니다. 하나님께서는 우리가 마음을 다하여 하나님을 사랑하고 하나님을 따르는가를 보십니다. 에서는 뒤늦게 자기가 받을 축복을 야곱이 가로챘다는 사실을 알고 소리 내어 울었지만 이미 야곱의 것이 되었기 때

문에 아무 소용이 없는 일이었습니다.

37절 이삭이 에서에게 대답하여 이르되 내가 그를 너의 주로 세우고 그의 모든 형제를 내가 그에게 종으로 주었으며 곡식과 포도주를 그에게 주었으니 내 아들아 내가 네게 무엇을 할 수 있으랴

이삭은 사랑하는 맏아들의 눈물 어린 하소연에도 불구하고 어찌할 수 없었습니다. 왜냐 하면 하나님의 예정과 섭리로 말미암아 하나님의 이름으로 야곱을 축복했으므로 인간의 마음대로 그 축복을 거둘 수 없기 때문입니다. 그리고 당시의 사회상으로 볼 때 비록 구두로 축복했을지라도 일단 족장의 축복이 선언된 후에는 그것이 법적 효력을 지니고 있었기 때문입니다.

38절 에서가 아버지에게 이르되 내 아버지여 아버지가 빌 복이 이 하나뿐이리이까 내 아버지여 내게 축복하소서 내게도 그리하소서 하고 소리를 높여 우니

에서는 이제야 자신이 평소에 경홀히 취급했던 장자 명분의 가치를 절실히 깨달았습니다. 그래서 에서는 그 권리를 빼앗겼다는 것에 대해 통한의 눈물을 흘렸습니다. 그러나 이 눈물은 진실한 회개의 눈물이라기보다는 다만 분노와 증오와 후회와 비통함에서 나온 것일 뿐입니다.

이와 같이 장자권을 소홀히 여기고 당장의 배고픔을 해결하기 위해 팥죽 한 그릇에 장자권을 팔았던 에서의 경솔한 행동은 결코 되돌릴 수 없는 결과를 초래하고 만 것입니다. 이에 대해 성경은 "음행하는 자와 혹 한 그릇 음식을 위하여 장자의 명분을 판 에서와 같이 망령된 자가 없도

록 살피라 너희가 아는 바와 같이 그가 그 후에 축복을 이어받으려고 눈물을 흘리며 구하되 버린 바가 되어 회개할 기회를 얻지 못하였느니라" (히 12:16,17)고 기록하고 있습니다.

39절 그 아버지 이삭이 그에게 대답하여 이르되 네 주소는 땅의 기름짐에서 멀고 내리는 하늘 이슬에서 멀 것이며

이제 이삭은 자기가 사랑하는 아들 에서의 장래에 대해서 예언합니다. "네 주소는 땅의 기름짐에서 멀고 내리는 하늘 이슬에서 멀 것이며" 이것은 에서와 그의 후손들은 야곱과 그의 후손이 거주하게 될 기름진 가나안 땅과는 대조적으로 척박하고 삭박한 메마른 땅에서 살게 될 것이라는 말입니다. 결국 이 예언대로 에서의 후손인 에돔 족속은 세계에서 가장 척박한 땅 중의 한 곳인 세일 산지를 그들의 주소로 삼고 살게 되었습니다.

40절 너는 칼을 믿고 생활하겠고 네 아우를 섬길 것이며 네가 매임을 벗을 때에는 그 멍에를 네 목에서 떨쳐버리리라 하였더라

"너는 칼을 믿고 생활하겠고" 이것은 에서의 후손인 에돔 족속이 호전적인 민족이 되어서 이웃의 것을 탈취해서 먹고 살게 된다는 예언입니다. 사실 역사적으로 보면 에돔이라는 나라를 산지에 자리 잡고 전쟁을 하여 탈취한 것으로 살았습니다.

"네 아우를 섬길 것이며 네가 매임을 벗을 때에는 그 멍에를 네 목에서 떨쳐버리리라" 이 예언대로 훗날 에돔 족속은 이스라엘 열왕의 지배를 받고 살았으며(삼하 8:14), 그 후 이스라엘 속국에서 벗어나 독립했으나 곧 앗수르나 바벨론과 같은 강한 외적에게 짓밟혀서 흔적도 없이 사라지

고 말았습니다.

6. 야곱에 대한 에서의 분노(27:41~46)

41. 그의 아버지가 야곱에게 축복한 그 축복으로 말미암아 에서가 야
곱을 미워하여 심중에 이르기를 아버지를 곡할 때가 가까웠은즉 내
가 내 아우 야곱을 죽이리라 하였더니 42. 맏아들 에서의 이 말이 리
브가에게 들리매 이에 사람을 보내어 작은 아들 야곱을 불러 그에게
이르되 네 형 에서가 너를 죽여 그 한을 풀려 하니 43. 내 아들아 내
말을 따라 일어나 하란으로 가서 내 오라버니 라반에게로 피신하여
44. 네 형의 노가 풀리기까지 몇 날 동안 그와 함께 거주하라 45. 네
형의 분노가 풀려 네가 자기에게 행한 것을 잊어버리거든 내가 곧 사
람을 보내어 너를 거기서 불러오리라 어찌 하루에 너희 둘을 잃으랴
46. 리브가가 이삭에게 이르되 내가 헷 사람의 딸들로 말미암아 내
삶이 싫어졌거늘 야곱이 만일 이 땅의 딸들 곧 그들과 같은 헷 사람의
딸들 중에서 아내를 맞이하면 내 삶이 내게 무슨 재미가 있으리이까

41절 그의 아버지가 야곱에게 축복한 그 축복으로 말미암아 에서가 야곱을 미워하여 심중에 이르기를 아버지를 곡할 때가 가까웠은즉 내가 내 아우 야곱을 죽이리라 하였더니

야곱에게 속아서 축복을 빼앗긴 에서는 원한에 사무쳐서 도저히 야곱을 용서할 수 없었습니다. 그래서 에서는 아버지 이삭이 세상을 뜨는 날에는 동생 야곱을 죽여 버리겠다고 다짐했습니다.

42절 맏아들 에서의 이 말이 리브가에게 들리매 이에 사람을 보내어 작은 아들 야곱을 불러 그에게 이르되 네 형 에서가 너를 죽여 그 한을 풀려 하니

에서가 원한에 사무쳐서 야곱을 죽이겠다고 하는 말을 리브가가 들었습니다. 이에 리브가는 또다시 야곱을 불러 이 사실을 알리고 죽음의 위험에서 피할 수 있도록 조치했습니다.

43, 44절 내 아들아 내 말을 따라 일어나 하란으로 가서 내 오라버니 라반에게로 피신하여 네 형의 노가 풀리기까지 몇 날 동안 그와 함께 거주하라

리브가는 며칠 내로 에서의 노가 풀어질 줄 알고 야곱에게 그 동안 외삼촌 라반의 집으로 가서 있으라고 했습니다.

45절 네 형의 분노가 풀려 네가 자기에게 행한 것을 잊어버리거든 내가 곧 사람을 보내어 너를 거기서 불러오리라 어찌 하루에 너희 둘을 잃으랴

리브가는 에서의 분노가 풀리는 즉시 야곱에게 기별해 주겠다고 약속했습니다. 그러나 이와 같은 리브가의 약속은 끝내 지켜질 수 없게 되었고, 며칠 내로 사랑하는 아들 야곱과 다시 해후할 것이라고 생각했던 리

브가는 야곱을 그 후 두 번 다시 볼 수 없게 되었습니다. 이것은 하나님의 계시를 끝까지 인내와 기도로써 선하게 이루지 못하고 인간적인 속임수를 통해 성취하려 한 처신에 대한 일종의 징계로 보여집니다.

46절 리브가가 이삭에게 이르되 내가 헷 사람의 딸들로 말미암아 내 삶이 싫어졌거늘 야곱이 만일 이 땅의 딸들 곧 그들과 같은 헷 사람의 딸들 중에서 아내를 맞이하면 내 삶이 내게 무슨 재미가 있으리이까

리브가는 야곱을 피신시키기 위해 지혜를 내어 남편 이삭에게 "야곱이 이방인인 헷 족속의 딸들과 결혼을 하면 안 되므로 야곱을 친정 오라버니 집에 보내어 그의 딸들 중에서 며느리감을 구해야 합니다."라고 말했습니다.

야곱이 아버지와 형을 속이고 장자권을 가로챈 사건이 있은 후에 이삭의 가정에는 풍파가 그치지 않았는데, 그것은 맏아들과 둘째 아들 사이의 씻을 수 없는 원한 때문입니다. 남편과 아내가 성격이 다르고 자식들의 성격이 서로 다른데, 여기에 편애까지 하게 되니 갈등이 생기게 되는 것입니다.

이 세상에 가정이 행복의 근원이라는 말을 많이 하는데, 실제로는 하나님을 믿지 않는 가정에서는 진정한 행복을 찾아보기가 쉽지 않습니다. 가정은 가족들 간에 서로 조화하기 위해서 많이 기도하고 사탄이 틈타지 못하게 늘 마귀를 쫓아내며, 서로 양보하고 이해하고 사랑하며 도와주는 노력을 통해 점점 성숙해지는 것입니다.

제 28 장

야곱의 도주와 벧엘 언약

A COMMENTARY ON THE
GENESIS

아버지 이삭을 속여서 장자의 축복을 받은 야곱은, 어머니 리브가의 계획을 좇아 형 에서의 보복을 피해 외가가 있는 밧단아람으로 도피했습니다. 이때 이삭은 도피하는 야곱에게 재차 축복해 주었습니다. 특별히 이삭은 야곱에게 외삼촌 라반의 딸 중에서 아내를 취할 것을 당부했습니다. 야곱의 밧단아람 여행은 도피 여행이었지만, 한편으로는 구별된 언약의 상속자로서 그 신앙의 혈통의 순수성을 보존하기 위한 결혼 여행이기도 했습니다.

에서는 가나안의 두 여인을 아내로 취했었지만, 또다시 아브라함의 혈통 중에서 한 여인을 세 번째 아내로 맞아들였습니다.

야곱은 급히 떠난 도피여행으로 지치고 허기진 채로 벧엘 벌판에 누워 잠들게 되었는데, 그때 하나님께서 꿈에 나타나셔서 가나안 땅과 후손에 대한 언약을 재차 보증해 주셨습니다. 그리고 언제나 야곱과 함께 동행해 주실 것을 약속해 주심으로 큰 은총과 위로를 베푸셨습니다. 이에 야곱이 깨어서 확신에 찬 믿음과 뜨거운 감사의 마음으로 하나님께 서원 기도를 드렸습니다.

1. 야곱의 도피(28:1~5)

1. 이삭이 야곱을 불러 그에게 축복하고 또 당부하여 이르되 너는 가
나안 사람의 딸들 중에서 아내를 맞이하지 말고 2. 일어나 밧단아람
으로 가서 네 외조부 브두엘의 집에 이르러 거기서 네 외삼촌 라반의
딸 중에서 아내를 맞이하라 3. 전능하신 하나님이 네게 복을 주시어
네가 생육하고 번성하게 하여 네가 여러 족속을 이루게 하시고 4.
아브라함에게 허락하신 복을 네게 주시되 너와 너와 함께 네 자손에
게도 주사 하나님이 아브라함에게 주신 땅 곧 네가 거류하는 땅을 네
가 차지하게 하시기를 원하노라 5. 이에 이삭이 야곱을 보내매 그가
밧단아람으로 가서 라반에게 이르렀으니 라반은 아람 사람 브두엘
의 아들이요 야곱과 에서의 어머니 리브가의 오라비더라

1, 2절 이삭이 야곱을 불러 그에게 축복하고 또 당부하여 이르되 너는 가나안 사람의 딸들 중에서 아내를 맞이하지 말고 일어나 밧

> 단아람으로 가서 네 외조부 브두엘의 집에 이르러 거기서 네 외삼촌 라반의 딸 중에서 아내를 맞이하라

리브가가 야곱을 밧단아람에 보내어 친족 중에서 아내를 취하게 하자고 한 말은 효과가 있었습니다. 이삭은 리브가의 말을 듣고 야곱을 불러서 축복하고 가나안 사람의 딸들 중에서 아내를 취하지 말고 밧단아람으로 가서 그의 외조부 브두엘의 집에 이르러 거기서 그의 외삼촌 라반의 딸들 중에서 아내를 맞이하라고 부탁했습니다.

결혼할 때에는 신랑과 신앙이 같아야 집안이 평안하지, 종교가 틀리면 무서운 종교 전쟁이 일어나게 됩니다. 하나님을 잘 섬기는 집안의 딸을 아내로 취하면 그 집안에서 신앙이 사라지지 않지만, 불신 집안의 딸을 아내로 맞으면 집안이 아주 어수선하게 되고 신앙을 잃기 쉽습니다. 왜냐하면 신앙은 남자보다 여자를 통해서 더 잘 전달되기 때문입니다.

이스라엘의 아합 왕은 두로와 시돈의 왕의 딸 이세벨을 아내로 삼았는데, 이세벨이 시집올 때 이방의 바알신과 아세라신을 섬기는 제사장들을 데리고 와서 온 이스라엘을 우상 천지로 만들었습니다. 그리고 다윗의 아들 솔로몬 역시 지혜와 총명이 뛰어난 사람이었지만, 이방 여자들을 취해서 아내로 삼았기 때문에 그가 나이 많아서는 야훼 하나님을 버리고 이방 신을 섬기고, 성전에 이방 신상을 세웠습니다. 이와 같이 남자가 아무리 믿음이 있고 지혜 있고 총명해도 아내를 잘못 택하면 지혜가 흐려져 버리고 신앙을 잃게 되고 마는 것입니다. 그러므로 결혼 상대자를 선택할 때에는 무엇보다 먼저 그 상대방의 신앙에 대해 알아보아야 하는 것입니다.

이삭과 리브가가 우상을 섬기는 가나안 사람의 딸을 며느리로 두기를

원치 않는 것은 당연한 것이었습니다. 그들은, 에서는 이미 우상을 섬기는 가나안 사람의 딸들을 취해서 아내로 삼았지만, 아직 결혼하지 않은 야곱이라도 하나님을 섬기는 집안에서 아내를 취하기를 원했습니다.

3절 전능하신 하나님이 네게 복을 주시어 네가 생육하고 번성하게 하여 네가 여러 족속을 이루게 하시고

하나님께서 복을 주시면 생육하고 번성하게 됩니다. 자손들도 다 잘되고 모든 일이 형통하게 되는 것입니다. 이와 같이 복의 근원이신 하나님께서 우리에게 복을 주시면 흥하지만, 하나님께 복을 받지 못하면 망합니다. 하나님께 복을 받지 아니하면 인간의 수단과 방법을 다하여 아무리 수고하고 노력해도 그 모든 것이 헛될 뿐입니다.

오히려 하나님께로 말미암지 않은 물질 풍족은 화가 될 수도 있습니다. 성경은 세상에 취한 채 재물을 추구하는 자들에게 "돈을 사랑함이 일만 악의 뿌리가 되나니 이것을 탐내는 자들은 미혹을 받아 믿음에서 떠나 많은 근심으로써 자기를 찔렀도다"(딤전 6:10)라고 경고하고 있습니다.

더 나아가 재물은 구원받는 데 장애물이 될 수도 있습니다. 그래서 예수님께서는 "내가 진실로 너희에게 이르노니 부자는 천국에 들어가기가 어려우니라 다시 너희에게 말하노니 낙타가 바늘귀로 들어가는 것이 부자가 하나님의 나라에 들어가는 것보다 쉬우니라"(막 19:23,24)고 자주 말씀하셨던 것입니다.

그러므로 영혼이 잘되고 그 다음에 범사가 잘되고 강건해야지, 영혼이 잘되지 않은 상태에서 범사가 잘되고 강건하면 오히려 해가 될 수 있

습니다.

이 세상의 부귀영화는 잠시 있다가 사라지는 안개입니다. 하나님께로 말미암지 않은 재물은 우리에게 평안을 주는 것이 아니라 언제나 고통을 가져옵니다. 이 세상에는 마귀가 주는 재물도 있고 하나님께서 주시는 재물도 있습니다. 사탄이 예수님께 와서 천하만국의 영광을 보이면서 "만일 내게 엎드려 경배하면 이 모든 것을 네게 주리라"(마 4:9)고 시험했습니다. 오늘날도 사탄에게 절해서 마귀를 따라감으로 마귀에게 받는 부귀, 영화, 공명이 있습니다. 이것을 얻으려고 사탄에게 절하는 사람은 곧 마귀의 종이 되어 이 세상에서 마귀의 노예 노릇을 하다가 지옥으로 떨어지고 마는 것입니다.

그러나 예수 그리스도를 믿고 하나님 중심으로 사는 사람은 하나님께서 위로부터 복으 내려 주셔서 오중복음과 삼중축복을 받고 하나님을 영화롭게 하는 삶을 살게 됩니다. 그러므로 우리는 하나님 나라와 그의 의를 먼저 구하고 하나님께서 주시는 복을 받아야 합니다.

4절 **아브라함에게 허락하신 복을 네게 주시되 너와 너와 함께 네 자손에게도 주사 하나님이 아브라함에게 주신 땅 곧 네가 거류하는 땅을 네가 차지하게 하시기를 원하노라**

이삭은 아버지 아브라함으로부터받았던 축복을 야곱에게 공식적으로 전해 주었습니다. 원래를 그 축복이 장자인 에서의 몫임에도 불구하고 야곱에게 가게 된 것은 에서가 장자의 명분을 소홀하게 여겨서 망령되게 팥죽 한 그릇에 팔아 버리는 바람에 하나님께로부터 미움을 받았기 때문입니다.

하나님께서 주시는 장자의 명분을 귀중히 여기지 않고 소홀히 여긴 것을 하나님을 등한히 여긴 것으로 간주되었고, 이로 인해 결국 에서는 장자권과 장자의 명분을 박탈당한 것입니다. 그러므로 아브라함의 축복이 이삭에게, 이삭의 축복이 야곱에게 전달되었습니다.

5절 **이에 이삭이 야곱을 보내매 그가 밧단아람으로 가서 라반에게 이르렀으니 라반은 아람 사람 브두엘의 아들이요 야곱과 에서의 어머니 리브가의 오라비더라**

밧단아람은 아브라함이 살았던 곳입니다(창 11:31). 아브라함은 그곳에서 하나님의 부르심을 받고 가나안으로 이주했지만 아브라함의 동생 브두엘과 그의 후손들은 그곳에서 살고 있었습니다.

야곱은 외가가 있는 밧단아람으로 가서 라반을 만났습니다. 라반은 야곱과 에서에게는 외삼촌입니다. 이제 야곱은 외가에 가서 외사촌 누이와 결혼을 하게 되는 것입니다.

한편 여기에서 리브가는 "야곱과 에서의 어머니"라고 불렀는데, 이처럼 야곱의 이름이 에서의 이름보다 먼저 나와 있는 것은, 야곱은 어머니 리브가가 가장 사랑하는 아들일 뿐만 아니라 야곱이 이삭의 상속자가 되었기 때문입니다.

2. 에서의 세 번째 결혼(28:6~9)

6. 에서가 본즉 이삭이 야곱에게 축복하고 그를 밧단아람으로 보내
어 거기서 아내를 맞이하게 하였고 또 그에게 축복하고 명하기를 너
는 가나안 사람의 딸들 중에서 아내를 맞이하지 말라 하였고 7. 또
야곱이 부모의 명을 따라 밧단아람으로 갔으며 8. 에서가 또 본즉 가
나안 사람의 딸들이 그의 아버지 이삭을 기쁘게 하지 못하는지라 9.
이에 에서가 이스마엘에게 가서 그 본처들 외에 아브라함의 아들 이
스마엘의 딸이요 느바욧의 누이인 마할랏을 아내로 맞이하였더라

6절 에서가 본즉 이삭이 야곱에게 축복하고 그를 밧단아람으로 보내어 거기서 아내를 맞이하게 하였고 또 그에게 축복하고 명하기를 너는 가나안 사람의 딸들 중에서 아내를 맞이하지 말라 하였고

에서는 자기에게 지극한 사랑을 쏟는 아버지 이삭을 존경했으므로 아버지의 말씀에 순종하고 늘 아버지의 마음에 상처를 입히지 않으려고 노력했습니다. 그런데 아버지가 야곱에게 가나안 딸들 중에서 아내를 맞이하지 말고 밧단아람으로 가서 외사촌 중에서 아내를 취하라고 당부하는 것을 듣게 되었습니다. 그것을 보고서야 에서는 아버지가 이방 여자가 결혼하는 것을 좋아하지 않는 것을 깨달았습니다.

7-9절 또 야곱이 부모의 명을 따라 밧단아람으로 갔으며 에서가 또 본즉 가나안 사람의 딸들이 그의 아버지 이삭을 기쁘게 하지 못하는지라 이에 에서가 이스마엘에게 가서 그 본처들 외에 아브라함의 아들 이스마엘의 딸이요 느바욧의 누이인 마할랏을 아내로 맞이하였더라

야곱은 부모의 명령에 순종하여 곧바로 떠났습니다. 그 후 에서는 아버지가 야곱을 떠나보내기 전에 이방 여인과 결혼하지 말라고 부탁하던 것을 깊이 생각해 보았습니다. 깊은 생각 끝에 에서는 그의 두 아내가 이방 여인이기 때문에(창 26:34,35) 그의 부모에게 근심을 끼치고 기쁨을 주지 못한다는 사실을 비로소 깨닫게 되었습니다. 에서는 아버지를 기쁘게 하기 위해서 아브라함의 첩 하갈에게서 낳은 이스마엘의 딸 중에서 아내를 맞이했습니다. 에서는 이미 이방 여인들 중에서 두 명의 아내를 맞이했는데, 거기에 더해서 이스마엘의 딸이요 느바욧의 누이인 마할랏을 아내로 맞이하게 되었으니 아내를 셋이나 맞이하게 된 것입니다.

에서는 하나님을 기쁘시게 하기 위하여 이러한 일을 한 것이 아니라 다만 아버지를 위해서 했습니다. 그리고 어쩌면 아버지가 야곱에게 베푼 축복을 취소하고 자기에게 축복해 줄것을 바라는 마음으로 이렇게 했는지도 모릅니다. 그러나 그것은 이미 늦은 일이었습니다. 이는 단지 뒤늦게야 겨우 깨닫는 사람의 어리석음을 보여주고 있을 뿐입니다.

3. 하나님을 체험하게 된 야곱(28:10~17)

10. 야곱이 브엘세바에서 떠나 하란으로 향하여 가더니 11. 한 곳에
이르러는 해가 진지라 거기서 유숙하려고 그 곳의 한 돌을 가져다가
베개로 삼고 거기 누워 자더니 12. 꿈에 본즉 사닥다리가 땅 위에 서
있는데 그 꼭대기가 하늘에 닿았고 또 본즉 하나님의 사자들이 그 위
에서 오르락내리락 하고 13. 또 본즉 야훼께서 그 위에 서서 이르시
되 나는 야훼니 너의 조부 아브라함의 하나님이요 이삭의 하나님이
라 네가 누워 있는 땅을 내가 너와 네 자손에게 주리니 14. 네 자손이
땅의 티끌 같이 되어 네가 서쪽과 동쪽과 북쪽과 남쪽으로 퍼져나갈
지며 땅의 모든 족속이 너와 네 자손으로 말미암아 복을 받으리라
15. 내가 너와 함께 있어 네가 어디로 가든지 너를 지키며 너를 이끌
어 이 땅으로 돌아오게 할지라 내가 네게 허락한 것을 다 이루기까지
너를 떠나지 아니하리라 하신지라 16. 야곱이 잠이 깨어 이르되 야
훼께서 과연 여기 계시거늘 내가 알지 못하였도다 17. 이에 두려워
하여 이르되 두렵도다 이 곳이여 이것은 다름 아닌 하나님의 집이요
이는 하늘의 문이로다 하고

10, 11절 야곱이 브엘세바에서 떠나 하란으로 향하여 가더니 한 곳에 이르러는 해가 진지라 거기서 유숙하려고 그 곳의 한 돌을 가져다가 베개로 삼고 거기 누워 자더니

야곱이 여행하는 과정을 설명하고 있습니다. 야곱은 부모님이 계신 브

엘세바를 떠나 조상 아브라함이 옛날에 살았던 하란을 향하여 가고 있었습니다. 그런데 하란으로 가다가 한 곳에 이르렀을 때 날이 저물어 어두워졌으므로 야곱은 들판에서 노숙을 했습니다. 당시에는 목동들이 들에서 돌을 베개로 해서 잠을 자는 경우가 많이 있었기 때문에 돌 베개를 베고 잠을 자는 것은 조금도 이상한 일이 아니었습니다.

야곱은 브엘세바를 떠난 이후 쉬지 않고 여행해서 매우 지치고 피곤했으므로 이렇게 하룻밤을 보낸다는 것이 무척 불편했을 것입니다. 그러나 야곱은 너무도 피곤하여 자신이 목숨을 구하기 위해서 도망치고 있는 것도 잊고 무방비상태로 노천에서 깊이 잠들었던 것입니다. 아마 하나님께서 지켜 주실 것이라는 깊은 신뢰가 있었기 때문에 태평할 수 있었던 것 같습니다.

12절 꿈에 본즉 사닥다리가 땅 위에 서 있는데 그 꼭대기가 하늘에 닿았고 또 본즉 하나님의 사자들이 그 위에서 오르락내리락 하고

하나님께서 여러 가지 방법으로 하나님의 뜻을 우리에게 계시해 주시는데, 꿈도 그 중 하나입니다. 특히 하나님께서는 중요한 계시를 하실 때 꿈을 사용하신 경우가 성경에 종종 있습니다. 하나님께서는 요셉에게 하나님의 아들 예수님이 태어날 것을 꿈을 통해 계시하셨습니다(마 1:20,21). 뿐만 아니라 헤롯이 어린 예수 그리스도를 죽이려고 했을 때에도 하나님의 사자가 꿈에 요셉에게 나타나서 "헤롯이 아기를 찾아 죽이려 하니 일어나 아기와 그의 어머니를 데리고 애굽으로 피하여 내가 네게 이르기까지 거기 있으라"(마 2:13)고 알려 주었습니다. 둘 다 중요한 일이었기 때문에 계시를 통해 미리 알려 주신 것인데, 계시의 방법으로

꿈을 사용하셨던 것입니다.

오늘날도 하나님께서는 우리에게 중요한 계시를 주실 때 성령으로 말미암아 꿈을 사용하십니다. 그러나 꿈꾸는 것마다 다 계시라고 생각하면 큰 잘못입니다. 그 꿈을 성경에 비추어보아야 합니다.

야곱은 꿈을 꾸었습니다. 꿈에 보니 땅 위에 사닥다리가 놓여 있는데 그 꼭대기가 하늘에 닿았고, 하나님의 사자가 오르락내리락하고 있는 것이었습니다. 이것은 매우 의미심장한 꿈입니다. 즉 하나님 아버지께서 그 사자를 통해서 야곱이 어느 곳에 있든지 끊임없이 돌보아 주고 인도해 주고 계신다는 의미입니다. 그리고 하늘과 땅을 잇는 사닥다리는 바로 우리 주 예수 그리스도를 상징하는 것입니다(요 1:51).

인간이 만든 사닥다리는 하늘까지 닿지 못합니다. 불교도, 유교도, 마호메트교도 사람이 만든 사닥다리에 불과할 뿐 하늘까지 닿을 수 없습니다. 이처럼 사람이 밑에서 만들어올리는 사닥다리는 하늘에 닿을 수 없지만, 하늘에서 내려온 사닥다리이신 예수님께서는 하늘과 땅을 연결시켜 주십니다. 즉 예수님께서는 하나님과 인간 사이를 연결시켜 주시는 것입니다.

그러므로 예수님께서 "내가 곧 길이요 진리요 생명이니 나로 말미암지 않고는 아버지께로 올 자가 없느니라"(요 14:6)고 말씀하셨습니다. 예수님을 통하지 않고는 절대로 하나님의 보좌 앞에 나아갈 수 없는 것입니다. 우리의 주님은 예수 그리스도밖에 없습니다.

예수님만이 하늘에서 이 땅에 닿은 사닥다리이고, 이 사닥다리가 되시는 예수님을 통해서 우리를 구원받고 하나님과 교제하며 하나님의 도우심과 보호를 받을 수 있습니다. 또한 예수님께서 사닥다리가 되시므로 우리가 예수님의 이름으로 구하면 우리의 구하는 것이 하나님께 상달되어 응답받게 됩니다. 그렇기 때문에 예수님께서 "내 이름으로 무엇이든지 내게 구하면 내가 행하리라"(요 14:14)고 말씀하셨던 것입니다.

13절 또 본즉 야훼께서 그 위에 서서 이르시되 나는 야훼니 너의 조부 아브라함의 하나님이요 이삭의 하나님이라 네가 누워 있는 땅을 내가 너와 네 자손에게 주리니

야곱이 꿈에 보니 사닥다리 위에 야훼 하나님께서 서 계셨습니다.

하나님께서는 아브라함과 이삭과 함께하셨던 것처럼 야곱과 함께하신 것을 약속하셨습니다. 이는 아브라함과 이삭은 이미 죽었지만 살아계신 하나님께서는 그들과 맺은 언약을 성실히 수행하시겠다는 당신의 의지를 나타내 주는 것이고, 또 야곱이 그 언약의 계승자라는 것을 보여주는 것입니다. 하나님께서는 야곱이 지금 누워 있는 그 땅을 야곱과 그 자손들에게 주시겠다고 말씀하셨습니다. 이것은 전에 아브라함과 이삭에게 가나안 땅 전부를 주시겠다고 약속하셨던 사실을 다시 확증해 주신 것입니다.

14절 네 자손이 땅의 티끌 같이 되어 네가 서쪽과 동쪽과 북쪽과 남쪽으로 퍼져 나갈지며 땅의 모든 족속이 너와 네 자손으로 말미암아 복을 받으리라

하나님께서는 아브라함에게 "너를 축복하는 자에게는 내가 복을 내리고 너를 저주하는 자에게는 내가 저주하리니 땅의 모든 족속이 너로 말미암아 복을 얻을 것이라"(창 12:3)고 말씀하셨습니다. 오늘날도 유대

민족은 축복하면 복을 받고 저주하면 저주를 받습니다. 그 이유는 어쨌든 유대 민족은 아브라함의 육적 자손이기 때문입니다.

그리고 오늘날 아브라함의 영적 자손이 그리스도인들을 축복하면 하나님께 복을 받고 저주하면 저주를 받습니다. 그리스도인들을 축복하거나 저주하는 것은 예수님께 그렇게 하는 것으로 간주됩니다. 우리는 이러한 사실을 사울이 다메섹 도상에서 예수님과 나누었던 대화를 통해서 알 수 있습니다(행 9:4,5).

사울이 예수 그리스도를 믿는 사람들을 잡으러 가던 도중에 다메섹에서 갑자기 대낮보다 더 밝은 빛이 비치면서 "사울아, 사울아, 네가 어찌하여 나를 박해하느냐." 라는 소리가 하늘에서 들려오는 것을 들었습니다. 그래서 사울이 "주여 누구시니이까?" 하고 물었더니 "나는 네가 박해하는 예수라." 고 대답하셨습니다. 사울이 예수 그리스도를 직접 박해한 것은 아니었으나 예수님께서는 교회와 그리스도인들을 박해하는 것이 결국 예수님 자신을 박해하는 것이라고 말씀하신 것입니다. 그러므로 그리스도인을 저주하는 것을 예수님을 저주하는 것이고, 그리스도인을 축복하는 것은 예수님을 축복하는 것입니다.

역사적으로 보아도 기독교를 박해한 나라치고 망하지 않은 나라가 없습니다. 독일의 히틀러는 교회를 훼파하고 수많은 목사들을 감옥에 넣고 죽이다가 망했고, 일본의 제국주의도 우리나라에서 기독교를 탄압하고 목사와 장로와 신자들에게 신사참배를 하지 않는다고 가두고 죽이다가 결국은 망했습니다. 누가 뭐라고 말해도 순천자는 존(存)하고 역천자는 망(亡)하는 것입니다.

이제 우리 한국에 소망이 있는 것은 많은 우여곡절을 겪어가면서도 복음 증거의 자유가 있어서 그 동안 부지런히 전도하여 수많은 교회를 세웠으며, 4천3백만 민족 가운데 예수님을 믿는 신자들이 1천2백만 명이 있기 때문입니다. 전 국민의 약 30%가 그리스도인이며 그 영향력은 막대합니다. 하나님께서 이렇게 우리나라에 기독교를 왕성하게 해주신 것은 이 나라가 복 받은 증거입니다. 이런 점에서 우리 민족에게는 소망이 있습니다.

15절 내가 너와 함께 있어 네가 어디로 가든지 너를 지키며 너를 이끌어 이 땅으로 돌아오게 할지라 내가 네게 허락한 것을 다 이루기까지 너를 떠나지 아니하리라 하신지라

하나님께서는 야곱이 어디를 가든지 지켜 주시고 그를 이끌어 이 땅으로 돌아오게 하며, 그에게 허락한 것을 다 이루기까지 떠나지 않겠다고 말씀하셨습니다. 이와 같이 야곱에게 약속하신 하나님께서는 오늘날 예수님을 믿는 우리 그리스도인들에게도 세상 끝날까지 함께하시고 우리를 천국까지 데리고 가겠다고 약속하고 계십니다. 성경에 "내가 너희를 고아와 같이 버려두지 아니하고 너희에게로 오리라 ……그 날에는 내가 아버지 안에, 너희가 내 안에, 내가 너희 안에 있는 것을 너희가 알리라"(요 14:18-20)고 기록하고 있습니다. 이 약속의 말씀대로 오늘날 하나님께서는 성령으로 우리와 늘 함께하시면서 우리를 보호하고 인도해 주십니다.

하나님께서는 절대로 우리를 버리시지 않습니다. 하나님께서 그리스도 안에서 우리를 사랑하는 그 사랑은 얼마나 강한지 하늘에 있는 것이나 땅에 있는 것이나 세상에 있는 그 무엇으로도 그 사랑을 끊을 수 없습

니다. 하나님의 사랑은 자식이 부모의 사랑을 알 수 없는 것처럼 우리가 가히 짐작할 수 없는 사랑입니다.

16절 야곱이 잠이 깨어 이르되 야훼께서 과연 여기 계시거늘 내가 알지 못하였도다

야곱은 잠이 깬 후 야훼 하나님께서 자기와 함께 계시다는 사실을 깨달았습니다. 야훼 하나님께서는 항상 우리와 같이 계시는데 우리는 계시를 받을 때에야 비로소 그 사실을 알게 됩니다.

17절 이에 두려워하여 이르되 두렵도다 이곳이여 이것은 다름 아닌 하나님의 집이요 이는 하늘의 문이로다 하고

우리 하나님은 지극히 사랑이 많으신 하나님이시지만 또한 지극히 공의로우시고 거룩하신 하나님이십니다. 그렇기 때문에 막상 하나님 앞에 서게 되면 두려움을 느끼게 됩니다.

저는 기도할 때에 하나님께서 홀연히 방에 임재하신 것을 느꼈던 적이 몇 번 있습니다. 제가 하나님을 무척 사랑하고 경외하지만, 그때는 저의 영혼 깊이 두려움이 느껴졌습니다. 하나님께서 임재하시니까 자신이 하나님 앞에 벌거벗은 것같이 생각되고 그 두려움이란 말로 다할 수 없었었던 것입니다.

예수님을 믿고 하나님의 자녀가 되었는데도 하나님께서 임재하시니까 이렇게 두려운데, 하물며 이 세상에서 예수님을 믿지 않고 나중에 하나님 앞에 서서 심판받을 죄인들이야 오죽 두렵겠습니까? 아마 너무 두려워서 온몸의 뼈가 다 녹는 것 같을 것입니다. 그럴 바에야 차라리 태어

나지 않는 것이 훨씬 좋을 것입니다. 그러므로 이 세상에 태어나서 예수 그리스도를 믿게 된 것은 참으로 기쁜 일이요, 성공적인 삶을 사는 것입니다.

야곱은 꿈에 사닥다리가 하늘에 닿고 하나님께서 그 위에 계시고 하나님의 음성이 들려오고 천사들이 오르락내리락하는 것을 보고 비로소 이것이 바로 하늘로 직통하는 문이고 이 자리가 바로 하나님께서 임재하시는 하나님의 집이라는 사실을 깨닫게 되었던 것입니다.

4. 야곱의 서원(28:18~22)

**18. 야곱이 아침에 일찍이 일어나 베개로 삼았던 돌을 가져다가 기
둥으로 세우고 그 위에 기름을 붓고 19. 그 곳 이름을 벧엘이라 하였
더라 이 성의 옛 이름은 루스더라 20. 야곱이 서원하여 이르되 하나
님이 나와 함께 계셔서 내가 가는 이 길에서 나를 지키시고 먹을 떡
과 입을 옷을 주시어 21. 내가 평안히 아버지 집으로 돌아가게 하시
오면 야훼께서 나의 하나님이 되실 것이요 22. 내가 기둥으로 세운
이 돌이 하나님의 집이 될 것이요 하나님께서 내게 주신 모든 것에서
십분의 일을 내가 반드시 하나님께 드리겠나이다 하였더라**

18, 19절 야곱이 아침에 일찍이 일어나 베개로 삼았던 돌을 가져다가 기둥으로 세우고 그 위에 기름을 붓고 그 곳 이름을 벧엘이

라 하였더라 이 성의 옛 이름은 루스더라

야곱은 그곳에 하나님께서 계시하셨다는 증거로 돌 기둥을 세우고 그 위에 기름을 부었습니다. 여기에서 '기둥을 세운다' 는 것은 '증거를 삼는다' 는 뜻이고, '기름을 붓는다' 는 것은 '거룩하게 성별한다' 는 뜻입니다. 즉 그곳에 기름을 부음으로써 보통 땅과는 달리 하나님께서 임재하신 성별된 장소라는 것을 나타내는 것입니다.

출애굽기 40장 9절부터 11절에 보면 하나님의 성전에서 사용하는 기명에는 모두 기름을 발랐습니다. 이는 하나님께서 사용하는 거룩한 그릇으로 성별한다는 의미입니다.

오늘날 예수 그리스도를 믿는 사람들은 성령의 기름 부음을 받은 사람들입니다. 예수 그리스도를 믿는 사람들은 하나님께서 부어주시는 성령의 기름을 받아 세상에서 분리된 사람들입니다. 그러므로 예수 그리스도를 믿는 사람은 모두 성령의 기름 부음을 받고 세상에서 분리된 하나님의 종이요, 하나님의 백성입니다.

야곱은 그곳의 이름을 '벧엘' 이라고 지었는데, 이 말은 바로 '하나님의 집' 이라는 뜻입니다.

20-22절 야곱이 서원하여 이르되 하나님이 나와 함께 계셔서 내가 가는 이 길에서 나를 지키시고 먹을 떡과 입을 옷을 주시어 내가 평안히 아버지 집으로 돌아가게 하시오면 야훼께서 나의 하나님이 되실 것이요 내가 기둥으로 세운 이 돌이 하나님의 집이 될 것이요 하나님께서 내게 주신 모든 것에서 십분의 일을 내가 반드시 하나님께 드리겠나이다 하였더라

야곱은 벧엘에서 하나님께 엎드려 서원 기도를 했습니다. 서원 기도는 하나님 앞에 언약을 하는 것이기 때문에 경솔히 해서는 안됩니다. 서원은 하나님 앞에 아주 신중하게 해야 하며 또한 반드시 지켜야 하는 것입니다. 사람에게 약속한 것도 꼭 지켜야 되는데 하물며 하나님 앞에 약속한 것을 어떻게 지키지 않을 수 있겠습니까? 그래서 성경은 "사람이 야훼께 서원하였거나 결심하고 서약하였으면 깨뜨리지 말고 그가 입으로 말한 대로 다 이행할 것이니라"(민 30:2)고 했습니다. 우리는 이처럼 엄격히 지켜야 하는 서원에 대한 실례로 사사 입다의 이야기를 들 수 있습니다(삿 11:29~40).

암몬 족속이 침입했을 때 이스라엘의 구원자인 사사로 세움 받은 길르앗 사람 입다는 자신이 승리하여 돌아오게 되면 자신의 집 문에서 나와 영접해 주는 사람을 번제로 드리겠다고 하나님께 서원했습니다. 그는 전쟁에 승리하여 승전고를 울리며 돌아왔습니다. 그런데 입다가 자기 집에 도달하였을 때 제일 먼저 입다를 영접하러 나온 사람은 다름 아닌 그의 외동딸이었습니다. 그러나 이미 서원한 것을 무효화할 수 없었으므로 결국 입다는 사랑하는 외동딸을 번제로 드릴 수밖에 없었습니다.

야곱은 매우 답답했습니다. 얼굴도 한번 본 적이 없는 외삼촌 집에 간다는 것은 매우 불안하고 초조한 일이있습니다. 그래서 하나님 앞에 그 답답한 심정을 그대로 기도했습니다. 야곱은 하나님께서 함께하셔서 인적 없는 산중을 걸어가다가 짐승이나 도둑을 만나지 않도록 지켜주시고, 먹을 양식과 입을 옷을 주시고, 아버지 이삭의 집으로 평안하게 돌아오게 해주시기를 기도했습니다. 그리고 하나님께서 자기의 이 기도를 들어주시면 돌을 세워 기름 부은 자리에 하나님의 성전을 지을 것이고,

또 하나님께서 주신 모든 것 가운데서 반드시 십일조를 드리겠다고 서원했습니다.

오늘날 어떤 사람은 십일조는 율법 시대에 있었던 것이지 은혜 시대에는 필요 없는 것이라고 말합니다. 그러나 율법은 아브라함과 이삭과 야곱의 시대보다도 훨씬 후에야 주어진 것이고, 율법이 있기 약 430년 전인 아브라함 때부터 이 십일조를 드렸습니다. 즉 아브라함이 전쟁에서 승리하고 돌아올 때 전리품 중에서 십분의 일을 살렘 왕 멜기세덱에게 드렸는데 이것이 성경에 기록되어 있는 최초의 십일조입니다(창 14:17~20). 아브라함은 하나님께로부터 십일조에 대한 교육을 받고 철저히 행했으며 그 아들 이삭에게 십일조 교육을 철저하게 가르쳤고, 이삭은 야곱에게 십일조에 대한 교육을 철저히 시켰을 것입니다. 그렇기 때문에 야곱은 이처럼 어려운 상황 가운데서도 하나님께 십일조에 대한 서원을 할 수 있었던 것입니다.

어떤 사람은 여의도순복음교회는 사람도 많고 큰 교회니까 꼭 십일조를 이 교회에 낼 필요는 없고 가난하고 작은 시골교회나 개척교회에 보내도 괜찮을 것이라고 말합니다. 그러나 그것을 옳지 않은 말입니다. 십일조는 자신이 소속되어 예배드리고 성찬을 떼는 교회에 드려야 하는 것입니다. 아브라함이 멜기세덱에게 떡과 포도주를 받고 난 다음에 십일조를 멜기세덱에게 드리지 않고 애굽으로 보냈다면 하나님을 기쁘시게 하지 못했을 것입니다.

교회가 크든 작든 그것은 십일조와 전혀 관계가 없습니다. 예수님께서 우리를 불러 주신 바로 그 교회에 십일조를 드려야 하는 것입니다. 작고 가난한 미자립 시골 교회나 개척교회에 십일조를 보내 돕는다는 것은 자비롭고 좋은 일 같지만 그러한 일도 자신이 출석하는 교회를 통하여 진행되도록 하는 것이 바람직합니다. 그러므로 우리는 반드시 온전한 십일조를 자신이 출석하는 교회에 드림으로써 하나님께서 약속하신 복을 받아야 하겠습니다.

제 29 장

야곱의 결혼

하란에 도착한 야곱	29:1~14
라헬을 위한 칠 년 간의 봉사	29:15~20
야곱과 레아의 결혼	29:21~27
야곱과 라헬의 결혼	29:28~30
레아의 아들들	29:31~35

A COMMENTARY ON THE
GENESIS

야곱은 벧엘에서 축복을 받고 하나님께 서원한 후, 벧엘을 떠나 하란에 무사히 도착하여 외삼촌인 라반의 집에 정착했습니다. 그 곳에서 라반의 둘째 딸 라헬을 사랑하게 된 야곱은 라헬과 결혼하는 조건으로 라반의 집에서 7년간 머슴살이를 했습니다. 그러나 야곱은 간교한 라반에게 속아 라반의 맏딸 레아와 혼인하게 되었습니다. 이에 라헬과의 결혼을 위해 야곱은 다시 7년간 머슴살이를 했습니다.

야곱이 사랑하는 한 여인과의 결혼을 위해 무려 14년 동안이나 머슴살이를 한 표면적인 원인은 라반의 교활한 속임수 때문이지만, 정작 그 이면에 숨어 있는 진정한 원인은 야곱을 훈련시키려는 하나님의 계획 때문이었습니다.

두 명의 아내를 거느린 야곱의 가정에 두 아내의 갈등이 계속되는 가운데 자녀들이 태어나기 시작했습니다.

1. 하란에 도착한 야곱(29:1~14)

1. 야곱이 길을 떠나 동방 사람의 땅에 이르러 2. 본즉 들에 우물이
있고 그 곁에 양 세 떼가 누워 있으니 이는 목자들이 그 우물에서 양
떼에게 물을 먹임이라 큰 돌로 우물 아귀를 덮었다가 3. 모든 떼가
모이면 그들이 우물 아귀에서 돌을 옮기고 그 양 떼에게 물을 먹이고
는 우물 아귀 그 자리에 다시 그 돌을 덮더라 4. 야곱이 그들에게 이
르되 내 형제여 어디서 왔느냐 그들이 이르되 하란에서 왔노라 5.
야곱이 그들에게 이르되 너희가 나홀의 손자 라반을 아느냐 그들이
이르되 아노라 6. 야곱이 그들에게 이르되 그가 평안하냐 이르되 평
안하니라 그의 딸 라헬이 지금 양을 몰고 오느니라 7. 야곱이 이르
되 해가 아직 높은즉 가축 모일 때가 아니니 양에게 물을 먹이고 가
서 풀을 뜯게 하라 8. 그들이 이르되 우리가 그리하지 못하겠노라
떼가 다 모이고 목자들이 우물 아귀에서 돌을 옮겨야 우리가 양에게
물을 먹이느니라 9. 야곱이 그들과 말하는 동안에 라헬이 그의 아버
지의 양과 함께 오니 그가 그의 양들을 치고 있었기 때문이더라 10.
야곱이 그의 외삼촌 라반의 딸 라헬과 그의 외삼촌의 양을 보고 나아

가 우물 아귀에서 돌을 옮기고 외삼촌 라반의 양 떼에게 물을 먹이고
11. 그가 라헬에게 입맞추고 소리 내어 울며 12. 그에게 자기가 그의
아버지의 생질이요 리브가의 아들 됨을 말하였더니 라헬이 달려가서
그 아버지에게 알리매 13. 라반이 그의 생질 야곱의 소식을 듣고 달려
와서 그를 영접하여 안고 입맞추며 자기 집으로 인도하여 들이니 야곱
이 자기의 모든 일을 라반에게 말하매 14. 라반이 이르되 너는 참으로
내 혈육이로다 하였더라 야곱이 한 달을 그와 함께 거주하더니

1절 야곱이 길을 떠나 동방 사람의 땅에 이르러

야곱은 브엘세바를 떠날 때 마음이 매우 무겁고 불안했을 것입니다. 그러나 벧엘에서 하나님께로부터 언약을 받고 서원을 한 후에는 더 이상 불안하지 않았습니다. 야곱은 소망을 갖고 벧엘을 떠나 하란을 향하여 길을 떠났습니다. 희망에 찬 야곱은 가벼운 마음으로 부지런히 걸아가 동방 사람의 땅에 이르렀습니다. 여기서 '동방 사람의 땅' 이란 메소보다미아의 서북쪽에 위치한 하란 근방을 가리키는 말입니다.

긴 여정 끝에 하란 근방에 당도한 야곱은 외삼촌 라반의 집을 찾아가기 위해 주변을 살펴보았습니다.

2, 3절 본즉 들에 우물이 있고 그 곁에 양 세 떼가 누워 있으니 이는 목자들이 그 우물에서 양 떼에게 물을 먹임이라 큰 돌로 우물 아귀를 덮었다가 모든 떼가 모이면 그들이 우물 아귀에서 돌을 옮기고 그 양 떼에게 물을 먹이고는 우물 아귀 그 자리에 다시 그 돌을 덮더라

주변을 살펴보는 야곱의 눈에 우물이 보였습니다. 그리고 그 우물 곁에 양 세 떼가 누워 있는 것이 보였습니다. 그 당시 목자들 사이에는 해질녘에 우물 앞에 모여서 먼저 온 순서대로 양들에게 물을 먹이기로 약조되어 있었습니다. 목자들 사이에 이와 같은 약조가 이루어진 이유는 양들에게 물을 먹일 수 있는 우물이 그 지방에 매우 적었기 때문입니다. 그래서 목자들은 여러 명의 장정이 힘을 합해야 옮길 수 있는 무거운 돌로 우물을 막아 놓았다가 모두 모이면 막았던 돌을 옮겨 놓고 양 떼에게 물을 먹인 후 다시 우물을 돌로 막았습니다.

야곱이 아람 근방의 들에 이르렀을 때는 마침 목자들이 양 떼에게 물을 먹이기 위해 우물 앞에 모이는 시각이었습니다. 여느 때와 같이 우물 앞에는 먼저 도착한 목자들이 양 떼를 눕혀 놓고 아직 도착하지 않은 다른 목자들을 기다리고 있었습니다.

4절 야곱이 그들에게 이르되 내 형제여 어디서 왔느냐 그들이 이르되 하란에서 왔노라

야곱은 자신이 이미 밧단아람 근방까지 와있는 줄을 미처 알지못했을 뿐 아니라 현재 자신이 있는 곳이 어디인지도 전혀 모르고 있었습니다. 그래서 야곱은 자신의 현재 위치를 확인해 보기 위해 목자들에게 나가가서 "내 형제여, 어디서 왔느냐" 고 공손하게 물었습니다. 이에 목자들은 "하란에서 왔노라" 고 대답해 주었습니다.

하란을 향해 가고 있는 야곱에게 하란에서 왔다는 목자들의 대답은 참으로 반가운 것이었습니다. 왜냐하면 그들이 하란에서 왔다는 것은 곧 야곱이 지금 있는 곳이 하란에서 멀지 않은 곳임을 의미하기 때문입니다.

5절 야곱이 그들에게 이르되 너희가 나홀의 손자 라반을 아느냐 그들이 이르되 아노라

목자들이 하란에서 왔다고 하자, 야곱은 그들에게 "너희가 나홀의 손자 라반을 아느냐"고 물었습니다. '나홀'은 야곱의 할아버지인 아브라함의 동생이며, 야곱의 어머니인 리브가의 할아버지이기도 한 사람입니다(창 22:20~23). 그리고 '라반'은 나홀의 아들인 브두엘의 아들로서 리브가와는 남매간입니다. 그러므로 라반과 야곱의 관계는 외삼촌과 조카 사이입니다.

라반을 아느냐는 야곱의 질문을 받은 목자들은 안다고 대답했습니다.

6절 야곱이 그들에게 이르되 그가 평안하냐 이르되 평안하니라 그의 딸 라헬이 지금 양을 몰고 오느니라

라반을 안다는 목자들의 말을 들은 야곱은 더욱 적극적으로 나서서 라반의 형편이 어떤지를 알아보았습니다. 야곱이 목자들에게 "그가 평안하냐"고 묻자, 그들은 "평안하니라"고 대답했습니다. 그리고 그들은 야곱에게 라반의 딸 라헬이 지금 양을 몰고 이리로 오고 있다는 말도 전해주었습니다.

여기서 우리는 참으로 놀라운 하나님의 섭리와 인도하심을 깨달을 수 있습니다. 야곱은 하란을 향해 무작정 길을 떠났지만, 그럼에도 불구하고 그가 무사히 하란 근처까지 당도하고 더욱이 그곳에서 외종 사촌 누이동생을 만나게 된 것은 하나님의 인도하심이 있었기 때문입니다.

오늘날도 하나님을 믿고 의지하는 자에게는 하나님께서 성령으로 함께하시고 인도해 주십니다. 성경은 "사람이 마음으로 자기의 길을 계획

할지라도 그의 걸음을 인도하시는 이는 야훼시니라"(잠 16:9)고 기록하고 있으며, 시편 기자는 "네 길을 야훼께 맡기라 그를 의지하면 그가 이루시고"(시 37:5)라고 노래했습니다. 이러므로 우리가 하나님께 자신을 온전히 맡기고 의지하면, 하나님께서 우리와 함께하시고 우리의 길을 인도해 주십니다.

7절 야곱이 이르되 해가 아직 높은즉 가축 모일 때가 아니니 양에게 물을 먹이고 가서 풀을 뜯게 하라

야곱은 알고 싶은 것을 다 알아냈으므로 화제를 바꾸었습니다. 야곱은 목자들에게 아직은 해가 지려면 멀었으니 양들에게 물을 먹이고 이끌고 가서 풀을 더 뜯어 먹게 하라고 권했습니다. 야곱이 이렇게 권한 이유는 목자들이 너무 일찍 우물가에 모여 시간을 낭비하고 있다고 생각했기 때문인 듯합니다. 그러나 그의 마음속 한구석에는 목자들을 다른 곳으로 보내고 호젓한 분위기에서 외종 사촌 누이동생을 만나보려는 생각도 있었을 것입니다.

8절 그들이 이르되 우리가 그리하지 못하겠노라 떼가 다 모이고 목자들이 우물 아귀에서 돌을 옮겨야 우리가 양에게 물을 먹이느니라

목자들은 야곱의 권유를 한마디로 잘라 거절했습니다. 그들이 거절한 이유는 목자들간의 약조 때문입니다. 아직 다른 목자들이 양 떼를 이끌고 오지 않았기 때문에 그들끼리만 먼저 우물을 막은 돌을 옮겨 놓고 양들에게 물을 먹인다는 것은 약조를 위반하는 행위였으며, 더구나 우물

을 막고 있는 돌이 그들만의 힘으로는 옮길 수 없을 만큼 크고 무거웠던 것입니다. 그래서 목자들은 야곱에게 그러한 사정을 말함으로써 목자들 사이의 약조를 상기시켜 주었습니다.

9절 야곱이 그들과 말하는 동안에 라헬이 그의 아버지의 양과 함께 오니 그가 그의 양들을 치고 있었기 때문이더라

야곱이 목자들과 말하고 있는 중에 라헬이 양을 몰고 왔습니다. 대개는 남자들이 양이나 염소를 치는데, 라헬은 연약한 소녀였음에도 불구하고 아버지 라반의 양을 쳤습니다. 이렇게 라헬이 라반의 양들을 친 것은 라반에게 아들이 없어서가 아니라 라반의 아들들이 아직 너무 어리기 때문이었던 것 같습니다.

10절 야곱이 그의 외삼촌 라반의 딸 라헬과 그의 외삼촌의 양을 보고 나아가 우물 아귀에서 돌을 옮기고 외삼촌 라반의 양 떼에게 물을 먹이고

야곱은 양 떼를 몰고 오는 라헬을 보는 순간 첫눈에 그녀의 모습에 반했습니다. 야곱은 햇볕에 그을린 젊고 아름다운 외사촌 누이동생을 바라보는 순간 가족들과 헤어져 브엘세바를 떠나 온 이래로 지금까지 힘겹고 지칠 정도로 자신을 짓누르고 있던 피로감과 외로움이 봄눈 녹듯이 사라지는 것을 느꼈습니다.

이에 야곱은 용기백배하여 우물 앞으로 나아가서 우물을 막은 돌을 힘껏 밀어서 옮겨 놓고 라헬이 몰고 온 양 떼에게 물을 먹였습니다. 여러 명의 장정이 힘을 합해야 겨우 옮길 수 있는 무거운 돌을 야곱이 혼자의 힘

으로 옮겼다는 것은 야곱이 매우 힘센 장사였다는 것을 알게 해줍니다.

11, 12절 그가 라헬에게 입맞추고 소리 내어 울며 그에게 자기가 그의 아버지의 생질이요 리브가의 아들 됨을 말하였더니 라헬이 달려가서 그 아버지에게 알리매

여느 때처럼 양 떼를 몰고 물을 먹이러 온 라헬은 처음 보는 낯선 청년이 마치 자기의 양 떼에게 하듯 그녀가 몰고 온 양 떼에게 친절하게 물을 먹이는 것을 보고 어리둥절했습니다. 그런데 그 청년이 양 떼에게 물을 다 먹이고 난 후 라헬에게 자기의 신분을 밝히고 입맞추며 소리내어 울었습니다. 라헬은 낯선 청년이 아버지 라반의 조카요, 자신의 고모인 리브가의 아들이라는 말을 듣자마자 집으로 달려가서 라반에게 이 사실을 알렸습니다.

13절 라반이 그의 생질 야곱의 소식을 듣고 달려와서 그를 영접하여 안고 입맞추며 자기 집으로 인도하여 들이니 야곱이 자기의 모든 일을 라반에게 말하매

라반은 라헬이 뛰어들어와서 전해 준 야곱의 소식을 듣고 야곱을 맞으러 우물가로 달려갔습니다. 라반은 사랑하는 누이동생 리브가가 이삭과 결혼하기 위해 집을 떠나 아브라함의 종 엘리에셀을 따라간 이래로 지금까지 리브가에 대하여 아무소식도 듣지 못하고 있었습니다. 그런데 지금 리브가의 아들이 찾아왔다는 소식을 듣게 되자 매우 반가웠던 것입니다.

라반은 우물가로 달려가서 야곱을 영접하여 끌어안고 입을 맞추었습니다. 입맞춤은 고대 근동에서 행해지던 인사법입니다. 근동 지방에서

는 친척간이나 남녀간에 애정의 표시 또는 존경의 표시로 입을 맞추었는데, 이러한 풍습은 예수님 시대에도 있었으며 중동 지방에서는 오늘날에도 행해지고 있습니다.

14절 라반이 이르되 너는 참으로 내 혈육이로다 하였더라 야곱이 한 달을 그와 함께 거주하더니

라반은 야곱의 말을 다 듣고 난 후 "너는 참으로 내 혈육이로다"라고 말했습니다. 이러한 라반의 말은 그가 야곱의 말을 모두 긍정하고 야곱이 자신의 조카라는 사실을 인정했음을 보여 줍니다.

라반의 에서의 보복을 피해 집을 떠날 수밖에 없었던 야곱의 딱한 사정을 듣고 그를 자기 집에 머물게 했습니다. 이와 같은 라반의 배려로 야곱은 라반의 집에서 한 달 동안 함께 살았습니다.

2. 라헬을 위한 칠 년간의 봉사(29:15~20)

15. 라반이 야곱에게 이르되 네가 비록 내 생질이나 어찌 그저 내 일을 하겠느냐 네 품삯을 어떻게 할지 내게 말하라 16. 라반에게 두 딸이 있으니 언니의 이름은 레아요 아우의 이름은 라헬이라 17. 레아는 시력이 약하고 라헬은 곱고 아리따우니 18. 야곱이 라헬을 더 사랑하므로 대답하되 내가 외삼촌의 작은 딸 라헬을 위하여 외삼촌에

게 칠 년을 섬기리이다 19. 라반이 이르되 그를 네게 주는 것이 타인 에게 주는 것보다 나으니 나와 함께 있으라 20. 야곱이 라헬을 위하여 칠 년 동안 라반을 섬겼으나 그를 사랑하는 까닭에 칠 년을 며칠 같이 여겼더라

15절 라반이 야곱에게 이르되 네가 비록 내 생질이나 어찌 그저 내 일을 하겠느냐 네 품삯을 어떻게 할지 내게 말하라

야곱은 외삼촌의 집에서 지내는 동안 온갖 일을 다 해주었습니다. 라반은 한 달 동안 야곱을 데리고 살면서 야곱이 부지런하고 유능한 목자임을 알게 되었습니다. 그래서 라반은 야곱에게 "네가 비록 내 생질이나 어찌 그저 내 일을 하겠느냐 품삯을 어떻게 할지 내게 말하라" 고 말했습니다. 라반이 이렇게 말한 것은 야곱이 비록 자신의 조카일지라도 임금을 받지 않고 일을 하는 것이 미안했기 때문입니다.

그리고 연약한 딸까지 들판에 내보내 양 떼를 치게 했던 라반에게 있어서 야곱처럼 유능하고 성실한 목자를 고용한다는 것은 매우 마음 든든한 일이었으며, 더욱이 야곱이 한동안은 브엘세바에 있는 자기 집으로 돌아갈 수 없는 처지임을 잘 알고 있었기에 라반은 유리한 조건으로 야곱과 고용 계약을 맺을 수 있을 것이라고 생각하고 이를 제안한 것입니다.

16, 17절 라반에게 두 딸이 있으니 언니의 이름은 레아요 아우의 이름은 라헬이라 레아는 시력이 약하고 라헬은 곱고 아리따우니

라반에게는 두 딸이 있었습니다. 그 중 언니인 레아는 눈에 총기가 없고 매력이 없었습니다. 이에 비해 동생인 라헬은 총기가 있고 외모도 곱

고 아름다워서 매우 매력적이었습니다.

18절 야곱이 라헬을 더 사랑하므로 대답하되 내가 외삼촌의 작은 딸 라헬을 위하여 외삼촌에게 칠 년을 섬기리이다

야곱은 노동을 해서 재산을 모으는 것보다는 결혼을 하는 것에 더 관심이 있었습니다. 야곱을 브엘세바를 떠나기 전에 "일어나 밧단아람으로 가서 네 외조부 브두엘의 집에 이르러 거기서 네 외삼촌 라반의 딸 중에서 아내를 맞이하라"(창 28:2)고 당부했던 이삭의 말을 기억하고 라반의 집에서 한 달 동안 머물면서 레아와 라헬을 자세히 살펴보았습니다.

그러던 중 야곱은 총기 있고 아름다운 라헬에게 사랑을 느꼈습니다. 그래서 야곱은 라반에게 라헬과의 결혼을 조건으로 7년간 섬기겠다고 말했습니다. 즉 야곱은 라헬과 결혼하기 위해 7년 동안 라반에게 충성되고 성실한 종으로서 헌신하여 일하겠다고 말한 것입니다.

근동에서는 결혼을 할 때 신랑 측에서 신부 측에게 결혼 지참금을 주는 풍습이 있습니다. 왜냐하면 신부 측에서는 딸을 시집보냄으로 인하여 노동력에 손실이 생기기 때문입니다. 그런데 야곱은 결혼 지참금을 낼 만한 형편이 아니었으므로 7년간의 노동으로 결혼 지참금을 대신하겠다고 제의한 것입니다.

19절 라반이 이르되 그를 네게 주는 것이 타인에게 주는 것보다 나으니 나와 함께 있으라

라반은 야곱의 말을 듣고 이를 흔쾌히 수락했습니다. 라반이 야곱의 제안을 쉽사리 받아들인 것은 야곱이 라헬을 사랑하고 있다는 사실을 이

미 눈치 채고 있었을 뿐 아니라 야곱처럼 유능하고 성실한 목자를 자기 수하는 두는 것이 자신에게 매우 유리했기 때문입니다. 그러나 라반은 이와 같은 자신의 타산적인 속셈을 감추고 "그를 네게 주는 것이 타인에게 주는 것보다 나으니 나와 함께 있으라"고 아량을 베푸는 듯한 답변으로 야곱의 제안을 수락했습니다.

20절 야곱이 라헬을 위하여 칠 년 동안 라반을 섬겼으나 그를 사랑하는 까닭에 칠 년을 며칠 같이 여겼더라

라반과 더불어 고용 계약을 맺은 야곱은 계약대로 7년 동안 라헬을 위하여 열심히 일했습니다. 그러나 야곱은 7년간이나 몸을 혹사하여 머슴살이를 했음에도 불구하로 라헬과의 결혼에 대한 소망으로 인하여 하루하루가 즐거웠기 때문에 그토록 긴 수고의 기간을 단지 며칠을 보내듯이 수월하게 지낼 수 있었습니다. 여기서 우리는 진실한 사랑이 얼마나 큰 위력을 가지고 있는지를 엿볼 수 있습니다.

우리는 살아가면서 때로는 실제 기간보다 훨씬 길게 느낄 때가 있는가 하면 또 어떤 때에는 훨씬 짧게 느낄 때도 있습니다. 같은 기간임에도 불구하고 실제보다 더 길거나 짧게 느끼는 것은 그때의 마음 상태와 관계가 있습니다. 대개 사랑을 할 때에는 기쁨과 행복감에 도취되어 시간이 너무 빨리 지나감을 아쉬워합니다. 그러나 미워할 때에는 시간이 무척 길로 지루하게 느껴져서 매사가 고통스럽습니다. 이러므로 인생을 살면서 사랑을 한다는 것은 참으로 좋은 일입니다.

사랑의 감정은 우리의 마음대로 되는 것은 아니지만 우리의 노력에 의해 바꿀 수 있습니다. 우리가 원망과 불평과 탄식을 버리고, 부정적이고

잘못된 점을 보고서 이를 확대시키지 않고, 오직 사랑하고 살겠다는 결심 하에 긍정적이고 좋은 점만을 보며 사랑하려고 노력하면 실제로 사랑하며 살 수 있는 것입니다.

이와 같은 '사랑하기'는 부부간이나 가족 간이나 친구들 뿐 아니라 모든 관계에 적용됩니다. 우리의 모든 인간관계는 물론 하나님과의 관계와 자연과의 관계까지 사랑의 관계를 유지할 때 우리의 삶은 기쁨으로 충만한 삶이요, 행복한 삶이 될 것입니다.

3. 야곱과 레아의 결혼(29:21~27)

21. 야곱이 라반에게 이르되 내 기한이 찼으니 내 아내를 내게 주소
서 내가 그에게 들어가겠나이다 22. 라반이 그 곳 사람을 다 모아 잔
치하고 23. 저녁에 그의 딸 레아를 야곱에게로 데려가매 야곱이 그
에게로 들어가니라 24. 라반이 또 그의 여종 실바를 그의 딸 레아에
게 시녀로 주었더라 25. 야곱이 아침에 보니 레아라 라반에게 이르
되 외삼촌이 어찌하여 내게 이같이 행하셨나이까 내가 라헬을 위하
여 외삼촌을 섬기지 아니하였나이까 외삼촌이 나를 속이심은 어찌됨
이니이까 26. 라반이 이르되 언니보다 아우를 먼저 주는 것은 우리
지방에서 하지 아니하는 바이라 27. 이를 위하여 칠 일을 채우라 우
리가 그도 네게 주리니 네가 또 나를 칠 년 동안 섬길지니라

21절 야곱이 라반에게 이르되 내 기한이 찼으니 내 아내를 내게 주소서 내가 그에게 들어가겠나이다

야곱은 사랑하는 라헬을 아내로 맞겠다는 일념으로 라반과의 계약 기간 동안 어떤 힘든 일이라도 마다하지 않고 묵묵히 성실하게 해냈습니다. 그리고 드디어 약속한 7년 기간이 채워지자 야곱은 라반에게 "내 기한이 찼으니 내 아내를 내게 주소서 내가 그에게 들어가겠나이다"라고 말했습니다. 여기서 '들어간다'는 말은 결혼하겠다는 뜻입니다. 이제 야곱은 계약 기간을 다 채웠으므로 라반에게 노동의 대가로 약속받았던 라헬과의 결혼을 당당하게 요구할 수 있었던 것입니다.

22, 23절 라반이 그 곳 사람을 다 모아 잔치하고 저녁에 그의 딸 레아를 야곱에게로 데려가매 야곱이 그에게로 들어가니라

라반은 계약에 따라 야곱의 결혼 잔치를 베풀었습니다. 그 지방의 사람들을 다 초청하여 야곱의 결혼 잔치를 성대하게 베풀었습니다. 참으로 오랜 기간 동안 이 순간을 기다려 왔던 새신랑 야곱은 저녁에 신방에 들어가 신부를 맞았습니다. 그러나 그 신부는 야곱이 사랑하는 라헬이 아니라 그녀의 언니 레아였습니다. 그런데 야곱은 이러한 사실을 전혀 눈치 채지 못했습니다. 왜냐하면 그 당시에는 신부의 얼굴에 베일을 씌우고 몸 전체를 베일로 가리는 풍습이 있었기 때문입니다. 야곱은 레아가 베일로 얼굴을 가리고 있었던 데다가 어두운 저녁이었으므로 신부가 바뀌었다는 사실을 알아채지 못했던 것입니다.

24절 라반이 또 그의 여종 실바를 그의 딸 레아에게 시녀로 주었더라

라반은 레아를 결혼시킬 때 여종 실바를 몸종으로주었습니다. 고대 근동 사회에서는 결혼하는 딸에게 평생 수종 들 몸종을 선물로 주는 관습이 있었습니다. 과거에 우리나라에도 이와 유사한 관습이 있었는데, 양반 집안에서 딸을 시집 보낼 때 몸종을 딸려 보낸 것을 통해 이를 알 수 있습니다. 그런데 과거의 우리나라의 관습과는 달리 고대 근동에서는 결혼한 딸이 임신하지 못할 때에는 그 몸종이 대신 아이를 낳아주는 역할을 했습니다. 이에 대한 좋은 예로 사라가 잉태하지 못함으로 인해 그 여종 하갈을 아브라함에게 첩으로 주어 아들을 낳게 했던 것을 들 수 있습니다(창 16:2).

한편 라반이 칠 년 동안이나 야곱을 머슴으로 부린 대가로 마땅히 아내로 주어야 할 라헬 대신에 야곱이 원치 않는 레아를 아내로 주고 자신의 딸인 레아에게도 결혼 선물로 고작 몸종 하나만 주었다는 것은 그가 매우 교활하며 속임수에 능한 사람임을 나타내 줍니다.

25절 야곱이 아침에 보니 레아라 라반에게 이르되 외삼촌이 어찌하여 내게 이같이 행하셨나이까 내가 라헬을 위하여 외삼촌을 섬기지 아니하였나이까 외삼촌이 나를 속이심은 어찌됨이니이까

야곱은 첫날밤을 지내고 이튿날 아침에 잠에서 깨어난 후에야 라헬이 아닌 레아가 자기의 아내가 되었다는 사실을 알게 되었습니다. 이는 일구월심 라헬과의 결혼만을 꿈꾸며 7년의 세월을 수일같이 보내온 야곱에게 상상조차 할 수 없었던 기막힌 일이었습니다. 야곱은 자신이 외삼촌에게 속았다는 사실을 깨닫고 라반에게 자신의 억울함을 항변했습니다.

야곱은 라반에게 속음으로써 라헬에 대한 자신의 지순한 사랑이 모욕

당하고, 지난 7년간의 헌신적인 봉사가 모두 수포로 돌아갔다고 생각하니 억울한 감정을 누를 수 없었던 것입니다. 그런데 이것은 야곱이 과거에 자신의 아버지와 형에게 범했던 죄를 돌이켜 볼 때 그때의 결과를 거둔 것이라고 할 수 있습니다.

야곱은 아버지와 형을 속이고 형의 장자권을 가로챘었는데(창 27:18~20), 그 일이 있은 지 7년 만에 그와 똑같이 자신도 속임을 당하고 말았습니다. 아버지와 형을 속여 그들의 마음에 상처를 주었듯이 야곱 자신도 속임을 당함으로써 깊은 상처를 받게 된 것입니다.

성경은 "스스로 속이지 말라 하나님은 업신여김을 받지 아니하시나니 사람이 무엇으로 심든지 그대로 거두리라"(갈 6:7)고 말씀하고 있습니다. 이러므로 우리는 '심은 대로 거둔다.'는 교훈을 명심하고 범사에 진실하고 충실한 좋은 씨앗을 심어야 할 것입니다.

26, 27절 라반이 이르되 언니보다 아우를 먼저 주는 것은 우리 지방에서 하지 아니하는 바이라 이를 위하여 칠 일을 채우라 우리가 그도 네게 주리니 네가 또 나를 칠 년 동안 섬길지니라

라반은 자신의 속임수가 명백히 드러났음에도 불구하고 조금도 미안해하지 않고 사과도 하지 않았습니다. 오히려 라반은 자신의 속임수를 능란하게 정당화했습니다. 라반은 야곱에게 "형보다 아우를 먼저 주는 것은 우리 지방 풍습에 어긋나는 바이라"고 변명했습니다. 즉 아람 지방에서는 동생이 언니보다 먼저 결혼할 수 없는 관습이 있다는 것입니다. 그러나 이러한 라반의 말은 자신의 속임수를 합리화하기 위한 구차한 변명일 뿐이었습니다. 왜냐하면 라반은 7년 전에 야곱과 계약을 맺는 자

리에서 이러한 결혼 관습에 대해 미리 말해 주었어야 하기 때문입니다.

라반은 자신의 잘못을 전혀 시인하지 않고 야곱에게 새로운 제의를 했습니다. 그것은 라헬과의 결혼을 조건으로 하여 또다시 7년간 봉사하라는 것이었습니다. 그리고 그 전에 먼저 칠 일을 채우라고 했습니다. 여기서 "칠 일을 채우라"는 것은 7일간 계속되는 결혼 잔치 기간을 채우라는 뜻입니다. 라헬을 향한 야곱의 사랑을 눈치 채고 이를 이용하여 야곱의 노동력을 계속 제공받으려는 라반의 탐욕이 그의 제안을 통해 여실히 드러나고 있습니다.

야곱은 자신이 외삼촌 라반에게 속았다는 것뿐만 아니라 라반이 얼마나 타산적이고 탐욕이 많은 사람인 줄도 알게 되었습니다. 그러나 사랑하는 라헬을 아내로 얻기 위해서는 라반의 제의를 받아들일 수밖에 없었습니다. 한편 라반이 야곱에게 작은 딸 라헬도 아내로 주겠다고 서슴없이 제안하고, 야곱 또한 그 제의를 거리낌 없이 수락했다는 것은 그때 당시에 일부다처제가 행해지고 있었음을 시사해 줍니다. 가정불화의 불씨가 되는 일부다처제는 가인의 후손인 라멕으로부터 시작되었습니다(창 4:19).

원래 하나님께서는 아담에게 하와 한 사람만 아내로 주심으로써 일부일처제를 세우셨는데, 인간이 타락하고 난 후 일부일처제를 버리고 일부다처제를 따름으로써 가정불화의 문제가 심화되었던 것입니다.

4. 야곱과 라헬의 결혼(29:28~30)

28. 야곱이 그대로 하여 그 칠 일을 채우매 라반이 딸 라헬도 그에게 아내로 주고 29. 라반이 또 그의 여종 빌하를 그의 딸 라헬에게 주어 시녀가 되게 하매 30. 야곱이 또한 라헬에게로 들어갔고 그가 레아보다 라헬을 더 사랑하여 다시 칠 년 동안 라반을 섬겼더라

28, 29절 야곱이 그대로 하여 그 칠 일을 채우매 라반이 딸 라헬도 그에게 아내로 주고 라반이 또 그의 여종 빌하를 그의 딸 라헬에게 주어 시녀가 되게 하매

결국 야곱은 라반이 제의한 대로 칠 일간의 결혼 잔치를 다 치렀습니다. 잔치를 마친 후 라반은 둘째 딸 라헬을 야곱에게 두 번째 아내로 주고 라헬에게는 빌하를 몸종으로 주었습니다. 이로써 야곱은 불과 일 주일 간격으로 외삼촌 라반의 두 딸을 다 아내로 삼게 되었는데, 이는 하나님의 뜻에 위배되는 일이었습니다. 하나님께서는 훗날 모세를 통해 '한 남자가 자매를 같이 데리고 살지 말라' 는 율법을 주셨습니다(레 18:18). 그런데 야곱이 자매간인 레아와 라헬을 아내로 맞았음에도 불구하고 하나님께서 이를 묵인하신 것은 사람들이 무지하고 아직 율법이 없었던 시대였기 때문인 듯합니다. 야곱이 두 번째 결혼을 한 이후부터 레아와 라헬은 우애로운 자매가 아니라 야곱의 사랑을 독점하려는 경쟁자가 되어 서

로 질투하고 반목하는 관계가 되었고, 이로 인해 야곱의 가정에는 늘 갈등이 있게 되었습니다.

30절 야곱이 또한 라헬에게로 들어갔고 그가 레아보다 라헬을 더 사랑하여 다시 칠 년 동안 라반을 섬겼더라

라헬에 대한 야곱의 사랑은 결혼한 후에도 변함이 없었습니다. 야곱은 레아보다 라헬을 더 사랑하고 그 사랑의 힘으로 다시 7년간 라반에게 봉사했습니다. 결국 야곱은 사랑하는 라헬을 위하여 14년 동안이나 라반의 머슴살이를 한 것입니다. 그러나 그의 마음에 여전히 뜨겁게 타오르고 있는 사랑의 위력은 그로 하여금 그 오랜 기간을 수일같이 여기고 아무 불평 없이 성실히 일할 수 있게 해주었습니다.

5. 레아의 아들들(29:31~35)

31. 야훼께서 레아가 사랑 받지 못함을 보시고 그의 태를 여셨으나 라헬은 자녀가 없었더라 32. 레아가 임신하여 아들을 낳고 그 이름을 르우벤이라 하여 이르되 야훼께서 나의 괴로움을 돌보셨으니 이제는 내 남편이 나를 사랑하리로다 하였더라 33. 그가 다시 임신하여 아들을 낳고 이르되 야훼께서 내가 사랑 받지 못함을 들으셨으므로 내게 이 아들도 주셨도다 하고 그의 이름을 시므온이라 하였으며

34. 그가 또 임신하여 아들을 낳고 이르되 내가 그에게 세 아들을 낳았으니 내 남편이 지금부터 나와 연합하리로다 하고 그의 이름을 레위라 하였으며 35. 그가 또 임신하여 아들을 낳고 이르되 내가 이제는 야훼를 찬송하리로다 하고 이로 말미암아 그가 그의 이름을 유다라 하였고 그의 출산이 멈추었더라

31절 야훼께서 레아가 사랑 받지 못함을 보시고 그의 태를 여셨으나 라헬은 자녀가 없었더라

야곱이 속아서 결혼한 레아보다 오랫동안 흠모해 오던 라헬을 더 사랑한 것은 당연한 일이었을 것입니다. 그러나 이러한 야곱의 편애는 레아의 마음에 큰 상처를 주었습니다. 레아는 야곱이 자기를 버려 둔 채 라헬만 사랑함으로 인해 슬픔과 외로움 가운데 나날을 보내고 있었습니다. 그런데 야훼 하나님께서 이와 같은 레아의 딱한 사정을 긍휼히 여기셔서 레아에게는 아기를 잉태할 수 있도록 태를 열어 주시고 라헬의 태는 닫으셨습니다. 그래서 레아는 야곱의 아들들을 낳게 되었지만 라헬은 아기를 낳지 못했습니다.

32절 레아가 임신하여 아들을 낳고 그 이름을 르우벤이라 하여 이르되 야훼께서 나의 괴로움을 돌보셨으니 이제는 내 남편이 나를 사랑하리로다 하였더라

하나님께서 레아의 태를 열어 주심으로 말미암아 레아는 잉태하여 아들을 낳았습니다. 이 일은 남편의 사랑을 받지 못하던 레아에게 큰 위로와 기쁨이 되었습니다. 레아는 아기를 출산한 후 너무나 기쁘고 자랑스

러워 그 아기의 이름을 '르우벤' 이라고 지었습니다. '르우벤' 은 '보라 아들이다' 라는 뜻입니다.

레아는 하나님의 은혜로 말미암아 자기가 야곱의 첫 아이를 낳을 수 있었다는 사실을 알았습니다. 그래서 레아는 자신의 고통을 살펴 주셔서 아들을 낳게 해주신 하나님께 감사했으며, '야곱이 이제까지는 라헬만을 극진히 사랑했지만 이제 내가 아들을 낳았으니까 나를 사랑할 것이다.' 라고 생각하였습니다. 이와 같이 레아가 하나님의 은총에 감사하고 새로운 희망을 가질 수 있었던 것은 외롭고 고통스러운 결혼 생활을 통해 그녀의 신앙이 성숙해졌기 때문일 것입니다.

르우벤의 출생을 시작으로 훗날 이스라엘의 12지파를 이룰 야곱의 아들들이 차례로 태어나기 시작했습니다.

33절 그가 다시 임신하여 아들을 낳고 이르되 야훼께서 내가 사랑 받지 못함을 들으셨으므로 내게 이 아들도 주셨도다 하고 그의 이름을 시므온이라 하였으며

레아는 르우벤을 출산한 후 다시 잉태하여 둘째 아들을 낳았습니다. 비록 야곱의 사랑은 라헬의 차지였지만 하나님께서 레아를 통해 자녀를 주신 것입니다.

하나님께서 레아에게 계속해서 아기를 낳게 하신 것은 하나님의 긍휼과 은총으로 말미암은 것이었으며, 또한 레아의 기도에 대한 하나님의 응답이었습니다. 레아는 자기가 외로운 중에 눈물로 드린 간구를 하나님께서 들으시고 아들을 또 주셨다고 고백하고 그 아기의 이름을 '시므온' 이라고 했습니다.

34절 그가 또 임신하여 아들을 낳고 이르되 내가 그에게 세 아들을 낳았으니 내 남편이 지금부터 나와 연합하리로다 하고 그의 이름을 레위라 하였으며

레아는 야곱의 사랑받기를 무척 갈망했습니다. 그러나 야곱의 마음은 늘 라헬에게 가 있었고 라헬에 대한 사랑으로 가득했습니다. 그럼에도 불구하고 레아의 몸을 통해 야곱의 아들들이 계속 태어났습니다.

시므온을 낳은 후 레아가 또 잉태하여 셋째 아들을 낳고, 그 아기의 이름을 '레위' 라고 했습니다. '레위' 는 '연합된' 이란 뜻인데, 레아가 아기의 이름을 레위라고 한 데에는 늘 남편의 사랑을 받고 연합하기를 갈망해 온 그녀의 소망이 깃들어 있습니다.

35절 그가 또 임신하여 아들을 낳고 이르되 내가 이제는 야훼를 찬송하리로다 하고 이로 말미암아 그가 그의 이름을 유다라 하였고 그의 출산이 멈추었더라

하나님의 은총으로 레아는 또다시 아들을 낳았습니다. 하나님께서 라헬에게는 남편의 사랑을 주셨지만 레아에게는 아들 넷을 연달아 주셨습니다. 레아는 하나님께로부터 얻은 네 아들로 인하여 마음 든든하고 자랑스러웠습니다. 더욱이 레아는 건강한 아들들을 낳고 날이 갈수록 하나님에 대한 신앙이 성숙해짐으로 야곱의 관심을 끌게 되었습니다.

이로 인해 레아는 하나님께 영광을 돌렸습니다. 그리고 네 번째로 얻은 아들의 이름을 '유다' 라고 지었습니다. '유다' 는 '찬양' 이라는 뜻인데, 하나님께서 바로 이 유다의 가계를 통해 훗날 메시야를 보내 주셨습니다(마 1:2,3).

넷째 아들 유다의 출산 후 레아의 생산이 멈췄습니다. 그런데 여기서 '생산이 멈추었다.' 는 말은 레아가 그 후 아기를 전혀 낳지 못했다는 말이 아니라 당분간 아기를 낳지 못했다는 뜻입니다. 레아는 유다를 낳은 후 수년 동안 잉태하지 못하다가 세 자녀를 더 낳게 됩니다(창 30:17~21).

제 30 장

야곱의 자녀와 물질적인 축복

라헬의 질투	30:1~4
야곱의 자녀	30:5~21
요셉의 탄생	30:22~24
야곱의 받은 복	30:25~43

본장에는 29장에 이어 야곱의 자녀들의 출생에 대한 기사와 야곱이 받은 물질적인 복에 대한 내용이 기록되어 있습니다.

르우벤의 탄생을 시작으로 하여, 야곱은 약 10여 년 동안에 두 명의 아내와 두 명의 첩에게서 무려 열한 명의 아들과 딸 하나를 얻었습니다. 그 당시 자녀를 많이 두는 것은 큰 복을 의미했습니다. 네 부인을 둔 야곱은 그들의 몸을 통해 많은 자녀를 얻었으나 부인들의 질투로 말미암아 그의 가정은 불화의 갈등에서 헤어나지 못했습니다. 그러나 하나님께서는 이러한 야곱의 아들들을 이스라엘의 12지파의 선조로 삼으셨습니다.

한편 야곱은 라반과의 두 번째 계약 기간이 끝난 후 3차 계약의 맺고 많은 재산을 모아 큰 부자가 되었습니다.

이와 같이 야곱의 많은 자녀와 재물을 얻을 수 있었던 것은 아브라함과 이삭이 하나님께로부터 받은 복이 야곱에게 상속되어 실현된 것입니다(창 12:2,3; 26:24).

1. 라헬의 질투(30:1~4)

1. 라헬이 자기가 야곱에게서 아들을 낳지 못함을 보고 그의 언니를 시기하여 야곱에게 이르되 내게 자식을 낳게 하라 그렇지 아니하면 내가 죽겠노라 2. 야곱이 라헬에게 성을 내어 이르되 그대를 임신하지 못하게 하시는 이는 하나님이시니 내가 하나님을 대신하겠느냐 3. 라헬이 이르되 내 여종 빌하에게로 들어가라 그가 아들을 낳아 내 무릎에 두리니 그러면 나도 그로 말미암아 자식을 얻겠노라 하고 4. 그의 시녀 빌하를 남편에게 아내로 주매 야곱이 그에게로 들어갔더니

1절 라헬이 자기가 야곱에게서 아들을 낳지 못함을 보고 그의 언니를 시기하여 야곱에게 이르되 내게 자식을 낳게 하라 그렇지 아니하면 내가 죽겠노라

옛날에 우리나라에서는 아내를 합법적으로 내쫓는 핑계로 칠거지악

(七去之惡)이라는 것이 있었는데, 여자가 시집 가서 아들을 낳지 못하면 시집에서 쫓겨나는 이유가 그 중 하나였습니다. 그런데 이스라엘에서는 결혼한 여자가 아기를 낳지 못하면 하나님의 저주로 간주하여 매우 수치스러운 일로 여겼습니다. 이러한 사회적 통념은 아기를 낳지 못하는 라헬의 마음을 몹시 괴롭고 불안하게 했습니다. 게다가 라헬은 야곱의 관심이 점점 레아와 레아의 아들들에게 쏠리고 있음을 느끼고 안절부절 못했던 것입니다.

언니는 아들을 넷이나 낳았는데 자신은 아기를 낳지 못한다는 열등감이 라헬의 마음에 시기와 질투를 불러일으켰습니다. 그래서 레아와 라헬은 서로를 시기하고 대적하게 되었습니다. 레아는 라헬이 야곱의 사랑을 독점하고 있음으로 인해 라헬을 질투하고, 라헬은 자신이 못낳은 아들을 레아가 넷이나 낳고 야곱의 관심을 끌고 있음으로 인해 매일같이 질투의 불길을 태우고 있었습니다.

성경은 "너는 아내가 생존할 동안에 그의 자매를 데려다가 …… 그로 질투하게 하지 말지니라"(레 18:18)고 기록하고 있습니다. 레아와 라헬이 한 남편을 사이게 두고 느낀 질투심은 돌이킬 수 없는 가정불화의 원인이 되고 말았습니다.

성경은 "질투는 스올 같이 잔인하며 불길 같이 일어나니 그 기세가 야훼의 불과 같으니라"(아 8:6)고 기록하고 있습니다. 투기하는 마음이 생기면 눈에 아무 것도 보이지 않습니다. 한 형제간에도 부모가 편애하면 서로 시기하고 질투합니다. 그 좋은 예로 요셉을 들 수 있습니다. 요셉은 아버지의 사랑을 독차지했다가 질투로 앙심을 품은 형들에 의해 종으로 팔려 갔습니다. 형제간에도 투기하는 마음이 생기면 이렇게 끔찍한 일을 서슴없이 저지를 수 있는데, 부부간에야 오죽하겠습니까?

라헬은 레아에 대한 질투심을 견딜 수 없어서 야곱에게 "내게 자식을 낳게 하라 그렇지 아니하면 내가 죽겠노라" 고 불평을 터뜨렸습니다. 라헬은 자신이 아기를 낳지 못하는 것이 마치 야곱의 탓이기라도 한 듯이 야곱을 붙잡고 불평했는데, 이러한 라헬의 태도는 믿음이 전혀 없는 불신자들의 모습 그대로였습니다.

솔로몬이 그의 시편에서 "보라 자식들은 야훼의 기업이요 태의 열매는 그의 상급이로다" (시 127:3)라고 노래했듯이 자식은 하나님의 선물입니다. 그러나 질투심에 눈이 먼 라헬은 하나님께 자녀를 낳게 해달라고 간구하기는커녕 애꿎은 남편에게 불평을 터뜨리는 불신앙의 모습을 보였던 것입니다.

2절 야곱이 라헬에게 성을 내어 이르되 그대를 임신하지 못하게 하시는 이는 하나님이시니 내가 하나님을 대신하겠느냐

야곱은 아기를 낳고 못 낳는 여부가 하나님께 달려 있는 문제라는 것을 알고 있었습니다. 그런데 라헬이 마치 자기 때문에 임신을 못하는 것처럼 말하자, 야곱의 라헬의 불신앙적인 태도에 분노했습니다. 그렇기 때문에 야곱은 라헬에게 "그대를 임신하지 못하게 하시는 이는 하나님이시니 내가 하나님을 대신하겠느냐" 고 책망했습니다.

3절 라헬이 이르되 내 여종 빌하에게로 들어가라 그가 아들을 낳아 내 무릎에 두리니 그러면 나도 그로 말미암아 자식을 얻겠노라 하고

라헬은 야곱의 책망을 듣고 불임의 원인이 자신에게 있음을 인정해야 했습니다. 그러자 라헬은 최후의 비상수단을 쓰기로 결심했습니다. 그 당시에는 여주인이 자식을 낳지 못하면 여종이 대신 낳아주는 관습이 있었는데, 라헬은 바로 이러한 관습을 이용해서라도 자녀를 얻기로 작정한 것입니다.

여종의 몸을 통해서라도 자식을 얻겠다는 라헬의 결정은 야곱의 할머니인 사라의 전례를 답습하는 것이었습니다. 사라는 자손을 번창케 해주시겠다는 하나님의 언약을 온전히 믿지 못하고 그녀의 여종 하갈을 통해 아브라함의 아들을 낳게 했다가 그것이 화근이 되어 가정불화를 일으켰습니다(창 16:1~6).

그런데 라헬도 자신의 여종 빌하를 야곱에게 첩으로 주어 자녀를 낳게 함으로써 이후에 그로 인해 야기된 가정불화는 생각하지 않고 단지 자식을 얻겠다는 욕심만을 채우기 위해서 수단과 방법을 가리지 않았던 것입니다.

4절 그의 시녀 빌하를 남편에게 아내로 주매 야곱이 그에게로 들어갔더니

라헬은 자신의 생각대로 일을 추진시켜 빌하를 야곱의 첩으로 삼았습니다. 오로지 자식을 얻겠다는 라헬의 일념은 야곱의 동정심을 불러 일으켰습니다. 야곱은 라헬의 청을 거절하지 않고 그녀가 원하는 대로 빌하와 동침했습니다. 이와 같은 야곱의 태도를 통해 그가 비록 하나님을 믿기는 하지만 믿음보다는 라헬에 대한 사랑과 동정심이 더 강했음을 알 수 있습니다.

2. 야곱의 자녀(30:5~21)

5. 빌하가 임신하여 야곱에게 아들을 낳은지라 6. 라헬이 이르되 하나님이 내 억울함을 푸시려고 내 호소를 들으사 내게 아들을 주셨다 하고 이로 말미암아 그의 이름을 단이라 하였으며 7. 라헬의 시녀 빌하가 다시 임신하여 둘째 아들을 야곱에게 낳으매 8. 라헬이 이르되 내가 언니와 크게 경쟁하여 이겼다 하고 그의 이름을 납달리라 하였더라 9. 레아가 자기의 출산이 멈춤을 보고 그의 시녀 실바를 데려다가 야곱에게 주어 아내로 삼게 하였더니 10. 레아의 시녀 실바가 야곱에게서 아들을 낳으매 11. 레아가 이르되 복되도다 하고 그의 이름을 갓이라 하였으며 12. 레아의 시녀 실바가 둘째 아들을 야곱에게 낳으매 13. 레아가 이르되 기쁘도다 모든 딸들이 나를 기쁜 자라 하리로다 하고 그의 이름을 아셀이라 하였더라 14. 밀 거둘 때 르우벤이 나가서 들에서 합환채를 얻어 그의 어머니 레아에게 드렸더니 라헬이 레아에게 이르되 언니의 아들의 합환채를 청구하노라 15. 레아가 그에게 이르되 네가 내 남편을 빼앗은 것이 작은 일이냐 그런데 네가 내 아들의 합환채도 빼앗고자 하느냐 라헬이 이르되 그러면 언니의 아들의 합환채 대신에 오늘 밤에 내 남편이 언니와 동침하리라 하니라 16. 저물 때에 야곱이 들에서 돌아오매 레아가 나와서 그를 영접하며 이르되 내게로 들어오라 내가 내 아들의 합환채로 당신을 샀노라 그 밤에 야곱이 그와 동침하였더라 17. 하나님이 레아의 소원을 들으셨으므로 그가 임신하여 다섯째 아들을 야곱에게 낳은지라 18. 레아가 이르되 내가 내 시녀를 내 남편에게 주었으므로 하나님이 내게 그 값을 주셨다 하고 그의 이름을 잇사갈이라 하였

으며 19. 레아가 다시 임신하여 여섯째 아들을 야곱에게 낳은지라 20. 레아가 이르되 하나님이 내게 후한 선물을 주시도다 내가 남편에게 여섯 아들을 낳았으니 이제는 그가 나와 함께 살리라 하고 그의 이름을 스불론이라 하였으며 21. 그 후에 그가 딸을 낳고 그의 이름을 디나라 하였더라

5, 6절 빌하가 임신하여 야곱에게 아들을 낳은지라 라헬이 이르되 하나님이 내 억울함을 푸시려고 내 호소를 들으사 내게 아들을 주셨다 하고 이로 말미암아 그의 이름을 단이라 하였으며

라헬이 야곱에게 첩으로 준 빌하가 잉태하여 야곱의 아들을 낳았습니다. 이에 라헬은 마치 자신이 아들을 낳기라도 한 듯이 기뻐하며 "하나님이 내 억울함을 푸시려고 내 소리를 들으사 내게 아들을 주셨다" 고 했습니다.

라헬은 비록 잘못된 방법으로 자녀를 얻으려고 했지만 한편으로를 아기를 갖게 해달라고 하나님께 간구했습니다. 그렇게 때문에 라헬은 빌하가 낳은 아들을 하나님께서 자기의 기도를 들으시고 그 응답으로 주신 아들이라고 생각하고 매우 기뻐하고 감사했던 것입니다.

라헬은 빌하가 낳은 아기에게 '단' 이라고 이름 지어 주었습니다. '단' 은 '억울함을 푸심' 이란 뜻인데, 이 이름에는 하나님께서 자신의 억울한 사정을 판단하시고 그 억울함을 풀어주셨다는 라헬의 고백이 담겨 있습니다.

단의 탄생은 자식이 없던 라헬에게 큰 위로가 되었습니다. 이때 태어난 단은 이스라엘 12지파 가운데 하나인 단 지파의 조상인데, 훗날 단의

후손들은 우상숭배에 빠져서 하나님을 저버림으로 이스라엘 지파 중에서 사라지게 됩니다.

7, 8절 라헬의 시녀 빌하가 다시 임신하여 둘째 아들을 야곱에게 낳으매 라헬이 이르되 내가 언니와 크게 경쟁하여 이겼다 하고 그의 이름을 납달리라 하였더라

빌하는 단에 이어 둘째 아들을 낳았습니다. 라헬은 자기가 직접 낳은 아들은 아니지만 빌하가 낳은 아들을 자기가 낳은 양 의기양양했습니다.

레아와 라헬은 자녀를 낳기 위해서 경쟁적으로 기도해 왔습니다. 왜냐하면 그 당시에는 자녀를 많이 낳는 것이 복의 정도를 나타내는 척도로 여겼기 때문입니다. 그리고 자녀를 많이 낳음으로써 남편의 마음을 차지하겠다는 목적도 그들이 기도한 이유 중 하나였습니다.

그러므로 레아가 아들 넷을 내리 낳은 후 다시 잉태하지 못하고 있는 사이에 빌하가 두 번이나 아들을 낳자 라헬은 경쟁에서 승리했다는 자부심을 갖게 되었던 것입니다. 그래서 라헬은 빌하가 낳은 둘째 아들에게 '나의 경쟁' 이란 뜻인 '납달리' 라는 이름을 지어 주었습니다

9절 레아가 자기의 출산이 멈춤을 보고 그의 시녀 실바를 데려다가 야곱에게 주어 아내로 삼게 하였더니

레아와 라헬의 질투심은 야곱의 가정을 점점 더 큰 갈등과 불화 속으로 밀어 넣었습니다.

레아는 라헬이 빌하를 야곱에게 주어 두 아들을 얻고 교만한 태도를 취하는 것을 보고 견딜 수 없었습니다. 레아는 자신이 더 이상 잉태하지

못함을 깨닫고 라헬이 했던 방법과 똑같은 방법을 시도하기로 작정했습니다. 즉 라헬이 자기의 몸종 빌하를 통해 자녀를 얻었던 것처럼 레아도 자기의 시녀인 실바를 야곱에게 첩으로 주어 자녀를 낳게 함으로써 라헬과의 경쟁에서 승리하겠다고 결심했던 것입니다.

이로써 야곱은 두 명의 아내와 두 명의 첩을 거느리게 되었고, 이로 인하여 그의 가정은 잠시도 평안할 때가 없게 되었습니다.

10, 11절 레아의 시녀 실바가 야곱에게서 아들을 낳으매 레아가 이르되 복되도다 하고 그의 이름을 갓이라 하였으며

레아가 야곱에게 첩으로 준 실바가 잉태하여 아들을 낳았습니다. 이에 레아는 크게 기뻐하며 그 아기의 이름을 '갓' 이라고 지었습니다. 여기에서 '갓' 은 '복' , '행운' 이라는 뜻입니다.

12, 13절 레아의 시녀 실바가 둘째 아들을 야곱에게 낳으매 레아가 이르되 기쁘도다 모든 딸들이 나를 기쁜 자라 하리로다 하고 그의 이름을 아셀이라 하였더라

실바가 다시 잉태하여 야곱의 아들을 낳았습니다. 레아는 자기의 시녀인 실바가 아들을 거듭 출산하자 매우 기뻤습니다. 이제 레아는 자신이 직접 낳은 네 명의 아들에다가 실바가 얻은 두 아들을 합해 모두 여섯 명이나 되는 아들을 갖게 된 셈입니다. 레아는 이처럼 많은 아들을 얻음을 인하여 모든 여인들이 자기를 '기쁜 자' 라고 칭송할 것이라고 고백하고, 그 아기에게 '기쁨' , '행복' 이란 뜻의 '아셀' 이라는 이름을 지어 주었습니다.

아셀은 실바에게는 둘째 아들이지만 야곱에게는 여덟 째 아들이 되는 셈입니다. 야곱은 그 후에도 자녀를 더 얻어 모두 열두 명의 아들과 딸 하나를 슬하에 두게 됩니다. 야곱이 이처럼 많은 자녀를 갖게 된 것은 레아와 라헬의 질투심과 경쟁심의 결과였습니다. 그러나 이것은 자손의 번성에 대한 하나님의 언약의 성취이기도 했습니다. 모든 것을 합력하여 선을 이루시는 하나님께서는 야곱의 열두 아들을 이스라엘의 12지파의 시조로 세워 주셨습니다.

14절 밀 거둘 때 르우벤이 나가서 들에서 합환채를 얻어 그의 어머니 레아에게 드렸더니 라헬이 레아에게 이르되 언니의 아들의 합환채를 청구하노라

'합환채' 란 작은 토마토같이 생긴 노란색의 열매인데, 고대로부터 정력제 및 임신을 가능케 하는 약초로 알려져서 '사랑의 과실' 이라고도 불렀습니다. 그래서 이스라엘에서는 아기를 못 낳는 사람이 합환채를 먹으면 아기를 낳게 된다고 믿었습니다. 이 합환채는 귀한 식물이기 때문에 좀처럼 구하기가 어려웠습니다. 그런데 어느 날 레아의 맏아들인 르우벤이 들에서 노랗게 무르익은 합환채를 가져왔습니다. 마침 맥추 때여서 밀을 추수하러 가는 어른들 틈에 끼어 나이 어린 르우벤이 들에 따라 나갔다가 우연히 합환채를 따 온 것입니다.

르우벤은 들에서 따 온 합환채를 자기 어머니인 레아에게 갖다 주었습니다. 그런데 이 일로 인하여 레아와 라헬의 갈등은 표면화되고 말았습니다.

라헬은 르우벤이 레아에게 합환채를 주었다는 말을 듣자마자 레아에

게 찾아가서 합환채를 자기에게도 달라고 청했습니다. 라헬은 빌하를 통해 두 아들을 얻었지만 자신도 야곱의 아기를 낳기를 소원했기 때문입니다.

그러나 남편의 사랑과 자녀의 출산에 대하여 경쟁하고 있는 레아에게 라헬의 부탁이 받아들여질 리가 만무했습니다. 더욱이 레아 자신도 아들 넷을 낳고 난 후 몇 년 간 임신이 되지 않음으로 인해 조바심하고 있던 중이었기 때문에 레아는 라헬의 부탁을 일축해서 거절해 버렸습니다.

15절 레아가 그에게 이르되 네가 내 남편을 빼앗은 것이 작은 일이냐 그런데 네가 내 아들의 합환채도 빼앗고자 하느냐 라헬이 이르되 그러면 언니의 아들의 합환채 대신에 오늘 밤에 내 남편이 언니와 동침하리라 하니라

레아는 아들을 넷이나 낳음으로써 야곱의 관심을 끌었습니다. 그러나 그것은 오래 지속되지 않았고, 야곱의 마음은 다시 라헬에게로 기울어지고 말았습니다. 그러므로 레아는 야곱의 마음을 사로잡고 그의 사랑을 독차지하고 있는 라헬을 더욱 질투하게 되었습니다.

레아는 남편이 채워 주지 못하는 사랑 대신에 자신이 낳은 아들들을 통해 위로받고 자랑스러웠습니다. 그런데 르우벤이 가져온 합환채를 라헬이 가로채서 먹으려고 하자 레아는 더 이상 참을 수가 없었습니다. 레아는 몹시 분노하여 "네가 내 남편을 빼앗을 것이 작은 일이냐 그런데 네가 내 아들의 합환채도 빼앗고자 하느냐"고 호통쳤습니다.

레아가 격앙된 목소리로 호통을 치자 라헬은 레아에게 "합환채를 주면 그 대신에 야곱과 동침하게 해주겠다."고 타협했습니다. 이와 같이 한

남편을 사이에 두고 두 아내가 서슴없이 홍정을 벌이는 모습을 볼 때 야곱의 가정에서 참된 윤리관을 찾아볼 수가 없는 것입니다.

16절 저물 때에 야곱이 들에서 돌아오매 레아가 나와서 그를 영접하며 이르되 내게로 들어오라 내가 내 아들의 합환채로 당신을 샀노라 그 밤에 야곱이 그와 동침하였더라

레아는 라헬의 제의를 받아들여 합환채를 주고 그 대신에 야곱과 동침할 수 있는 기회를 얻게 되었습니다. 해가 저물 때에 레아는 야곱이 들에서 일을 마치고 돌아오는 것을 보고 밖으로 나와서 그를 영접하며 그에게 라헬과 자기 사이에 이루어진 타협의 내용을 설명해 주었습니다. 이에 야곱은 자신의 의사와 상관없이 부인들에 의해 성립된 타협에 따라 그날 밤에 레아와 동침했습니다.

17, 18절 하나님이 레아의 소원을 들으셨으므로 그가 임신하여 다섯째 아들을 야곱에게 낳은지라 레아가 이르되 내가 내 시녀를 내 남편에게 주었으므로 하나님이 내게 그 값을 주셨다 하고 그의 이름을 잇사갈이라 하였으며

레아는 야곱이 자기와 결혼한 지 불과 일 주일 후에 라헬과 또다시 결혼하고 라헬만을 사랑함으로 인해 소외감을 느끼고 있었을 뿐 아니라 그 마음에 외로움과 고통이 극심했습니다. 레아는 무슨 수를 써서라도 야곱의 사랑을 차지하고 싶었습니다. 그렇기 때문에 레아는 자신의 몸종인 실바를 야곱에게 첩으로 주면서까지 야곱의 사랑을 받으려고 애썼습니다. 하나님께서 이러한 레아의 외로움과 고통을 긍휼히 여기셔서 레아

의 태를 다시 여시고 아들을 낳게 하셨습니다.

합환채를 주는 대신에 야곱과 동침했던 레아는 하나님의 은혜로 다섯째 아들을 낳았습니다. 합환채를 먹은 라헬은 임신하지 못하고 있는데, 자기는 합환채를 먹지 않았음에도 불구하고 오래간만에 아들을 낳은 것이 레아에게는 큰 위로와 기쁨이 되었습니다.

레아는 자기가 또다시 아들을 낳을 수 있었던 것이 자기의 시녀인 실바를 남편에게 첩으로 준 데에 대한 하나님의 보상이라고 생각하여 그 아기의 이름을 '잇사갈' 이라고 지었습니다. 그러나 이러한 레아의 생각은 인간적인 생각이었습니다.

다섯 번째 출산은 레아의 행위에 대한 보상이 아니라 하나님의 전적인 은혜로 말미암은 것이었습니다.

19-21절 레아가 다시 임신하여 여섯째 아들을 야곱에게 낳은지라 레아가 이르되 하나님이 내게 후한 선물을 주시도다 내가 남편에게 여섯 아들을 낳았으니 이제는 그가 나와 함께 살리라 하고 그의 이름을 스불론이라 하였으며 그 후에 그가 딸을 낳고 그의 이름을 디나라 하였더라

레아는 잇사갈을 출산하고 나서 또다시 여섯 번째 아기를 잉태했습니다. 레아는 건강한 아들을 낳고, "하나님이 내게 후한 선물을 주시도다" 라고 말했습니다. 레아는 자기가 야곱의 아들을 여섯 명이나 낳을 수 있었던 것은 하나님의 은혜로 말미암은 후한 선물이라는 것을 깨닫고 이에 하나님께 감사와 영광을 돌렸던 것입니다.

"내가 남편에게 여섯 아들을 낳았으니 이제는 그가 나와 함께 살리

라." 레아는 이제껏 남편의 마음을 차지해 본 적이 없었지만 아들을 여섯이나 낳았으므로 이제는 남편과 연합하여 살 수 있을 것이라고 기대했습니다. 그래서 레아는 여섯째 아들로 태어난 아기에게 자신의 그러한 기대를 담아 '스불론' 이라고 이름 지어 주었습니다.

"자식들은 야훼의 기업이요 태의 열매는 그의 상급이로다"(시 127:3)라는 성경 말씀에 비추어 볼 때, 레아가 무려 일곱 명이나 되는 자녀를 낳은 것은 하나님께서 그녀를 긍휼히 여기신 것을 보여주는 것입니다.

3. 요셉의 탄생(30:22~24)

22. 하나님이 라헬을 생각하신지라 하나님이 그의 소원을 들으시고 그의 태를 여셨으므로 23. 그가 임신하여 아들을 낳고 이르되 하나님이 내 부끄러움을 씻으셨다 하고 24. 그 이름을 요셉이라 하니 야훼는 다시 다른 아들을 내게 더하시기를 원하노라 하였더라

22절 하나님이 라헬을 생각하신지라 하나님이 그의 소원을 들으시고 그의 태를 여셨으므로

하나님께서는 레아에게는 태를 열어 주셔서 많은 자녀를 낳게 하셨지만 라헬에게는 자녀를 주시지 않았습니다(창 29:31). 그러므로 라헬은 비

록 남편의 사랑을 극진히 받기는 했지만 자식이 없음으로 인해 매우 수치스러웠습니다. 왜냐하면 그 당시 결혼한 여인이 아기를 낳지 못하는 것은 곧 저주를 받은 것으로 간주되었기 때문입니다. 라헬은 어떻게 해서라도 아들을 낳겠다는 일념으로 합환채를 먹어보기도 했습니다. 그러나 아들을 낳은 데 효력이 있다는 합환채도 그녀에게는 아무 효험이 없었습니다.

라헬은 자신이 할 수 있는 세상적인 방법을 모두 시도해 보았지만 결과적으로 아무 소용이 없었다는 사실 앞에 좌절했습니다. 라헬은 고통하는 가운데서 하나님을 찾게 되었습니다. 라헬은 자기가 안고 있는 문제를 해결해 주실 분은 오직 하나님 한 분밖에 없음을 깨달았습니다. 결국 라헬은 오랜 불임 기간을 통해 이제껏 그녀가 기대해 왔던 모든 인간적인 방법은 다 헛되다는 사실을 깨닫고 하나님께로 돌아서서 하나님을 의지했습니다.

라헬은 자신의 불임 문제와 그 동안 자신이 행한 잘못된 행동을 하나님 앞에 낱낱이 고하고 기도했습니다. 라헬의 이러한 태도는 하나님의 마음을 움직였습니다. 하나님께서는 라헬의 간구를 들으시고 그녀의 태를 열어 주심으로써 문제를 해결해 주셨습니다.

하나님께서는 "열면 닫을 사람이 없고 닫으면 열 사람이 없는"(계 3:7) 절대적인 주권을 가지고 인생의 생사화복을 주장하시는 분이십니다. 그러므로 우리는 우리의 인생이 하나님의 절대 주권에 의해 결정되며 모든 문제 해결의 열쇠는 하나님께 있음을 믿고, 늘 하나님께 기도하고 하나님 중심으로 살아야 할 것입니다.

23, 24절 그가 임신하여 아들을 낳고 이르되 하나님이 내 부끄러움
을 씻으셨다 하고 그 이름을 요셉이라 하니 야훼는 다시 다른
아들을 내게 더하시기를 원하노라 하였더라

하나님께서 라헬의 기도에 응답해 주셔서 라헬은 오랫동안 소망해 왔던 아이를 갖게 되었습니다. 라헬은 아들을 낳고 "하나님이 내 부끄러움을 씻으셨다" 하고 하나님께 감사를 표했습니다. 이제는 아들을 낳았으므로 저주받은 여인이라는 인식에서 벗어나 아무 부끄러움 없이 떳떳하게 살 수 있게 되었기 때문에 라헬의 기쁨은 이루 형언할 수 없을 정도로 컸습니다.

라헬은 자신이 낳은 아기에게 '요셉' 이라고 이름 지어 주었습니다. '요셉' 은 '더함' 이라는 뜻인데, 라헬이 자기의 첫아들에게 이와 같은 이름을 지어 준 이유는 아들을 하나 더 낳고 싶은 소원이 있었기 때문입니다. 라헬은 그 소원대로 훗날 둘째 아들을 낳게 됩니다(창 35:16~18).

4. 야곱이 받은 복(30:25~43)

25. 라헬이 요셉을 낳았을 때에 야곱이 라반에게 이르되 나를 보내
어 내 고향 나의 땅으로 가게 하시되 26. 내가 외삼촌에게서 일하고
얻은 처자를 내게 주시어 나로 가게 하소서 내가 외삼촌에게 한 일은

외삼촌이 아시나이다 27. 라반이 그에게 이르되 야훼께서 너로 말미
암아 내게 복 주신 줄을 내가 깨달았노니 네가 나를 사랑스럽게 여기
거든 그대로 있으라 28. 또 이르되 네 품삯을 정하라 내가 그것을 주
리라 29. 야곱이 그에게 이르되 내가 어떻게 외삼촌을 섬겼는지, 어
떻게 외삼촌의 가축을 쳤는지 외삼촌이 아시나이다 30. 내가 오기
전에는 외삼촌의 소유가 적더니 번성하여 떼를 이루었으니 내 발이
이르는 곳마다 야훼께서 외삼촌에게 복을 주셨나이다 그러나 나는
언제나 내 집을 세우리이까 31. 라반이 이르되 내가 무엇으로 네게
주랴 야곱이 이르되 외삼촌께서 내게 아무것도 주시지 않아도 나를
위하여 이 일을 행하시면 내가 다시 외삼촌의 양 떼를 먹이고 지키리
이다 32. 오늘 내가 외삼촌의 양 떼에 두루 다니며 그 양 중에 아롱진
것과 점 있는 것과 검은 것을 가려내며 또 염소 중에 점 있는 것과 아
롱진 것을 가려내리니 이같은 것이 내 품삯이 되리이다 33. 후일에
외삼촌께서 오셔서 내 품삯을 조사하실 때에 나의 의가 내 대답이 되
리이다 내게 혹시 염소 중 아롱지지 아니한 것이나 점이 없는 것이나
양 중에 검지 아니한 것이 있거든 다 도둑질한 것으로 인정하소서
34. 라반이 이르되 내가 네 말대로 하리라 하고 35. 그 날에 그가 숫
염소 중 얼룩무늬 있는 것과 점 있는 것을 가리고 암염소 중 흰 바탕
에 아롱진 것과 점 있는 것을 가리고 양 중의 검은 것들을 가려 자기
아들들의 손에 맡기고 36. 자기와 야곱의 사이를 사흘 길이 뜨게 하
였고 야곱은 라반의 남은 양 떼를 치니라 37. 야곱이 버드나무와 살
구나무와 신풍나무의 푸른 가지를 가져다가 그것들의 껍질을 벗겨
흰 무늬를 내고 38. 그 껍질 벗긴 가지를 양 떼가 와서 먹는 개천의
물 구유에 세워 양 떼를 향하게 하매 그 떼가 물을 먹으러 올 때에 새
끼를 배니 39. 가지 앞에서 새끼를 배므로 얼룩얼룩한 것과 점이 있
고 아롱진 것을 낳은지라 40. 야곱이 새끼 양을 구분하고 그 얼룩무
늬와 검은 빛 있는 것을 라반의 양과 서로 마주보게 하며 자기 양을
따로 두어 라반의 양과 섞이지 않게 하며 41. 튼튼한 양이 새끼 밸 때

에는 야곱이 개천에다가 양 떼의 눈 앞에 그 가지를 두어 양이 그 가지 곁에서 새끼를 배게 하고 42. 약한 양이면 그 가지를 두지 아니하니 그렇게 함으로 약한 것은 라반의 것이 되고 튼튼한 것은 야곱의 것이 된지라 43. 이에 그 사람이 매우 번창하여 양 떼와 노비와 낙타와 나귀가 많았더라

25, 26절 라헬이 요셉을 낳았을 때에 야곱이 라반에게 이르되 나를 보내어 내 고향 나의 땅으로 가게 하시되 내가 외삼촌에게서 일하고 얻은 처자를 내게 주시어 나로 가게 하소서 내가 외삼촌에게 한 일은 외삼촌이 아시나이다

요셉이 태어난 때에 야곱은 라반을 찾아가서 고향으로 떠나겠다고 말했습니다. 야곱은 에서의 보복을 피해 브엘세바를 떠난 지 14년의 세월이 흐르는 동안 한 시도 고향을 잊은적이 없었습니다. 야곱은 "네 형의 분노가 풀려 네가 자기에게 행한 것을 잊어버리거든 내가 곧 사람을 보내어 너를 거기서 불러오리라"(창 27:45) 하던 어머니의 약속을 생생히 기억하고 있었습니다. 뿐만 아니라 야곱은 벧엘에서 야훼께로부터 "내가 너와 함께 있어 네가 어디로 가든지 너를 지키며 너를 이끌어 이 땅으로 돌아오게 할지라"(창 28:15)는 언약을 받은 바 있었습니다. 그러므로 야곱의 라반의 집에서 사는 동안 늘 '언젠가는 반드시 고향에 돌아간다.' 는 생각을 품고 있었던 것입니다.

브엘세바를 떠나 아람 지방으로 와서 라헬과의 결혼을 조건으로 라반과 두 차례에 걸쳐 고용 계약을 맺고 머슴살이를 해 온 야곱은 어느덧 네 명의 부인과 열한 명의 자녀를 둔 대가족의 가장이 되었습니다. 그런데

이제 라반과 두 번째 맺었던 계약 기간이 끝났으므로 야곱은 자유의 몸이 된 것입니다. 이러므로 야곱은 자기의 처자들을 데리고 부모 형제가 있는 고향으로 돌아가겠다고 한 것입니다.

27절 라반이 그에게 이르되 야훼께서 너로 말미암아 내게 복 주신 줄을 내가 깨달았노니 네가 나를 사랑스럽게 여기거든 그대로 있으라

라반은 야곱 덕택으로 자기의 재산이 많이 늘었다는 것을 잘 알고 있었습니다. 그리고 자기가 큰 부자가 된 것은 야곱에게 주신 하나님의 복 때문이므로 야곱과 함께 있는 것 자체가 곧 복을 받아 누리게 되는 길이라는 것도 알았습니다. 그렇기 때문에 라반은 복이 오는 통로와도 같은 야곱을 놓치면 안된다고 생각하여 야곱에게 "네가 나를 사랑스럽게 여기거든 그대로 있으라" 고 말했습니다. 여기서 '사랑스럽게 여긴다' 는 말은 호감을 느낀다는 뜻입니다.

사실 라반은 고향으로 돌아갈 수 없었던 야곱의 딱한 사정과 라헬에 대한 사랑의 감정을 이용하여 자신의 욕심을 채우고 야곱을 기만해 왔으므로 야곱에게 아무 말도 할 수 없는 입장이었습니다. 그럼에도 불구하고 라반이 야곱에게 자기와 함께 살자고 태연히 말했다는 것은 그가 염치없고 뻔뻔한 사람이라는 것을 여실히 나타내 줍니다.

한편 우리는 라반의 말을 통해서 하나님의 복은 환경을 따라오는 것이 아니라 복 있는 사람을 따라 임하는 것을 깨달을 수 있습니다. 복의 근원이신 하나님께서는 그의 택한 자들에게 복을 주십니다. 그러므로 하나님께서 복의 근원이심을 알고 믿는 사람은 복 있는 사람입니다. 하나님께

서는 이런 사람에게 복을 주셔서 범사에 형통케 하십니다.

28절 또 이르되 네 품삯을 정하라 내가 그것을 주리라

라반은 야곱을 붙잡아 두기에 급급한 나머지 야곱이 정하는 대로 품삯을 주겠다고 제안했습니다. 이와 같은 라반의 제안은 지금까지 품삯을 한 푼도 받아보지 못한 야곱에게 매우 파격적인 것이었습니다.

29, 30절 야곱이 그에게 이르되 내가 어떻게 외삼촌을 섬겼는지, 어떻게 외삼촌의 가축을 쳤는지 외삼촌이 아시나이다 내가 오기 전에는 외삼촌의 소유가 적더니 번성하여 떼를 이루었으니 내 발이 이르는 곳마다 야훼께서 외삼촌에게 복을 주셨나이다 그러나 나는 언제나 내 집을 세우리이까

야곱은 라반의 제안을 받고 그 즉시 자신이 원하는 품삯을 말하지 않고 지난 14년 간 자신이 이루어 놓은 공적에 대해 먼저 이야기했습니다.

야곱은 라반의 집에 온 이래로 지금까지 눈이 오나, 비가 오나, 더우나, 추우나 항상 열심히 성실하게 라반의 짐승 떼를 잘 돌보아 주었습니다. 그리고 이와 같이 외삼촌의 짐승 떼를 돌보는 일에 열심히 공들이고 애쓰는 야곱에게 야훼께서 함께하시고 복을 주심으로 인하여 라반은 큰 부자가 되었습니다. 그러나 정작 야곱은 그토록 열심히 성실하게 봉사해 왔음에도 불구하고 자기 가족들과 독립하여 살 재산이 없는 형편이었습니다.

야곱은 이와 같은 자신의 공적과 현재의 자기 형편을 소상히 말함으로써 라반으로 하여금 앞으로 자신이 정할 계약 조건을 정당하게 여기고 수락하도록 유도했습니다.

31-33절 라반이 이르되 내가 무엇으로 네게 주랴 야곱이 이르되 외삼촌께서 내게 아무것도 주시지 않아도 나를 위하여 이 일을 행하시면 내가 다시 외삼촌의 양 떼를 먹이고 지키리이다 오늘 내가 외삼촌의 양 떼에 두루 다니며 그 양 중에 아롱진 것과 점 있는 것과 검은 것을 가려내며 또 염소 중에 점 있는 것과 아롱진 것을 가려내리니 이같은 것이 내 품삯이 되리이다 후일에 외삼촌께서 오셔서 내 품삯을 조사하실 때에 나의 의가 내 대답이 되리이다 내게 혹시 염소 중 아롱지지 아니한 것이나 점이 없는 것이나 양 중에 검지 아니한 것이 있거든 다 도둑질한 것으로 인정하소서

라반은 야곱의 말이 사실 그대로였기 때문에 수긍할 수밖에 없었습니다. 그래서 라반은 야곱에게 "내가 무엇으로 네게 주랴" 고 재차 물었습니다. 이에 야곱은 이미 과거에 라반에게 속았던 경험이 있었으므로 아주 기발한 제안을 했습니다.

그것은 라반의 양 떼 중 아롱진 양들과 점 있는 양들과 검은 양들을 가려내고 염소 떼 중 점 있는 염소들과 아롱진 염소들을 가려내서 라반에게 넘겨주고 자기는 흰 양들과 검은 염소들과 돌보아 주되, 자기가 돌보는 양 떼와 염소 떼가 낳은 새끼들 중에서 아롱지거나 점 있거나 검은 것들을 자기의 품삯으로 달라는 것이었습니다.

이와 같은 야곱의 제안은 라반에게 일방적으로 유리한 것이었습니다. 왜냐하면 자신의 경험상 흰 양이나 흰 염소에게서 아롱지거나 점 있거나

검은 새끼들이 나올 확률이 매우 적었기 때문입니다.

야곱은 하나님께 대한 믿음이 있었습니다. 벧엘에서 받았던 하나님의 언약대로 야훼 하나님께서 자기와 함께해 주시고 큰 은총을 베풀고 계시다는 것을 느끼고 있었던 것입니다. 그렇기 때문에 야곱은 비록 자기에게 불리한 조건으로 계약을 할지라도 하나님께서 복을 주셔서 자기의 몫을 많게 해주실 것이라고 믿었던 것입니다.

34-36절 라반이 이르되 내가 네 말대로 하리라 하고 그 날에 그가 숫염소 중 얼룩무늬 있는 것과 점 있는 것을 가리고 암염소 중 흰 바탕에 아롱진 것과 점 있는 것을 가리고 양 중의 검은 것들을 가려 자기 아들들의 손에 맡기고 자기와 야곱의 사이를 사흘 길이 뜨게 하였고 야곱은 라반의 남은 양 떼를 치니라

라반은 야곱의 제안에 귀가 솔깃해졌습니다. 라반은 야곱이 말한 계약 조건이 자기에게 매우 유리한 것임을 알았으므로 두말없이 수락했습니다. 그리고 그날로 즉시 염소 떼 중에서 얼룩무늬 있는 염소들과 점 있는 염소들을 가려내고 양 떼 중에서 검을 양들을 가려내서 자기 아들들에게 지키게 하고, 흰 양들과 흰 염소들만을 야곱이 돌보게 했습니다. 뿐만 아니라 리반은 '혹시 야곱이 기회를 틈타 자기가 돌보는 짐승 떼와 내 아들들이 지키고 있는 짐승 떼를 교미시켜 자기의 몫을 많게 할지도 모른다.' 고 염려하여 그의 짐승 떼와 야곱의 짐승 떼의 사이를 사흘 길이나 떨어진 거리에서 치게 했습니다.

37-39절 야곱이 버드나무와 살구나무와 신풍나무의 푸른 가지를 가

> 져다가 그것들의 껍질을 벗겨 흰 무늬를 내고 그 껍질 벗긴 가지를 양 떼가 와서 먹는 개천의 물 구유에 세워 양 떼를 향하게 하매 그 떼가 물을 먹으러 올 때에 새끼를 배니 가지 앞에서 새끼를 배므로 얼룩얼룩한 것과 점이 있고 아롱진 것을 낳은지라

야곱은 버드나무와 살구나무와 신풍나무의 가지를 꺾어서 나무껍질을 드문드문 벗겨 내어 얼룩덜룩하게 만들었습니다. 그리고 양 떼에게 물을 먹이는 개천의 물구유에 그 가지를 세워 놓았습니다. 그러므로 양 떼는 매일 얼룩덜룩한 나뭇가지를 보면서 물을 먹고 교미하여 얼룩덜룩한 새끼들과 점이 있고 아롱진 새끼들을 낳았습니다.

여기서 우리는 '바라봄의 법칙' 을 배울 수 있습니다. 야곱이 얼룩덜룩한 나뭇가지를 이용하여 흰 양들로 하여금 얼룩덜룩한 새끼를 낳게 했다는 것은 생물학적으로 근거 없는 일입니다. 왜냐하면 양은 흰색이 우성이므로 얼룩덜룩한 유전인자를 가지고 있는 양이라 할지라도 통계적으로 볼 때 75% 이상은 흰 양을 낳게 되어 있기 때문입니다.

그러나 하나님께서는 이러한 자연 법칙까지도 초월하여 역사하십니다. 우리 보기에는 야곱이 근거도 없는 비과학적인 방법으로 자기의 몫을 늘리려고 한 것처럼 생각되지만 그렇지 않습니다. 야곱은 하나님께서 그에게 꿈으로 이미 보여주신 것을 이러한 방법으로 자신에게 확신시켰던 것입니다(창 31:10~12).

야곱은 '바라는 것들의 실상' (히 11:1)인 생생한 믿음으로 하나님께서 역사해 주실 것을 굳게 믿고 약속대로 복을 받을 마음의 그릇을 준비했습니다. 그러므로 하나님께서는 야곱이 믿고 행한 대로 역사해 주신 것입니다.

하나님께서는 우리의 온갖 구하는 것이나 생각하는 것에 더 넘치도록 역사해 주십니다(엡 3:20). 그러므로 부정적인 생각을 버리고 늘 긍정적인 생각을 한다는 것은 매우 중요합니다. 우리가 부정적인 환경을 바라보고 우리의 마음에 부정적인 생각을 품고 있으면 모든 것인 부정적인 것으로 느껴지므로 낭패와 실망과 절망에 빠져 들게 됩니다.

그러나 아무리 절망적인 환경 가운데 처해 있을지라도 긍정적인 생각으로 마음을 채우면 힘과 용기가 솟아나고 하나님께서 함께해 주시므로 어떠한 어려움이라도 극복하고 성공할 수 있습니다. 이에 대한 예로 예수님께서 '오병이어의 기적' 을 베푸시던 때에 빌립과 안드레가 보인 태도를 들 수 있습니다(마 14:15~21; 막 6:35~44; 눅 9:12~17; 요 6:5~13).

예수님께서 광야에서 허기진 군중들을 먹이기 위해 말씀하셨을 때 현실적인 빌립은 부정적인 태도를 보였습니다. 왜냐하면 광야에서 수많은 군중을 먹일 만큼의 식량을 구할 수 없었을 뿐 아니라 다른 곳에서 식량을 사올 돈도 없었기 때문입니다. 그러나 안드레는 아무리 적은 식량이라도 예수님께서 능력을 행하시면 수많은 군중들이 배불리 먹을 수 있을 것이라는 긍정적인 생각을 갖고 있었습니다.

그래서 그는 군중 가운데 있는 어린 아이에게서 보리떡 다섯 개와 물고기 두 마리를 얻어 왔습니다. 예수님께서는 이와 같이 안드레가 긍정적인 생각과 믿음을 갖고 구해 온 식량으로 수만 명의 군중들을 배불리 먹이시고 열두 바구니나 남기는 기적을 행하셨습니다.

하나님께서는 긍정적인 생각을 품고 하나님께서 이루어 주실 것을 믿는 사람에게 믿은 대로 응답해 주십니다. 이러므로 우리는 늘 우리의 마음에 긍정적인 생각을 품고, 하나님께 넘치도록 복을 부어 주실 것을 믿고 그것을 받을 마음의 그릇을 준비해야 합니다. 그렇게 할 때 우리는 '믿은 대로 되는' 하나님의 놀라운 응답을 받는 체험을 하게 될 것입니다.

40절 야곱이 새끼 양을 구분하고 그 얼룩무늬와 검은 빛 있는 것을 라반의 양과 서로 마주보게 하며 자기 양을 따로 두어 라반의 양과 섞이지 않게 하며

야곱은 얼룩무늬와 검은 빛 있는 새끼 양들을 따로 구분해 놓고, 그 양들을 자신이 돌보고 있는 라반의 흰 양들과 교미시켜서 얼룩무늬 양들을 낳게 하는 방법으로 자기의 몫을 점점 증식시켜 갔습니다.

41-43절 튼튼한 양이 새끼 밸 때에는 야곱이 개천에다가 양 떼의 눈앞에 그 가지를 두어 양이 그 가지 곁에서 새끼를 배게 하고 약한 양이면 그 가지를 두지 아니하니 그렇게 함으로 약한 것은 라반의 것이 되고 튼튼한 것은 야곱의 것이 된지라 이에 그 사람이 매우 번창하여 양 떼와 노비와 낙타와 나귀가 많았더라

야곱은 튼튼한 양이 새끼를 밸 때에는 얼룩덜룩한 나뭇가지를 개천에 있는 물구유에 놓아 두어 얼룩무늬 새끼 양을 낳게 하고, 허약한 양이 새끼를 밸 때에는 그 나뭇가지를 치웠습니다. 이러므로 야곱의 몫이 될 얼룩무늬 양들은 모두 튼튼했지만, 라반의 몫인 흰 양들은 허약했습니다. 해가 갈수록 야곱은 건강한 양 떼와 노비와 약대와 나귀를 많이 소유한 거부가 되었습니다. 이것은 오랫동안 라반이 야곱과 맺은 고용 계약을 수차 변경한 것에 대한 하나님의 개입에 따른 결과라고 하겠습니다(창 31:12).

야곱은 라반의 집에 온 이래로 14년이 지날 때까지 집 한 채도 없는 가난한 형편이었는데, 하나님의 자비와 도움으로 큰 부자가 되었습니다. 여기서 우리는 야곱이 하나님의 약속을 믿고 활용한 '바라봄의 법칙' 의 중요성과 위력을 볼 수 있습니다.

야곱은 버드나무와 살구나무와 신풍나무의 가지를 사용해서 바라봄의 법칙을 적용시켰지만, 오늘날 우리에게는 다른 나무가 있습니다. 그것은 바로 예수 그리스도의 십자가입니다. 야곱이 얼룩덜룩한 나뭇가지를 보았듯이 우리가 예수님의 보혈로 얼룩진 갈보리 십자가를 믿음으로 바라볼 때 우리에게 여러 가지의 큰 변화가 일어나게 됩니다.

첫째로, 우리는 예수님의 십자가를 믿는 마음으로 바라볼 때 구원을 받게 됩니다. 예수님께서는 우리의 죄를 대속하시기 위해 십자가에 못 박혀 온 몸의 물과 피를 다 쏟고 죽으셨습니다. 그렇기 때문에 우리는 예수님이 나의 구주라는 믿음을 갖고 예수님의 십자가 앞에 나아가 회개하고 기도하면 죄 사함을 받고 구원받을 수 있는 것입니다.

둘째로, 우리는 예수님의 십자가를 통해 하나님과 화목하게 되고 성령세례를 받습니다. 우리는 이전에 하나님의 뜻을 거역하고 대적한 자들이었습니다. 그러나 예수님께서 십자가에 못박혀 죽으심으로 인하여 하나님과 우리 사이에 원수된 죄의 담이 무너지고, 하나님과 우리가 화목하게 된 것입니다. 예수님을 통해서 하나님과 화목된 우리는 하나님의 자녀가 되며, 하나님께서는 그 증거로 우리에게 하나님의 성령으로 충만하게 채워 주십니다.

셋째로, 예수님의 십자가를 믿음으로 바라볼 때 치료받는 역사가 일어납니다. 예수님께서 우리의 연약한 것을 친히 담당하시고 병을 짊어지신 것을 믿고 십자가 앞에 나아가면 육신의 질병은 물론 마음의 병도 치료받게 됩니다.

넷째로, 예수님의 십자가를 바라볼 때 저주가 물러가고 복이 다가옵니다. 성경은 "그리스도께서 우리를 위하여 저주를 받은 바 되사 율법의 저주에서 우리를 속량하셨으니 기록된 바 나무에 달린 자마다 저주 아래에 있는 자라 하였음이라 이는 그리스도 예수 안에서 아브라함의 복이 이방인에게 미치게 하고 또 우리로 하여금 믿음으로 말미암아 성령의 약속을 받게 하려 함이라" (갈 3:13,14)고 기록하고 있습니다. 그러므로 우리가 십자가에 달려 저주를 속량하신 예수님을 믿음으로 바라볼 때 우리를 둘러싸고 있는 모든 저주에서 해방되고 아브라함의 복을 받아 누리게 되는 것입니다.

다섯째로, 예수님의 십자가 앞에 나아가 구원받은 사람은 하나님의 나라에서 영생을 누리게 됩니다. 사람들은 이 세상에서 영원히 살기를 원하지만, 자기의 의지와는 상관없이 어느 한 순간 죽음을 맞게 됩니다. 그래서 성경은 "한번 죽는 것은 사람에게 정해진 것이요 그 후에는 심판이 있으리니" (히 9:27)라고 기록하고 있습니다. 어느 누구도 예외없이 이 세상에 태어나서 잠시 살다가 죽는다는 것은 정한 이치입니다.

그런데 인생은 죽음으로 끝나는 것이 아니라 죽은 후에 심판을 받게 되는 것입니다. 불신자들은 죽은 후에 하나님께 심판받고 지옥에서 영원히 사망의 고통을 받게 됩니다. 그러나 이 세상에서 사는 동안 예수 그리스도를 영접하고 구원받은 사람은 천국에 가서 영원한 생명을 누리게 되는 것입니다.

예수님께서는 십자가에 못박혀 죽으셨다가 사흘 만에 부활하심으로써 사망을 철폐하시고 영원한 구원의 길을 열어놓으셨습니다. 그렇기 때문에 우리가 보혈로 얼룩진 예수님의 십자가를 바라볼 때, 우리를 억압하고 있던 죄와 질병과 저주와 죽음이 청산되고 구원과 건강과 복과 영생을 얻게 됩니다.

그러므로 우리는 인생의 성패가 예수님의 십자가 공로를 믿는 여부에 있음을 알고 늘 예수님의 십자가를 믿는 마음으로 바라보아야 합니다. 그렇게 할 때 우리는 영혼이 잘됨같이 범사에 잘되며 강건하고 생명을 얻되 풍성히 얻는 복을 받게 되는 것입니다.

제 31 장

야곱의 귀향

야곱이 에서를 피해 라반의 집에 온 지도 어언 20년이 지났고, 그 동안에 하나님의 복을 많이 받아 큰 부자가 되었습니다.

하나님께서는 때가 되자 야곱에게 고향으로 돌아가라고 말씀하셨습니다. 이에 야곱은 자기의 가족들과 모든 소유를 이끌고 몰래 도망을 쳤지만 그의 뒤를 추격해온 라반에게 쫓기게 되었습니다. 살의를 품고 추격해온 라반은 마침내 야곱 일행을 따라잡았고, 이에 야곱의 운명은 풍전등화와 같은 처지가 되었습니다.

그러나 꿈속에서 야곱을 보내라는 하나님의 계시로 말미암아 라반은 야곱을 해치지 못하고 미스바에서 '상호불가침 약조'를 맺은 후 야곱을 보내 주었습니다.

1. 야곱의 도망(31:1~20)

1. 야곱이 라반의 아들들이 하는 말을 들은즉 야곱이 우리 아버지의 소유를 다 빼앗고 우리 아버지의 소유로 말미암아 이 모든 재물을 모았다 하는지라 2. 야곱이 라반의 안색을 본즉 자기에게 대하여 전과 같지 아니하더라 3. 야훼께서 야곱에게 이르시되 네 조상의 땅 네 족속에게로 돌아가라 내가 너와 함께 있으리라 하신지라 4. 야곱이 사람을 보내어 라헬과 레아를 자기 양 떼가 있는 들로 불러다가 5. 그들에게 이르되 내가 그대들의 아버지의 안색을 본즉 내게 대하여 전과 같지 아니하도다 그러할지라도 내 아버지의 하나님은 나와 함께 계셨느니라 6. 그대들도 알거니와 내가 힘을 다하여 그대들의 아버지를 섬겼거늘 7. 그대들의 아버지가 나를 속여 품삯을 열 번이나 변경하였느니라 그러나 하나님이 그를 막으사 나를 해치지 못하게 하셨으며 8. 그가 이르기를 점 있는 것이 네 삯이 되리라 하면 온 양 떼가 낳은 것이 점 있는 것이요 또 얼룩무늬 있는 것이 네 삯이 되리라 하면 온 양 떼가 낳은 것이 얼룩무늬 있는 것이니 9. 하나님이 이같이 그대들의 아버지의 가축을 빼앗아 내게 주셨느니라 10. 그 양

떼가 새끼 밸 때에 내가 꿈에 눈을 들어 보니 양 떼를 탄 숫양은 다 얼룩무늬 있는 것과 점 있는 것과 아롱진 것이었더라 11. 꿈에 하나님의 사자가 내게 말씀하시기를 야곱아 하기로 내가 대답하기를 여기 있나이다 하매 12. 이르시되 네 눈을 들어 보라 양 떼를 탄 숫양은 다 얼룩무늬 있는 것, 점 있는 것과 아롱진 것이니라 라반이 네게 행한 모든 것을 내가 보았노라 13. 나는 벧엘의 하나님이라 네가 거기서 기둥에 기름을 붓고 거기서 내게 서원하였으니 지금 일어나 이 곳을 떠나서 네 출생지로 돌아가라 하셨느니라 14. 라헬과 레아가 그에게 대답하여 이르되 우리가 우리 아버지 집에서 무슨 분깃이나 유산이 있으리요 15. 아버지가 우리를 팔고 우리의 돈을 다 먹어버렸으니 아버지가 우리를 외국인처럼 여기는 것이 아닌가 16. 하나님이 우리 아버지에게서 취하여 가신 재물은 우리와 우리 자식의 것이니 이제 하나님이 당신에게 이르신 일을 다 준행하라 17. 야곱이 일어나 자식들과 아내들을 낙타들에게 태우고 18. 그 모은 바 모든 가축과 모든 소유물 곧 그가 밧단아람에서 모은 가축을 이끌고 가나안 땅에 있는 그의 아버지 이삭에게로 가려 할새 19. 그 때에 라반이 양털을 깎으러 갔으므로 라헬은 그의 아버지의 드라빔을 도둑질하고 20. 야곱은 그 거취를 아람 사람 라반에게 말하지 아니하고 가만히 떠났더라

1절 야곱이 라반의 아들들이 하는 말을 들은즉 야곱이 우리 아버지의 소유를 다 빼앗고 우리 아버지의 소유로 말미암아 이 모든 재물을 모았다 하는지라

야곱은 버드나무와 살구나무와 신풍나무의 가지를 베어다가 군데군데 껍질을 벗겨 얼룩덜룩하게 해놓고 그 나뭇가지 앞에서 양 떼와 염소 떼가 물을 먹고 교미하게 했습니다. 야곱은 이와 같은 '바라봄의 법칙' 을

사용하여 불과 6년 만에 큰 부자가 되었습니다. 야곱이 양과 염소가 얼룩덜룩한 나뭇가지를 볼 때마다 얼룩덜룩한 새끼들이 태어날 것이라는 꿈과 환상을 마음에 새기고 이에 대한 믿음을 갖게 되자, 하나님께서는 야곱의 믿음대로 역사해 주셔서 야곱을 큰 부자로 만들어 주셨습니다. 그리하여 해가 갈수록 야곱의 양 떼는 기하급수적으로 늘어났지만 라반의 양 떼는 별로 늘지 않았습니다.

이렇게 야곱이 복을 받아 큰 부자가 되자 라반과 그의 아들들은 마음이 상했습니다. 야곱의 재산에 늘어남에 비례하여 야곱에 대한 라반의 미워하는 감정은 깊어졌고, 라반의 아들들도 야곱이 속임수를 써서 자기 아버지의 소유를 빼돌린다고 여기고 야곱을 미워하고 시기, 질투했습니다. 이와 같이 심화된 그들의 감정은 마침내 노골적으로 표출되기에 이르렀습니다.

2절 야곱이 라반의 안색을 본즉 자기에게 대하여 전과 같지 아니하더라

야곱은 라반의 안색을 살펴보고 그가 예전과 달리 달갑지 않은 태도로 대한다는 것을 확연히 느꼈습니다.

이전에 라반은 야곱이 성실히 일해 준 덕택으로 큰 부자가 되었기 때문에 야곱을 보면 반색하며 잘 대해 주었습니다. 그런데 새로운 고용 계약을 맺고 난 후 야곱은 큰 부자가 되고 자기의 소유는 늘어나지 않자 마음이 변하여 야곱을 노골적으로 적대시하기 시작했습니다. 재산에 대한 피해 의식은 라반 뿐 아니라 라반의 아들들도 마찬가지고 갖고 있었습니다. 라반의 아들들은 야곱이 자기 아버지의 짐승 떼를 이용하여 큰 부자가 되었다고 생각하고 라반을 충동했습니다. 이러므로 라반은 야곱을 미워하여 그에게 냉담하게 대했습니다.

3절 야훼께서 야곱에게 이르시되 네 조상의 땅 네 족속에게로 돌아가라 내가 너와 함께 있으리라 하신지라

야곱이 라반과 그의 아들들의 질시를 받음으로 인해 마음 불편해 하고 있던 때에 야훼 하나님께서 야곱에게 "네 조상의 땅 네 족속에게로 돌아가라 내가 너와 함께 있으리라" 고 말씀하셨습니다. 하나님께서는 때가 되자 야곱에게 언약하셨던 대로(창 28:15) 야곱을 지키시고 보호하시어 가나안 땅으로 돌아가게 하시려는 것입니다. 우리는 여기서 세 가지 사실을 알 수 있습니다.

첫째로, 하나님의 신실하심을 알 수 있습니다. 하나님께서는 벧엘에서 야곱에게 주신 언약을 20년이 지난 지금 이루어 주고 계십니다. 이러한 하나님의 신실하심에 대하여 성경은 "그런즉 너는 알라 오직 네 하나님 야훼는 하나님이시요 신실하신 하나님이시라 그를 사랑하고 그의 계명을 지키는 자에게는 천 대까지 그의 언약을 이행하시며 인애를 베푸시되" (신 7:9)라고 증거하고 있습니다.

둘째로, 야곱이 기도 생활을 열심히 했음을 알 수 있습니다. 기도란 하나님과의 대화이기 때문에 기도 생활을 하지 않으면 하나님의 음성을 들을 수 없습니다. 야곱은 라반의 집에서 머슴살이하면서 사는 동안 벧엘에서 맺은 하나님과의 언약과 자신의 서원을 늘 잊지 않고 기억하면서 기도했을 것입니다. 그렇기 때문에 때가 이르자 하나님께서는 야곱에게 귀향하라고 말씀해 주신 것입니다.

셋째로, 하나님께서는 당신이 택한 백성에게 복 주시고 수치를 당하지 않게 하신다는 것을 알 수 있습니다. 야곱은 아람에 왔을 당시에는 빈털터리였습니다. 그러나 하나님께서 복을 주심으로 인하여 많은 자녀를 거느리고 큰 부자가 되어 당당하게 고향으로 돌아갈 수 있게 되었습니다.

4, 5절 야곱이 사람을 보내어 라헬과 레아를 자기 양 떼가 있는 들로 불러다가 그들에게 이르되 내가 그대들의 아버지의 안색을 본즉 내게 대하여 전과 같지 아니하도다 그러할지라도 내 아버지의 하나님은 나와 함께 계셨느니라

야곱은 라반의 태도가 변한 것을 눈치 채고 마음이 불편하던 차에 고향으로 돌아가라는 하나님의 말씀을 듣자, 미련 없이 아람 지방을 떠나 고향 브엘세바로 돌아가기로 마음 먹었습니다. 그러나 고향을 떠나는 일은 혼자 결정할 수 없는 중대사이므로 가족들과 함께 결정하여야 하겠다고 생각했습니다. 그래서 야곱은 집에 사람을 보내어 라헬과 레아를 들로 불러내서 고향으로 돌아가는 일에 대해서 의논했습니다.

우선 야곱은 라반이 자신ㅇ르 대하는 태도가 예전과 달리 냉담하고 미워하는 기색이 역력하다고 라헬과 레아에게 말했습니다. 그리고 "그러할지라도 내 아버지의 하나님은 나와 함께 게셨느니라" 고 말했습니다. 즉 야곱의 외삼촌이요, 장인이기도 한 라반은 야곱이 큰 부자가 되는 것을 시기하여 질시하였지만, 아브라함의 하나님이요, 이삭의 하나님이신 야훼께서 야곱의 하나님이 되어 야곱과 함께하시고 복을 주셨다는 것입니다.

야곱과 함께하셨던 하나님께서는 지금도 하나님의 자녀된 우리 그리

스도인과 함께하시고 복을 주십니다. 우리가 이 세상을 살면서 사람을 두려워하거나 사람을 의지하면 실패하고 맙니다. 그러나 하나님을 두려워하고 하나님을 의지하면 어떤 환경 가운데 있을지라도 반드시 하나님께서 함께해 주시고 복을 주십니다. 이에 대해 성경은 "그러나 무릇 야훼를 의지하며 야훼를 의뢰하는 그 사람은 복을 받을 것이라 그는 물 가에 심어진 나무가 그 뿌리를 강변에 뻗치고 더위가 올지라도 두려워하지 아니하며 그 잎이 청청하며 가무는 해에도 걱정이 없고 결실이 그치지 아니함 같으리라" (렘 17:7,8)고 기록하고 있습니다.

그러므로 우리는 사람에게 잘 보이려고 노력할 것이 아니라 하나님을 경외하고 의지하며 살아야 합니다. 그렇게 살 때 하나님께서 우리와 함께해 주시고 복을 풍성히 주시는 것입니다.

6, 7절 그대들도 알거니와 내가 힘을 다하여 그대들의 아버지를 섬겼거늘 그대들의 아버지가 나를 속여 품삯을 열 번이나 변경하였느니라 그러나 하나님이 그를 막으사 나를 해치지 못하게 하셨으며

야곱은 라반과 인척 관계임을 빙자하여 일을 불성실하게 하지 않았습니다. 오히려 야곱은 마치 종이 주인에게 하듯 최선을 다해 성실하게 일했습니다. 이와 같이 온 힘을 다해 성실하게 이하는 야곱의 노력과 하나님의 복 주심으로 인하여 라반의 양 떼는 날로 번성했습니다. 그럼에도 불구하고 라반은 야곱의 품삯이 많아지는 것이 못마땅해서 원래의 계약대로 이행하지 않고 번번이 계약 내용을 변경했습니다. 그러나 하나님께서 공의롭게 판단하셨기 때문에 라반이 부당하게 계약을 위반했음에도 불구하고 야곱은 큰 부자가 된 것입니다.

8, 9절 그가 이르기를 점 있는 것이 네 삯이 되리라 하면 온 양 떼가 낳은 것이 점 있는 것이요 또 얼룩무늬 있는 것이 네 삯이 되리라 하면 온 양 떼가 낳은 것이 얼룩무늬 있는 것이니 하나님이 이같이 그대들의 아버지의 가축을 빼앗아 내게 주셨느니라

라반은 야곱이 돌보는 흰 양 떼가 낳은 새끼 양들 중에서 아롱진 것들과 점 있는 것들을 야곱의 품삯으로 주겠다고 계약했습니다. 라반이 그러한 계약을 선뜻 했던 이유는 흰 양이 아롱진 양이나 점 있는 양을 낳을 확률이 매우 적다는 것을 알고 있었기 때문입니다. 그러나 라반은, 거의 태어나지 않을 것이라는 예상을 깨고 아롱진 양들과 점 있는 양들이 많이 태어나자, 그의 마음에 이기심이 불일듯이 일어나서 원래의 계약을 변경했습니다.

그런데 라반이 점 있는 것을 야곱의 삯으로 주겠다고 하면 점 있는 양들만 태어나고, 얼룩무늬 있는 것을 야곱의 삯으로 주겠다고 하면 얼룩무늬 있는 양들만 태어났습니다. 이처럼 기이한 일이 벌어진 것은 하나님께서 간섭하셨기 때문입니다. 하나님께서는 라반이 온갖 술수를 쓰고 있는 가운데서도 야곱이 손해를 당하지 않도록, 라반이 계약을 변경할 때마다 그 변경된 계약 내용에 따라 야곱의 삯이 될 새끼 양들만 태어나게 하신 것입니다.

10-12절 그 양 떼가 새끼 밸 때에 내가 꿈에 눈을 들어 보니 양 떼를 탄 숫양은 다 얼룩무늬 있는 것과 점 있는 것과 아롱진 것이었더라 꿈에 하나님의 사자가 내게 말씀하시기를 야곱아 하기로 내가 대답하기를 여기 있나이다 하매 이르시되 네 눈을 들어

보라 양 떼를 탄 숫양은 다 얼룩무늬 있는 것, 점 있는 것과 아롱진 것이니라 라반이 네게 행한 모든 것을 내가 보았노라

야곱은 라반과 계약을 맺은 후(창 30:28~34) 양 떼가 새끼를 배는 시기에 꿈을 꿨었습니다. 꿈에 보니 야곱이 돌보는 흰 양들과 교미하고 있는 숫양은 모두 얼룩무늬 있는 것과 점 있는 것과 아롱진 것이었습니다. 또한 야곱은 꿈속에서 하나님의 사자가 자기를 불러 "네 눈을 들어 보라 양 떼를 탄 숫양은 다 얼룩무늬 있는 것, 점 있는 것과 아롱진 것이니라 라반이 네게 행한 모든 것을 내가 보았노라" 고 말하는 것을 들었습니다.

야곱은 꿈에 보고 들은 것에 대해 믿음을 가졌습니다. 그래서 야곱은 버드나무와 살구나무와 신풍나무의 가지를 베어다가 군데군데 껍질을 벗겨 얼룩덜룩하게 만들어서 양 떼가 교미하는 곳에 놓아 두고 얼룩덜룩한 새끼 양들이 태어날 것을 믿고 바라보았던 것입니다. 그리고 이와 같은 야곱의 믿음대로 야곱이 돌보는 흰 양 떼는 전부 얼룩무늬 있는 것, 점 있는 것, 아롱진 것만 낳은 놀라운 기적이 일어났습니다.

믿음은 하나님의 기적을 창출하는 결정적인 동기가 됩니다. 우리가 없는 것을 있는 것같이 생각하고 바라보고 믿을 때 하나님께서는 그 믿음을 통해 역사하십니다. 믿음은 하나님의 약속 위에 서서 그것이 이루어진 모습을 바라보며 하나님께 부르짖어 기도할 때 생겨납니다. 그래서 성경은 "믿음은 바라는 것들의 실상이요" (히 11:1)라고 말씀하고 있습니다. 바라봄의 법칙을 사용하면 믿음의 실상이 생겨나기 시작하고 그 믿음을 통해 하나님의 기적을 체험하게 되는 것입니다.

이러므로 야곱이 바라봄의 법칙을 통해 하나님의 기적을 체험했듯이 우리도 신앙 생활 가운데 환경을 초월하여 바라봄의 법칙을 사용함으로

써 굳센 믿음을 소유하고 하나님의 기적을 체험하여야 하겠습니다.

한편 하나님의 사자는 라반이 야곱에게 행한 모든 것을 보았다고 말했는데, 우리는 이 말을 통해 '억울할 일을 당한 자에게 신원해 주시는 하나님'을 발견할 수 있습니다. 라반은 야곱과 고용 계약을 맺고 고용주로서 마땅히 지켜야 할 약조를 어기고 야곱을 계속 머슴으로 부리기 위해 속임수와 갖은 술수를 다 썼습니다. 야곱은 그러한 억울한 사정을 그 누구에게도 하소연하지 못하고 묵묵히 지냈는데, 하나님께서 야곱의 억울한 사정을 다 알고 계셨던 것입니다. 이처럼 억울한 자와 약한 자를 신원하시는 하나님에 대해 잠언 기자는 "약한 자를 그가 약하다고 탈취하지 말며 곤고한 자를 성문에서 압제하지 말라 대저 야훼께서 신원하여 주시고 또 그를 노략하는 자의 생명을 빼앗으시리라"(잠 22:22,23)고 말했습니다.

13절 나는 벧엘의 하나님이라 네가 거기서 기둥에 기름을 붓고 거기서 내게 서원하였으니 지금 일어나 이 곳을 떠나서 네 출생지로 돌아가라 하셨느니라

계속하여 야곱은 최근에 꾼 꿈 이야기를 했습니다.

하나님께서는 야곱에게 스스로를 '벧엘 하나님'이라고 밝히셨는데, 이는 하나님께서 20년 전에 벧엘에서 야곱과 언약한 것을 잊지 않고 계심을 시사해 줍니다. 그때 하나님께서는 야곱에게 자손의 번성과 가나안 땅으로의 귀향을 약속하셨습니다(창 28:13~15) 그리고 그 약속대로 야곱에게 많은 자녀를 주심으로써 자손 번성에 대한 약속을 이루셨으며, 이제 고향 땅으로 인도해 주시려는 것입니다. 여기서 우리는 하나님께

서 때를 따라 역사하신다는 것을 알 수 있습니다. 하나님께서는 야곱을 고향으로 인도해 주시겠다고 약속하셨던 언약을 20년이 지난 지금 이루시려는 것입니다.

이와 마찬가지로 모든 일은 이루어지는 때가 있습니다. 그것은 우리의 계획대로 되는 것이 아니라 하나님의 때가 되어야 비로소 이루어집니다. 이에 대한 예로 가나의 혼인 잔치 때에 예수님께서 하신 말씀을 들 수 있습니다. 예수님께서는 가나의 혼인 잔치에서 "저들에게 포도주가 없다"는 어머니의 말씀에 "여자여 나와 무슨 상관이 있나이까 내 때가 아직 이르지 아니하였나이다"라고 대답하셨습니다(요 2:1~4).

이와 같이 모든 일은 하나님의 때가 되어야 이루어집니다. 그렇기 때문에 하나님의 때를 분별한다는 것은 대단히 중요합니다. 그러므로 우리는 매사에 하나님의 때를 분별할 줄 알아야 합니다. 뿐만 아니라 우리가 믿고 간구한 소원이 당장에 이루어지지 않을지라도 낙심하지 말고, 하나님의 때가 이르러 그것이 현실에서 이루어지기까지 참고 기다리면서 끈질기게 기도하여야 하는 것입니다.

14-16절 라헬과 레아가 그에게 대답하여 이르되 우리가 우리 아버지 집에서 무슨 분깃이나 유산이 있으리요 아버지가 우리를 팔고 우리의 돈을 다 먹어버렸으니 아버지가 우리를 외국인처럼 여기는 것이 아닌가 하나님이 우리 아버지에게서 취하여 가신 재물은 우리와 우리 자식의 것이니 이제 하나님이 당신에게 이르신 일을 다 준행하라

라헬과 레아는 야곱의 말을 듣고 전적으로 동의했습니다. 라헬과 레아

는 그들의 아버지가 하나님과 함께하는 야곱을 이용하기 위한 정략결혼으로 야곱과 계약을 맺었다는 것을 알고 있었습니다. 그리고 신랑이 신부의 집에 지불하는 결혼 지참금은 신부에게 결혼 선물로 주어져야 한다는 것도 알고 있었습니다. 즉 야곱이 결혼을 조건으로 14년 간 노동한 대가는 라헬과 레아에게 주어졌어야 했던 것입니다. 그러나 라반은 두 딸에게 결혼 선물로 고작 몸종 하나씩만을 주었습니다. 뿐만 아니라 라반은 결혼한 두 딸 라헬과 레아를 한 집에 데리고 살면서 마치 전혀 모르는 남에게 하듯 그들에게 무관심한 채 자기의 유익만을 추구했습니다. 그러므로 라헬과 레아는 이처럼 무정하고 탐욕스러운 아버지에 대해 불만을 품게 되었습니다.

라헬과 레아는 탐욕스러운 아버지에게서 재산을 상속받기는 불가능하다고 생각했습니다. 그리고 그들이 결혼한 것은 단지 아버지의 탐욕을 충족시키기 위한 하나의 수단에 불과했다는 것을 깨닫고 아버지를 원망했습니다. 그렇기 때문에 그들은 "하나님이 우리 아버지에게서 취하여 가신 재물은 우리와 우리 자식의 것이니 이제 하나님이 당신에게 이르신 일을 다 준행하라" 고 야곱에게 말했습니다.

17-20절 야곱이 일어나 자식들과 아내들을 낙타들에게 태우고 그 모은 바 모든 가축과 모든 소유물 곧 그가 밧단아람에서 모은 가축을 이끌고 가나안 땅에 있는 그의 아버지 이삭에게로 가려 할새 그 때에 라반이 양털을 깎으러 갔으므로 라헬은 그의 아버지의 드라빔을 도둑질하고 야곱은 그 거취를 아람 사람 라반에게 말하지 아니하고 가만히 떠났더라

야곱은 라헬과 레아의 동의에 힘을 얻어 고향으로 떠날 준비를 서둘렀습니다. 먼저 야곱은 자식들과 아내들을 낙타에 태우고 자신의 전 재산을 가지고 가나안 땅을 향해 몰래 출발했습니다. 왜냐하면 라반이 만일 이 사실을 안다면 순순히 보내 주지 않을 것이기 때문이었습니다.

마침 그때는 양털을 깎는 시기였으므로 라반은 사흘 길이나 떨어진 곳에서 양털을 깎는 일에 전념하고 있었습니다. 그렇기 때문에 야곱과 그의 가족들은 그 기회를 틈타 도망하였습니다.

라헬은 가나안으로 출발하기에 앞서 아버지가 집에 없는 틈을 타서 드라빔을 도적질했습니다. '드라빔' 은 은이나 나무로 사람의 모양을 본떠서 만든 신상입니다. 그 당시 사람들은 드라빔을 '가정의 수호신' 이라 하여 드라빔이 가정에 행복을 가져오고 가정을 보호한다고 믿었습니다. 그리고 드라빔을 점 치는 데 사용하기도 했으며, 재산 상속권의 증표로도 사용했습니다.

그러나 드라빔은 하나의 우상에 불과합니다. 그렇기 때문에 하나님을 믿는 사람이 드라빔도 믿는다는 것은 곧 우상숭배입니다. 그러므로 라헬이 드라빔을 도적질해 가져갔다는 것은 그녀의 신앙이 잘못되어 있음을 보여 줍니다. 라헬은 하나님을 온전히 믿지 하나님과 드라빔을 같이 믿었던 것입니다.

2. 라반의 추격(31:21~42)

21. 그가 그의 모든 소유를 이끌고 강을 건너 길르앗 산을 향하여 도
망한 지 22. 삼 일 만에 야곱이 도망한 것이 라반에게 들린지라 23.
라반이 그의 형제를 거느리고 칠 일 길을 쫓아가 길르앗 산에서 그에
게 이르렀더니 24. 밤에 하나님이 아람 사람 라반에게 현몽하여 이
르시되 너는 삼가 야곱에게 선악간에 말하지 말라 하셨더라 25. 라
반이 야곱을 뒤쫓아 이르렀으니 야곱이 그 산에 장막을 친지라 라반
이 그 형제와 더불어 길르앗 산에 장막을 치고 26. 라반이 야곱에게
이르되 네가 나를 속이고 내 딸들을 칼에 사로잡힌 자 같이 끌고 갔
으니 어찌 이같이 하였느냐 27. 내가 즐거움과 노래와 북과 수금으
로 너를 보내겠거늘 어찌하여 네가 나를 속이고 가만히 도망하고 내
게 알리지 아니하였으며 28. 내가 내 손자들과 딸들에게 입맞추지
못하게 하였으니 네 행위가 참으로 어리석도다 29. 너를 해할 만한
능력이 내 손에 있으나 너희 아버지의 하나님이 어제 밤에 내게 말씀
하시기를 너는 삼가 야곱에게 선악간에 말하지 말라 하셨느니라
30. 이제 네가 네 아버지 집을 사모하여 돌아가려는 것은 옳거니와
어찌 내 신을 도둑질하였느냐 31. 야곱이 라반에게 대답하여 이르
되 내가 생각하기를 외삼촌이 외삼촌의 딸들을 내게서 억지로 빼앗
으리라 하여 두려워하였음이니이다 32. 외삼촌의 신을 누구에게서
찾든지 그는 살지 못할 것이요 우리 형제들 앞에서 무엇이든지 외삼
촌의 것이 발견되거든 외삼촌에게로 가져가소서 하니 야곱은 라헬
이 그것을 도둑질한 줄을 알지 못함이었더라 33. 라반이 야곱의 장
막에 들어가고 레아의 장막에 들어가고 두 여종의 장막에 들어갔으

나 찾지 못하고 레아의 장막에서 나와 라헬의 장막에 들어가매 34.
라헬이 그 드라빔을 가져 낙타 안장 아래에 넣고 그 위에 앉은지라 라
반이 그 장막에서 찾다가 찾아내지 못하매 35. 라헬이 그의 아버지
에게 이르되 마침 생리가 있어 일어나서 영접할 수 없사오니 내 주는
노하지 마소서 하니라 라반이 그 드라빔을 두루 찾다가 찾아내지 못
한지라 36. 야곱이 노하여 라반을 책망할새 야곱이 라반에게 대답하
여 이르되 내 허물이 무엇이니이까 무슨 죄가 있기에 외삼촌께서 내
뒤를 급히 추격하나이까 37. 외삼촌께서 내 물건을 다 뒤져보셨으니
외삼촌의 집안 물건 중에서 무엇을 찾아내었나이까 여기 내 형제와
외삼촌의 형제 앞에 그것을 두고 우리 둘 사이에 판단하게 하소서
38. 내가 이 이십 년을 외삼촌과 함께 하였거니와 외삼촌의 암양들이
나 암염소들이 낙태하지 아니하였고 또 외삼촌의 양 떼의 숫양을 내
가 먹지 아니하였으며 39. 물려 찢긴 것은 내가 외삼촌에게로 가져
가지 아니하고 낮에 도둑을 맞았든지 밤에 도둑을 맞았든지 외삼촌
이 그것을 내 손에서 찾았으므로 내가 스스로 그것을 보충하였으며
40. 내가 이와 같이 낮에는 더위와 밤에는 추위를 무릅쓰고 눈 붙일
겨를도 없이 지냈나이다 41. 내가 외삼촌의 집에 있는 이 이십 년 동
안 외삼촌의 두 딸을 위하여 십사 년, 외삼촌의 양 떼를 위하여 육 년
을 외삼촌에게 봉사하였거니와 외삼촌께서 내 품삯을 열 번이나 바
꾸셨으며 42. 우리 아버지의 하나님, 아브라함의 하나님 곧 이삭이
경외하는 이가 나와 함께 계시지 아니하셨더라면 외삼촌께서 이제
나를 빈손으로 돌려보내셨으리이다마는 하나님이 내 고난과 내 손의
수고를 보시고 어제 밤에 외삼촌을 책망하셨나이다

21-23절 그가 그의 모든 소유를 이끌고 강을 건너 길르앗 산을 향하여 도망한 지 삼 일 만에 야곱이 도망한 것이 라반에게 들린지라 라반이 그의 형제를 거느리고 칠 일 길을 쫓아가 길르앗 산

에서 그에게 이르렀더니

야곱과 그의 가족들은 라반에게 거취를 알리지 않고 몰래 도망하여 유브라데 강을 건너 길르앗 산을 향해 발걸음을 재촉하고 있었습니다. 그런데 야곱이 그의 가족들과 모든 소유를 이끌고 라반의 집에서 도망한지 사흘 만에 라반에게 이 소식이 전해졌습니다. 야곱의 도망 소식이 사흘이 지난 후에야 라반에게 전해진 이유는 라반과 야곱 사이에 사흘 길의 간격이 있었기 때문입니다(창 30:36).

라반은 야곱이 도망했다는 소식을 듣고 매우 분노했습니다. 격분한 라반은 즉시 추격대를 조직하여 야곱을 쫓아갔습니다. 그리하여 칠 일만에 길르앗 산에서 야곱 일행을 따라잡았습니다. 야곱 일행이 사흘이나 먼저 길을 떠났음에도 불구하고 도망한 지 불과 열흘 만에 라반의 추격대에게 따라잡힌 것은 라반의 추격대가 날렵한 장정들로 구성된 대 비해, 야곱 일행 중에는 부녀자들과 어린 아이들이 있었을 뿐 아니라 많은 짐승 떼와 소유를 이끌고 가야 했으므로 그만큼 속도가 느렸기 때문입니다.

24절 밤에 하나님이 아람 사람 라반에게 현몽하여 이르시되 너는 삼가 야곱에게 선악간에 말하지 말라 하셨더라

라반은 야곱이 미처 알아차리지 못하고 있는 사이에 야곱 일행이 있는 길르앗 산에 이르렀습니다. 야곱의 도망에 대해 맹렬히 분노한 라반은 야곱을 찾기만 하면 목숨을 해칠 만반의 준비를 다하고 있었습니다. 그렇게 때문에 이러한 사실을 전혀 모르고 있던 야곱은 극한 위기에 처해 있었던 것입니다. 그런데 하나님께서 꿈을 통해 역사하심으로 라반의 손에서 야곱의 목숨을 구원하셨습니다.

하나님께서는 라반이 야곱을 찾아내기 바로 전날 밤에 라반의 꿈에 나타나셔서 "야곱에게 선악간에 말하지 말라"고 명령하셨습니다. "선악간에 말하지 말라"는 말은 '시비를 판단하지 말라'는 뜻입니다. 즉 하나님께서는 라반에게 야곱을 해치지 말고 그대로 보내라고 지시하신 것입니다. 여기서 우리는 하나님께서 야곱에게 약속하셨던 대로 야곱을 고향으로 인도해 주실 뿐 아니라 안전하게 보호해 주시고 계심을 볼 수 있습니다.

25-28절 라반이 야곱을 뒤쫓아 이르렀으니 야곱이 그 산에 장막을 친지라 라반이 그 형제와 더불어 길르앗 산에 장막을 치고 라반이 야곱에게 이르되 네가 나를 속이고 내 딸들을 칼에 사로잡힌 자 같이 끌고 갔으니 어찌 이같이 하였느냐 내가 즐거움과 노래와 북과 수금으로 너를 보내겠거늘 어찌하여 네가 나를 속이고 가만히 도망하고 내게 알리지 아니하였으며 내가 내 손자들과 딸들에게 입맞추지 못하게 하였으니 네 행위가 참으로 어리석도다

길르앗 산은 밧단아람에서 약 480㎞ 떨어진 곳에 있습니다. 야곱은 라반의 집에서 꽤 멀리 떨어져 있는 길르앗 산에 이르기까지 라반의 추격대와 만나지 않게 되자 마음에 다소 여유가 생겼습니다. 그래서 길르앗 산에 장막을 치고 며칠 동안 쉬었다가 다시 길을 떠나려고 했습니다.

야곱을 쫓아 길르앗 산에 당도한 라반은 야곱이 장막 친 곳을 확인한 후 추격대와 함께 길르앗 산에 장막을 치고 야곱에게 찾아가서 그의 비열한 행위에 대해 책망하였습니다. 라반은 야곱이 자기에게 알리지 않고

전쟁포로를 끌고 가듯이 자기의 두 딸을 데리고 몰래 도망하였다고 신랄히 책망했습니다. 차라리 야곱이 고향으로 떠나겠다고 솔직하게 말을 했더라면 "즐거움과 노래와 북과 수금으로" 거창하게 작별 의식을 행하고 보내 주었을 텐데, 아무 말없이 몰래 도망하여 손자들과 딸들에게 작별 인사를 나눌 수 있는 기회도 주지 않았다고 비난했습니다.

이와 같이 라반이 야곱의 신의를 저버린 데에 대해 책망했지만, 그가 야곱을 책망한 진짜 이유는 다른 데 있었습니다. 라반은 전날 밤에 하나님께로부터 "야곱을 해치지 말고 그대로 보내라."는 지시를 받았기 때문에 차마 야곱을 해치지는 못하고 야곱을 책망함으로써 자신의 불쾌한 감정을 표현한 것입니다.

29, 30절 너를 해할 만한 능력이 내 손에 있으나 너희 아버지의 하나님이 어제 밤에 내게 말씀하시기를 너는 삼가 야곱에게 선악간에 말하지 말라 하셨느니라 이제 네가 네 아버지 집을 사모하여 돌아가려는 것은 옳거니와 어찌 내 신을 도둑질하였느냐

라반은 자신에게 야곱의 목숨을 해칠 만한 힘과 능력이 있다고 과시했습니다. 그럼에도 불구하고 야곱을 해치지 않는 이유는 하나님께서 어젯밤에 "야곱을 해치지 말라."고 말씀하셨기 때문이라고 실토했습니다. 더 나아가 라반은 야곱이 고향으로 가는 것을 허락했습니다.

라반이 추격대를 조직하면서까지 야곱의 뒤를 쫓아온 데에는 두 가지 이유가 있었습니다. 그 중 한 가지 이유는 재산 문제였습니다. 라반은 자기의 허락도 받지 않고 가족들과 짐승 떼와 모든 재산을 챙겨서 도망한 야곱을 붙잡아 재산을 빼앗으려고 했습니다. 그러나 하나님께서 야곱을

해치지 못하게 하셨기 때문에 라반은 그 뜻을 이루지 못했던 것입니다. 라반이 야곱을 쫓아온 또 다른 이유는 드라빔을 찾기 위해서였습니다. 가정의 수호신이자 재산 상속권의 증표이기도 한 드라빔은 라반에게 그 무엇보다도 귀중한 물건이었습니다. 그래서 라반은 야곱에게 "어찌 내 신을 도둑질하였느냐" 고 책망했습니다.

한편 우리는 라반이 야곱에게 한 말을 통해 라반의 신앙 상태를 짐작해 볼 수 있습니다. 라반은 하나님의 살아 계심과 역사하심을 알고 있었습니다(창 30:27). 그렇게 때문에 하나님께서 꿈에 나타나셔서 명령하신 대로 아무 의심이나 주저함 없이 야곱이 고향으로 돌아가도록 허락했던 것입니다. 그러나 라반의 이러한 결정은 하나님께 대한 순전한 신앙에서 기인한 것이 아니었습니다.

오히려 라반의 마음에는 이제껏 섬겨 온 우상인 드라빔에 대한 신앙이 더 크게 자리잡고 있었습니다. 이와 같이 잘못된 라반의 신앙 상태는 그가 하나님을 가리켜 '야곱의 아버지의 하나님' 이라고 하고 드라빔을 '나의 신' 이라고 말한 것을 통해 잘 드러나고 있습니다. 라반은 하나님이 살아서 역사하시고 계심을 알면서도 '입이 있어도 말하지 못하며 눈이 있어도 보지 못하며 귀가 있어도 듣지 못하며 그들의 입에는 아무 호흡도 없는' 우상을 숭배하고 있었던 것입니다(시 135:16,17).

31, 32절 야곱이 라반에게 대답하여 이르되 내가 생각하기를 외삼촌이 외삼촌의 딸들을 내게서 억지로 빼앗으리라 하여 두려워하였음이니이다 외삼촌의 신을 누구에게서 찾든지 그는 살지 못할 것이요 우리 형제들 앞에서 무엇이든지 외삼촌의 것이 발견

> 되거든 외삼촌에게로 가져가소서 하니 야곱은 라헬이 그것을 도둑질한 줄을 알지 못함이었더라

야곱은 라반에게서 배신자에다 도둑이라는 누명까지 쓰게 되자 격분했습니다. 그래서 야곱은 라반에게 자신이 몰래 도망한 이유와 자신의 결백을 주장했습니다.

야곱은 라반이 라헬과 레아를 억지로 빼앗을 것이 두려워 몰래 도망했다고 말했습니다. 그리고 자기 일행의 짐을 조사하여 그 중에서 드라빔이나 라반의 물건이 발견되면 다 가져 가라고 단호하게 말했습니다. 뿐만 아니라 야곱은 자신의 결백을 주장하기 위해 "외삼촌의 신을 누구에게서 찾든지 그는 살지 못할 것"이라고 단언하기까지 했습니다. 야곱은 자신의 무죄를 강조하기 위해 이렇게 단언했던 것입니다. 그러나 이와 같은 야곱의 말은 훗날 불행을 초래하는 원인이 되고 말았습니다. 야곱은 아무도 드라빔을 훔치지 않았다고 생각하고 큰소리쳤지만, 사실은 그가 가장 사랑하는 아내 라헬의 소행이었습니다. 그렇기 때문에 라헬은 야곱의 말대로 훗날 베냐민을 출산하다가 산고로 죽게 되고 말았던 것입니다(창 35:18,19).

이와 같이 말에는 운명을 좌우하는 능력과 권세가 있습니다. 성경은 "죽고 사는 것이 혀의 힘에 달렸나니 혀를 쓰기 좋아하는 자는 혀의 열매를 먹으리라"(잠 18:21)고 말씀하고 있습니다. 이러므로 우리는 늘 말조심하여 부정적이고 절망적인 말 대신에 적극적이고 창조적이고 긍정적인 말을 하는 언어습관을 들여야 합니다. 그리고 실수를 범하지 않도록 말을 절제하고 말과 행동이 일치하도록 노력하여야 합니다. 그렇게 할 때 우리는 온전한 사람이 될 수 있습니다(약 3:2).

33-35절 라반이 야곱의 장막에 들어가고 레아의 장막에 들어가고 두 여종의 장막에 들어갔으나 찾지 못하고 레아의 장막에서 나와 라헬의 장막에 들어가매 라헬이 그 드라빔을 가져 낙타 안장 아래에 넣고 그 위에 앉은지라 라반이 그 장막에서 찾다가 찾아내지 못하매 라헬이 그의 아버지에게 이르되 마침 생리가 있어 일어나서 영접할 수 없사오니 내 주는 노하지 마소서 하니라 라반이 그 드라빔을 두루 찾다가 찾아내지 못한지라

라반은 드라빔을 찾기 위해 야곱의 장막부터 조사하기 시작했습니다. 그리고 야곱의 장막에서 찾지 못하자 레아와 실바와 빌하의 장막을 차례로 조사했습니다. 그러나 드라빔은 발견되지 않았습니다. 라반은 끝으로 라헬의 장막에 들어가서 드라빔을 찾아 보았습니다.

라헬은 아버지가 드라빔을 찾기 위해 장막마다 조사하는 것을 알고 자신이 도적질해 온 아버지의 드라빔을 낙타 안장 밑에 감추고 그 위에 앉아있었습니다. 마침 그 당시의 낙타 안장은 요람 모양으로 만들어져 두꺼운 천이나 카펫 같은 것을 깔고 앉게 되어 있었으므로 드라빔을 숨기는데 아주 안성마춤이었습니다.

라헬은 드라빔이 발견될 것이 염려되어 아버지가 장막에 들어왔음에도 불구하고 일어나 영접할 수 없었습니다. 그래서 라헬은 아버지에게 "마침 생리가 있어 일어나서 영접할 수 없사오니 내 주는 노하지 마소서" 라고 그럴 듯하게 거짓말을 했습니다.

라반은 라헬의 말을 조금도 의심하지 않고 라헬이 앉아있는 낙타 안장 밑을 조사하지 않았습니다. 비록 라반이 교활한 사람이기는 했지만 자신의 딸이 거짓말을 하리라고는 생각하지 않았을 뿐 아니라 자기가 섬기는

신인 드라빔을 감히 생리하는 여자가 깔고 앉아 있으리라고는 상상할 수 조차 없었기 때문입니다. 결국 라반은 야곱 일행의 장막을 샅샅이 조사했지만 드라빔은 찾지 못하고 말았습니다.

36, 37절 야곱이 노하여 라반을 책망할새 야곱이 라반에게 대답하여 이르되 내 허물이 무엇이니이까 무슨 죄가 있기에 외삼촌께서 내 뒤를 급히 추격하나이까 외삼촌께서 내 물건을 다 뒤져보셨으니 외삼촌의 집안 물건 중에서 무엇을 찾아내었나이까 여기 내 형제와 외삼촌의 형제 앞에 그것을 두고 우리 둘 사이에 판단하게 하소서

라반이 아무 것도 찾아내지 못하자 야곱은 분노하며 라반을 책망했습니다. 야곱은 기세가 등등하여 "내 허물이 무엇이니이까 무슨 죄가 있기에 외삼촌께서 내 뒤를 급히 추격하였나이까"라고 라반에게 항변했습니다. 그리고 야곱은 자기의 물건들 중에서 라반의 물건이 나왔다면 그것을 친척들 앞에 놓고 친척들에게 판결을 받자고 했습니다. 야곱은 라반이 자기를 마치 죄인이기라도 한 것처럼 급히 쫓아와서 도둑으로 취급하고 자기의 물건들을 뒤진 데에 대해 울분을 터뜨리고 자기의 결백을 강조한 것입니다.

38-40절 내가 이 이십 년을 외삼촌과 함께 하였거니와 외삼촌의 암양들이나 암염소들이 낙태하지 아니하였고 또 외삼촌의 양 떼의 숫양을 내가 먹지 아니하였으며 물려 찢긴 것은 내가 외삼촌에게로 가져가지 아니하고 낮에 도둑을 맞았든지 밤에

도둑을 맞았든지 외삼촌이 그것을 내 손에서 찾았으므로 내가 스스로 그것을 보충하였으며 내가 이와 같이 낮에는 더위와 밤에는 추위를 무릅쓰고 눈 붙일 겨를도 없이 지냈나이다

더 나아가 야곱은 지난 20년 동안에 자신이 라반에게 얼마나 성실한 자세로 충성했는지를 역설했습니다.

하나님께서 야곱과 함께하시고 복 주심으로 인하여 야곱이 돌보는 라반의 암양들과 암염소들은 한 번도 낙태하지 않고 새끼를 잘 낳았습니다. 또 야곱은 라반의 많은 양 떼 중에서 하찮은 숫양 한 마리도 먹지 않았고, 만일 사나운 들짐승이 습격하여 양과 염소를 물어 죽이거나 도둑이 훔쳐갔을 때에는 라반에게 손해를 입히지 않기 위해 일일이 변상했습니다.

뿐만 아니라 야곱은 밤낮을 가리지 않고 라반의 짐승 떼를 돌보았습니다. 특히 아람 지방은 일교차가 심해서 낮에는 무덥다가 밤이 되면 기온이 급강하하여 매우 추웠습니다. 그렇기 때문에 야곱은 더위와 추위를 무릅쓰고 잠도 제대로 못 자며 고생했던 것입니다.

41, 42절 내가 외삼촌의 집에 있는 이 이십 년 동안 외삼촌의 두 딸을 위하여 십사 년, 외삼촌의 양 떼를 위하여 육 년을 외삼촌에게 봉사하였거니와 외삼촌께서 내 품삯을 열 번이나 바꾸셨으며 우리 아버지의 하나님, 아브라함의 하나님 곧 이삭이 경외하는 이가 나와 함께 계시지 아니하셨더라면 외삼촌께서 이제 나를 빈손으로 돌려보내셨으리이다마는 하나님이 내 고난과 내 손의 수고를 보시고 어제 밤에 외삼촌을 책망하셨나이다

야곱은 라반의 집에 온 이래 지금까지 처음 14년은 레아와 라헬과의

결혼을 위해 머슴살이를 했고, 그후 다시 고용계약을 맺고 6년여 간 더 머슴살이를 했습니다. 그 20년 동안 야곱이 불철주야 성실히 일함으로 말미암아 라반은 큰 부자가 되었습니다. 그러나 라반은 야곱에게 희생적인 봉사를 받은 데에 대해 고마워하고 보상해주기는커녕 오히려 야곱을 계속 머슴으로 부리면서 자기의 재산을 증식시키려고 했습니다.

그리고 야곱이 하나님께로부터 복을 받아 점점 부자가 되는 것을 시기하여 원래의 고용 계약 조건을 수시로 변경하여 자기에게만 유리하게 했습니다. 그러나 그럴 때마다 하나님께서 역사하셔서 야곱이 손해를 입지 않도록 하셨습니다.

야곱은 자기가 큰 부자가 되어서 고향으로 돌아가게 된 것은 하나님께서 자기와 함께하셨기 때문이라는 사실을 잘 알고 있었습니다. 그리고 만일 하나님께서 함께해 주시지 않으셨다면 자기는 틀림없이 라반에게 재산을 다 빼앗기고 빈털터리 신세로 고향에 돌아가게 되었을 것이라는 사실도 알았습니다. 뿐만 아니라 야곱은 아브라함의 하나님이요, 이삭의 하나님이신 야훼 하나님께서 지난 20년 동안 자기의 고난과 수고를 감찰하시고 어제 밤에 꿈을 통하여 라반을 책망하셨다는 것을 알았습니다.

야곱은 이와 같이 지난 20년 동안 자신이 당했던 억울하고 부당한 일들을 라반에게 항의하고, 그 길고도 험난했던 역경의 기간에 하나님께서 함께해 주셔서 자신이 모든 고난을 견뎌낼 수 있었다고 말했습니다.

3. 야곱과 라반의 언약(31:43~55)

43. 라반이 야곱에게 대답하여 이르되 딸들은 내 딸이요 자식들은 내
자식이요 양 떼는 내 양 떼요 네가 보는 것은 다 내 것이라 내가 오늘
내 딸들과 그들이 낳은 자식들에게 무엇을 하겠느냐 44. 이제 오라 나
와 네가 언약을 맺고 그것으로 너와 나 사이에 증거를 삼을 것이니라
45. 이에 야곱이 돌을 가져다가 기둥으로 세우고 46. 또 그 형제들에
게 돌을 모으라 하니 그들이 돌을 가져다가 무더기를 이루매 무리가
거기 무더기 곁에서 먹고 47. 라반은 그것을 여갈사하두다라 불렀고
야곱은 그것을 갈르엣이라 불렀으니 아람 방언이나 히브리 방언이니
48. 라반의 말에 오늘 이 무더기가 너와 나 사이에 증거가 된다 하였으
므로 그 이름을 갈르엣이라 불렀으며 49. 또 미스바라 하였으니 이는
그의 말에 우리가 서로 떠나 있을 때에 야훼께서 나와 너 사이를 살피
시옵소서 함이라 50. 만일 네가 내 딸을 박대하거나 내 딸들 외에 다
른 아내들을 맞이하면 우리와 함께 할 사람은 없어도 보라 하나님이
나와 너 사이에 증인이 되시느니라 함이었더라 51. 라반이 또 야곱에
게 이르되 내가 나와 너 사이에 둔 이 무더기를 보라 또 이 기둥을 보라
52. 이 무더기가 증거가 되고 이 기둥이 증거가 되나니 내가 이 무더기
를 넘어 네게로 가서 해하지 않을 것이요 네가 이 무더기, 이 기둥을
넘어 내게로 와서 해하지 아니할 것이라 53. 아브라함의 하나님, 나홀
의 하나님, 그들의 조상의 하나님은 우리 사이에 판단하옵소서 하매
야곱이 그의 아버지 이삭이 경외하는 이를 가리켜 맹세하고 54. 야곱
이 또 산에서 제사를 드리고 형제들을 불러 떡을 먹이니 그들이 떡을
먹고 산에서 밤을 지내고 55. 라반이 아침에 일찍이 일어나 손자들과
딸들에게 입맞추며 그들에게 축복하고 떠나 고향으로 돌아갔더라

43, 44절 라반이 야곱에게 대답하여 이르되 딸들은 내 딸이요 자식들은 내 자식이요 양 떼는 내 양 떼요 네가 보는 것은 다 내 것이라 내가 오늘 내 딸들과 그들이 낳은 자식들에게 무엇을 하겠느냐 이제 오라 나와 네가 언약을 맺고 그것으로 너와 나 사이에 증거를 삼을 것이니라

라반은 야곱의 항변을 다 듣고 난 후 야곱에게 "딸들은 내 딸이요 자식들은 내 자식이요 양 떼는 내 양 떼요 네가 보는 것은 다 내 것이라 내가 오늘 내 딸들과 그들이 낳은 자식들에게 무엇을 하겠느냐" 라고 대답했습니다. 즉 자기가 야곱을 해칠 수도 있지만 야곱의 아내들은 자기의 딸들이요, 그들이 낳은 자식들은 자기의 손주들이니 어떻게 자기의 혈육을 해칠 수 있겠느냐는 것입니다.

더 나아가 라반은 야곱에게 언약을 맺자고 했습니다. 라반이 야곱에게 언약을 맺자고 제의한 것은 지난 밤에 야곱을 해치지 말고 그대로 보내라는 하나님의 명령을 받았던 데다가 야곱의 항변에 대해 할 말이 없어졌기 때문입니다. 이에 야곱은 라반과 평화 협정을 맺게 되었습니다.

45,46절 이에 야곱이 돌을 가져다가 기둥으로 세우고 또 그 형제들에게 돌을 모으라 하니 그들이 돌을 가져다가 무더기를 이루매 무리가 거기 무더기 곁에서 먹고

야곱은 라반의 제의를 받아들이고 언약의 증표로 돌 기둥을 세웠습니다. 그리고 그곳에 함께 있던 친척들에게 돌무더기를 쌓게 했습니다. 이같이 돌무더기를 만들어 조약을 맺고 나서 무리는 그 곁에서 식사를 했습니다. 이로써 야곱과 라반 사이에 언약이 성립되었습니다.

47-49절 라반은 그것을 여갈사하두다라 불렀고 야곱은 그것을 갈르엣이라 불렀으니 아람 방언이니 히브리 방언이니 라반의 말에 오늘 이 무더기가 너와 나 사이에 증거가 된다 하였으므로 그 이름을 갈르엣이라 불렀으며 또 미스바라 하였으니 이는 그의 말에 우리가 서로 떠나 있을 때에 야훼께서 나와 너 사이를 살피시옵소서 함이라

라반은 돌무더기가 야곱과 자기 사이에 언약의 증거가 된다고 하여 언약 맺은 장소를 '여갈사하두다' 라고 이름붙였습니다. '여갈사하두다' 는 아람어로 '증거의 무더기' 라는 뜻입니다. 그리고 야곱은 그곳을 '갈르엣' 이라고 불렀습니다. '갈르엣' 은 히브리어로 '증거의 무더기' 라는 뜻입니다.

야곱과 라반이 언약을 맺은 곳은 '여갈사하두다' 와 '갈르엣' 이란 이름 외에 '미스바' 라고도 불렀습니다. '미스바' 는 히브리어로 '망대' 라는 뜻인데, 이 이름은 야곱과 라반이 서로 떠나 있을 때에 언약한 조항을 지키는지를 야훼께서 지켜봐 주시기를 바란다는 뜻에서 붙여진 이름입니다.

이와 같이 여러 이름을 갖고 있는 미스바는 북 길르앗에 위치한 성읍으로서 훗날 사사시대에 활동했던 사사들 중 한 사람인 입다의 출신지이기도 합니다(삿 11:1, 10, 11).

50절 만일 네가 내 딸을 박대하거나 내 딸들 외에 다른 아내들을 맞이하면 우리와 함께 할 사람은 없어도 보라 하나님이 나와 너 사이에 증인이 되시느니라 함이었더라

라반이 야곱에게 내세운 첫째 약조는 자기의 딸들을 박대하지 말고 다

른 아내들을 취하지 말라는 것이었습니다.

라반이 이제껏 딸들에게 행한 일들을 생각해 볼 때, 그는 결코 좋은 아버지가 아니었습니다. 라반은 딸들에게 양 떼를 치는 일을 시켰었고, 자기의 탐욕을 채우기 위한 수단으로 정략결혼을 시켰었고, 결혼 시킨 후에는 마치 남에게 하듯 무심하게 대했었습니다. 그러나 이제 딸들이 자기의 곁을 떠나 머나먼 가나안 땅으로 가게 되자 그제야 딸들의 장래가 걱정되었습니다. 그래서 라반은 자기의 딸들에게 잘 해달라고 야곱에게 당부한 것입니다. 그리고 만일 야곱이 이를 어기면 하나님께서 감찰하시고 증거하실 것이라고 했습니다.

51, 52절 라반이 또 야곱에게 이르되 내가 나와 너 사이에 둔 이 무더기를 보라 또 이 기둥을 보라 이 무더기가 증거가 되고 이 기둥이 증거가 되나니 내가 이 무더기를 넘어 네게로 가서 해하지 않을 것이요 네가 이 무더기, 이 기둥을 넘어 내게로 와서 해하지 아니할 것이라

라반이 야곱에게 제시한 또 한 가지의 약조는 언약의 증표로 세운 돌기둥과 돌무더기를 경계로 하여 상호간에 그 경계를 침범하여 해하는 일이 없게 하자는 것이었습니다.

라반은 도둑맞은 드라빔을 끝내 찾지 못했으므로 야곱과 이 같은 약조를 함으로써 후에 드라빔을 찾게 되더라고 재산 상속 문제가 제기되지 않게 한 것입니다.

53-55절 아브라함의 하나님, 나홀의 하나님, 그들의 조상의 하나님

은 우리 사이에 판단하옵소서 하매 야곱이 그의 아버지 이삭이 경외하는 이를 가리켜 맹세하고 야곱이 또 산에서 제사를 드리고 형제들을 불러 떡을 먹이니 그들이 떡을 먹고 산에서 밤을 지내고 라반이 아침에 일찍이 일어나 손자들과 딸들에게 입맞추며 그들에게 축복하고 떠나 고향으로 돌아갔더라

라반과 야곱은 각기 약조를 지킬 것을 맹세했습니다. 이때 라반은 "아브라함의 하나님, 나홀의 하나님, 그들의 조상의 하나님"을 가리켜 맹세했는데, 이것은 라반이 오직 한 분 되신 하나님에 대한 개인적인 신앙이 없고 여러 신을 숭배하는 사람이라는 것을 보여 주고 있습니다.

반면에 야곱은 "그의 아버지 이삭이 경외하는 이"를 가리켜 맹세했습니다. "이삭이 경외하는 이"는 야훼 하나님을 가리키는 말입니다.

라반과 야곱이 맹세함으로써 두 사람 사이에 조약이 체결되었습니다. 야곱은 조약을 체결한 후 길르앗 산에서 희생 제사를 드리고 형제들을 불러 잔치를 벌였습니다. 이와 같이 희생 제사를 드리고 잔치를 벌여 먹고 마시는 것은 조약이 체결된 것을 축하하고 기뻐한다는 뜻으로 행하던 그 당시의 관례였습니다.

라반은 언약을 맺은 이튿날 아침에 일찍이 일어나서 손자들과 딸들에게 작별인사를 하고 복을 빌어 준 다음 아람으로 돌아갔습니다.

완전한 자유의 몸이 된 야곱은 20년 간의 기나긴 객지 생활에 종지부를 찍고 이제 꿈에도 그리던 부모 형제가 살고 있는 고향 땅 가나안을 향해 당당하게 발걸음을 옮기기 시작했습니다.

제 32 장

하나님과 씨름한 야곱

에서와의 만남을 대비한 야곱의 준비 32:1~23
하나님과 씨름하는 야곱 32:24~32

A COMMENTARY ON THE
GENESIS

야곱은 길르앗 산에서 라반과 언약을 맺은 후 가나안 땅을 향해 힘찬 발걸음을 옮겼습니다. 그러나 그의 앞길에는 일생일대의 위기가 기다리고 있었습니다. 20년 전에 야곱에게 속아 장자의 축복을 빼앗긴 일에 원한을 품고 야곱을 죽이려 했던 형 에서가 야곱의 귀향 소식을 듣고 400여 명의 무리를 이끌고 오고 있었던 것입니다.

절대 절명의 위기를 맞자 야곱은 그 위기를 모면하기 위해 에서에게 줄 예물을 준비하고, 한편으로는 하나님께 부르짖어 기도했습니다. 결국 야곱은 얍복 강가에서 날이 새도록 결사적으로 기도하는 가운데 자아가 깨어지는 신앙적 체험을 하게 되었습니다. 하나님께서는 이처럼 깨어진 심령으로 하나님만 의지하는 야곱에게 복 주시고 '이스라엘' 이라는 새 이름을 지어 주셨습니다.

이 일을 계기로 하여 야곱은 더 이상 '육의 사람 야곱' 이 아닌 '영의 사람 이스라엘' 로 변화되어 새로운 삶을 살아가게 되었습니다.

1. 에서와의 만남을 대비한 야곱의 준비 (32:1~23)

1. 야곱이 길을 가는데 하나님의 사자들이 그를 만난지라 2. 야곱이
그들을 볼 때에 이르기를 이는 하나님의 군대라 하고 그 땅 이름을
마하나임이라 하였더라 3. 야곱이 세일 땅 에돔 들에 있는 형 에서
에게로 자기보다 앞서 사자들을 보내며 4. 그들에게 명령하여 이르
되 너희는 내 주 에서에게 이같이 말하라 주의 종 야곱이 이같이 말
하기를 내가 라반과 함께 거류하며 지금까지 머물러 있었사오며 5.
내게 소와 나귀와 양 떼와 노비가 있으므로 사람을 보내어 내 주께
알리고 내 주께 은혜 받기를 원하나이다 하라 하였더니 6. 사자들이
야곱에게 돌아와 이르되 우리가 주인의 형 에서에게 이른즉 그가 사
백 명을 거느리고 주인을 만나려고 오더이다 7. 야곱이 심히 두렵고
답답하여 자기와 함께 한 동행자와 양과 소와 낙타를 두 떼로 나누고
8. 이르되 에서가 와서 한 떼를 치면 남은 한 떼는 피하리라 하고 9.
야곱이 또 이르되 내 조부 아브라함의 하나님, 내 아버지 이삭의 하

나님 야훼여 주께서 전에 내게 명하시기를 네 고향, 네 족속에게로
돌아가라 내가 네게 은혜를 베풀리라 하셨나이다 10. 나는 주께서
주의 종에게 베푸신 모든 은총과 모든 진실하심을 조금도 감당할 수
없사오나 내가 내 지팡이만 가지고 이 요단을 건넜더니 지금은 두 떼
나 이루었나이다 11. 내가 주께 간구하오니 내 형의 손에서, 에서의
손에서 나를 건져내시옵소서 내가 그를 두려워함은 그가 와서 나와
내 처자들을 칠까 겁이 나기 때문이니이다 12. 주께서 말씀하시기를
내가 반드시 네게 은혜를 베풀어 네 씨로 바다의 셀 수 없는 모래와
같이 많게 하리라 하셨나이다 13. 야곱이 거기서 밤을 지내고 그 소
유 중에서 형 에서를 위하여 예물을 택하니 14. 암염소가 이백이요
숫염소가 이십이요 암양이 이백이요 숫양이 이십이요 15. 젖 나는
낙타 삼십과 그 새끼요 암소가 사십이요 황소가 열이요 암나귀가 이
십이요 그 새끼 나귀가 열이라 16. 그것을 각각 떼로 나누어 종들의
손에 맡기고 그의 종에게 이르되 나보다 앞서 건너가서 각 떼로 거리
를 두게 하라 하고 17. 그가 또 앞선 자에게 명령하여 이르되 내 형
에서가 너를 만나 묻기를 네가 누구의 사람이며 어디로 가느냐 네 앞
의 것은 누구의 것이냐 하거든 18. 대답하기를 주의 종 야곱의 것이
요 자기 주 에서에게로 보내는 예물이오며 야곱도 우리 뒤에 있나이
다 하라 하고 19. 그 둘째와 셋째와 각 떼를 따라가는 자에게 명령하
여 이르되 너희도 에서를 만나거든 곧 이같이 그에게 말하고 20. 또
너희는 말하기를 주의 종 야곱이 우리 뒤에 있다 하라 하니 이는 야곱
이 말하기를 내가 내 앞에 보내는 예물로 형의 감정을 푼 후에 대면하
면 형이 혹시 나를 받아 주리라 함이었더라 21. 그 예물은 그에 앞서
보내고 그는 무리 가운데서 밤을 지내다가 22. 밤에 일어나 두 아내
와 두 여종과 열한 아들을 인도하여 얍복 나루를 건널새 23. 그들을
인도하여 시내를 건너가게 하며 그의 소유도 건너가게 하고

1, 2절 야곱이 길을 가는데 하나님의 사자들이 그를 만난지라 야곱이 그들을 볼 때에 이르기를 이는 하나님의 군대라 하고 그 땅 이름을 마하나임이라 하였더라

야곱은 갈르엣에서 라반과 '상호 불가침 약조' 를 맺고 난 후 고향 땅을 향해 가던 도중 하나님의 천사들을 만났습니다. 야곱의 하나님의 천사들을 보고 "이는 하나님의 군대라" 하고 그곳의 이름을 "마하나임" 이라고 했습니다.

야곱은 하나님의 뜻을 좇아서 귀향을 단행했지만 고향으로 가기까지 그의 여정은 순탄치 않았습니다. 야곱이 라반의 끈질긴 추격을 받으면서 느꼈던 두려움은 오히려 견딜 만한 것이었습니다. 그러나 지금 야곱이 가고 있는 고향에는 20년 전에 야곱에게 장자의 축복을 빼앗긴 일로 인하여 그를 죽이려 했던 형 에서가 있었습니다. 야곱은 형에게 지었던 죄에 대한 무거운 죄책감을 안고 있었으며, 형의 분노가 풀렸다는 전갈을(창 27:45) 받지 못했기 때문에 형이 자기에게 보복할 것을 예상하고 몹시 두려워하고 있었습니다.

하나님께서는 야곱이 에서의 보복을 두려워하고 있음을 알고 계셨습니다. 그래서 하나님께서는 야곱에게 하나님의 천사들을 보여 주심으로써 장차 야곱이 큰 위기에 처할지라도 보호하시고 지켜 주실 것이라는 확신을 갖게 해 주셨습니다.

3-5절 야곱이 세일 땅 에돔 들에 있는 형 에서에게로 자기보다 앞서 사자들을 보내며 그들에게 명령하여 이르되 너희는 내 주 에서에게 이같이 말하라 주의 종 야곱이 이같이 말하기를 내가 라반과

함께 거류하며 지금까지 머물러 있었사오며 내게 소와 나귀와 양떼와 노비가 있으므로 사람을 보내어 내 주께 알리고 내 주께 은혜 받기를 원하나이다 하라 하였더니

야곱은 에서가 세일 땅 에돔 들에 있다는 것을 알게 되었습니다. 야곱은 에서가 여전히 자기에게 보복하려고 벼르고 있을 것이라고 생각하고 있었으므로 에서와의 재회를 두려워하고 있었습니다. 그렇기 때문에 야곱은 에서가 에돔 들에 머물고 있다는 소식을 듣고 두려웠습니다. 야곱은 궁리 끝에 에서에게 사자들을 보내기고 작정했습니다.

야곱은 에서에게 전할 말을 사자들에게 지시했습니다. 그것은 자기가 지금까지 외삼촌 라반의 집에서 지냈으며, 자기에게 충분한 재산이 있다는 것과 에서와 화해하기를 원한다는 내용이었습니다. 특히 야곱은 에서를 "내 주"라고 하고 자기를 가리켜 "주의 종"이라고 했는데, 이러한 표현은 에서와 화해하기 위한 의도에서 나온 것이었습니다.

6절 사자들이 야곱에게 돌아와 이르되 우리가 주인의 형 에서에게 이른즉 그가 사백 명을 거느리고 주인을 만나려고 오더이다

에서에게 화해를 청하러 갔던 사자들이 불길한 소식을 갖고 돌아왔습니다. 즉 에서가 야곱의 귀향 소식을 듣고 400명의 군사를 이끌고 야곱에게 오고 있다는 것이었습니다. 야곱은 이 보고를 듣고 큰 충격을 받았습니다.

에서는 야곱에게 속은 지 20년이나 지금 지금까지 여전히 야곱에게 원한을 갚겠다는 복수심을 품고 있었습니다. 그렇기 때문에 야곱이 보낸 사자들이 화해를 청했음에도 불구하고 이를 받아들이지 않고 400명이나

되는 많은 군사를 이끌고 야곱이 있는 곳을 향해 즉시 출발한 것입니다.

7, 8절 야곱이 심히 두렵고 답답하여 자기와 함께 한 동행자와 양과 소와 낙타를 두 떼로 나누고 이르되 에서가 와서 한 떼를 치면 남은 한 떼는 피하리라 하고

야곱은 에서가 400명의 군사를 이끌고 오고 있다는 소식을 듣고 대단히 두려워하며 당황했습니다. 야곱은 에서가 자기를 죽이러 온다고 생각했으므로 그 절박한 위기에 대처하기 위해 서둘렀습니다.

야곱은 우선 자기의 종들과 양과 소와 약대를 두 떼로 나누었습니다. 그렇게 함으로써 에서가 와서 그 중 한 떼를 공격하더라도 다른 한 떼는 도망가게 하여 피해를 줄이려고 했던 것입니다.

9-12절 야곱이 또 이르되 내 조부 아브라함의 하나님, 내 아버지 이삭의 하나님 야훼여 주께서 전에 내게 명하시기를 네 고향, 네 족속에게로 돌아가라 내가 네게 은혜를 베풀리라 하셨나이다 나는 주께서 주의 종에게 베푸신 모든 은총과 모든 진실하심을 조금도 감당할 수 없사오나 내가 내 지팡이만 가지고 이 요단을 건넜더니 지금은 두 떼나 이루었나이다 내가 주께 간구하오니 내 형의 손에서, 에서의 손에서 나를 건져내시옵소서 내가 그를 두려워함은 그가 와서 나와 내 처자들을 칠까 겁이 나기 때문이니이다 주께서 말씀하시기를 내가 반드시 네게 은혜를 베풀어 네 씨로 바다의 셀 수 없는 모래와 같이 많게 하리라 하셨나이다

진퇴양난의 절박한 위기를 만난 야곱은 '아브라함의 하나님, 이삭의

하나님 야훼' 께 간절히 기도했습니다. 야곱은 언약의 하나님 야훼께서 이전에 자기에게 말씀하셨던 약속(창 28:13~15)과 귀향 명령(창 31:13)을 상기하며 그 말씀에 근거하여 기도하기 시작했습니다.

야곱은 하나님께 자신이 은총과 진리를 조금이라도 감당할 수 없는 비천하고도 보잘것없는 존재라고 겸손히 고백했습니다. 그럼에도 불구하고 브엘세바에서 떠날 때에는 차량한 도망자에 불과했던 자신에게 하나님께서 은총을 베풀어 주시고 많은 자녀와 재물을 주신 데에 대해 감사드렸습니다.

야곱은 자기가 어떤 위기에 처해 있을지라도 언약의 하나님께서 약속대로 자기를 보호해 주시고 구원해 주실 것이라고 믿었습니다. 그래서 야곱은 "내가 반드시 네게 은혜를 베풀어 네 씨로 바다의 셀 수 없는 모래와 같이 많게 하리라" 던 하나님의 약속의 말씀을 상기시키며 에서의 손에서 자기와 자기의 가족들을 구원해 주시기를 간절히 기도했습니다.

이와 같이 야곱은 일생일대의 환난을 만나 하나님께 간절한 마음으로 기도했는데, 이는 하나님의 섭리의 결과였습니다. 야곱이 하나님을 믿기는 하지만 아직도 자기의 꾀로 모든 일을 처리하려는 인본주의에서 벗어나지 못한 상태에 머물러 있었기 때문에 하나님께서 야곱을 절박한 상황으로 몰아넣으셔서 야곱으로 하여금 하나님을 의지하고 기도하게 만드신 것입니다.

이와 같이 하나님께서는 당신이 사용하시기로 작정하신 사람은 환난을 통해 훈련시키십니다. 모든 것을 자기중심적으로 판단하고, 자기 고집대로 주장하며 살던 사람도 환난을 많이 받으면 변화되어 진정으로 하나님을 경외하고 이웃을 사랑하며 하나님께 쓰임 받게 됩니다.

뿐만 아니라 하나님께서는 쓰시고자 하는 사람을 변화시키시고 능력과 복을 주십니다. 이러므로 환난은 복의 관문이라고 할 수 있습니다.

성경은 "우리가 환난 중에도 즐거워하나니 이는 환난은 인내를, 인내는 연단을, 연단은 소망을 이루는 줄 앎이로다"(롬 5:3,4)라고 기록하고 있습니다. 환난 가운데 있을 때에는 무척 괴롭고 고통스럽지만 환난을 통과한 후에는 소망을 이루는 복을 받게 되는 것입니다. 이러므로 우리는 환난을 당할 때 감사해야 합니다.

하나님께서 야곱을 훈련시키신 것은 장차 하나님의 백성으로 삼으실 이스라엘 12지파의 아버지로 세우기 위해서였습니다. 야곱은 꾀를 짜내어 형의 장자권을 빼앗고 아버지의 축복을 가로챘었지만, 그 일로 인하여 지금은 진퇴양난의 궁지에 몰리게 되었습니다. 그래서 이러한 난국을 모면하기 위해 또다시 꾀를 내어 해결해 보려고 했는데, 그것이 실패하자 결국 자신의 한계를 느낄 수밖에 없었습니다.

라반과 이미 언약을 맺었기 때문에 아람으로 되돌아갈 수도 없고 고향으로 가는 길목에서는 에서가 가로막고 있는 현실 앞에 야곱이 의지할 데는 오직 하나님뿐이었습니다. 이에 야곱은 하나님께 간구하게 되었고, 이 진정한 기도에 하나님께서 응답하심으로 결국 구원을 받게 됩니다.

13-16절 **야곱이 거기서 밤을 지내고 그 소유 중에서 형 에서를 위하여 예물을 택하니 암염소가 이백이요 숫염소가 이십이요 암양이 이백이요 숫양이 이십이요 젖 나는 낙타 삼십과 그 새끼요 암소가 사십이요 황소가 열이요 암나귀가 이십이요 그 새끼 나귀가 열이라 그것을 각각 떼로 나누어 종들의 손에 맡기고 그**

의 종에게 이르되 나보다 앞서 건너가서 각 떼로 거리를 두게 하라 하고

야곱은 그곳에서 밤을 지내고 에서에게 줄 선물을 준비했습니다. 야곱이 에서에게 줄 선물로 준비한 것은 암염소 200마리와 숫염소 20마리, 암양 200마리와 숫양 20마리, 젖 나는 약대 30마리와 그 새끼들, 암소 40마리와 황소 10마리, 암나귀 20마리와 새끼 나귀 10마리였습니다. 야곱은 이처럼 많은 짐승을 에서에게 선물로 보냄으로써 에서의 환심을 사려고 했습니다.

선물받기를 싫어하는 사람은 없기 때문에 사람의 환심을 사는 데는 선물보다 좋은 것이 없습니다. 뿐만 아니라 선물은 분노를 누그러지게 하는 효과도 있는데, 이에 대해 잠언 기자는 "은밀한 선물은 노를 쉬게 하고 품 안의 뇌물은 맹렬한 분을 그치게 하느니라"(잠 21:14)고 가르치고 있습니다. 그런데 우리 주변에는 이와 같은 선물의 효과를 악용해서 뇌물을 주고받는 일이 비일비재합니다.

뇌물은 선물과는 달리, 주는 사람이 받는 사람에게 사사로운 도움을 받아 이익을 얻기 위해서 주는 것이며, 정당하지 못하므로 받으면 안됩니다. 그러므로 성경은 "너는 뇌물을 받지 말라 뇌물은 밝은 자의 눈을 어둡게 하고 의로운 자의 말을 굽게 하느니라"(출 23:8)고 기록하고 있습니다.

야곱은 에서에게 선물로 보낼 짐승을 여러 떼로 나누었습니다. 그리고 각 떼를 이끌고 갈 종들에게 일정한 거리를 유지하며 가라고 지시했습니다. 야곱이 그렇게 지시한 이유는 선물을 한꺼번에 보내는 것보다 여러 떼로 나누어 거리 간격을 두고 보내는 것이 성급한 에서가 자신에 대해 품고 있는 분노를 누그러지게 하는 데에 더 효과적일 것이라고 생각했기

때문입니다.

17-20절 그가 또 앞선 자에게 명령하여 이르되 내 형 에서가 너를 만나 묻기를 네가 누구의 사람이며 어디로 가느냐 네 앞의 것은 누구의 것이냐 하거든 대답하기를 주의 종 야곱의 것이요 자기 주 에서에게로 보내는 예물이오며 야곱도 우리 뒤에 있나이다 하라 하고 그 둘째와 셋째와 각 떼를 따라가는 자에게 명령하여 이르되 너희도 에서를 만나거든 곧 이같이 그에게 말하고 또 너희는 말하기를 주의 종 야곱이 우리 뒤에 있다 하라 하니 이는 야곱이 말하기를 내가 내 앞에 보내는 예물로 형의 감정을 푼 후에 대면하면 형이 혹시 나를 받아 주리라 함이었더라

야곱은 에서에게 줄 짐승 떼를 이끌고 갈 종들을 보내기에 앞서 그들이 에서와 만나게되었으 때 할 말을 가르쳐 주었습니다. 야곱은 그들에게 짐승 떼를 앞세우고 가다가 에서를 만나 "네가 누구의 사람이며 어디로 가느냐 네 앞의 것은 누구의 것이냐"는 질문을 받으면 "주의 종 야곱의 것이요 자기 주 에서에게로 보내는 예물이오며 야곱도 우리 뒤에 있나이다"라고 대답하라고 지시했습니다.

야곱은 이렇게 함으로써 에서의 마음을 돌이킨 후에 에서와 대면하기를 원했습니다. 그리고 이를 통하여 에서가 20년 전에 자기가 저질렀던 죄를 용서하고 반갑게 맞아 주기를 기대했습니다.

그런데 이와 같은 야곱의 회유책은 인간적은 것으로서 사실 효과를 기대할 수 없는 일이었습니다. 왜냐하면 에서에게는 400명의 무장한 군사

가 있었으므로 야곱의 전 재산을 다 빼앗을 수도 있었기 때문입니다. 그러나 야곱은 단순하면서도 호탕한 에서의 성격을 잘 알고 있었기 때문에 그것에 기대를 걸고 선물로써 에서의 마음을 회유하려고 시도했던 것입니다.

한편 하나님께 기도함으로써 모든 문제를 해결받기보다 이처럼 인간적인 계책을 써서 에서의 마음을 돌이키려는 야곱의 모습은 그의 신앙이 아직도 온전히 못한 상태에 있음을 시사해 줍니다.

21-23절 그 예물은 그에 앞서 보내고 그는 무리 가운데서 밤을 지내다가 밤에 일어나 두 아내와 두 여종과 열한 아들을 인도하여 얍복 나루를 건널새 그들을 인도하여 시내를 건너가게 하며 그의 소유도 건너가게 하고

야곱은 에서에게 예물을 보내고, 자기의 일행들 가운데서 밤을 지내다가 한밤중에 일어나 행동을 개시했습니다. 야곱은 "두 아내" 레아와 라헬, "두 여종" 실바와 빌하, 그리고 그들이 낳은 열한 명의 아들들을 인도하여 얍복 나루를 건너가고 자기의 재산도 강 건너편으로 옮겼습니다. 얍복 강은 갈릴리 호수와 사해의 중간 지점에 위치한 요단 강의 한 지류로서 우기(雨期)에만 강물이 흐릅니다.

가족들과 재산은 물로 자기의 목숨까지도 어떻게 될지 모르는 절박한 위기에 봉착한 야곱은 가족과 전 재산을 얍복 강 건너편으로 보내고 난 후 혼자 남아서 착잡하고 불안한 심정을 가누지 못했습니다. 되돌아갈 수도, 앞으로 나아갈 수도 없는 상황에서 야곱이 가족들과 전 재산을 얍복 강 건너편으로 먼저 보내고 혼자 남은 것은 자신의 목숨에 대하 애착

때문인 듯합니다. 그러나 강 이편에 남아 있는 것도 안전하지는 않았습니다. 풍전등화와도 같은 위기에 처한 야곱은 결국 하나님께 결사적으로 매달릴 수밖에 없었습니다.

2. 하나님과 씨름하는 야곱(32:24~32)

24. 야곱은 홀로 남았더니 어떤 사람이 날이 새도록 야곱과 씨름하
다가 25. 자기가 야곱을 이기지 못함을 보고 그가 야곱의 허벅지 관
절을 치매 야곱의 허벅지 관절이 그 사람과 씨름할 때에 어긋났더라
26. 그가 이르되 날이 새려하니 나로 가게 하라 야곱이 이르되 당신
이 내게 축복하지 아니하면 가게 하지 아니하겠나이다 27. 그 사람
이 그에게 이르되 네 이름이 무엇이냐 그가 이르되 야곱이니이다
28. 그가 이르되 네 이름을 다시는 야곱이라 부를 것이 아니요 이스
라엘이라 부를 것이니 이는 네가 하나님과 및 사람들과 겨루어 이겼
음이니라 29. 야곱이 청하여 이르되 당신의 이름을 알려주소서 그
사람이 이르되 어찌하여 내 이름을 묻느냐 하고 거기서 야곱에게 축
복한지라 30. 그러므로 야곱이 그 곳 이름을 브니엘이라 하였으니
그가 이르기를 내가 하나님과 대면하여 보았으나 내 생명이 보전되
었다 함이더라 31. 그가 브니엘을 지날 때에 해가 돋았고 그의 허벅
다리로 말미암아 절었더라 32. 그 사람이 야곱의 허벅지 관절에 있
는 둔부의 힘줄을 쳤으므로 이스라엘 사람들이 지금까지 허벅지 관
절에 있는 둔부의 힘줄을 먹지 아니하더라

24, 25절 야곱은 홀로 남았더니 어떤 사람이 날이 새도록 야곱과 씨름하다가 자기가 야곱을 이기지 못함을 보고 그가 야곱의 허벅지 관절을 치매 야곱의 허벅지 관절이 그 사람과 씨름할 때에 어긋났더라

가족과 전 재산을 얍복 강 건너편으로 보내고 홀로 남은 야곱은 어떤 사람과 날이 새도록 격렬하게 씨름을 했습니다. 여기서 야곱과 씨름한 '어떤 사람' 에 대해서 야곱은 '하나님' 이라고 했고(창 32:30), 호세아 선지자는 '천사' 라고 했는데(호 12:4) 성경 학자들은 일반적으로 성육신 이전의 '예수 그리스도' 로 보고 있습니다.

야곱이 '어떤 사람' 과 날이 새도록 씨름했다는 것은 실제로 씨름을 했다기보다는 날이 새도록 결사적으로 기도하고 매달렸다는 것을 의미합니다. 훗날 호세아 선지자는 이때 야곱이 얼마나 전심전력으로 기도했는지에 대해 "야곱은 모태에서 그의 형의 발뒤꿈치를 잡았고 또 힘으로는 하나님과 겨루되 천사와 겨루어 이기고 울며 그에게 간구하였으며" (호 12:3,4)라고 기록했습니다.

야곱이 얼마나 필사적으로 기도를 했던지 하나님께서 야곱에게 승리를 양보해 주셨습니다. 그리고 야곱이 다시는 자신의 꾀를 의지하지 않고 하나님만을 의지하며 살게 하기 위해 야곱의 환도뼈를 치셨습니다. 여기서 야곱의 인간적이었던 자아가 깨졌습니다. 환도뼈는 둔부 아래쪽에 있는 좌골로서 골반을 형성하는 한 쌍의 뼈입니다. 이에 야곱은 환도뼈가 어그러져서 평생 다리를 저는 불구자가 되었지만, 이러한 자아가 깨지는 체험을 통해 이후로는 하나님을 전폭적으로 의지하며 살게 되었습니다.

26절 그가 이르되 날이 새려하니 나로 가게 하라 야곱이 이르되 당신이 내게 축복하지 아니하면 가게 하지 아니하겠나이다

야곱과 하나님의 씨름은 날이 새도록 계속되었습니다. 드디어 어둠이 걷히고 날이 새려 하자 하나님께서는 야곱에게 "나로 가게 하라" 고 말씀하셨습니다. 하나님께서는 이렇게 말씀하심으로써 야곱이 승리했음을 일깨워 주시고 야곱으로 하여금 소원을 말할 수 있는 기회를 제공하신 것입니다.

이에 야곱은 "당신이 내게 축복하지 아니하면 가게 하지 아니하겠나이다" 라고 말하며 더욱 결사적으로 매달렸습니다. 야곱이 자기와 씨름한 상대에게 축복해 줄 것을 간구했다는 것은 야곱이 그가 어떠한 분이라는 것을 알고 있었음을 말해 줍니다.

27절 그 사람이 그에게 이르되 네 이름이 무엇이냐 그가 이르되 야곱이니이다

하나님께서 야곱에게 "네 이름이 무엇이냐" 고 질문하셨습니다. 하나님께서 야곱의 이름을 물어 보신 이유는 정말로 모르셨기 때문이 아닙니다. 하나님께서는 야곱에 대한 모든 것을 알고 계셨습니다. 그렇기 때문에 야곱으로 하여금 자기의 이름을 상기함으로써 죄로 섬철된 자신의 과거를 뒤돌아보게 하기 위해 질문하셨던 것입니다.

야곱은 하나님의 질문에 "야곱이니이다" 라고 대답했습니다. "야곱" 은 '뒤꿈치를 잡다', '빼앗다' 는 뜻입니다. 지금에 이르기까지 야곱의 지나온 날들을 돌아볼 때, 그의 이름의 뜻과 같이 남을 속이고 빼앗는 일들이 계속되어 왔습니다. 그는 형을 속여 장자권을 빼앗고, 아버지를 속

이고 장자의 축복을 가로챘었습니다. 그리고 그 결과 야곱의 지난 생애는 한 시도 편안 적이 없이 뺏고 빼앗기는 고난의 연속이었습니다.

28절 그가 이르되 네 이름을 다시는 야곱이라 부를 것이 아니요 이스라엘이라 부를 것이니 이는 네가 하나님과 및 사람들과 겨루어 이겼음이니라

하나님께서는 야곱의 이름을 "이스라엘" 로 바꾸어 주셨습니다. "이스라엘" 은 '하나님과 겨루어 이긴 자' 라는 뜻입니다. 하나님께서는 "네가 하나님과 및 사람들과 겨루어 이겼음이니라"고 개명의 이유를 말씀하셨습니다.

이름을 바꾼다는 것에는 큰 의미가 있습니다. 왜냐하면 이름을 바꿈으로써 그 사람의 인격과 운명이 달라지기 때문입니다. 이처럼 이름이 중요하기 때문에 하나님께서는 과거에도 '아브람' 을 '아브라함' 으로, 그리고 그의 아내 '사래' 를 '사라' 로 개명해 주셨습니다(창 17:5, 15).

야곱의 이름이 이스라엘로 바뀌었다는 것은 곧 야곱의 인격과 운명에 변화가 생겼음을 의미합니다. 즉 야곱이 남을 속이기를 일삼던 이제까지의 인본주의적인 죄 많은 생활을 청산하고 바야흐로 하나님의 언약의 상속자로서의 새로운 삶을 시작하게 되었음을 의미하는 것입니다.

29절 야곱이 청하여 이르되 당신의 이름을 알려주소서 그 사람이 이르되 어찌하여 내 이름을 묻느냐 하고 거기서 야곱에게 축복한지라

야곱은 이스라엘이라는 새 이름을 받은 후 상대방의 이름을 물어보았습니다. 이에 하나님께서는 "어찌하여 내 이름을 묻느냐" 고 말씀하시고

야곱에게 축복하셨습니다. 하나님께서는 이미 야곱이 자기와 함께 씨름한 상대가 사람이 아니라 하나님이라는 것을 알고 있었기 때문에 굳이 하나님의 이름을 가르쳐 주시지 않으신 것 같습니다.

30절 그러므로 야곱이 그 곳 이름을 브니엘이라 하였으니 그가 이르기를 내가 하나님과 대면하여 보았으나 내 생명이 보전되었다 함이더라

야곱은 자기가 씨름하고 복 받은 곳을 "브니엘" 이라고 이름 지었습니다. "브니엘" 은 '하나님의 얼굴' 이라는 뜻입니다. 야곱은 자기가 씨름했던 상대가 하나님이라는 것을 확실히 알고 있었습니다. 그렇기 때문에 야곱은 하나님과 대면했음에도 불구하고 죽지 않고 생명이 보전되었다는 사실에 감격하여 그곳을 "브니엘" 이라고 한 것입니다.

성경은 하나님에 대해 "어떤 사람도 보지 못하였고 또 볼 수 없는 이" (딤전 6:16)이라고 기록하고 있습니다. 본래 하나님께서는 지극히 거룩하시고 영화로운 분이시기 때문에 죄 가운데 있는 인간들이 하나님을 본다는 것을 곧 죽음을 의미하는 것입니다. 그러나 이때의 야곱은 하나님께서 사람의 형상으로 나타나셨기 때문에 하나님을 대면하고도 죽지 않는 은혜를 입었던 것입니다.

31절 그가 브니엘을 지날 때에 해가 돋았고 그의 허벅다리로 말미암아 절었더라

야곱이 자신의 꾀를 다 버리고 하나님을 완전히 믿고 의지하게 되기까지는 수많은 시련이 있었고 그동안 그의 인생은 밤과 같았습니다. 그러

나 '운명의 날' 이라고 할 수 있는 얍복 강가에서의 사건이 있은 후 야곱의 인생은 새 아침을 맞게 되었습니다. 비록 하나님과 씨름하던 끝에 환도뼈가 어그러져 절름발이가 되기는 했지만, 하나님을 전폭적으로 의지하는 야곱의 마음에는 이제 불안과 초조와 절망과 공포 대신에 평안과 소망이 가득했습니다.

브니엘을 떠나 가족들을 찾아가는 야곱은 절뚝거리며 걸었지만, 그것은 그에게 있어서 하나님께로부터 받은 은혜의 흔적이었습니다. 그러므로 야곱은 비록 육적으로는 불구자의 모습일지라도 영적인 승리자로서 힘차게 발걸음을 내디딜 수 있었습니다.

32절 그 사람이 야곱의 허벅지 관절에 있는 둔부의 힘줄을 쳤으므로 이스라엘 사람들이 지금까지 허벅지 관절에 있는 둔부의 힘줄을 먹지 아니하더라

이스라엘 사람들은 하나님께서 야곱의 환도뼈 큰 힘줄을 치셨던 일을 기억하는 뜻에서 짐승의 환도뼈 큰 힘줄을 먹지 않습니다. 더 나아가 이스라엘 사람들은 환도뼈 큰 힘줄을 먹지 못한다는 규례를 만들어서 지키고 있는데, 이러한 규례는 하나님의 뜻과는 무관한 것입니다. 하나님께서는 구약 시대에는 부정한 식물과 피를 먹지 말라고 명령하셨지만(창 9:4; 레 11:1~47), 신약 시대에는 모든 식물을 감사함으로 먹을 수 있다고 하셨습니다(딤전 4:4,5).

그러므로 이스라엘 사람들이 지금까지 가축을 요리할 때 환도뼈 큰 힘줄을 잘라내고 먹는다는 것은 그들이 아직 예수 그리스도의 구원의 은혜를 깨닫지 못하고 율법과 규례에 매인 채 살고 있음을 시사해 줍니다.

제 33 장

야곱과 에서의 재회

에서와의 재회　33:1~17
세겜에 정착하는 야곱　33:18~20

A COMMENTARY ON THE
GENESIS

얍복 강가에서의 사건을 통해 변화 받은 야곱은 큰 구원의 은총을 체험했습니다. 야곱의 두려움의 대상이었던 에서는, 겸손히 절하면서 다가오는 동생을 보고 마주 달려와 얼싸안고 환영했습니다. 이로써 지난 20년 간 불화했던 에서와 야곱은 형제 우애를 극적으로 회복하게 되었습니다.

그 후 야곱은 함께 살자는 에서의 권유를 거절하고 에서와 헤어져 숙곳에서 한동안 정착했다가 세겜 성으로 이주했습니다. 그리고 세겜 성 앞에 있는 밭을 세겜의 아비 하몰의 아들들에게서 사서 그곳에 제단을 만들었습니다.

야곱은 세겜에서 가나안 땅에 무사히 돌아와 정착하게 해 주신 하나님께 감사의 제단을 쌓았는데, 이는 벧엘의 제단을 만들겠다고 했던 서원(창 28:22)을 어긴 것이었습니다. 하나님께 드린 서원을 실천에 옮기지 않은 야곱은 결국 그 실수로 인하여 큰 불행을 당하게 됩니다(창 34:1~31)

1. 에서와의 재회(33:1~17)

1. 야곱이 눈을 들어 보니 에서가 사백 명의 장정을 거느리고 오고 있는지라 그의 자식들을 나누어 레아와 라헬과 두 여종에게 맡기고 2. 여종들과 그들의 자식들은 앞에 두고 레아와 그의 자식들은 다음에 두고 라헬과 요셉은 뒤에 두고 3. 자기는 그들 앞에서 나아가되 몸을 일곱 번 땅에 굽히며 그의 형 에서에게 가까이 가니 4. 에서가 달려와서 그를 맞이하여 안고 목을 어긋맞추어 그와 입맞추고 서로 우니라 5. 에서가 눈을 들어 여인들과 자식들을 보고 묻되 너와 함께 한 이들은 누구냐 야곱이 이르되 하나님이 주의 종에게 은혜로 주신 자식들이니이다 6. 그 때에 여종들이 그의 자식들과 더불어 나아와 절하고 7. 레아도 그의 자식들과 더불어 나아와 절하고 그 후에 요셉이 라헬과 더불어 나아와 절하니 8. 에서가 또 이르되 내가 만난 바 이 모든 떼는 무슨 까닭이냐 야곱이 이르되 내 주께 은혜를 입으려 함이니이다 9. 에서가 이르되 내 동생아 내게 있는 것이 족하니 네 소유는 네게 두라 10. 야곱이 이르되 그렇지 아니하니이다 내가 형님의 눈앞에서 은혜를 입었사오면 청하건대 내 손에서 이 예물을 받으소서 내가 형님의 얼굴을 뵈온즉 하나님의 얼굴을 본 것 같사오

며 형님도 나를 기뻐하심이니이다 11. 하나님이 내게 은혜를 베푸셨고 내 소유도 족하오니 청하건대 내가 형님께 드리는 예물을 받으소서 하고 그에게 강권하매 받으니라 12. 에서가 이르되 우리가 떠나자 내가 너와 동행하리라 13. 야곱이 그에게 이르되 내 주도 아시거니와 자식들은 연약하고 내게 있는 양 떼와 소가 새끼를 데리고 있은즉 하루만 지나치게 몰면 모든 떼가 죽으리니 14. 청하건대 내 주는 종보다 앞서 가소서 나는 앞에 가는 가축과 자식들의 걸음대로 천천히 인도하여 세일로 가서 내 주께 나아가리이다 15. 에서가 이르되 내가 내 종 몇 사람을 네게 머물게 하리라 야곱이 이르되 어찌하여 그리하리이까 나로 내 주께 은혜를 얻게 하소서 하매 16. 이 날에 에서는 세일로 돌아가고 17. 야곱은 숙곳에 이르러 자기를 위하여 집을 짓고 그의 가축을 위하여 우릿간을 지었으므로 그 땅 이름을 숙곳이라 부르더라

1절 야곱이 눈을 들어 보니 에서가 사백 명의 장정을 거느리고 오고 있는지라 그의 자식들을 나누어 레아와 라헬과 두 여종에게 맡기고

얍복 강가에서의 사건을 통해 변화된 야곱은 전날 밤에 앞서 보냈던 가족들과 만나서 함께 고향 땅을 향해 진행했습니다. 야곱은 야훼 하나님을 의지하고 있었기 때문에 에서가 자기를 죽이려고 400명의 군사를 이끌고 오고 있다는 것을 알면서도 담대히 진행할 수 있었습니다.

가족들과 짐승 떼를 이끌고 절뚝거리며 걷고 있던 야곱의 눈에 드디어 형 에서와 그의 군사들이 오고 있는 것이 보였습니다. 살기 등등하여 구름같이 먼지를 일으키면서 질풍처럼 달려오는 에서와 그의 군사들의 모습은 참으로 위협적이었습니다.

야곱은 눈앞에 임박한 위기를 보면서 지나온 일들이 주마등같이 떠올랐을 것입니다. 팥죽 한 그릇으로 형의 장자 명분을 빼앗고 아버지를 속여 축복을 가로챘던 일, 형의 보복을 피해 외삼촌의 집으로 울며 도망했던 일, 그리고 그 이후부터 지금에 이르기까지 20년 간의 긴 세월을 생각하는 야곱의 마음에는 만감이 교차했을 것입니다.

그러나 야곱은 계속 옛추억만 되새기고 있을 수 없었습니다. 야곱은 이에 지척에 있는 노기 등등한 에서를 맞을 준비를 하여야 했으므로 우선 레아와 라헬과 실바와 빌하에게 그들이 낳은 자식들을 나누어 맡겼습니다.

2, 3절 여종들과 그들의 자식들은 앞에 두고 레아와 그의 자식들은 다음에 두고 라헬과 요셉은 뒤에 두고 자기는 그들 앞에서 나아가되 몸을 일곱 번 땅에 굽히며 그의 형 에서에게 가까이 가니

야곱은 그의 처자들을 사랑하는 순서에 따라 배치했습니다. 그리고 자신은 제일 선두에 서서 나아갔습니다. 전날까지만 해도 형의 보복이 두려워서 가족들만 앞서 보내고 혼자 뒤에 처져 있던 야곱이 변화되어 하나님을 의지하게 되자 한 가정의 가장답게 선두에 서서 나아가게 된 것입니다.

야곱은 예를 갖추어 땅에 일곱 번 허리를 굽혀 절하면서 형에게로 나아갔습니다. 이때 야곱이 에서에게 절을 한 것을 에서의 환심을 사서 목숨을 부지하기 위해서 한 것이 아니라 진심으로 용서받고 화해하기를 원하는 마음으로 한 것입니다.

예를 갖추고 정중하게 절을 하며 다가오는 진실된 야곱의 모습은 에서

의 마음을 감동시켰습니다. 동생의 귀향 소식을 듣고 출발할 때에는 20년 묵은 분노가 마음에 가득했었지만, 막상 자기에게 용서를 구하며 절뚝거리고 다가오는 동생을 보는 순간 에서의 분노는 사라지고, 오히려 측은한 마음이 일어난 것입니다. 에서의 마음이 이와 같이 변한 것은 단지 인간적인 동정심 때문이라기보다는 하나님께서 그의 마음을 감동시켰기 때문입니다.

4절 에서가 달려와서 그를 맞이하여 안고 목을 어긋맞추어 그와 입맞추고 서로 우니라

하나님께서 에서의 마음을 변화시킴으로 인하여 에서의 마음에 야곱에 대한 분노와 복수심이 순식간에 사라지고 그 대신 동정심과 반가움이 생겨났습니다. 그렇기 때문에 에서는 야곱을 보는 순간 그 감정을 억제하지 못하고 야곱에게 달려와서 얼싸안고 입을 맞추며 울었습니다.

야곱은 뜻밖의 상황이 벌어지자 깜짝 놀랐습니다. 왜냐하면 야곱은 에서가 자기를 죽일 것이라고 생각했는데, 에서가 자기를 해치기는커녕 감격적으로 맞아 주었기 때문입니다. 야곱은 이처럼 놀라운 일이 벌어진 것은 하나님의 역사하심으로 말미암은 것임을 깨달았습니다. 이에 야곱도 에서와 함께 목놓아 울었습니다. 실로 20년 만에 에서와 야곱은 형제우애를 회복하고 재회의 감격을 맛보았습니다.

5절 에서가 눈을 들어 여인들과 자식들을 보고 묻되 너와 함께 한 이들은 누구냐 야곱이 이르되 하나님이 주의 종에게 은혜로 주신 자식들이니이다

에서는 야곱과 부둥켜 안고 감격적인 재회의 눈물을 흘리다가 야곱의 뒤에 서 있는 여러 명의 여인들과 아이들을 보고 깜짝 놀랐습니다. 브엘세바에서 도망했을 당시에 야곱은 미혼이었으므로 에서는 야곱과 함께 온 여인들과 아이들이 야곱과 어떤 관계인지 궁금했습니다. 그래서 에서는 야곱에게 "너와 함께 한 이들은 누구냐" 고 물었습니다. 이에 야곱은 "하나님이 주의 종에게 은혜로 주신 자식이니이다" 라고 대답했습니다.

6, 7절 그 때에 여종들이 그의 자식들과 더불어 나아와 절하고 레아도 그의 자식들과 더불어 나아와 절하고 그 후에 요셉이 라헬과 더불어 나아와 절하니

야곱이 대답을 마치자 실바와 빌하가 각각 자기의 아들들을 데리고 나아와 에서에게 절을 했습니다. 그리고 그 뒤를 이어 레아가 자녀들과 함께 나아와 절을 하고, 끝으로 요셉이 자기의 어머니 라헬과 함께 나아와 절을 했습니다. 이와 같은 순서로 절을 한 까닭은 그들의 야곱의 지시에 따라 배치되었던 순서대로(창 33:2) 서 있다가 앞에 있던 사람부터 차례대로 나아갔기 때문인 것 같습니다.

8절 에서가 또 이르되 내가 만난 바 이 모든 떼는 무슨 까닭이냐 야곱이 이르되 내 주께 은혜를 입으려 함이니이다

에서는 야곱이 있는 곳에 오는 동안 야곱이 선물로 보낸 짐승 떼들을 만났습니다. 에서는 그 짐승 떼들을 몰고 있던 사람들로부터 그 짐승 떼가 자기에게 보내는 야곱의 선물이라고 들어서 알고 있었습니다. 그러나 에서는 야곱이 왜 선물을 주는지 도무지 알 수 없었습니다. 그렇기 때

문에 에서는 야곱에게 "무슨 까닭으로 내게 짐승 떼를 보냈는냐?" 고 물었던 것입니다.

야곱은 에서의 물음에 "내 주께 은혜를 입으려 함이니이다" 라고 대답했습니다. 즉 야곱은 에서에게 과거에 지은 죄를 용서받고 화해하기 위해 선물을 보냈다는 고백을 한 것입니다.

선물은 선물 자체보다 그 속에 담긴 마음과 정성 때문에 값진 것입니다. 주는 사람의 마음과 정성이 깃들어 있는 선물은 받는 사람의 마음을 변화시킵니다. 선물을 받으면 고맙다는 생각이 들고 그 선물을 준 사람에게 보답하려는 마음이 생겨나게 됩니다. 이처럼 선물은 인간 관계를 밀접하게 해주는 힘이 있는 것입니다.

야곱의 선물은 에서의 마음을 변화시키는 역할을 했습니다. 사실 에서는 이미 많은 가축 떼를 소유한 큰 부자가 되어 있었기 때문에 야곱의 선물이 필요하지 않았습니다. 그렇지만 과거에 샘 많고 이기적이었던 야곱의 성격을 익히 알고 있는 에서에게 있어서 야곱이 수백 마리나 되는 짐승 떼를 선물로 보낸 것은 괄목할 만한 사건이었습니다. 그렇기 때문에 에서는 야곱에 대한 인식을 바꾸었고, 결국은 야곱을 맞아들이게 되었던 것입니다.

원래 야곱은 에서의 환심을 사기 위한 수단으로 선물을 보냈습니다(창 32:20). 그리고 그 수단은 실패할 가능성이 많았습니다. 그러나 얍복 나루에서 변화된 야곱은 형을 진심으로 생각하게 된 것입니다. 그러므로 에서가 야곱을 받아들이게 된 근본적인 원인은 동생 야곱을 용서하도록 에서의 마음을 감동시키신 하나님의 역사하심이었습니다.

우리는 여기서 하나님께서 '하나님을 사랑하는 자 곧 그의 뜻대로 부르심을 입은 자들에게는 모든 것이 합력하여 선을 이루도록' 역사해 주신다는 진리를 깨달을 수 있습니다(롬 8:28).

9절 에서가 이르되 내 동생아 내게 있는 것이 족하니 네 소유는 네게 두라

에서는 야곱이 진심으로 용서를 구하고 화해하기를 원하고 있음을 확인하고 큰 감동을 받았습니다. 이에 에서는 애틋한 형제애를 느끼며, 야곱을 "내 동생아" 라고 부르고 "내게 있는 것이 족하니 네 소유는 네게 두라" 고 말했습니다.

비록 에서가 이미 큰 부자가 되어 있을지라도 야곱의 선물을 굳이 마다할 이유는 없었습니다. 그러나 에서는 야곱의 진심을 알았으며, 그 마음에 감동했으므로 선물을 받지 않고 그 선물에 담긴 야곱의 마음을 받는 것으로 만족했습니다. 그래서 에서는 야곱이 선물로 보낸 짐승 떼를 야곱에게 돌려주려고 한 것입니다.

10, 11절 야곱이 이르되 그렇지 아니하니이다 내가 형님의 눈앞에서 은혜를 입었사오면 청하건대 내 손에서 이 예물을 받으소서 내가 형님의 얼굴을 뵈온즉 하나님의 얼굴을 본 것 같사오며 형님도 나를 기뻐하심이니이다 하나님이 내게 은혜를 베푸셨고 내 소유도 족하오니 청하건대 내가 형님께 드리는 예물을 받으소서 하고 그에게 강권하매 받으니라

야곱은 짐승 떼를 되돌려 받기를 한사코 거절했습니다. 고대 근동 지방에서는 예물을 주고받는 것이 우호관계의 표시였습니다. 즉 예물을

받는 것은 화목함을 표시하는 것인 반면, 예물을 받지 않고 되돌려 주는 것은 불화를 표시하는 행동이었습니다. 그렇기 때문에 야곱은 에서가 진정으로 자기를 용서하고 화해하여 동생으로 인정한다는 표시로 자신의 선물을 받아 줄 것을 간청했습니다.

야곱은 자기를 반갑고도 기쁜 표정으로 환영하는 에서의 얼굴을 보았을 때 마치 하나님의 얼굴을 보는 듯한 느낌이 들었습니다. 특히 야곱은 에서가 자기를 사랑으로 기쁘게 맞아 준 것이 하나님의 역사하심으로 말미암은 것임을 알고 있었으므로 에서의 표정을 통해 하나님의 사랑과 은총을 보고 있었던 것입니다.

야곱은 하나님께서 은혜를 베풀어 주셔서 모든 것을 풍족히 소유하고 있으니 자기의 선물을 받아 달라고 에서에게 간곡히 강권했습니다. 에서는 결국 야곱의 간청에 못 이겨 그의 선물을 받았습니다. 이로써 20년 간의 원한과 분노는 눈 녹듯이 완전히 사라져 버리고 에서와 야곱은 화목한 형제 관계를 회복했습니다.

12절 에서가 이르되 우리가 떠나자 내가 너와 동행하리라

에서는 야곱을 호위하여 길을 인도하겠다고 자청하고 나섰습니다. 야곱을 해치기 위해서 이끌고 왔던 400명의 군사로 야곱을 호위하고, 자신은 직접 선두에 서서 야곱의 인도자가 되겠다는 것입니다. 이와 같은 에서의 제안은 하나님께서 역사하실 때 얼마나 놀라운 일이 일어나는지를 보여 줍니다.

절박한 상황에 처해 있던 야곱의 마음에 큰 희망이 샘솟고 야곱을 해치려던 에서와 그의 군사들이 야곱을 안전하게 보호하는 호위병으로 변한 것은 하나님의 역사하심으로 인하여 나타난 결과였습니다.

이처럼 놀라운 하나님의 역사는 지금도 동일하게 이루어지고 있습니다. 하나님께서는 오늘날도 하나님의 자녀 된 모든 그리스도인들과 함께하시며 구원의 역사를 이루시고 계십니다. 그러므로 우리는 아무리 고통스럽고 절망스러운 처지에 있을지라도 낙심하거나 두려워할 이유가 없습니다.

하나님께서는 우리가 오직 하나님을 의지하여 문제를 해결해 주실 것을 믿고 간구하면 하나님께서 우리에게 위로와 소망을 주시고, 우리의 믿은 대로 역사해 주시기 때문입니다.

13, 14절 야곱이 그에게 이르되 내 주도 아시거니와 자식들은 연약하고 내게 있는 양 떼와 소가 새끼를 데리고 있은즉 하루만 지나치게 몰면 모든 떼가 죽으리니 청하건대 내 주는 종보다 앞서 가소서 나는 앞에 가는 가축과 자식들의 걸음대로 천천히 인도하여 세일로 가서 내 주께 나아가리이다

야곱은 에서의 제안을 정중히 거절했습니다. 왜냐 하면 그의 어린 자녀들은 긴 여행길을 오는 동안 지쳐 있었고, 그의 가축 떼 중에는 새끼 딸린 암양들과 암소들이 있어서 빠른 속도로 몰고 갈 수 없었기 때문입니다. 그래서 야곱은 에서에게 먼저 가라고 했습니다. 그리고 자기는 짐승과 자식들의 보조에 맞추어 천천히 가서 나중에 에서를 찾아가겠다고 말했습니다.

15절 에서가 이르되 내가 내 종 몇 사람을 네게 머물게 하리라 야곱

이 이르되 어찌하여 그리하리이까 나로 내 주께 은혜를 얻게 하
소서 하매

에서는 야곱에게 다시 한 번 제안을 했습니다. 그것은 자기가 이끌로 온 사람들 중 몇 사람을 남겨 야곱을 호위하게 해주겠다는 것이었습니다. 야곱은 에서의 제안이 그의 진심에서 우러나온 호의라는 것을 알았습니다. 그러나 야곱은 에서의 두 번째 제안도 거절했습니다.

야곱이 에서의 호의적인 제안을 거듭 거절한 것은 하나님의 천사들이 자기를 호위하고 있다는 믿음이 있었기 때문입니다(창 32:1,2). 그리고 야곱이 에서의 제안을 거절한 또 다른 이유는 에서를 부담스럽게 여겼기 때문인 것 같습니다. 만약 야곱이 에서를 부담스럽게 여기지 않았다면 야곱 자신이 적극적으로 자청하여 에서와 동행하며 지난 20년 간 있었던 일들에 대해 정담을 나누었을 것입니다.

그러나 야곱은 에서와 화해하기는 했지만 그의 마음에 에서가 부담이 되었기 때문에 에서의 제안을 거절하고 에서와 헤어져 따로 가기를 원했던 것입니다.

16, 17절 이 날에 에서는 세일로 돌아가고 야곱은 숙곳에 이르러 자기를 위하여 집을 짓고 그의 가축을 위하여 우릿간을 지었으므로 그 땅 이름을 숙곳이라 부르더라

그날 에서는 야곱의 요청대로 먼저 떠나 세겜으로 돌아갔습니다. 그리고 야곱은 자기의 가족들과 가축 떼를 이끌고 떠나 숙곳에 이르렀습니다. "숙곳" 은 얍복 강에서 북쪽으로 약 16㎞ 떨어진 지점이며, 요단 강에서는 동쪽으로 약 5㎞ 떨어진 곳에 위치한 비옥한 지역으로써 오늘날의

'텔 데이르 알라' 로 알려지고 있습니다.

야곱은 숙곳에 집과 우릿간을 짓고 정착했습니다. 여기서 '집을 지었다.' 는 것은 장막을 쳤다는 뜻입니다. 숙곳의 원래 지명은 확실히 알 수 없지만 야곱이 그곳에 장막을 쳤다고 해서 그 후로 그곳은 숙곳이라는 이름으로 불렀습니다.

2. 세겜에 정착하는 야곱(33:18~20)

> **18. 야곱이 밧단아람에서부터 평안히 가나안 땅 세겜 성읍에 이르러 그 성읍 앞에 장막을 치고 19. 그가 장막을 친 밭을 세겜의 아버지 하몰의 아들들의 손에서 백 크시타에 샀으며 20. 거기에 제단을 쌓고 그 이름을 엘엘로헤이스라엘이라 불렀더라**

18절 야곱이 밧단아람에서부터 평안히 가나안 땅 세겜 성읍에 이르러 그 성읍 앞에 장막을 치고

밧단아람을 떠나 가나안 땅에 이르기까지 야곱의 여정은 결코 순탄한 것이 아니었습니다. 그 동안에 야곱은 길르앗 산에서 외삼촌 라반의 추격을받아 죽을 뻔한 위기를 맞았었고, 얍복 강가에서 하나님과 씨름하다가 절름발이가 되었으며, 에서가 400명의 군사를 이끌고 죽이러 온다

는 소식을 듣고 노심초사하여 마음의 고통과 괴로움을 많이 겪었습니다. 그러나 하나님께서 함께하시고 보호해 주심으로 인하여 야곱은 결국 무사히 가나안 땅에 돌아와 정착하게 된 것입니다.

야곱은 숙곳을 떠나 가나안 땅 세겜에 이르러 세겜 성 앞에 장막을 치고 정착했습니다. "세겜"은 에발 산과 그리심 산 사이에 있는 성읍으로서 예루살렘에서 북쪽으로 약 60㎞ 떨어진 곳에 위치한 성읍입니다. 세겜은 훗날 야곱이 가장 사랑하던 아들 요셉의 후손들의 기업이 되며, 이곳에 요셉의 유골이 장사됩니다(수 24:32).

19, 20절 그가 장막을 친 밭을 세겜의 아버지 하몰의 아들들의 손에서 백 크시타에 샀으며 거기에 제단을 쌓고 그 이름을 엘엘로헤이스라엘이라 불렀더라

야곱은 세겜의 아비 하몰의 아들들에게 은 일백 개를 주고 자신의 장막이 쳐져 있던 세겜 성 앞의 밭을 샀습니다. 이와 같이 야곱이 땅을 산 목적은 그곳에 정착하여 오랫동안 살기 위해서였습니다. 그러나 야곱이 세겜 성 앞의 땅을 사 들이고 그곳에 정착한 것은 큰 실수였습니다. 야곱은 20여 년 전에 벧엘에서 하나님께 드린 서원대로 벧엘에 올라가서 하나님께 단을 쌓아야 했습니다. 그러나 야곱은 자신의 서원을 잊은 채 세겜에 정착하여 그곳에 단을 쌓은 것입니다. 결국 이 실수로 인하여 야곱의 가정은 후에 큰 불행에 빠지게 됩니다(창 34장).

야곱은 하몰의 아들들에게서 산 밭에 단을 쌓았습니다. 과거에 아브라함이 처음 가나안에 왔을 때 세겜 땅 모레 상수리나무에서 하나님께로부터 "내가 이 땅을 네 자손에게 주리라"는 언약을 받고 제단을 쌓았었는

데(창 12:7), 야곱도 세겜 땅에 감사의 제단을 쌓음으로써 자신이 언약의 자손임을 확인했습니다.

그리고 야곱은 그 제단의 이름을 "엘엘로헤이스라엘" 이라고 했는데, 이는 '하나님, 이스라엘의 하나님' 이라는 뜻입니다. 여기서 우리는 야곱이 하나님께로부터 받은 새로운 이름인 '이스라엘' 을 제단의 이름에 붙였음을 발견할 수 있습니다. 야곱은 '강한 힘과 능력으로 가나안 땅으로 인도해 주시고 지켜 주셨으며 이스라엘이라는 이름을 주신 하나님' 을 기념하기 위해 제단을 "엘엘로헤이스라엘" 이라고 명명했던 것입니다.

제 34 장

디나로 인한 **보복 사건**

야곱은 하나님께 서원했던 대로(창 28:20~22) 벧엘로 돌아가 단을 쌓지 않고 세겜에 정착한 실수로 인해 그의 가정에 돌이킬 수 없는 비극적인 일을 겪게 되었습니다.

야곱의 딸 디나가 세겜 여자들을 보러 나갔다가 세겜 성의 추장인 세겜에게 강간당하는 사건이 벌어졌습니다. 누이동생이 수치스러운 일을 당했다는 소식을 들은 야곱의 아들들은 매우 분노하여 이에 대한 보복으로 세겜 성의 남자들을 몰살시키고 재물을 약탈했습니다. 그 결과 야곱의 가족들은 가나안 족속들에 의해 멸망당할 위기에 처하게 되었습니다.

이러한 일련의 사건을 계기로 야곱은 벧엘의 하나님을 기억하고 결국 가족들과 함께 벧엘로 올라가서 하나님께 서원한 것을 행하게 됩니다(창 35장).

1. 디나의 사건(34:1~12)

1. 레아가 야곱에게 낳은 딸 디나가 그 땅의 딸들을 보러 나갔더니
2. 히위 족속 중 하몰의 아들 그 땅의 추장 세겜이 그를 보고 끌어들
여 강간하여 욕되게 하고 3. 그 마음이 깊이 야곱의 딸 디나에게 연
연하며 그 소녀를 사랑하여 그의 마음을 말로 위로하고 4. 그의 아
버지 하몰에게 청하여 이르되 이 소녀를 내 아내로 얻게 하여 주소서
하였더라 5. 야곱이 그 딸 디나를 그가 더럽혔다 함을 들었으나 자
기의 아들들이 들에서 목축하므로 그들이 돌아오기까지 잠잠하였고
6. 세겜의 아버지 하몰은 야곱에게 말하러 왔으며 7. 야곱의 아들들
은 들에서 이를 듣고 돌아와서 그들 모두가 근심하고 심히 노하였으
니 이는 세겜이 야곱의 딸을 강간하여 이스라엘에게 부끄러운 일 곧
행하지 못할 일을 행하였음이더라 8. 하몰이 그들에게 이르되 내 아
들 세겜이 마음으로 너희 딸을 연연하여 하니 원하건대 그를 세겜에
게 주어 아내로 삼게 하라 9. 너희가 우리와 통혼하여 너희 딸을 우
리에게 주며 우리 딸을 너희가 데려가고 10. 너희가 우리와 함께 거
주하되 땅이 너희 앞에 있으니 여기 머물러 매매하며 여기서 기업을

얻으라 하고 11. 세겜도 디나의 아버지와 그의 남자 형제들에게 이르되 나로 너희에게 은혜를 입게 하라 너희가 내게 말하는 것은 내가 다 주리니 12. 이 소녀만 내게 주어 아내가 되게 하라 아무리 큰 혼수와 예물을 청할지라도 너희가 내게 말한 대로 주리라

1절 레아가 야곱에게 낳은 딸 디나가 그 땅의 딸들을 보러 나갔더니

사람들은 한평생 편안하고 순탄하게 살기를 원하지만, 인생살이는 사람들이 원하고 바라는 것처럼 평탄하지만은 않습니다. 야곱은 그 누구보다도 한평생을 거칠고 험하게 살아왔습니다. 아람에서 20년 간 머슴살이를 했고, 가나안 땅으로 돌아오는 동안에도 죽음의 위기를 여러 번 만났습니다. 그런데 이제 세겜에 정착한 야곱의 가정에 또 한 차례의 불행한 일이 발생하였습니다.

레아가 낳은 야곱의 딸 디나는 세겜의 여자들을 보려고 외출했습니다. 그 당시 디나는 감수성이 풍부하고 호기심이 많은 사춘기 소녀였습니다. 그렇기 때문에 디나가 이방 여인들에 대해 강한 호기심을 느끼고 그들을 보러 외출한 것은 자연스러운 일이라고 할 수 있습니다. 그런데 디나의 이 외출은 디나 자신을 파멸시키고 야곱의 가정에 큰 불행을 초래하는 원인이 되고 말았습니다.

2절 히위 족속 중 하몰의 아들 그 땅의 추장 세겜이 그를 보고 끌어들여 강간하여 욕되게 하고

디나가 조심성 없이 이방 족속들을 보러 나간 것은 큰 실수였습니다. 여기저기 기웃거리고 구경하고 다니는 디나의 모습이 히위 족속 중 하몰의 아들인 세겜 성의 추장 세겜의 눈에 띄었습니다. '히위 족속' 은 함의 후손으로(창 10:17) 이방 신을 섬기는 가나안 원주민 족속들 중 하나입니다.

세겜은 디나를 처음 보는 순간 반하여 그녀를 강제로 끌고 가서 범했습니다. 호기심에 이끌려 외출한 단 한 번의 부주의로 인하여 디나는 평생 지울 수 없는 치욕적인 일을 당하고 만 것입니다.

하나님의 언약의 자손인 야곱의 가정에 발생한 이 불행한 사건은 우리에게 한 가지 교훈을 줍니다. 그것은 우리가 하나님의 보호와 도움을 받는 하나님의 자녀일지라도 조심하여 살지 않으면 불행한 일을 당할 수 있다는 것입니다. 하나님께서는 그의 택하신 사람들을 보호해 주시고 도와주십니다. 그렇지만 하나님께서는 우리의 능력으로 할 수 있는 것은 우리 스스로 하기를 원하시고, 우리가 도저히 할 수 없는 일에 한해서 도와 주십니다.

그러므로 우리는 무조건 하나님의 보호와 도우심을 기대할 것이 아니라, 우리가 할 수 있는 일은 스스로 하고, 할 수 없는 일일 때에는 하나님께서 해 주시기를 믿고 하나님의 도우심을 구하여야 하는 것입니다.

3, 4절 그 마음이 깊이 야곱의 딸 디나에게 연연하며 그 소녀를 사랑하여 그의 마음을 말로 위로하고 그의 아버지 하몰에게 청하여 이르되 이 소녀를 내 아내로 얻게 하여 주소서 하였더라

세겜은 성적 충동을 억제하지 못하고 디나를 강간했지만 그의 마음에는 디나에 대한 사랑이 가득했습니다. 세겜은 큰 충격을 받아 정신을 차리지 못하고 있는 디나를 열심히 달래고 위로했습니다. 그리고 자기의

아버지 하몰에게 디나와 결혼할 수 있도록 도와 달라고 간청했습니다. 왜냐하면 그 당시에는 결혼할 당사자보다는 그 부모들의 의사에 따라 결혼이 이루어졌기 때문입니다. 그러므로 세겜은 그러한 풍습에 따라 하몰이 야곱을 찾아가 청혼해 줄것을 간곡히 부탁한 것입니다.

세겜이 디나와 결혼하기로 작정한 이유는 디나에 대한 깊은 사랑 때문이었습니다. 세겜은 비록 디나를 강제로 욕보이고 자기 집에 잡아 두고 있기는 했지만 디나의 마음까지 사로잡을 수는 없었습니다. 세겜은 디나와 서로 진정으로 사랑하여 같아 살기를 열망했습니다. 그렇기 때문에 세겜은 디나와 정상적인 결혼 절차를 밟아 부부가 되게 해달라고 아버지 하몰에게 간청했던 것입니다.

이와 같이 세겜은 디나를 열렬히 사랑하여 결혼하기를 원했지만 그 결혼은 불가능한 것이었습니다. 왜냐하면 야곱은 하나님께 택함받은 언약의 자손인 데 비해, 세겜은 하나님을 알지 못하고 우상을 섬기는 이방인이었기 때문입니다.

하나님께서는 하나님의 백성이 이방인과 결혼하는 것을 원하시지 않습니다. 그래서 하나님께서는 훗날 모세를 통해 이스라엘 백성들과 언약하실 때 이방인과의 결혼을 금하셨습니다(출 34:16). 하나님께서 이방인과의 결혼을 금하신 이유는 이스라엘 백성들이 이방인과 결혼함으로써 우상을 섬기게 될 것을 염려하셨기 때문입니다. 이에 대해 사도 바울도 "너희는 믿지 않는 자와 멍에를 함께 메지 말라"(고후 6:14)고 권면했습니다.

5절 야곱이 그 딸 디나를 그가 더럽혔다 함을 들었으나 자기의 아들

들이 들에서 목축하므로 그들이 돌아오기까지 잠잠하였고

디나가 세겜에게 끌려가서 강간을 당했다는 소식이 야곱에게 전해졌습니다. 그러나 때마침 아들들이 들에서 목축을 하느라고 집에 없었기 때문에 야곱은 아들들이 돌아오기만을 기다렸습니다. 중동 지방에서는 풀이 많은 지역을 좀처럼 찾기 어렵습니다. 그렇기 때문에 목축을 하는 사람들을 가축 떼를 몰고 풀이 있는 곳을 찾아다니다가 좋은 장소를 발견하면 그곳에 천막을 치고 며칠씩 머물면서 가축에게 풀을 먹입니다. 야곱의 아들들도 이러한 이유로 집을 떠나 있었는데, 그 동안에 디나가 봉변당하는 일이 벌어진 것입니다.

야곱은 아들들이 돌아오기를 기다리기만 할 뿐, 디나에게 일어나 일에 대해 아무 말도 하지 않았습니다. 야곱은 집안에 일어난 큰일을 혼자의 힘으로 해결하기는 어렵다고 생각했으므로 아들들이 돌아오면 그들과 함께 의논하여 일을 처리하려고 했던 것입니다.

6, 7절 세겜의 아버지 하몰은 야곱에게 말하러 왔으며 야곱의 아들들은 들에서 이를 듣고 돌아와서 그들 모두가 근심하고 심히 노하였으니 이는 세겜이 야곱의 딸을 강간하여 이스라엘에게 부끄러운 일 곧 행하지 못할 일을 행하였음이더라

하몰은 세겜이 진심으로 디나를 사랑하여 결혼하기를 원한다는 것을 알고 세겜의 간청에 따라 야곱을 찾아와서 세겜을 디나와 결혼하게 해달라고 청혼을 했습니다.

한편 야곱의 아들들은 들에서 가축 떼를 치던 중에 디나의 소식을 듣고 즉시 집으로 돌아왔습니다. 그들은 디나가 세겜에게 강간당하고 그

집에 감금되어 있다는 것과 세겜의 아버지인 하몰이 방문하여 두 사람의 결혼 문제를 거론했다는 말을 듣고 저마다 근심했습니다. 또한 그들은 이방인인 세겜이 누이동생 디나를 욕보인 것은 곧 이스라엘의 수치라고 생각하고 매우 분노했습니다.

8-10절 하몰이 그들에게 이르되 내 아들 세겜이 마음으로 너희 딸을 연연하여 하니 원하건대 그를 세겜에게 주어 아내로 삼게 하라 너희가 우리와 통혼하여 너희 딸을 우리에게 주며 우리 딸을 너희가 데려가고 너희가 우리와 함께 거주하되 땅이 너희 앞에 있으니 여기 머물러 매매하며 여기서 기업을 얻으라 하고

하몰과 세겜이 디나의 결혼을 위해 야곱의 집을 방문한 것은 한 번으로 끝나지 않았습니다. 하몰은 야곱의 집을 다시 방문하여 야곱과 그의 아들들에게 두 사람의 결혼 문제를 놓고 타협해 왔습니다.

하몰은 먼저 세겜이 디나를 진심으로 사랑하여 결혼하기를 원한다는 말을 전했습니다. 그리고 자기의 자녀들과 야곱의 자녀들을 통혼시킬 것을 제의하며, 야곱이 세겜과 디나의 결혼을 허락할 경우에 받게 될 대가를 말했습니다. 그것은 야곱의 가족들로 하여금 자기네 지역에서 함께 살면서 물건을 매매하고 기업을 얻을 수 있게 해주겠다는 것이었습니다. 여기서 '기업을 얻는다' 는 것은 '정착하여 농사를 짓는다' 는 뜻입니다.

그 당시 가나안 원주민들은 농사를 짓고 안정된 정착생활을 했습니다. 가나안 원주민 족속들 중 하나인 히위 족속에 속한 하몰과 세겜 성 거민들도 예외는 아니었습니다. 이에 비해 야곱의 가족들은 목축업을 했기 때문에 한 장소에 정착하지 못하고 늘 여기저기로 옮겨 다니며 불안정한

유랑 생활을 했습니다. 하몰은 이와 같은 사정을 잘 알고 있었으므로 야곱에게 자기의 제안을 수락하는 대가로 상권을 주고 세겜 성에서 안정된 생활을 하게 해주겠다고 말했던 것입니다.

11, 12절 세겜도 디나의 아버지와 그의 남자 형제들에게 이르되 나로 너희에게 은혜를 입게 하라 너희가 내게 말하는 것은 내가 다 주리니 이 소녀만 내게 주어 아내가 되게 하라 아무리 큰 혼수와 예물을 청할지라도 너희가 내게 말한 대로 주리라

세겜은 디나와 결혼하고 싶은 열망이 너무나 간절했기 때문에 자기의 아버지 하몰을 통해 청혼하는 것에 만족하지 않고 스스로 나서서 결혼 허락을 받으려 했습니다. 세겜은 야곱과 그의 아들들을 찾아와서 그들에게 디나와의 결혼을 허락해 달라고 사정했습니다. 그리고 만일 그들이 결혼을 허락해 주기만 한다면 "아무리 큰 혼수와 예물을 청할지라도 너희가 내게 말한 대로 주리라" 고 말했습니다.

여기서 "빙물" 과 "예물" 은 둘 다 결혼에 관계된 것이짐나 서로 다른 것입니다. 즉 "빙물" 은 신랑측 부모가 신부측 부모에게 딸을 데려오는 대가로 주는 사례금인데 비해, "예물" 은 신랑이 신부에게 주는 결혼 선물입니다. 그러므로 "아무리 큰 혼수와 예물을 청할지라도 너희가 내게 말한 대로 주리라" 는 세겜의 말은 '디나와 결혼만 할 수 있다면 아무리 많은 결혼 지참금과 결혼 선물을 청구할지라도 다 주겠다.' 는 뜻입니다.

2. 디나의 치욕에 대한 보복(34:13~31)

13. 야곱의 아들들이 세겜과 그의 아버지 하몰에게 속여 대답하였으
니 이는 세겜이 그 누이 디나를 더럽혔음이라 14. 야곱의 아들들이
그들에게 말하되 우리는 그리하지 못하겠노라 할례 받지 아니한 사
람에게 우리 누이를 줄 수 없노니 이는 우리의 수치가 됨이니라 15.
그런즉 이같이 하면 너희에게 허락하리라 만일 너희 중 남자가 다 할
례를 받고 우리 같이 되면 16. 우리 딸을 너희에게 주며 너희 딸을 우
리가 데려오며 너희와 함께 거주하여 한 민족이 되려니와 17. 너희
가 만일 우리 말을 듣지 아니하고 할례를 받지 아니하면 우리는 곧 우
리 딸을 데리고 가리라 18. 그들의 말을 하몰과 그의 아들 세겜이 좋
게 여기므로 19. 이 소년이 그 일 행하기를 지체하지 아니하였으니
그가 야곱의 딸을 사랑함이며 그는 그의 아버지 집에서 가장 존귀하
였더라 20. 하몰과 그의 아들 세겜이 그들의 성읍 문에 이르러 그들
의 성읍 사람들에게 말하여 이르되 21. 이 사람들은 우리와 친목하
고 이 땅은 넓어 그들을 용납할 만하니 그들이 여기서 거주하며 매매
하게 하고 우리가 그들의 딸들을 아내로 데려오고 우리 딸들도 그들
에게 주자 22. 그러나 우리 중의 모든 남자가 그들이 할례를 받음 같
이 할례를 받아야 그 사람들이 우리와 함께 거주하여 한 민족 되기를
허락할 것이라 23. 그러면 그들의 가축과 재산과 그들의 모든 짐승
이 우리의 소유가 되지 않겠느냐 다만 그들의 말대로 하자 그러면 그
들이 우리와 함께 거주하리라 24. 성문으로 출입하는 모든 자가 하
몰과 그의 아들 세겜의 말을 듣고 성문으로 출입하는 그 모든 남자가
할례를 받으니라 25. 제삼일에 아직 그들이 아파할 때에 야곱의 두

아들 디나의 오라버니 시므온과 레위가 각기 칼을 가지고 가서 몰래
그 성읍을 기습하여 그 모든 남자를 죽이고 26. 칼로 하몰과 그의 아
들 세겜을 죽이고 디나를 세겜의 집에서 데려오고 27. 야곱의 여러
아들이 그 시체 있는 성읍으로 가서 노략하였으니 이는 그들이 그들
의 누이를 더럽힌 까닭이라 28. 그들이 양과 소와 나귀와 그 성읍에
있는 것과 들에 있는 것과 29. 그들의 모든 재물을 빼앗으며 그들의
자녀와 그들의 아내들을 사로잡고 집 속의 물건을 다 노략한지라
30. 야곱이 시므온과 레위에게 이르되 너희가 내게 화를 끼쳐 나로
하여금 이 땅의 주민 곧 가나안 족속과 브리스 족속에게 악취를 내게
하였도다 나는 수가 적은즉 그들이 모여 나를 치고 나를 죽이리니 그
러면 나와 내 집이 멸망하리라 31. 그들이 이르되 그가 우리 누이를
창녀 같이 대우함이 옳으니이까

13-17절 야곱의 아들들이 세겜과 그의 아버지 하몰에게 속여 대답하였으니 이는 세겜이 그 누이 디나를 더럽혔음이라 야곱의 아들들이 그들에게 말하되 우리는 그리하지 못하겠노라 할례 받지 아니한 사람에게 우리 누이를 줄 수 없노니 이는 우리의 수치가 됨이니라 그런즉 이같이 하면 너희에게 허락하리라 만일 너희 중 남자가 다 할례를 받고 우리 같이 되면 우리 딸을 너희에게 주며 너희 딸을 우리가 데려오며 너희와 함께 거주하여 한 민족이 되려니와 너희가 만일 우리 말을 듣지 아니하고 할례를 받지 아니하면 우리는 곧 우리 딸을 데리고 가리라

야곱의 아들들은 하몰과 세겜이 그 무엇을 준다고 하더라도 디나를 강간한 죄를 용납할 수 없었습니다. 세겜이 뒤늦게나마 청혼을 했지만 그

들은 누이동생 디나를 이방인인 세겜이 감히 능욕한 일에 분노를 금치 못했습니다. 그래서 그들은 세겜에게 보복하기 위해 계략을 내어 거짓으로 결혼 조건을 제시했습니다.

야곱의 아들들이 하몰과 세겜에게 말한 결혼 조건은 세겜 성의 모든 남자가 할례를 받아야 한다는 것이었습니다. 그들은 "할례 받지 아니한 사람에게 우리 누이를 줄 수 없노니 이는 우리의 수치가 됨이니라"고 했습니다.

원래 할례는 하나님께서 아브라함에게 언약의 표시로 행하라고 명하셨던 의식이었으며(창 17:9~14), 이방인일지라도 하나님을 믿으면 할례를 받을 수 있었습니다(출 12:48). 그러므로 야곱의 아들들이 하나님을 믿지 않는 세겜 성의 모든 남자들에게 강제로 할례를 받게 하라고 한 것은 옳지 못한 일이었습니다.

야곱의 아들들은 세겜 성의 모든 남자가 할례를 받으면 하몰이 말한 대로 그들과 서로 통혼하며 그들과 한 민족이 되겠다고 말했습니다. 그러나 만일 할례를 받지 않으면 디나를 데리고 가겠다고 했습니다.

야곱의 아들들이 이와 같은 결혼 조건을 제시한 데에는 세겜뿐만 아니라 세겜 성의 모든 남자들을 쳐서 보복하려는 목적이 있었습니다. 그들은 세겜이 디나를 깊이 사랑하기 때문에 디나와의 결혼을 위해 추장의 직권으로 세겜 성의 모든 남자에게 할례를 받으라고 명할 것이라고 예상했습니다. 그렇기 때문에 세겜 성의 모든 남자가 할례를 받고 그 고통으로 인하여 거동이 불편할 때를 이용하여 그들을 진멸할 계획을 세웠던 것입니다.

18, 19절 그들의 말을 하몰과 그의 아들 세겜이 좋게 여기므로 이 소년이 그 일 행하기를 지체하지 아니하였으니 그가 야곱의 딸을 사랑함이며 그는 그의 아버지 집에서 가장 존귀하였더라

야곱이 아들들이 제안한 결혼 조건은 디나와 결혼만 할 수 있다면 아무리 큰 요구를 할지라도 다 줄 각오가 되어 있던 세겜과 그의 아버지 하몰에게 있어서 매우 흡족한 것이어습니다. 할례 외에는 아무 것도 요구하지 않는 그들의 결혼 조건은 무수한 인명을 해칠 무서운 음모였지만 하몰과 세겜은 이를 전혀 눈치 채지 못했습니다.

이에 세겜은 지체하지 않고 세겜 성의 모든 남자가 할례 받도록 설득하기 시작했습니다. 세겜이 이와 같이 일을 서둘렀던 이유는 디나를 열렬히 사랑했기 때문입니다.

세겜의 하몰의 집안에서 가장 존귀한 자이며 세겜 성의 추장이었으므로 그의 말은 그의 집안 사람들은 물론 세겜 성 거민들에게도 영향력이 컸습니다.

20-24절 하몰과 그의 아들 세겜이 그들의 성읍 문에 이르러 그들의 성읍 사람들에게 말하여 이르되 이 사람들은 우리와 친목하고 이 땅은 넓어 그들을 용납할 만하니 그들이 여기서 거주하며 매매하게 하고 우리가 그들의 딸들을 아내로 데려오고 우리 딸들도 그들에게 주자 그러나 우리 중의 모든 남자가 그들이 할례를 받음 같이 할례를 받아야 그 사람들이 우리와 함께 거주하여 한 민족 되기를 허락할 것이라 그러면 그들의 가축과 재산과 그들의 모든 짐승이 우리의 소유가 되지 않겠느냐 다

만 그들의 말대로 하자 그러면 그들이 우리와 함께 거주하리라 성문으로 출입하는 모든 자가 하몰과 그의 아들 세겜의 말을 듣고 성문으로 출입하는 그 모든 남자가 할례를 받으니라

하몰과 세겜은 많은 사람들이 왕래하는 성문에서 세겜 성 사람들을 설득하기 시작했습니다. 그들은 세겜 성 사람들이 야곱의 가족들을 용납함으로써 얻게 될 유익을 설득력 있게 말함으로써 모두 할례받는 일에 적극적으로 협조하도록 유도했습니다.

세겜은 야곱이 많은 가축 떼와 재산을 소유한 큰 부자이므로 야곱을 세겜 성 안에서 살게 해주고 그와 매매함으로써 경제적인 이익을 얻고, 야곱의 집안과 통혼하여 야곱의 가족들을 한 민족으로 흡수하자고 말했습니다. 그리고 야곱의 가족들을 한 민족으로 흡수하게 되면 야곱이 소유한 수많은 가축 떼와 재산이 세겜 성 사람들의 것이 될 것이라고 설득했습니다. 그렇게 이렇게 되기 위해서는 반드시 할례를 받아야 한다고 역설했습니다.

세겜의 설득은 세겜 성 사람들의 마음을 움직이는 데 주효했습니다. 세겜 성 사람들은 세겜의 말을 듣고 모두 할례를 받았습니다. 결국 세겜 성의 모든 남자들이 야곱의 아들들의 음모를 전혀 눈치 채지 못하고 죽음의 할례를 받은 것입니다.

25, 26절 제삼일에 아직 그들이 아파할 때에 야곱의 두 아들 디나의 오라버니 시므온과 레위가 각기 칼을 가지고 가서 몰래 그 성읍을 기습하여 그 모든 남자를 죽이고 칼로 하몰과 그의 아들 세겜을 죽이고 디나를 세겜의 집에서 데려오고

할례를 받은 지 사흘째 되는 날 세겜 성의 모든 남자들은 거동을 못하고 있었습니다. 왜냐하면 할례 받은 당일에는 별로 통증이 없지만 할례 받은 지 사흘이 되면 칼에 베인 부위에 열이 나고 퉁퉁 부어오르며 통증이 심하기 때문입니다.

세겜 성의 남자들이 모두 할례를 받고 신음하고 있을 때에 야곱의 아들들 중에 디나의 오빠인 시므온과 레위가 칼을 들고 세겜 성으로 가서 세겜 성의 모든 남자를 죽였습니다. 그리고 디나를 욕보인 장본인인 세겜과 그의 아버지 하몰을 죽인 후 세겜의 집에 감금되어 있던 디나를 집으로 데려왔습니다.

디나를 구출하고 디나의 치욕을 씻는 보복행위에 선동이 되었던 사람은 디나의 친오빠인 시므온과 레위 두 사람이었습니다. 야곱의 열한 명의 아들들 중 르우벤과 시므온과 레위와 유다와 잇사갈과 스불론은 레아가 낳은 아들인데, 이들 중에서도 시므온과 레위가 친누이동생 디나가 당한 치욕을 씻어 주기 위해 잔인한 방법으로 세겜 성의 모든 남자들에게 보복한 것입니다.

27-29절 야곱의 여러 아들이 그 시체 있는 성읍으로 가서 노략하였으니 이는 그들이 그들의 누이를 더럽힌 까닭이라 그들이 양과 소와 나귀와 그 성읍에 있는 것과 들에 있는 것과 그들의 모든 재물을 빼앗으며 그들의 자녀와 그들의 아내들을 사로잡고 집 속의 물건을 다 노략한지라

디나의 치욕에 대한 보복행위는 세겜 성의 모든 남자를 죽이는 데에서 그치지 않았습니다. 대량 학살이 있은 후 이 일에 참여하지 않았던 야곱

의 다른 아들들은 모두 세겜 성으로 가서 양과 소와 나귀와 모든 재물을 노략하고 아내들과 어린 아이들을 사로잡았습니다.

야곱의 아들들이 이처럼 잔혹하게 보복하고 노략한 것은 사랑하는 누이동생 디나를 위해 복수하려는 마음이 있었기 때문입니다. 그러나 이러한 보복 행위는 성경 말씀에 비추어 볼 때 잘못된 것입니다.

성경은 "내 사랑하는 자들아 너희가 친히 원수를 갚지 말고 하나님의 진노하심에 맡기라 기록되었으되 원수 갚는 것이 내게 있으니 내가 갚으리라고 주께서 말씀하시니라"(롬 12:19)고 기록하고 있습니다. 더 나아가 성경은 "악에게 지지 말고 선으로 악을 이기라"(롬 12:21)고 교훈하고 있습니다.

이러므로 하나님의 뜻을 묻지 않고 원한에 사무쳐 악으로 악을 갚은 야곱의 아들들의 보복 행위로 인해 야곱의 가정은 위기에 처하게 되었습니다.

30, 31절 야곱이 시므온과 레위에게 이르되 너희가 내게 화를 끼쳐 나로 하여금 이 땅의 주민 곧 가나안 족속과 브리스 족속에게 악취를 내게 하였도다 나는 수가 적은즉 그들이 모여 나를 치고 나를 죽이리니 그러면 나와 내 집이 멸망하리라 그들이 이르되 그가 우리 누이를 창녀 같이 대우함이 옳으니이까

아들들이 세겜 성의 거민들을 학살하고 그들의 재물을 노략한 일로 인해 야곱은 큰 근심거리가 생겼습니다. 야곱은 이 일로 인하여 가나안 족속과 브리스 족속이 쳐들어와서 자신의 집을 멸망시킬 일이 몹시 걱정되었습니다. 왜냐하면 만일 가나안 족속과 브리스 족속이 세겜 성 거민들

을 진멸한 일에 대한 보복으로 공격해 올 경우, 이에 맞서 싸울 사람의 수가 적으므로 당연히 야곱의 가족들은 죽임을 당하고 집안이 멸망할 것이기 때문입니다. 그래서 야곱은 두려움에 사로잡힌 채 이 일을 선동자 역할을 했던 시므온과 레위를 불러다가 크게 꾸짖었습니다.

그러나 이와 같은 야곱의 걱정과 두려움은 인간적인 것이며, 그의 믿음이 연약한 상태에 있음을 보여줍니다. 야곱은 하나님께로부터 자손의 번성과 가나안 땅을 기업으로 주시겠다는 언약을 받은 바 있습니다(창 28:13,14). 그러므로 야곱이 하나님의 언약을 굳게 믿었다면, 하나님을 의지하고 자녀들의 잘못을 깊이 회개하고 가정을 새롭게 하여 다시금 담대히 대처했을 것입니다. 그런데 야곱은 막상 큰 어려움이 닥치자 믿음이 약해져서 인간적인 생각으로 두려움에 사로잡히게 되었던 것입니다.

그러나 야곱의 가정에 불어 닥친 이 일련의 불미스러운 사건들과 그로 인한 두려움은 야곱이 벧엘로 올라가서 자신의 신앙을 점검하고 하나님께 약속했던 서원을 행하게 되는 계기가 되었습니다(창 35장).

제 35 장

벧엘로 올라가는 **야곱**

A COMMENTARY ON THE
GENESIS

하나님께서는 세겜 성 거민의 살육과 약탈 사건으로 인하여 가족이 몰살당할 위협을 느끼고 있는 야곱에게 벧엘로 가라고 지시하셨습니다. 이에 야곱은 먼저 그의 가정 내에 신앙 개혁을 단행하여 우상을 다 제거한 후 벧엘로 올라가서 단을 쌓고 그곳 이름을 '엘벧엘'이라고 이름 지었습니다. 실로 수십년 만에 서원(창 28:20~22)을 행한 야곱에게 하나님께서는 자손과 기업에 대한 축복의 언약을 재확인시켜 주셨습니다.

그 후 벧엘을 떠나는 야곱에게 또 한 번의 시련이 닥쳤습니다. 그의 가장 사랑하는 아내 라헬이 산고 끝에 막내 아들을 낳고 죽은 것입니다. 이로써 야곱은 모두 12명의 아들을 갖게 되었으며, 훗날 이들에 의해 하나님의 선민 이스라엘의 12지파가 형성되었습니다.

한편 야곱의 맏아들 르우벤이 서모인 빌하와 간통함으로 야곱의 가정에는 불행이 계속되는 가운데 야곱의 아버지 이삭이 운명했습니다. 바야흐로 야곱의 시대가 지나가고 그의 아들들의 시대가 다가오고 있었습니다.

1. 벧엘로 떠나는 야곱(35:1~15)

1. 하나님이 야곱에게 이르시되 일어나 벧엘로 올라가서 거기 거주
하며 네가 네 형 에서의 낯을 피하여 도망하던 때에 네게 나타났던
하나님께 거기서 제단을 쌓으라 하신지라 2. 야곱이 이에 자기 집안
사람과 자기와 함께 한 모든 자에게 이르되 너희 중에 있는 이방 신
상들을 버리고 자신을 정결하게 하고 너희들의 의복을 바꾸어 입으
라 3. 우리가 일어나 벧엘로 올라가자 내 환난 날에 내게 응답하시
며 내가 가는 길에서 나와 함께 하신 하나님께 내가 거기서 제단을
쌓으려 하노라 하매 4. 그들이 자기 손에 있는 모든 이방 신상들과
자기 귀에 있는 귀고리들을 야곱에게 주는지라 야곱이 그것들을 세
겜 근처 상수리나무 아래에 묻고 5. 그들이 떠났으나 하나님이 그
사면 고을들로 크게 두려워하게 하셨으므로 야곱의 아들들을 추격
하는 자가 없었더라 6. 야곱과 그와 함께 한 모든 사람이 가나안 땅
루스 곧 벧엘에 이르고 7. 그가 거기서 제단을 쌓고 그 곳을 엘벧엘
이라 불렀으니 이는 그의 형의 낯을 피할 때에 하나님이 거기서 그에
게 나타나셨음이더라 8. 리브가의 유모 드보라가 죽으매 그를 벧엘

아래에 있는 상수리나무 밑에 장사하고 그 나무 이름을 알론바굿이
라 불렀더라 9. 야곱이 밧단아람에서 돌아오매 하나님이 다시 야곱
에게 나타나사 그에게 복을 주시고 10. 하나님이 그에게 이르시되
네 이름이 야곱이지마는 네 이름을 다시는 야곱이라 부르지 않겠고
이스라엘이 네 이름이 되리라 하시고 그가 그의 이름을 이스라엘이
라 부르시고 11. 하나님이 그에게 이르시되 나는 전능한 하나님이라
생육하며 번성하라 한 백성과 백성들의 총회가 네게서 나오고 왕들
이 네 허리에서 나오리라 12. 내가 아브라함과 이삭에게 준 땅을 네
게 주고 내가 네 후손에게도 그 땅을 주리라 하시고 13. 하나님이 그
와 말씀하시던 곳에서 그를 떠나 올라가시는지라 14. 야곱이 하나님
이 자기와 말씀하시던 곳에 기둥 곧 돌 기둥을 세우고 그 위에 전제물
을 붓고 또 그 위에 기름을 붓고 15. 하나님이 자기와 말씀하시던 곳
의 이름을 벧엘이라 불렀더라

1절 하나님이 야곱에게 이르시되 일어나 벧엘로 올라가서 거기 거주하며 네가 네 형 에서의 낯을 피하여 도망하던 때에 네게 나타났던 하나님께 거기서 제단을 쌓으라 하신지라

디나의 강간 사건에 대한 보복으로 야곱의 아들들이 세겜 성의 모든 남자를 죽이고 재물을 약탈함으로 인하여 야곱의 가족은 가나안 족속과 브리스 족속에게 언제 습격을 받아 멸망할지 모르는 위기에 처했습니다. 신변의 위협을 느끼며 두려움에 사로잡혀 있는 야곱의 운명은 한 치 앞도 알 수 없는 것이었습니다. 바로 이러한 야곱에게 하나님의 말씀이 임했습니다. 그것은 "일어나 벧엘로 올라가서 거기 거주하며 네가 네 형 에서의 낯을 피하여 도망하던 때에 네게 나타났던 하나님께 거기서 제단을 쌓

으라"는 것이었습니다.

야곱은 수십 년 전에 에서를 속이고 장자권과 축복을 가로챈 후 에서의 보복을 피해 브엘세바를 떠나 밧단아람으로 가던 중에 벧엘에서 하나님께 언약을 받고 서원했었습니다(창 28:20~22). 그때부터 하나님께서는 야곱과 함께하시며 하나님의 약속을 신실하게 지켜 주셨습니다. 그렇기 때문에 야곱은 복을 받고 가나안 땅으로 무사히 돌아올 수 있었습니다. 그러나 야곱은 서원대로 벧엘에 올라가 하나님의 전을 세우지 않고 세겜에 정착했습니다.

이와 같이 하나님과의 약속을 이행하지 않고 세겜에 정착한 야곱의 실수는 결국 디나가 순결을 잃고 그의 아들들이 보복 행위를 했던 일련의 불행한 사건이 있게 된 근원적인 요인이 되고 말았던 것입니다. 그럼에도 불구하고 야곱은 그 일련의 사건의 근원을 생각하지 않고 그 결과로 일어날 일들만 예상하고 두려움에 사로잡혀 있었습니다. 그러므로 하나님께서는 야곱에게 직접 말씀해 주심으로써 그의 서원을 기억나게 해주셨습니다. 이에 야곱은 자신의 과오를 깨닫고 벧엘로 떠나기로 작정했습니다.

2, 3절 야곱이 이에 자기 집안 사람과 자기와 함께 한 모든 자에게 이르되 너희 중에 있는 이방 신상들을 버리고 자신을 정결하게 하고 너희들의 의복을 바꾸어 입으라 우리가 일어나 벧엘로 올라가자 내 환난 날에 내게 응답하시며 내가 가는 길에서 나와 함께 하신 하나님께 내가 거기서 제단을 쌓으려 하노라 하매

야곱은 벧엘로 떠나기에 앞서 자기 자신은 물론 가족들과 종들에 이르기까지 신앙을 점검했습니다. 야곱은 "너희 중에 있는 이방 신상들을 버

리고 자신을 정결하게 하고 너희들의 의복을 바꾸어 입으라" 고 지시했습니다. 즉 야곱은 집안사람들이 우상을 모두 버리고 회개하고 하나님을 만날 준비를 하게 한 것입니다.

그리고 나서 야곱은 "벧엘로 올라가자" 고 말했습니다. 야곱이 집안사람들에게 이와 같이 말한 것은 지난 오랜 세월 동안 자신과 함께하사 환난에서 구원하시고 복 주신 하나님의 은혜와, 벧엘에서 자신이 하나님께 약속했던 서원을 기억했기 때문입니다. 그렇기 때문에 야곱은 더 나아가 "하나님께 내가 거기서 제단을 쌓으려 하노라" 고 말했습니다. 벧엘에서 서원이 있은 지 무려 수십 년이 지난 지금 비로소 야곱은 자신의 서원을 기억해 내고 이를 이행하려고 하는 것입니다.

4, 5절 그들이 자기 손에 있는 모든 이방 신상들과 자기 귀에 있는 귀고리들을 야곱에게 주는지라 야곱이 그것들을 세겜 근처 상수리나무 아래에 묻고 그들이 떠났으나 하나님이 그 사면 고을들로 크게 두려워하게 하셨으므로 야곱의 아들들을 추격하는 자가 없었더라

모든 집안사람들은 야곱의 지시에 따라 그들이 가지고 있던 이방 신상과 귀고리를 모두 야곱에게 주었습니다. 그들이 이방 신상뿐만 아니라 귀고리까지 준 것은 그 당시에는 신상을 조각한 귀고리를 많이 했기 때문입니다. 이에 야곱은 집안사람들이 내놓은 모든 이방 신상과 귀고리를 세겜 근처 상수리나무 아래에 묻었습니다. 이처럼 집안에 있던 모든 우상을 땅 속에 파묻어버린 야곱의 행위는 이제까지의 잘못된 삶의 자세를 청산하고 하나님을 온전히 믿겠다는 신앙의 결단의 표현이었습니다.

우상을 버리고 회개하고 심신을 정결케 한 야곱은 가솔들을 인솔하여 벧엘을 향해 출발했습니다. 세겜 성의 사건으로 인해 가나안 족속과 브리스 족속은 많은 가솔들을 이끌고 가는 야곱과 그의 아들들을 추격하여 보복하려고 벼르고 있었습니다. 그러나 그들은 감히 야곱 일행을 추격해 오지 못했습니다. 왜냐하면 하나님께서 그들의 마음에 두려움을 주셨기 때문입니다.

만일 야곱이 벧엘로 가지 않고 세겜에 그대로 머물러 있었다면, 야곱의 가족은 가나안 족속과 브리스 족속의 공격을 받고 모두 죽임을 당했을 것입니다. 그러나 야곱이 벧엘로 갈 것을 작정하고 이를 실행하자, 하나님께서 가나안 족속과 브리스 족속에게 두려운 마음을 넣어 주심으로 야곱 일행이 무사히 벧엘로 갈 수 있도록 지켜 주신 것입니다.

여기서 우리는 한 가지 교훈을 얻을 수 있습니다. 그것은 하나님께서는 당신을 찾는 자를 환난 가운데서 지켜 주신다는 것입니다. 성경은 "환난 날에 나를 부르라 내가 너를 건지리니 네가 나를 영화롭게 하리로다" (시 50:15)라고 기록하고 있습니다.

이러므로 우리는 환난을 당하여 몹시 괴롭고 고통스러울 때 다른 무엇보다 먼저 회개하고 하나님께 나아가야 합니다. 그렇게 할 때 우리는 비로소 환난 가운데서 지켜 주시는 하나님의 구원을 체험하고, 온전한 신앙을 갖게 되어 운명과 환경을 극복할 수 있게 되는 것입니다.

6, 7절 야곱과 그와 함께 한 모든 사람이 가나안 땅 루스 곧 벧엘에 이르고 그가 거기서 제단을 쌓고 그 곳을 엘벧엘이라 불렀으니 이는 그의 형의 낯을 피할 때에 하나님이 거기서 그에게 나타나

셨음이더라

하나님께서 지켜 주심으로 야곱 일행은 무사히 벧엘에 도착했습니다. 야곱은 그곳에서 단을 쌓아 하나님께 약속했던 서원을 이행했습니다. 야곱은 자신이 쌓은 돌 제단을 "엘벧엘" 이라고 이름 지었습니다. "엘벧엘"은 '벧엘의 하나님' 이라는 뜻입니다. 야곱은 자신이 에서의 보복을 피해 도망하던 때에 벧엘에서 하나님이 그에게 나타나셔서 복의 언약을 주셨던 일과, 자신을 지금까지 지켜 주셔서 서원을 이행하도록 하신 하나님의 은혜에 감사하여 제단을 이름을 "엘벧엘" 이라고 지은 것입니다.

8절 리브가의 유모 드보라가 죽으매 그를 벧엘 아래에 있는 상수리나무 밑에 장사하고 그 나무 이름을 알론바굿이라 불렀더라

야곱의 일행 중에는 리브가의 유모였던 드보라가 있었습니다. 드보라는 리브가가 이삭과 결혼하기 위해 밧단아람을 떠날 때 동행한(창 24:59) 이래 줄곧 리브가와 함께 살았습니다. 그런데 리브가가 죽고 난 후 혼자 남게 되자 드보라는 야곱을 찾아왔습니다. 야곱은 드보라를 통해 자신의 어머니 리브가의 죽음과 집안 사정을 전해 들을 수 있었습니다. 그 후 드보라는 야곱의 집에서 함께 살았는데, 야곱이 벧엘로 떠날 때에 동행했다가 그곳에서 임종을 맞게 된 것입니다.

드보라의 죽음을 야곱에게 큰 슬픔을 안겨 주었습니다. 특히 어머니 리브가의 임종도 지키지 못했던 야곱에게 있어서 드보라의 죽음은 마치 어머니를 잃은 듯한 슬픔을 느끼게 했을 것입니다. 야곱은 드보라의 시신을 벧엘 아래 상수리나무 밑에 장사하고 "알론바굿" 이라고 불렀습니다. "알론바굿" 은 '통곡의 상수리나무' 라는 뜻인데, 이 이름을 통해서 드

보라를 잃은 야곱의 슬픔이 얼마나 컸는지 알 수 있습니다.

9-13절 야곱이 밧단아람에서 돌아오매 하나님이 다시 야곱에게 나타나사 그에게 복을 주시고 하나님이 그에게 이르시되 네 이름이 야곱이지마는 네 이름을 다시는 야곱이라 부르지 않겠고 이스라엘이 네 이름이 되리라 하시고 그가 그의 이름을 이스라엘이라 부르시고 하나님이 그에게 이르시되 나는 전능한 하나님이라 생육하며 번성하라 한 백성과 백성들의 총회가 네게서 나오고 왕들이 네 허리에서 나오리라 내가 아브라함과 이삭에게 준 땅을 네게 주고 내가 네 후손에게도 그 땅을 주리라 하시고 하나님이 그와 말씀하시던 곳에서 그를 떠나 올라가시는지라

밧단아람으로 도망할 때 야곱에게 나타나셨던 하나님께서는 밧단아람에서 돌아온 야곱에게 다시 나타나셨습니다. 하나님께서는 벧엘에 올라와 하나님 앞에 돌 제단을 쌓고 기도하는 야곱에게 복을 주시고 야곱의 이름을 이스라엘이라고 바꾸어 주셨습니다. 하나님께서는 브니엘에서 야곱에게 이스라엘이라는 새 이름을 주셨었는데(창 32:28), 이를 벧엘에서 다시 한 번 확인시켜 주신 것입니다.

그리고 하나님께서는 "나는 전능한 하나님이라 생육하며 번성하라 한 백성과 백성들의 총회가 네게서 나오고 왕들이 네 허리에서 나오리라 내가 아브라함과 이삭에게 준 땅을 네게 주고 내가 네 후손에게도 그 땅을 주리라"고 야곱에게 말씀하셨습니다.

야곱은 수십 년 전에 벧엘에서 하나님께로부터 자손의 번성과 가나안 땅을 기업으로 주시겠다는 복의 언약을 받은 바 있습니다(창 28:13,14).

그런데 야곱이 세겜에서 사는 동안 신앙이 연약해져서 하나님의 언약을 잊고 환경만 바라보며 전전긍긍하자, 하나님께서는 야곱을 벧엘로 부르셔서 복의 언약을 재확인시켜 주신 것입니다.

이와 같이 벧엘로 올라가서 하나님을 만나 언약을 새롭게 재확인받는 일은 오늘을 살아가는 우리 그리스도인들에게 무척 중요한 일입니다. 우리는 예수 그리스도를 믿으므로 구원을 받은 하나님의 자녀이지만, 이 세상에 사는 동안 세상의 유혹이 끊임없이 다가오고 여러 가지 환난과 어려움이 다가옴으로 말미암아 실족할 때가 있습니다. 그럴 때 우리는 온갖 방법을 다 동원하여 문제를 해결해 보려고 하지만, 번번이 실패함으로 말미암아 더 깊은 절망의 수렁에 빠져 들게 됩니다.

설령 세상적인 방법으로 문제를 해결한다고 하더라도 그것은 완전한 해결이 아니라 일시적인 해결이 될 뿐입니다. 그러므로 우리는 문제의 근원을 깨닫고 완전히 해결하려면 세상적인 방법을 의지할 것이 아니라 우선 자신의 신앙 상태를 점검하여야 합니다. 그리고 환난의 날에 하나님 앞에 나아가 회개하고 하나님의 도우심을 간구하여야 합니다. 그렇게 할 때 하나님께서는 우리를 긍휼히 여기시어 우리와 만나 주시고 구원의 약속을 새롭게 확인시켜 주시는 것입니다.

하나님께서는 '하나님의 집' 벧엘을 찾아온 야곱에게 복의 언약을 재확인시켜 주셨는데, 그 언약은 야곱의 후손들을 통해 그대로 성취되었습니다. 야곱의 열두 아들들에 의해 시작된 이스라엘 12지파는 훗날 출애굽 때에 장정만 60만 명이 넘는 큰 민족이 되었으며(출 38:46; 민 1:26), 야곱의 아들들 중 유다의 가문은 이스라엘의 왕가가 되었습니다(창 49:10). 또한 이스라엘 백성들이 출애굽한 후 가나안 땅을 정복하고 지파별로 땅을 분배받음으로써(수 15:1~19:51) 하나님의 언약은 모두 성취되었습니다.

하나님께서는 말씀을 마치신 후 야곱이 지켜 보는 가운데 올라가셨습니다. 이와 같이 하나님께서는 야곱에게 가시적인 형상으로 나타나셨는데, 이때 야곱이 본 하나님은 예수님인 것 같습니다. 영원 전부터 계신 예수님께서는 성육신하시기 전에도 삼위일체 하나님으로서 함께 활동하셨는데, 구약 성경에 보면 주로 '하나님의 사자' 로 표현되어 있습니다(창 16:7~14, 22:11~18, 31:11,13; 출 3;2~5, 14:19, 23:20, 32:34; 민 22:22~35; 삿 6:11~23, 13:2~25; 왕상 19:5~7; 왕하 19:35; 대상 21:15~17; 슥3:1).

14, 15절 야곱이 하나님이 자기와 말씀하시던 곳에 기둥 곧 돌 기둥을 세우고 그 위에 전제물을 붓고 또 그 위에 기름을 붓고 하나님이 자기와 말씀하시던 곳의 이름을 벧엘이라 불렀더라

야곱은 하나님께서 말씀하신 곳에 돌 기둥을 세우고 그 위에 전제물을 부었습니다. "전제물" 은 포도주나 독주와 같이 액체로 된 제물을 가리키는 말입니다. 야곱은 전제물을 부은 다음 그 위에 기름을 붓고 그곳의 이름을 벧엘이라고 불렀습니다. 야곱은 하나님을 처음 만나 언약을 받았을 때에도 돌 기둥을 세우고 그곳을 벧엘이라고 했었는데(창 28:18,19), 그 일이 있은 지 수십 년이 지난 지금 또다시 그 일을 반복한 것입니다. 야곱이 과거에 했던 일을 오랜 세월이 지난 지금 되풀이한 것은 곧 그의 신앙이 회복되었음을 의미합니다.

야곱은 절대절명의 위기 가운데 처했을 때 벧엘로 올라가서 하나님을 만나 큰 은혜를 받고 문제를 해결 받았습니다. 그뿐만 아니라 인본주의로 기울어져 있던 연약한 신앙을 버리고 하나님 중심의 온전한 믿음을

얻고 하나님께 헌신하는 성숙한 신앙인이 되었습니다. 이와 같은 야곱의 체험과 변화는 오늘날 세상 것에 마음을 빼앗긴 채 나태한 신앙생활을 하는 그리스도인들에게 큰 교훈을 주고 있습니다.

야곱이 그러했듯이 오늘날 예수 그리스도를 믿고 구원받은 모든 그리스도인들은 하나님 중심의 온전한 믿음을 갖고 "부끄러울 것이 없는 일꾼으로 인정된 자로 자신을 하나님 앞에 드려"(딤후 2:15) 헌신하는 삶을 살아야 할 것입니다.

2. 라헬의 죽음(35:16~20)

> 16. 그들이 벧엘에서 길을 떠나 에브랏에 이르기까지 얼마간 거리를
> 둔 곳에서 라헬이 해산하게 되어 심히 고생하여 17. 그가 난산할 즈
> 음에 산파가 그에게 이르되 두려워하지 말라 지금 네가 또 득남하느
> 니라 하매 18. 그가 죽게 되어 그의 혼이 떠나려 할 때에 아들의 이름
> 을 베노니라 불렀으나 그의 아버지는 그를 베냐민이라 불렀더라 19.
> 라헬이 죽으매 에브랏 곧 베들레헴 길에 장사되었고 20. 야곱이 라
> 헬의 묘에 비를 세웠더니 지금까지 라헬의 묘비라 일컫더라

16, 17절 그들이 벧엘에서 길을 떠나 에브랏에 이르기까지 얼마간 거리를 둔 곳에서 라헬이 해산하게 되어 심히 고생하여 그가 난산

할 즈음에 산파가 그에게 이르되 두려워하지 말라 지금 네가 또 득남하느니라 하매

야곱 일행이 벧엘에서 출발하여 에브랏 근처에 왔을 때 라헬이 진통하기 시작했습니다. 이때 라헬은 임신 중이었는데 출산할 때가 임박하여 진통을 하기 시작한 것입니다. 마침 집을 떠나 여행하고 있던 중이었으므로 해산할 만한 마땅한 장소도 물색하지 못한 채 라헬은 목숨이 위태로울 정도로 극심한 진통을 겪으며 아들을 낳았습니다. 이로써 라헬은 아들을 하나 더 낳기 원했던 소원(창 30:24)을 이루었습니다.

이 아기는 라헬에게는 둘째 아들이며 야곱에게는 막내 아들로, 야곱의 아들은 이제 모두 열두 명이 되었습니다.

18절 그가 죽게 되어 그의 혼이 떠나려 할 때에 아들의 이름을 베노니라 불렀으나 그의 아버지는 그를 베냐민이라 불렀더라

라헬은 자신이 곧 죽을 것임을 예감하고 죽기 직전에 아기의 이름을 "베노니"라고 지었습니다. "베노니"는 '고통의 아들', 또는 '슬픔의 아들' 이라는 뜻입니다. 그러나 야곱은 막내 아들의 이름을 "베냐민"으로 바꾸었습니다. "베냐민"은 '오른손의 아들' 이라는 뜻으로서, 베노니라는 이름과는 상반되는 이름입니다.

즉 베노니라는 이름을 통해서 라헬을 죽음으로 몰고 간 난산의 진통을 느낄 수 있다면, 베냐민이라는 이름에서는 행운을 느낄 수 있습니다. 그러므로 야곱이 사랑하는 아내 라헬의 생명과 맞바꾼 막내 아들의 이름을 베냐민이라고 한 것은 곧 그가 라헬을 잃은 슬픔을 딛고 오히려 자기에게 아들을 주신 하나님께 감사할 수 있었음을 시사해 줍니다.

19, 20절 라헬이 죽으매 에브랏 곧 베들레헴 길에 장사되었고 야곱이 라헬의 묘에 비를 세웠더니 지금까지 라헬의 묘비라 일컫더라

라헬은 난산 끝에 아들을 낳았지만 그 기쁨을 느낄 겨를도 없이 죽었습니다. 이처럼 라헬이 죽은 것은 밧단아람을 떠날 때 라반의 드라빔을 도적질한 것과 무관하지 않습니다. 야곱은 드라빔을 찾기 위해 자신을 추격해온 라반에게 "외삼촌의 신을 누구에게서 찾든지 그는 살지 못할 것" 이라고 말했었는데(창 31:32), 그 말대로 라반의 드라빔을 훔쳤던 라헬이 결국 죽은 것입니다.

야곱은 가장 사랑하는 아내를 잃음으로 인하여 큰 슬픔에 잠겼습니다. 그러나 여행 중이었기 때문에 언제까지나 슬퍼하고 있을 수는 없었습니다. 그래서 야곱은 라헬의 시신을 장사하고 라헬의 묘에 비를 세웠습니다. 라헬의 시신이 장사된 곳은 "에브랏" 인데, 이곳은 베들레헴을 포함하는 지역으로써 훗날 예수님께서 태어나신 지역이기도 합니다.

3. 야곱의 아들들(35:21~26)

21. 이스라엘이 다시 길을 떠나 에델 망대를 지나 장막을 쳤더라 22.
이스라엘이 그 땅에 거주할 때에 르우벤이 가서 그 아버지의 첩 빌하
와 동침하매 이스라엘이 이를 들었더라 23. 레아의 아들들은 야곱의

장자 르우벤과 그 다음 시므온과 레위와 유다와 잇사갈과 스불론이요 24. 라헬의 아들들은 요셉과 베냐민이며 25. 라헬의 여종 빌하의 아들들은 단과 납달리요 26. 레아의 여종 실바의 아들들은 갓과 아셀이니 이들은 야곱의 아들들이요 밧단아람에서 그에게 낳은 자더라

21, 22절 이스라엘이 다시 길을 떠나 에델 망대를 지나 장막을 쳤더라 이스라엘이 그 땅에 거주할 때에 르우벤이 가서 그 아버지의 첩 빌하와 동침하매 이스라엘이 이를 들었더라

야곱 일행은 에브랏 길에 라헬의 시신을 장사한 후 다시 출발하여 에델 망대를 지나 장막을 쳤습니다. "에델 망대"는 양 떼를 도둑맞지 않고 잘 지키기 위해 세운 망대로써, 베들레헴에서 남쪽으로 약 2㎞ 떨어진 곳에 위치하고 있습니다.

에델 망대 근처에 장막을 치고 머무르던 중에 야곱의 맏아들 르우벤이 아버지의 첩인 빌하와 통간하는 일이 벌어졌습니다. 르우벤은 누이동생 디나가 세겜에서 강간당했을 때 다른 형제들과 마찬가지로 매우 분노했었으며, 세겜 성 약탈 사건에도 가담했었습니다. 그런데 막상 자신이 육신의 정욕에 사로잡히자 아버지의 첩과 정을 통하는 근친상간도 서슴지 않은 것입니다.

야곱은 르우벤과 빌하가 통간했다는 말을 듣고 마음에 깊은 상처를 받았습니다. 근친상간죄는 율법에서 사형에 해당하는 중죄입니다(레 20:11). 그러나 야곱은 르우벤과 빌하를 처벌하지 않고 그 일에 대해서 침묵으로 일관했습니다. 야곱이 침묵을 지킬 수 있었던 것은 그 죄를 용서했기 때문이 아니라 하나님께 판단을 맡겼기 때문입니다. 그러나 장자

가 아버지의 권위를 침범하고 침상을 더럽힌 이 사건은 야곱의 마음에 평생토록 잊을 수 없는 깊은 상처로 남아 훗날 임종을 앞두고 아들들을 축복할 때 르우벤의 장자권을 박탈하는 원인이 되었습니다(창 49:34).

한편 야곱의 가정에 이와 같이 불미스러운 사건이 발생하는 것을 볼 때 우리는 하나님의 은혜를 더 깊이 느낄 수 있습니다. 야곱은 결함이 많은 사람이었지만 하나님의 은혜로 장성한 신앙인이 되었습니다. 그러나 하나님의 언약의 자손인 야곱의 아들들에게서는 야곱과 같은 신앙을 찾아볼 수가 없습니다. 세겜 성에서의 살육과 약탈 사건, 그리고 르우벤의 근친상간죄는 용서받을 수 없는 큰 죄악입니다. 그럼에도 불구하고 하나님께서 그들을 하나님의 선민 이스라엘 열두 지파의 조상으로 세워 주신 것은 전적으로 하나님의 은혜였습니다.

23-26절 레아의 아들들은 야곱의 장자 르우벤과 그 다음 시므온과 레위와 유다와 잇사갈과 스불론이요 라헬의 아들들은 요셉과 베냐민이며 라헬의 여종 빌하의 아들들은 단과 납달리요 레아의 여종 실바의 아들들은 갓과 아셀이니 이들은 야곱의 아들들이요 밧단아람에서 그에게 낳은 자더라

장차 이스라엘 열두 지파의 조상이 될 야곱의 아들들의 이름이 다시 한 번 소개되고 있습니다. 이는 이제 야곱의 시대가 지나고 그의 아들들의 시대가 열리고 있음을 암시하고 있습니다.

야곱은 두 명의 아내와 두 명의 첩을 통해 모두 열두 명의 아들을 얻었습니다. 그 중 레아가 낳은 아들은 여섯 명으로 르우벤과 시므온과 레위와 유다와 잇사갈과 스불론입니다. 그리고 라헬이 낳은 아들은 요셉과 베

냐민이고, 라헬의 몸종이었다가 야곱의 첩이 된 빌하는 단과 납달리를 낳았습니다. 또 레아의 몸종이었다가 야곱의 첩이 된 실바가 낳은 아들은 갓과 아셀입니다. 이와 같이 야곱은 열 두 명의 아들을 얻었는데, 그 중 베냐민을 제외한 열한 명의 아들은 모두 밧단아람에서 출생했습니다.

한편 여기에 보면, 야곱의 아들들이 태어난 순서대로 소개되지 않고 생모에 따라 분류되어 소개된 것과 야곱의 아내들의 순서가 야곱과 결혼한 순서에 따라 기록되어 있음을 알 수 있습니다. 그리고 우리가 여기서 또 한 가지 발견할 수 있는 것은 야곱의 첩인 빌하와 실바가 낳은 아들들도 적자로 취급되고 있다는 것입니다. 이와 같은 사실은 인간의 생각을 초월하여 그 뜻을 이루시는 하나님의 섭리를 깨닫게 해줍니다. 즉 하나님께서는 레아와 라헬의 시기심으로 말미암아 경쟁적으로 태어난 야곱의 열두 명의 아들을 생모의 신분에 따라 적자와 서자로 나누지 않았고 모두 적자로 취급하시어 이스라엘 열두 지파의 근간을 이루게 하신 것입니다.

4. 이삭의 죽음 (35:27~29)

27. 야곱이 기랏아르바의 마므레로 가서 그의 아버지 이삭에게 이르렀으니 기랏아르바는 곧 아브라함과 이삭이 거류하던 헤브론이더라

28. 이삭의 나이가 백팔십 세라 29. 이삭이 나이가 많고 늙어 기운이 다하매 죽어 자기 열조에게로 돌아가니 그의 아들 에서와 야곱이 그를 장사하였더라

27절 야곱이 기럇아르바의 마므레로 가서 그의 아버지 이삭에게 이르렀으니 기럇아르바는 곧 아브라함과 이삭이 거류하던 헤브론이더라

야곱은 기럇아르바의 마므레로 거주지를 옮겼습니다. "기럇아르바"는 '네 구역의 성읍', 또는 '유명한 네 사람의 성읍' 이라는 뜻을 가진 지명으로, 아브라함과 이삭이 살던 "헤브론"의 옛 지명입니다. 야곱은 아버지 이삭이 살고 있는 헤브론으로 이주하여 연로한 이삭을 보살폈습니다.

28, 29절 이삭의 나이가 백팔십 세라 이삭이 나이가 많고 늙어 기운이 다하매 죽어 자기 열조에게로 돌아가니 그의 아들 에서와 야곱이 그를 장사하였더라

야곱은 헤브론에 이주하여 살던 중 아버지 이삭의 임종을 지키게 되었습니다. 야곱은 나이 많고 늙어 수를 다한 이삭의 임종을 예견하고 형 에서에게 연락했습니다. 이에 에서는 세일에서 돌아와 야곱과 함께 아버지의 임종을 지키고 장례를 치렀습니다.

이삭은 180년의 풍상을 뒤로 하고 에서와 야곱이 지켜보는 가운데 평안히 죽어 자기 열조에게로 돌아갔습니다. 이와 같은 이삭의 마지막 모습은 그가 이 세상에서의 마지막 순간까지 하나님의 복을 받았다는 것을

보여 줍니다.

이삭의 쌍둥이 아들 에서와 야곱은 아버지의 시신을 마므레 앞 막벨라 굴에 장사했습니다(창 49:31). 막벨라 굴은 아브라함이 헷 족속에게 사서 가족 묘지를 삼은 곳으로 아브라함과 사라, 그리고 이삭의 아내인 리브가가 장사된 곳입니다. 그리고 이제 이삭도 죽어 그곳에 함께 장사된 것입니다.

제 36 장

에서의 후손들

에서와 야곱은 모두 이삭의 아들들이었으나 에서는 하나님의 구속사에서 떨어져 나간 육적인 사람이었습니다. 그럼에도 불구하고 에서는 하나님께서 리브가에게 예언하셨던 대로 자손 번성의 복을 받아 많은 자녀를 얻었습니다.

에서의 자손들은 번창하여 에돔 족속을 이루었고, 이들은 세일 땅의 원주민인 호리족을 정복하고 세일 산 일대에 에돔 왕국을 이룩하였습니다. 그러나 수천 년이 지난 지금에는 역사에서 사라진 민족이 되고 말았습니다(삿 34장).

본장에는 이와 같은 에서의 자손들과 계보를 소개하고 있습니다. 그리고 에서의 후손들에게 정복되기 이전의 호리 족속의 족장들의 계보와 에서의 후손들이 호리 족속을 정복한 후 세운 에돔 왕국을 통치한 왕들의 명단을 소개하고 있습니다.

1. 에서의 자손들(36:1~8)

1. 에서 곧 에돔의 족보는 이러하니라 2. 에서가 가나안 여인 중 헷
족속 엘론의 딸 아다와 히위 족속 시브온의 딸인 아나의 딸 오홀리바
마를 자기 아내로 맞이하고 3. 또 이스마엘의 딸 느바욧의 누이 바
스맛을 맞이하였더니 4. 아다는 엘리바스를 에서에게 낳았고 바스
맛은 르우엘을 낳았고 5. 오홀리바마는 여우스와 얄람과 고라를 낳
았으니 이들은 에서의 아들들이요 가나안 땅에서 그에게 태어난 자
들이더라 6. 에서가 자기 아내들과 자기 자녀들과 자기 집의 모든
사람과 자기의 가축과 자기의 모든 짐승과 자기가 가나안 땅에서 모
은 모든 재물을 이끌고 그의 동생 야곱을 떠나 다른 곳으로 갔으니
7. 두 사람의 소유가 풍부하여 함께 거주할 수 없음이러라 그들이 거
주하는 땅이 그들의 가축으로 말미암아 그들을 용납할 수 없었더라
8. 이에 에서 곧 에돔이 세일 산에 거주하니라

1절 에서 곧 에돔의 족보는 이러하니라

에서와 야곱은 이삭의 아들로서 한 날 한 시에 태어난 쌍둥이입니다. 한 어머니에게서 한 시에 태어났는데도 불구하고 에서와 야곱의 영적 생활은 천지 차이였습니다. 야곱은 잔꾀가 많고 인본주의적인 사람이긴 하였으나 그 마음 중심에 하나님을 경외하고 하나님을 찾는 신앙이 어릴 때부터 있었습니다.

그러나 에서는 하나님에 대해 무지했으며 하나님을 찾는 마음이 없었습니다. 그저 본능적으로 육체적인 것만 찾아 '무엇을 먹을까, 무엇을 입을까, 무엇을 마실까, 어떻게 인생을 멋지게 살까?' 하는 것밖에는 생각이 없는 사람이었습니다. 이와 같이 에서는 아브라함과 이삭으로부터 좋은 믿음의 혈통을 이어받았음에도 불구하고 육적인 사람이었고, 야곱은 하나님께서 함께하신 영적인 사람이었습니다.

하나님께서 야곱과 함께하신 것은 그를 택하셨기 때문입니다. 하나님께서 리브가가 쌍둥이를 가졌을 때 "두 국민이 네 태중에 있구나 두 민족이 네 복중에서부터 나누이리라 이 족속이 저 족속보다 강하겠고 큰 자가 어린 자를 섬기리라 하셨더라"(창 25:23)고 말씀해 주심으로, 이미 그들이 세상에 태어나기도 전에 육적인 형이 영적인 동생을 섬기게 될 것을 계시해 주셨습니다.

이 두 형제를 두고 볼 때, 하나님께서 함께해 주시지 아니하면 어느 누구라도 에서처럼 될 수밖에 없다는 것을 알 수 있습니다. 왜냐하면 아담과 하와의 범죄 이후 사람들은 철저하게 영적으로 죽었기 때문에 인간편에서 먼저 하나님을 찾아 하나님을 발견하고 믿는다는 것은 불가능하기 때문입니다.

2절 에서가 가나안 여인 중 헷 족속 엘론의 딸 아다와 히위 족속 시브온의 딸인 아나의 딸 오홀리바마를 자기 아내로 맞이하고

에서는 매사를 자기의 뜻대로 행하며 살았습니다. 에서는 결혼하는 데 있어서도 순전히 육신의 눈으로 보아 좋은 대로 가나안 여인들과 결혼했습니다. 가나안 족속들은 우상을 섬기는 이방인들이었습니다. 그러나 에서는 조금도 거리낌없이 가나안 여자를 아내로 삼았습니다. 가나안 여인들이 시집 오자 에서의 집에는 얼마 가지 않아 우상들이 꽉 들어찼습니다. 그들이 시집 오면서 조상 대대로 섬겨 오던 바알과 아세라 신을 다 싣고 와서 에서의 집안을 우상으로 채운 것입니다. 이로 말미암아 에서는 완전히 세속적으로 우상의 문화 속에서 살게 되었습니다.

이와 같이 하나님을 경외하지 않고 세상적인 쾌락에 취한 채 살아가는 에서에게는 하나님께서 함께하실 여지가 없었습니다. 에서의 방탕한 삶은 하나님의 미움을 받고 하나님께 버림받을 만한 것이었습니다. 그래서 하나님께서는 "내가 야곱은 사랑하고 에서는 미워하였다"(롬 9:13)고 말씀하셨습니다.

3절 또 이스마엘의 딸 느바욧의 누이 바스맛을 맞이하였더니

에서는 자기가 결혼한 이방 여인들이 부모의 마음에 근심만 끼친다는 것을 알고, 부모의 마음에 들기 위하여 이번에는 같은 아브라함의 혈통인 이스마엘의 딸 느바욧의 누이 바스맛을 아내로 맞이하였습니다. 그러나 형편은 조금도 나아지지 않았습니다. 왜냐하면 그녀 역시 택한 백성의 혈통이 아니었기 때문입니다. 이러한 에서의 무분별한 결혼은 부모를 더욱더 실망시키고 근심을 더해 주는 결과를 초래하였습니다.

4, 5절 아다는 엘리바스를 에서에게 낳았고 바스맛은 르우엘을 낳았고 오홀리바마는 여우스와 얄람과 고라를 낳았으니 이들은 에서의 아들들이요 가나안 땅에서 그에게 태어난 자들이더라

하나님께서는 에서가 완전히 육적인 인간이었음에도 불구하고 이삭의 아들이었기 때문에 이삭을 통하여 에서에게 복을 주셨습니다. 곧 그가 이 세상에 사는 동안 자손이 번성하는 복을 주신 것입니다.

에서는 세 아내를 통하여 다섯 아들을 낳아 번창하였습니다. 비록 에서는 육적으로 산 사람이었으나 굉장히 번창하여 큰 민족을 이루게 되었습니다. 그리하여 그의 후손들은 후일 에돔 왕국을 이루었는데, 하나님의 구속사에 거스르는 족속으로 명맥을 잇다가 끝내는 멸망당하고 말았습니다.

6-8절 에서가 자기 아내들과 자기 자녀들과 자기 집의 모든 사람과 자기의 가축과 자기의 모든 짐승과 자기가 가나안 땅에서 모은 모든 재물을 이끌고 그의 동생 야곱을 떠나 다른 곳으로 갔으니 두 사람의 소유가 풍부하여 함께 거주할 수 없음이러라 그들이 거주하는 땅이 그들의 가축으로 말미암아 그들을 용납할 수 없었더라 이에 에서 곧 에돔이 세일 산에 거주하니라

형제가 오순도순 같이 살면 좋았을 터인데 그들은 함께 살지를 못했습니다. 왜냐하면 에서와 야곱의 집안이 다 하나님께 복을 받아 재산과 가축이 풍부하여 도저히 함께 살 수 없기 때문입니다. 그래서 에서는 자기의 가족들과 모든 소유를 이끌고 가나안을 떠나 타처로 갔습니다.

이때 에서가 정착하게 된 곳은 세일 산이었습니다. 하나님께서는 일찍

이 야곱에게는 가나안 땅을 기업으로 주시고(창 28:13), 에서에게는 척박한 세일 산을 기업으로 주실 것을(창 27:39; 신 2:5) 계시하셨는데, 바로 그 계시대로 성취된 것입니다.

2. 에서의 계보(36:9~19)

9. 세일 산에 있는 에돔 족속의 조상 에서의 족보는 이러하고 10. 그 자손의 이름은 이러하니라 에서의 아내 아다의 아들은 엘리바스요 에서의 아내 바스맛의 아들은 르우엘이며 11. 엘리바스의 아들들은 데만과 오말과 스보와 가담과 그나스요 12. 에서의 아들 엘리바스의 첩 딤나는 아말렉을 엘리바스에게 낳았으니 이들은 에서의 아내 아다의 자손이며 13. 르우엘의 아들들은 나핫과 세라와 삼마와 미사니 이들은 에서의 아내 바스맛의 자손이며 14. 시브온의 손녀 아나의 딸 에서의 아내 오홀리바마의 아들들은 이러하니 그가 여우스와 얄람과 고라를 에서에게 낳았더라 15. 에서 자손 중 족장은 이러하니라 에서의 장자 엘리바스의 자손으로는 데만 족장, 오말 족장, 스보 족장, 그나스 족장과 16. 고라 족장, 가담 족장, 아말렉 족장이니 이들은 에돔 땅에 있는 엘리바스의 족장들이요 이들은 아다의 자손이며 17. 에서의 아들 르우엘의 자손으로는 나핫 족장, 세라 족장, 삼마 족장, 미사 족장이니 이들은 에돔 땅에 있는 르우엘의 족장들이요 이들은 에서의 아내 바스맛의 자손이며 18. 에서의 아내인 오홀리바마의 아들들은 여우스 족장, 얄람 족장, 고라 족장이니 이들은

아나의 딸이요 에서의 아내인 오홀리바마로 말미암아 나온 족장들이라 19. 에서 곧 에돔의 자손으로서 족장 된 자들이 이러하였더라

9절 세일 산에 있는 에돔 족속의 조상 에서의 족보는 이러하고

창세기 36장 9절부터 19절까지는 에서의 자손들에 대한 족보가 기록되어 있습니다. 하나님께서는 족보를 굉장히 귀중하게 여기십니다. 조상 대대로 내려오는 구속받은 혈통의 족보는 말할 필요도 없고, 구원에서 제하여진 자를 소개할 때도 족보를 소개합니다.

저는 조상 이야기만 나오면 한국 기독교에 대해 마음이 아픕니다. 성경에는 아브라함이 이삭을 낳고 이삭이 야곱을 낳고 야곱이 유다를 낳고 유다가 베레스를 낳는 예수님의 족보가 나오는데, 이 족보는 민족의 뿌리뿐 아니라 구원의 줄기를 역사적으로 증명해 주는 귀한 것입니다.

그런데 한국 기독교는 미국 선교사들이 와서 예수 그리스도를 전할 때, 한국의 미풍 양속인 조상에 대한 효를 우상숭배라고 매도해 버렸습니다. 서양 사람들에게서는 부모에게 효도하는 것을 별로 찾아볼 수 없습니다. 부모가 늙으면 양로원으로 가는 것을 당연히 여기고, 1년에 한 번 찾아가 볼까 말까 할 정도로 부모 공양할 줄을 모릅니다. 그러나 동양 사람들은 조상의 족보를 다 지니고 있습니다. 조상이 있음으로 해서 지금의 내가 있는 것이며, 조상의 뿌리를 알아야 지금의 나를 알 수 있는 것입니다. 그래서 제가 '조상을 신으로 섬기는 것이 아니고, 산 부모를 공경하는 것처럼 조상에게 예를 갖추는 기독교식 의식은 괜찮다.' 라고 한 번 말했다가 피멍이 들도록 온 기독교계로부터 매를 맞았습니다. 그

일로 인해 저 자신이 이제까지 당한 풍파는 이루 말로 다 표현할 수 없습니다.

그러나 이제 한국 교회는 더 이상 시간을 지체하지 말고 이 문제를 해결해야 합니다. 이 제사 문제 때문에 이 시간도 기독교를 믿지 못하는 수많은 사람들이 지옥으로 떨어지고 있는 것입니다. 카톨릭은 제사 문제를 해결해 주니까 진리의 선포가 빈약해도 200만 명 이상이 모였고, 앞으로도 점점 확산될 것으로 보입니다. 그 이유는 일찍이 한국 문화를 순화시켜 받아들였기 때문입니다.

여하간 우리는 조상을 공경하는 것과 우상숭배를 혼동해서는 안 됩니다. 조상을 공경하고 받드는 풍습은 우리나라 대대로 내려오는 좋은 전통인 것입니다. 우리는 우리나라의 뿌리 깊은 문화를 외면할 수는 없습니다. 이것을 감안하면서 신앙의 뿌리를 확고히 내려가야 하겠습니다.

하나님께서는 구원받은 믿음의 선진들의 족보 뿐 아니라 구원의 반열에서 제외된 에서의 족보도 성경에 기록해 놓으셨습니다. 이와 같이 성경에 족보를 기록한 목적은 조상이 어떤 분인 줄 알고, 그것을 거울삼아 지금의 생활을 감사하며 잘 살아 나가라는 것입니다.

10-12절 그 자손의 이름은 이러하니라 에서의 아내 아다의 아들은 엘리바스요 에서의 아내 바스맛의 아들은 르우엘이며 엘리바스의 아들들은 데만과 오말과 스보와 가담과 그나스요 에서의 아들 엘리바스의 첩 딤나는 아말렉을 엘리바스에게 낳았으니 이들은 에서의 아내 아다의 자손이며

본장의 9절부터 19절까지에서는 에서의 세 아내와 다섯 아들과 열네

명의 족장의 족보가 기록되어 있습니다. 먼저 10절부터 12절까지는 에서의 아내 아다가 낳은 자손으로 아다의 소생 엘리바스는 데만과 오말, 스보, 가담 그나스를 낳았고 그의 첩 딤나를 통해서 아말렉을 낳았습니다. 에서의 족보의 기록에는 아들과 손자의 이름은 기록되어 있으나 그들의 행적에 대한 기록은 없습니다.

그러나 믿음으로 산 아브라함의 영적인 자손들의 계보에는 자손의 이름뿐 아니라 그들의 훌륭한 행적이 기록되어 있습니다. 행적에 대한 기록이 없는 에서의 족보는 3, 4대 이상 더 가지 못하고, 후대의 자손들은 정확한 이름조차 기록되지 못한 채 역사의 기억 속에서 사라졌습니다.

13절 르우엘의 아들들은 나핫과 세라와 삼마와 미사니 이들은 에서의 아내 바스맛의 자손이며

에서가 바스맛을 통하여 낳은 자손들이 기록되어 있습니다. 바스맛은 이스마엘의 딸로서, 에서가 아내인 가나안 여인들이 아버지 이삭을 기쁘게 하지 못하자, 부모의 마음에 들려는 목적으로 맞아들이 아내였지만 그녀 역시 부모를 기쁘시게 하지 못했습니다. 이 바스맛이 르우엘을 낳았고 르우엘은 네 명의 아들 나핫, 세라, 삼마, 미사를 낳았습니다. 에서의 족보는 어디를 보든지 자손들의 이름만 기록되어 있을 뿐 그들의 역사적 사건은 전혀 기록되지 않았습니다.

왜 그럴까요? 그것은 성경은 언제까지나 하나님의 구원의 구속사적 관점에서 언약의 백성에게 초점을 맞추고 그 외의 사람들에게는 관심을 두지 않기 때문입니다. 그리고 에서의 족보에 자손들의 이름만 열거된 것은 에서의 자손들이 번창하기는 했으나 그들 가운데 특별히 위대한 업적

을 남긴 인물이 없다는 것을 간접적으로 시사해 주고 있습니다.

14절 시브온의 손녀 아나의 딸 에서의 아내 오홀리바마의 아들들은 이러하니 그가 여우스와 얄람과 고라를 에서에게 낳았더라

에서의 두 번째 아내인 오홀리바마는 에서에게 여우스, 알람, 고라 세 아들을 낳았으나 그들의 손자에 대해서는 족보에 기록된 것이 전혀 없습니다.

여기에 기록된 사람들은 모두 하나님의 구원의 반열에서 제외된 사람들입니다. 이런 사람들에게는 아무리 하나님의 말씀을 전해 주어도 알아듣지 못합니다. 그렇기 때문에 예수님께서는 "내 아버지께서 오게 하여 주지 아니하시면 누구든지 내게 올 수 없다"(요 6:65)고 말씀하셨습니다. 하나님의 역사 없이는 절대로 예수 그리스도가 나의 구세주로 믿어지지 않는 것입니다.

그러기에 예수님 당시 유대 민족은 예수님을 믿지 못하고 이단으로 정죄하여 십자가에 못박았으나, 오순절에 성령이 강림하여 그들 가운데 역사하자 하루에 삼천 명씩, 오천 명씩 회개하여 급속히 예루살렘 성에 예수님을 믿는 성도가 늘어났던 것입니다.

오순절 날 마가 요한의 다락방에 모였던 120명의 문도에게 성령이 임하여 역사하자, 예루살렘과 유다와 사마리아와 땅끝까지 복음이 퍼져 나가 수많은 그리스도인들을 배출하게 한 것입니다. 이와 같이 성령의 역사를 통해 믿음이 생기고 구원을 받는 것입니다.

구원의 반열에서 제외된 에서의 자손들은 노아 방주의 맨 아래칸에 있는 짐승들처럼 철저하게 육적인 삶만 살다가 간 사람들이었습니다. 그

렇기 때문에 그들은 족보에 이름은 기록되어 있지만 그들의 역사의 내용은 전혀 언급되지 않았던 것입니다.

15, 16절 에서 자손 중 족장은 이러하니라 에서의 장자 엘리바스의 자손으로는 데만 족장, 오말 족장, 스보 족장, 그나스 족장과 고라 족장, 가담 족장, 아말렉 족장이니 이들은 에돔 땅에 있는 엘리바스의 족장들이요 이들은 아다의 자손이며

에서의 첫 번째 아내인 아다가 낳은 에서의 맏아들 엘리바스는 일곱 명의 아들을 두었는데, 이들은 모두 족장이 되었습니다. 족장이란 '연합하다. 가르치다.' 라는 뜻을 지닌 말로서, 어떤 부족이나 집단의 지도자를 가리키는 말입니다.

17-19절 에서의 아들 르우엘의 자손으로는 나핫 족장, 세라 족장, 삼마 족장, 미사 족장이니 이들은 에돔 땅에 있는 르우엘의 족장들이요 이들은 에서의 아내 바스맛의 자손이며 에서의 아내인 오홀리바마의 아들들은 여우스 족장, 얄람 족장, 고라 족장이니 이들은 아나의 딸이요 에서의 아내인 오홀리바마로 말미암아 나온 족장들이라 에서 곧 에돔의 자손으로서 족장 된 자들이 이러하였더라

에서의 두 번째 아내인 바스맛의 아들 루우엘은 네 명의 아들을 낳았고, 에서의 세 번째 아내인 오홀리바마는 세 명의 아들을 낳았는데 이들 역시 족장이 되었습니다.

3. 호리 족속의 족장들(36:20~30)

20. 그 땅의 주민 호리 족속 세일의 자손은 로단과 소발과 시브온과
아나와 21. 디손과 에셀과 디산이니 이들은 에돔 땅에 있는 세일의
자손 중 호리 족속의 족장들이요 22. 로단의 자녀는 호리와 헤맘과
로단의 누이 딤나요 23. 소발의 자녀는 알완과 마나핫과 에발과 스
보와 오남이요 24. 시브온의 자녀는 아야와 아나며 이 아나는 그 아
버지 시브온의 나귀를 칠 때에 광야에서 온천을 발견하였고 25. 아
나의 자녀는 디손과 오홀리바마니 오홀리바마는 아나의 딸이며 26.
디손의 자녀는 헴단과 에스반과 이드란과 그란이요 27. 에셀의 자
녀는 빌한과 사아완과 아간이요 28. 디산의 자녀는 우스와 아란이
니 29. 호리 족속의 족장들은 곧 로단 족장, 소발 족장, 시브온 족장,
아나 족장, 30. 디손 족장, 에셀 족장, 디산 족장이라 이들은 그들의
족속들에 따라 세일 땅에 있는 호리 족속의 족장들이었더라

20, 21절 그 땅의 주민 호리 족속 세일의 자손은 로단과 소발과 시브온과 아나와 디손과 에셀과 디산이니 이들은 에돔 땅에 있는 세일의 자손 중 호리 족속의 족장들이요

호리 족속의 세일 가문의 족보가 기록되어 있습니다. 구속사에서 제외된 호리 족속의 족보를 성경에 기록해 놓은 것은 '대대로 내려온 혈통을 무시하지 말고 네 부모를 공경하라.' 는 것을 교훈하지 위한 것입니다.

공자가 가르친 동양의 윤리의 근본은 효입니다. 그런데 성경에도 효는 윤리 도덕의 근본입니다.

십계명 가운데 하나님과의 관계에 대한 4계명에 이어 주어진 인간관계에 대한 6계명 중 첫째 계명이 '네 부모를 공경하라 그리하면 네가 세상에서 잘되고 장수하리라.' 는 것입니다. 십계명 중, 잘 지키는 자에게 복을 주시겠다고 약속하신 계명은 이것밖에 없습니다. 부모에게 불효하는 죄는 살인죄보다 더 큽니다. 그런데 세상 사람들은 살인죄, 간음죄를 지으면 난리법석을 떨면서 부모에 대한 불효죄에 대해서는 너무나 무감각합니다. 이것은 우리들의 윤리 도덕의 척도가 비뚤어졌다는 증거입니다.

앞으로 한국 기독교회가 올바르게 서려면 부모를 공경하고 조상을 공경하는 도덕관을 확립시켜야 합니다. 우리의 사회가 이처럼 타락하고 부패한 것은 한국의 윤리 도덕과도 일치하는 '네 부모를 공경하라.' 는 계명을 잊어버렸기 때문입니다. 우리는 예수 그리스도를 믿으므로 하나님의 자녀가 되었습니다. 그러므로 우리 그리스도인들은 아버지 되신 하나님을 공경하고 섬겨야 하는 것입니다.

그러나 눈에 보이는 육신의 부모도 공경하지 못한다면 어떻게 눈에 보이지 않는 하나님을 공경할 수 있겠습니까? 부모님에게 몹쓸 짓을 하면서 교회에 와서 하나님께 복 받기를 바라며 기도하는 교인들이 허다합니다. 한국 교회는 이런 위선을 바로잡아야 합니다. 하나님께서 우리와 아무 관계도 없는 호리 족속의 족보를 기록해 놓고 우리로 하여금 발음하기도 어려운 이름들을 읽게 하신 것은 인생이란 혼자가 아니라는 것을 가르쳐 주기 위함입니다.

'호리' 란 말은 구멍이나 동굴이란 뜻을 가진 '호르' 라는 낱말에서 파

생된 말입니다. 호리 족속은 에돔 주변 석회암 동굴 속에 살았던 족속들이며, 세일은 호리 족속 중의 한 족장이었습니다. 이 세일 족장에게는 일곱 아들이 있었는데 그들의 이름은 로단, 소발, 시브온, 아나, 디손, 에셀, 디산이었습니다.

22-24절 로단의 자녀는 호리와 헤맘과 로단의 누이 딤나요 소발의 자녀는 알완과 마나핫과 에발과 스보와 오남이요 시브온의 자녀는 아야와 아나며 이 아나는 그 아버지 시브온의 나귀를 칠 때에 광야에서 온천을 발견하였고

로단은 호리와 헤맘과 딤나를 낳았고, 소발은 알완과 마나핫과 에발과 스보와 오남을 낳았으며, 시브온은 아야와 아나를 낳았습니다. 이들이 살면서 세운 공로란 온천을 발견한 것밖에는 없습니다.

25-28절 아나의 자녀는 디손과 오홀리바마니 오홀리바마는 아나의 딸이며 디손의 자녀는 헴단과 에스반과 이드란과 그란이요 에셀의 자녀는 빌한과 사아완과 아간이요 디산의 자녀는 우스와 아란이니

세일의 아들 아나는 디손과 오홀리바마를 낳았고, 에셀은 빌한과 사아완과 아간을 낳았고, 디손은 헴단과 에스반과 이드란과 그란을 낳았고, 디산은 우스와 아란을 낳았습니다.

무엇 때문에 하나님께서 이렇게 재미없는 것을 성경에 일일이 기록하셨는지 모르겠으나, 다시 깊이 생각해 보면 우리에게 인생의 뿌리를 알게 하는 족보 공부를 시키시려고 기록한 것 같습니다.

우리가 잘 아는 미국의 흑인 작가 알렉스 헤일리가 쓴 '뿌리' 라는 책을 보면, 주인공 쿤타킨테가 자신의 뿌리를 찾아 아프리카로 갑니다. 그곳에서 자신의 뿌리를 발견했을 때 그는 자신의 현 실존을 재발견합니다. 이와 같이 인생에 있어서 뿌리는 우리의 마음을 든든히 받쳐 주는 받침이 되는 것입니다.

29, 30절 호리 족속의 족장들은 곧 로단 족장, 소발 족장, 시브온 족장, 아나 족장, 디손 족장, 에셀 족장, 디산 족장이라 이들은 그들의 족속들에 따라 세일 땅에 있는 호리 족속의 족장들이었더라

호리 족속은 세일 산의 원주민들이었습니다. 이 호리 족속을 대표하는 세일 족장의 일곱 아들은 이미 앞에서 언급되었던 인물들로서(창 36:20,21) 모두 족장이 되어 에서의 후손들에게 세일 산이 정복되기까지 각자의 구역을 분할 통치하면서 사해 지역에서 살았습니다.

4. 에돔 왕과 그 족장들(36:31~43)

31. 이스라엘 자손을 다스리는 왕이 있기 전에 에돔 땅을 다스리던 왕들은 이러하니라 32. 브올의 아들 벨라가 에돔의 왕이 되었으니

그 도성의 이름은 딘하바며 33. 벨라가 죽고 보스라 사람 세라의 아
들 요밥이 그를 대신하여 왕이 되었고 34. 요밥이 죽고 데만 족속의
땅의 후삼이 그를 대신하여 왕이 되었고 35. 후삼이 죽고 브닷의 아
들 곧 모압 들에서 미디안 족속을 친 하닷이 그를 대신하여 왕이 되
었으니 그 도성 이름은 아윗이며 36. 하닷이 죽고 마스레가의 삼라
가 그를 대신하여 왕이 되었고 37. 삼라가 죽고 유브라데 강변 르호
봇의 사울이 그를 대신하여 왕이 되었고 38. 사울이 죽고 악볼의 아
들 바알하난이 그를 대신하여 왕이 되었고 39. 악볼의 아들 바알하
난이 죽고 하달이 그를 대신하여 왕이 되었으니 그 도성 이름은 바우
며 그의 아내의 이름은 므헤다벨이니 마드렛의 딸이요 메사합의 손
녀더라 40. 에서에게서 나온 족장들의 이름은 그 종족과 거처와 이
름을 따라 나누면 이러하니 딤나 족장, 알와 족장, 여뎃 족장, 41. 오
홀리바마 족장, 엘라 족장, 비논 족장, 42. 그나스 족장, 데만 족장,
밉살 족장, 43. 막디엘 족장, 이람 족장이라 이들은 그 구역과 거처
를 따른 에돔 족장들이며 에돔 족속의 조상은 에서더라

31절 이스라엘 자손을 다스리는 왕이 있기 전에 에돔 땅을 다스리던 왕들은 이러하니라

창세기 36장 31절부터 39절까지 읽어 내려가면서 느끼는 것은 누가 왕이 되어 죽고 다음을 이은 왕도 죽고 그 다음 왕도 또 죽는 허무한 세상의 삶의 기록이라는 것입니다. 한 인간이 세상의 왕이 되어 부귀영화, 공명을 다 누려도 하나님 없는 삶은 허무한 것에 불과합니다. 그래서 성경은 "내일 일을 너희가 알지 못하는도다 너희 생명이 무엇이냐 너희는 잠깐 보이다가 없어지는 안개니라"(약 4:14)고 기록하고 있습니다.

창세기 36장 31절 이하에는 하나님의 은총이 떨어져 나간 에돔의 왕

들이 기록되어 있습니다. 에돔 족속은 이스라엘 백성들이 애굽에서 노예 생활을 할 때 세일 산 지역에서 독립 국가인 에돔 왕국을 세우고 생활의 번영과 풍요를 누리며 살고 있었습니다.

32-39절 브올의 아들 벨라가 에돔의 왕이 되었으니 그 도성의 이름은 딘하바며 벨라가 죽고 보스라 사람 세라의 아들 요밥이 그를 대신하여 왕이 되었고 요밥이 죽고 데만 족속의 땅의 후삼이 그를 대신하여 왕이 되었고 후삼이 죽고 브닷의 아들 곧 모압 들에서 미디안 족속을 친 하닷이 그를 대신하여 왕이 되었으니 그 도성 이름은 아윗이며 하닷이 죽고 마스레가의 삼라가 그를 대신하여 왕이 되었고 삼라가 죽고 유브라데 강변 르호봇의 사울이 그를 대신하여 왕이 되었고 사울이 죽고 악볼의 아들 바알하난이 그를 대신하여 왕이 되었고 악볼의 아들 바알하난이 죽고 하달이 그를 대신하여 왕이 되었으니 그 도성 이름은 바우며 그의 아내의 이름은 므헤다벨이니 마드렛의 딸이요 메사합의 손녀더라

여기에 나오는 에돔의 왕들은 지상에서 화려한 생활을 하며 권세를 누리며 살았으나 이들에 관한 이야기 속에는 하나님에 대한 말이 한 마디도 나오지 않습니다. 이들은 하나님께 버림받은 족속이며 이 세상에서 육체로만 살다가 멸망 받은 사람들인 것입니다.

구원의 반열에서 제외된 채 이 세상에서의 유한한 권세를 누리고 살았던 에돔의 왕들이 죽어서 가게 된 사후 세계는 불도 꺼지지 않고 구더기도 죽지 아니하고 소금치는 듯한 혹독한 죽음의 고통이 영원히 계속되는

지옥입니다. 지옥에서 당하는 고통이 얼마나 견딜 수 없이 큰지, 성경에 보면 지옥에 내려간 부자가 뜨거운 불 가운데서 고통하면서 세상에 있는 다섯 형제는 지옥에 오지 않게 해달라고 간청하는 모습이 묘사되어 있습니다(눅 16:28).

우리는 구원받지 못한 자의 죽음 뒤에 이런 무서운 지옥이 있음을 알아야 합니다. 그러나 이 세상에서 하나님을 경외하고 믿음으로 살은 사람은 죽어 육신의 장막집을 벗어 버리면 손으로 짓지 아니한 영원한 천국에서 주님과 함께 살게 되는 것입니다.

에돔 왕에 대한 기록은 본장 39절에서 끝이 나는데, 이들이 통치했던 에돔 족속은 그 당시에는 번영을 누리며 살았으나, 수천 년이 지난 지금에는 역사적으로 흔적도 없이 사라진 민족이 되었습니다. 그러나 하나님을 신앙하며 살아온 이스라엘 민족은 한 국가로서 존재하고 있음을 볼 때, 우리는 하나님을 경외하는 삶이 얼마나 중요한지를 다시 한 번 깨닫게 됩니다.

40-43절 에서에게서 나온 족장들의 이름은 그 종족과 거처와 이름을 따라 나누면 이러하니 딤나 족장, 알와 족장, 여뎃 족장, 오홀리바마 족장, 엘라 족장, 비논 족장, 그나스 족장, 데만 족장, 밉살 족장, 막디엘 족장, 이람 족장이라 이들은 그 구역과 거처를 따른 에돔 족장들이며 에돔 족속의 조상은 에서더라

에서 한 사람을 통하여 많은 자손들이 태어나 세일 산을 중심으로 살았지만 이들은 하나님께 버림받은 사람들이었습니다. 하나님께 버림받으면 소망이 없습니다. 그러나 하나님께 사랑받으면 이 세상에서 부귀,

영화, 공명을 누리지 못하더라도 마음속에 소망이 넘칩니다. 오늘은 어제보다 그리고 내일은 오늘보다 더 찬란한 소망이 마음속에서 자라나는 것입니다.

우리가 속이 답답하고 괴로울 때 하나님께 울며 아뢰고 난 뒤에 마음에 다가오는 상쾌함과 기쁨과 평안함은 이루 말할 수 없이 큰 것입니다. 세상의 재미는 잠시 잠간이면 지나가지만 하나님께서 주시는 맑고 밝은 환한 상쾌함은 그 영혼을 부여잡는 것입니다. 이런 체험을 하고 나면 하나님 나라가 바로 내 안에 있다는 것을 느낍니다.

하나님 나라는 구만 리 장천 저 먼 하늘에 있는 것이 아니라 바로 내 마음 속에 있습니다. 그러므로 지금 이 시간 우리의 마음속에 하나님 나라가 임하여 있느냐, 있지 않느냐는 중요한 일입니다.

제 37 장

애굽으로 팔려 가는 요셉

야곱의 편애	37:1~4
요셉의 꿈	37:5~11
형제들의 음모	37:12~24
노예로 팔려가는 요셉	37:25~28
야곱의 애통	35:29~36

A COMMENTARY ON THE
GENESIS

야곱은 4명의 아내로부터 12명의 자녀를 낳았습니다. 그런데 야곱의 12명의 자녀 중 요셉만을 특별히 사랑하자, 요셉은 형들로부터 시기와 미움의 대상이 되었습니다. 게다가 요셉은 자기가 꾼 두 가지 꿈 이야기를 형들에게 들려주었는데, 첫 번째 꿈의 내용은 요셉의 곡식단에 형들의 열한 곡식단이 절하는 것이었으며, 두 번째 꾼 꿈은 하늘의 해와 달과 열한 별이 요셉에게 절하는 것이었습니다.

이 꿈 이야기를 들은 형들은 요셉에게 "네가 참으로 우리의 왕이 되겠느냐"고 따져 묻고 이 일을 괘씸하게 생각하여 기회만 있으면 요셉을 해치려고 마음먹었습니다. 그런데 어느 날 요셉은 아버지 심부름으로 형들을 찾아 들판에 나갔다가 형들에 의해 노예로 팔려가게 되었습니다. 그러나 꿈이 있는 요셉이 노예로 팔려감으로 장차 요셉의 꿈이 이루어지게 될 줄은 아무도 몰랐습니다.

1. 야곱의 편애(37:1~4)

1. 야곱이 가나안 땅 곧 그의 아버지가 거류하던 땅에 거주하였으니
2. 야곱의 족보는 이러하니라 요셉이 십칠 세의 소년으로서 그의 형
들과 함께 양을 칠 때에 그의 아버지의 아내들 빌하와 실바의 아들들
과 더불어 함께 있었더니 그가 그들의 잘못을 아버지에게 말하더라
3. 요셉은 노년에 얻은 아들이므로 이스라엘이 여러 아들들보다 그
를 더 사랑하므로 그를 위하여 채색옷을 지었더니 4. 그의 형들이 아
버지가 형들보다 그를 더 사랑함을 보고 그를 미워하여 그에게 편안
하게 말할 수 없었더라

1절 야곱이 가나안 땅 곧 그의 아버지가 거류하던 땅에 거주하였으니

외삼촌 라반의 집에서 20년 간 머슴살이를 하던 야곱은 드디어 꿈에도 그리던 가나안 땅으로 돌아왔습니다. 야곱이 돌아온 후 형 에서는 세일 산으로 떠나갔지만, 야곱은 약속의 땅 가나안에 머물러 살았습니다.

누구나 마찬가지지만 사람은 어릴 때 마음에 새겨진 정든 교향을 잊을 수 없습니다. 저도 고향에 가 보면 비록 예전의 모습은 사라지고 없지만 어릴 적 뛰놀던 고향의 모습은 그대로 제 마음에 남아있습니다. 마음으로 찾아갈 수 있는 고향이 있다는 것은 참으로 좋습니다. 그러나 요즘 어린이들에게는 고향이 없습니다. 이사를 자주 다녀서 초등학교 6년 동안 한 학교를 다니다가 졸업한 아이가 많지 않으니 고향이 있을 턱이 없습니다. 그러니 이렇게 자란 아이들이 훗날 어른이 되어서도 어릴 때의 별명을 부르며 허물없이 지낼 절친한 친구들 사귈 기회가 어디 있겠습니까? 이와 같이 친구가 없는 아이들은 자연히 마음이 살벌해지고 고독해지는 것입니다.

우리가 먹는 음식도 마찬가지입니다. 옛날 우리가 자랄 때 어머니가 정성껏 만들어 주시던 그 음식 맛은 기억에서 사라지지 않습니다. 지금은 그때에 비해 음식도 풍부하고 조미료도 많이 개발되었지만, 어릴 적 고향에서 된장에 갓 따온 풋고추를 찍어 먹던 그 맛을 잊을 수 없습니다.

사람은 나이가 들면 음식도 어릴 때 먹던 음식을 그리워하게 되고, 마음도 어릴 때 자란 고향으로 돌아가는 것입니다. 야곱도 외삼촌 라반의 집에서 살면서 늘 아버지가 계신 고향으로 가려는 마음의 소원을 가지고 있었습니다.

사람이 젊을 때는 부모 곁을 떠나 세상으로 나가지만, 나이가 들어 늙어지면 자연히 마음속에 부모 생각이 간절하여 고향 땅 부모 계신 곳으로 돌아가게 되는 것입니다. 이렇게 인생은 떠나갔다가 나중에는 떠났던 곳으로 되돌아오는 것입니다. 야곱도 그렇게 돌아왔습니다. 마음속으로 소원하던 아버지가 계신 가나안 땅으로 돌아온 것입니다.

2절 야곱의 족보는 이러하니라 요셉이 십칠 세의 소년으로서 그의 형들과 함께 양을 칠 때에 그의 아버지의 아내들 빌하와 실바의 아들들과 더불어 함께 있었더니 그가 그들의 잘못을 아버지에게 말하더라

야곱의 계보를 소개하는데 야곱이 아닌 요셉의 이야기부터 시작되는 까닭은 장차 열두 지파를 양육하고 보존하는 데 요셉이 결정적인 역할을 하기 때문입니다.

요셉은 어려서부터 열두 형제 중 가장 특출했습니다. 그는 무엇보다도 하나님을 경외하였을 뿐 아니라 부모님께 효도하고 생활도 반듯하여 어릴 때부터 다른 형제와 달랐습니다. 또한 요셉은 열두 아들 중에 인물도 수려하고 언어 행동도 바르고 탁월했습니다.

요셉은 형들과 함께 양을 돌보았는데 들에서 돌아오면 형들의 잘못을 아버지에게 꼭 일러바쳤습니다. 그럴 때마다 형들은 아버지에게 불려가서 호된 꾸중을 들었습니다. 아버지에게서 꾸중을 들은 형제들은 요셉의 얄미운 행동에 앙심을 품고 "어디 두고 보자" 고 벼르게 되었습니다. 그리고 야곱은 아들 중 요셉을 특별히 사랑하였는데 이러한 편애가 요셉을 외톨이로 만들었던 것입니다.

부모는 자식들에게 공정해야지 공개적으로 어느 한 자식만을 편애하면 의좋은 형제간이라도 불화의 감정이 생겨나는 것입니다.

3절 요셉은 노년에 얻은 아들이므로 이스라엘이 여러 아들들보다 그를 더 사랑하므로 그를 위하여 채색옷을 지었더니

야곱은 가장 사랑한 아내 라헬의 소생인 요셉을 특별히 사랑하여 그에

게만 값이 비싸고 아름다운 채색옷을 만들어 입혔습니다. 그러나 야곱이 요셉에게 채색옷을 지어 입힌 일은 큰 잘못이었습니다. 왜냐하면 다른 아들들은 목축하기에 편한 허름한 옷을 입었는데 요셉만 값비싼 채색옷을 입고 있으니 그 형제들의 심사가 편할 수 없었을 것이기 때문입니다. 채색옷을 입은 요셉이 형제들의 눈에 가시처럼 보인 것입니다.

4절 그의 형들이 아버지가 형들보다 그를 더 사랑함을 보고 그를 미워하여 그에게 편안하게 말할 수 없었더라

아버지 야곱이 요셉을 특별히 편애하자 형들이 모두 그를 시기하고 질투하여 건네는 말씨조차 퉁명스러웠습니다. 그리고 자기들끼리 모여 불평을 털어놓곤 하였습니다. 이러한 불평불만이 쌓여 나중에 큰 일을 저지른 것입니다.

큰 일은 단순히 한 가지 이유만으로 일어나지 않습니다. 조그마한 것이 쌓여도 이것이 나중에 한꺼번에 터져 큰 일이 벌어지는 것입니다. 가정의 큰 불화도 작은 요소들이 쌓이고 쌓여 한꺼번에 크게 터지는 것이지 한 가지 이유로 해서 갑자기 크게 터지는 예는 별로 없습니다.

2. 요셉의 꿈(37:5~11)

5. 요셉이 꿈을 꾸고 자기 형들에게 말하매 그들이 그를 더욱 미워하였더라 6. 요셉이 그들에게 이르되 청하건대 내가 꾼 꿈을 들으시오 7. 우리가 밭에서 곡식 단을 묶더니 내 단은 일어서고 당신들의 단은 내 단을 둘러서서 절하더이다 8. 그의 형들이 그에게 이르되 네가 참으로 우리의 왕이 되겠느냐 참으로 우리를 다스리게 되겠느냐 하고 그의 꿈과 그의 말로 말미암아 그를 더욱 미워하더니 9. 요셉이 다시 꿈을 꾸고 그의 형들에게 말하여 이르되 내가 또 꿈을 꾼즉 해와 달과 열한 별이 내게 절하더이다 하니라 10. 그가 그의 꿈을 아버지와 형들에게 말하매 아버지가 그를 꾸짖고 그에게 이르되 네가 꾼 꿈이 무엇이냐 나와 네 어머니와 네 형들이 참으로 가서 땅에 엎드려 네게 절하겠느냐 11. 그의 형들은 시기하되 그의 아버지는 그 말을 간직해 두었더라

5절 요셉이 꿈을 꾸고 자기 형들에게 말하매 그들이 그를 더욱 미워하였더라

하나님께서는 우리에게 꿈을 통해 말씀하실 때가 많습니다. 물론 성경 말씀을 통해서나 기도를 통해서도 말씀하시지만 하나님께서는 꿈을 통하여 말씀을 많이 하십니다. 그런데 하나님께서 꼭 예수님을 믿는 사람에게만 꿈을 통하여 말씀하신 것이 아니라, 믿지 않는 사람에게도 꿈

을 통해 말씀하십니다.

다니엘에 나오는 느부갓네살 왕은 꿈에 우상을 보았습니다(단 2:31~35). 그 큰 우상의 머리는 황금이요, 몸은 은이요, 배는 동이요, 다리는 철이요, 발가락은 철과 흙이 섞인 것이었습니다. 이것은 하나님께서 이방의 왕 느부갓네살에게 꿈을 통해 이스라엘과의 관계를 중심으로 한 세계의 역사를 계시해 주신 것입니다.

또한 신약성경에서도 하나님께서 꿈을 통해 말씀해 주신 예가 있습니다. 하나님의 아들 예수 그리스도가 탄생하실 때 하나님께서는 요셉에게 꿈을 통해 말씀하셨고, 베들레헴에서 아기 예수를 낳았을 때에도 "헤롯이 아기를 찾아 죽이려 하니 빨리 아내를 데리고 애굽으로 도망가라." 고 꿈을 통해 알려 주셨으며, 애굽에서는 "헤롯이 죽었으니 이제 고향으로 돌아가라." 고 꿈을 통해 말씀하셨습니다. 이와 같이 메시야 탄생에 있어 가장 중요한 계시를 주실 때 하나님께서는 꿈을 통해 말씀하셨습니다. 오늘날에도 하나님께서는 꿈을 통해 말씀을 많이 하십니다.

이러한 꿈은 하나님께서 우리에게 주시는 은사입니다. 하나님께서 주시는 꿈은 일반적인 꿈과 확실히 다릅니다. 하나님께서 주신 꿈은 꾸고 난 다음에 그 내용이 의미심장하게 느껴집니다. 무언가 하나님께서 그 꿈을 통해 말씀하고 계시다는 느낌을 받습니다. 그러므로 예수님을 믿는 사람은 특별히 비상한 꿈을 꾸었다고 생각하면 꿈을 통해서 하나님께서 무슨 메시지를 주셨는가를 생각해 보아야 하는 것입니다. 그러나 비상한 꿈이라고 해서 다 하나님께로부터 오는 것은 아닙니다. 마귀도 꿈을 가져다주는데 이러한 꿈들을 잘 분별해야 합니다.

6, 7절 요셉이 그들에게 이르되 청하건대 내가 꾼 꿈을 들으시오 우리가 밭에서 곡식 단을 묶더니 내 단은 일어서고 당신들의 단은 내 단을 둘러서서 절하더이다

요셉의 형들은 요셉이 아버지의 특별한 사랑을 받아 채색옷을입고 우쭐대는 것이 건방지다고 생각하던 차에 요셉이 꾼 꿈 이야기를 듣고 더욱 울화가 치밀었습니다.

"우리가 밭에서 곡식 단을 묶더니 내 단은 일어서고 당신들의 단은 내 단을 둘러서서 절하더이다" 이러한 요셉의 꿈의 내용은 심상치 않은 것이었습니다. 이것은 부인할래야 부인할 수 없는 계시의 꿈인 것입니다.

요셉은 철없이 형들에게 그대로 꿈 이야기를 말함으로써 그만 형제들의 미움을 사게되었는데, 그것이 애굽으로 팔려 가는 결정적인 동기가 된 것입니다.

8절 그의 형들이 그에게 이르되 네가 참으로 우리의 왕이 되겠느냐 참으로 우리를 다스리게 되겠느냐 하고 그의 꿈과 그의 말로 말미암아 그를 더욱 미워하더니

요셉의 곡식단에 형제들의 곡식단이 절한다는 것은 장차 요셉이 형제들을 지배하며, 형제들은 요셉에게 경배하게 될 것을 암시하는 것입니다. 형제들이 나이 어린 요셉의 꿈 이야기를 듣고 격분하여 "네가 참으로 우리의 왕이 되겠느냐 참으로 우리를 다스리게 되겠느냐" 라고 요셉에게 따져 물었습니다.

9, 10절 요셉이 다시 꿈을 꾸고 그의 형들에게 말하여 이르되 내가

또 꿈을 꾼즉 해와 달과 열한 별이 내게 절하더이다 하니라 그가 그의 꿈을 아버지와 형들에게 말하매 아버지가 그를 꾸짖고 그에게 이르되 네가 꾼 꿈이 무엇이냐 나와 네 어머니와 네 형들이 참으로 가서 땅에 엎드려 네게 절하겠느냐

요셉이 두 번째 꾼 꿈은 첫 번째 꾼 꿈보다 더 기가 막힌 것이었습니다. 요셉이 꿈에 하늘을 쳐다보니 해와 달과 열한 별이 요셉을 향해 절을 했습니다.

요셉은 아버지와 형들에게 꿈 이야기를 했습니다. 이 꿈 이야기를 듣자 형제들은 견딜 수가 없었습니다. 왜냐하면 해와 달은 아버지와 어머니이고 열한 별은 열한 형제들이니 아버지와 어머니와 열한 형제 모두가 요셉을 향해 절을 하더라는 말이기 때문입니다. 그렇지 않아도 얄밉고 밉살스러운데다 이제는 부모님까지 모욕하는 방자한 태도를 보이는 요셉을 가만둘 수가 없었습니다.

이야기를 듣던 야곱은 험악해진 분위기를 느끼고 형들에게 몰매를 맞게 될지로 모를 위기에 빠진 요셉을 보호하기 위해 중간에 뛰어들었습니다. 그리고 요셉을 형들 앞에서 꾸중했습니다.

야곱이 요셉에게 엄히 꾸짖자 이것을 지켜보던 형들은 체증이 내려가듯 속이 시원했습니다. 아버지의 심한 꾸짖음이 형들의 분노를 누그러지게 하였던 것입니다.

그러나 이러한 효과는 일시적인 것이었습니다. 요셉의 형들은 아버지가 요셉에게 불호령하는 것을 보고 자신들이 나서서 분풀이를 하지는 않았지만, 그들의 마음 깊이 뿌리내린 시기와 분노는 여전히 남아 있었습니다.

11절 그의 형들은 시기하되 그의 아버지는 그 말을 간직해 두었더라

아버지는 말로는 호통을 쳤지만 속으로는 요셉의 꿈을 비범한 꿈이라고 생각하고 요셉이 큰 인물이 될 것이라고 예상했습니다. 하나님께서는 요셉에게 같은 내용의 꿈을 두 번 꾸게 하셨습니다. 둘이라는 숫자는 증인의 숫자인 것입니다. 그래서 성경에 보면 재판할 때 반드시 증인을 두 명 이상 세워야 된다고 말씀했습니다(신 19:15).

하나님께서 요셉에게 꿈을 두 번 보여주신 것은 틀림없이 이 일이 이뤄진다는 것을 보여 준 것입니다. 사람은 마음에 꿈이 없고 환상이 없으면 어려운 역경에 부딪칠 때 절망합니다. 그러므로 하나님께서는 요셉의 꿈이 이루어지기까지 큰 시련이 다가올지라도 그 시련을 이기고 그 꿈을 이룰 수 있도록 미리 그의 마음속에 꿈을 넣어주신 것입니다.

하나님께서는 우리에게 꿈을 이루어 주시기 위해 시련을 통과하게 하십니다. 꿈이 크면 그에 비례하여 시련도 심합니다. 그러나 그 시련을 견디고 승리하면 꿈이 반드시 이루어지는 것입니다. 하나님께서 복 주실 때도 이와 마찬가지입니다. 하나님께서는 먼저 우리의 자아를 깨뜨리고 받을 준비가 되었을 때 비로소 복을 쏟아 부어 주십니다.

요셉은 장차 애굽의 국무총리가 되어 온 애굽 사람들뿐 아니라 그의 가족들과 가나안의 주민들까지 구원하는 위대한 사람이 되기 위해서 무서운 시련을 통과해야만 했습니다.

그런데 만약 요셉이 마음에 꿈이 없었다면 어찌 시련을 이길 수 있겠습니까. 요셉은 그의 마음에 하나님께서 주신 꿈과 그것이 반드시 이루어질 것이라는 확신이 있었으므로 아무리 혹독한 시련이 닥치더라도 이겨 낼 수 있었습니다.

이와 같이 하나님께서는 우리에게 복을 주실 때 먼저 꿈과 환상을 주시는 것입니다. 왜냐하면 우리의 영혼 속에 영롱한 꿈과 기쁨이 있어야 다음에 다가오는 무거운 짐을 어깨에 걸머지고 나갈 수 있으며, 궁극적으로 하나님께서 예비해 놓으신 복을 받을 수 있기 때문입니다.

3. 형제들의 음모(37:12~24)

12. 그의 형들이 세겜에 가서 아버지의 양 떼를 칠 때에 13. 이스라엘
이 요셉에게 이르되 네 형들이 세겜에서 양을 치지 아니하느냐 너를
그들에게로 보내리라 요셉이 아버지에게 대답하되 내가 그리하겠나
이다 14. 이스라엘이 그에게 이르되 가서 네 형들과 양 떼가 다 잘 있
는지를 보고 돌아와 내게 말하라 하고 그를 헤브론 골짜기에서 보내
니 그가 세겜으로 가니라 15. 어떤 사람이 그를 만난즉 그가 들에서
방황하는지라 그 사람이 그에게 물어 이르되 네가 무엇을 찾느냐
16. 그가 이르되 내가 내 형들을 찾으오니 청하건대 그들이 양치는
곳을 내게 가르쳐 주소서 17. 그 사람이 이르되 그들이 여기서 떠났
느니라 내가 그들의 말을 들으니 도단으로 가자 하더라 하니라 요셉
이 그의 형들의 뒤를 따라 가서 도단에서 그들을 만나니라 18. 요셉
이 그들에게 가까이 오기 전에 그들이 요셉을 멀리서 보고 죽이기를
꾀하여 19. 서로 이르되 꿈 꾸는 자가 오는도다 20. 자, 그를 죽여 한
구덩이에 던지고 우리가 말하기를 악한 짐승이 그를 잡아먹었다 하
자 그의 꿈이 어떻게 되는지를 우리가 볼 것이니라 하는지라 21. 르

우벤이 듣고 요셉을 그들의 손에서 구원하려 하여 이르되 우리가 그의 생명은 해치지 말자 22. 르우벤이 또 그들에게 이르되 피를 흘리지 말라 그를 광야 그 구덩이에 던지고 손을 그에게 대지 말라 하니 이는 그가 요셉을 그들의 손에서 구출하여 그의 아버지에게로 돌려 보내려 함이었더라 23. 요셉이 형들에게 이르매 그의 형들이 요셉의 옷 곧 그가 입은 채색옷을 벗기고 24. 그를 잡아 구덩이에 던지니 그 구덩이는 빈 것이라 그 속에 물이 없었더라

12, 13절 그의 형들이 세겜에 가서 아버지의 양 떼를 칠 때에 이스라엘이 요셉에게 이르되 네 형들이 세겜에서 양을 치지 아니하느냐 너를 그들에게로 보내리라 요셉이 아버지에게 대답하되 내가 그리하겠나이다

여기에서 우리는 야곱이 아버지로서 잘못한 행동을 보게 됩니다. 그렇지 않아도 요셉의 이복 형제들이 아버지의 불공평한 사랑으로 인해 시기하고 있는데, 라헬의 소생인 요셉과 베냐민만 집에 두고 그들만 거친 들에게 양을 치게 했던 것입니다.

양 치는 목자들은 대개 봄에 양을 치러 나가서 한여름 내내 풀을 찾아 이곳저곳으로 떠돌아다니다가 가을이 되어야 양 떼를 몰고 집으로 돌아오게 됩니다. 그러니 야곱이 오랫동안 떨어져 있는 아들들의 안부를 궁금해 하는 것은 당연한 일이었습니다. 그런데 이 심부름 길은 요셉에게 죽음과 다름없는 길이었습니다.

야곱은 아들들을 자기 마음같이 믿었습니다. 그러나 아버지와 아들의 관계와 형제들간의 관계는 다른 것입니다. 친형제라 해도 서로 이해 문

제에 부딪치면 원망이 생기고 불평이 생기는데, 하물며 배다른 형제들은 남보다 더 무서운 시기와 질투가 생기는 것입니다. 더구나 아버지의 편애와 두 번의 꿈 이야기로 인해 요셉을 시기하고 미워하고 있는 형들에게 요셉을 보냈으니, 마치 양을 이리 떼에게 보낸 것이나 마찬가지였던 것입니다.

14절 이스라엘이 그에게 이르되 가서 네 형들과 양 떼가 다 잘 있는지를 보고 돌아와 내게 말하라 하고 그를 헤브론 골짜기에서 보내니 그가 세겜으로 가니라

야곱은 다른 아들들이 요셉을 얼마나 미워했는지를 전혀 몰랐습니다. 그래서 그저 멀리 떨어져 있는 아들들의 근황을 알아보기 위해서 요셉을 세겜 골짜기로 보냈습니다. 요셉 또한 형들을 전혀 의심하지 않았기 때문에 아버지의 명령에 순종하여 험한 골짜기를 마다하지 않고 떠났습니다.

15, 16절 어떤 사람이 그를 만난즉 그가 들에서 방황하는지라 그 사람이 그에게 물어 이르되 네가 무엇을 찾느냐 그가 이르되 내가 내 형들을 찾으오니 청하건대 그들이 양치는 곳을 내게 가르쳐 주소서

양 떼를 먹이는 목동들은 한 곳에 머무르지 않고 물과 풀이 많이 있는 곳을 찾아 장소를 옮겨 다니면서 양 떼를 먹여야 했습니다. 요셉이 아버지가 일러 준 대로 헤브론을 떠나 세겜에 도착해 보니 형들은 이미 가축 떼를 이끌고 그곳을 떠난 후였습니다. 그래서 요셉이 들판에서 이리저리

형들을 찾아 헤매자 길을 가던 행인이 요셉에게 "네가 무엇을 찾느냐" 고 물었습니다. 그러자 형들에게 줄 음식을 들고 방황하던 요셉은 이곳에서 양 치는 목동들이 자기의 형들인데 지금 그들이 어디에서 양을 치는지를 가르쳐 달라고 부탁하였습니다.

17절 그 사람이 이르되 그들이 여기서 떠났느니라 내가 그들의 말을 들으니 도단으로 가자 하더라 하니라 요셉이 그의 형들의 뒤를 따라 가서 도단에서 그들을 만나니라

그 행인은 마침 그곳을 떠나던 형들이 "도단으로 가자" 고 말했던 것을 기억해 내고 요셉에게 알려 주었습니다. 도단은 세겜에서 30㎞ 떨어져 있는 곳으로, 한나절이나 이곳으로 걸어온 요셉이 가기에는 상당히 먼 거리였습니다. 따라서 요셉은 세겜에서 형들을 만나지 못한 채 되돌아올 수도 있었지만, 아버지의 심부름에 대한 사명감과 싸가지고 온 음식을 형들에게 주고 싶은 형제애 때문에 조금도 주저하지 않고 도단까지 따라가서 형들을 만났습니다.

18-20절 요셉이 그들에게 가까이 오기 전에 그들이 요셉을 멀리서 보고 죽이기를 꾀하여 서로 이르되 꿈 꾸는 자가 오는도다 자, 그를 죽여 한 구덩이에 던지고 우리가 말하기를 악한 짐승이 그를 잡아먹었다 하자 그의 꿈이 어떻게 되는지를 우리가 볼 것이니라 하는지라

요셉이 멀리서 걸어오는 것을 보면서 형들은 한마음이 되어 요셉을 죽이기로 작정했습니다. 그리고 요셉의 꿈이 어떻게 되는가를 보자고 서

로 쳐다보며 비웃었습니다. 그러나 형들은 모르는 것이 있었습니다. 꿈은 현실보다 강합니다. 우리 마음속에 꿈이 있으면 어느 누구도 그 꿈을 빼앗지 못합니다.

하나님께서는 우리에게 꿈과 환상을 주시고, 그것을 통해 우리들을 사용하십니다. 그러므로 꿈이 있는 백성은 망하지 않습니다. 우리 그리스도인들은 모두 공통의 꿈을 가지고 있는데, 그것은 우리 주 예수 그리스도의 재림입니다. 그런 면에서 우리 그리스도인들은 요셉같이 꿈쟁이인 것입니다.

우리는 예수님이 재림하시고 하나님 나라가 이루어지는 영화롭고 장엄한 꿈을 마음 가득 담고 있습니다. "저 꿈쟁이들이 꿈을 꾸는 것이 이루어지나 보자."라고 세상 사람들이 우리를 비웃어도 하나님께서 우리의 가슴 속에 심어 주신 꿈은 반드시 이루어집니다. 꿈을 가진 사람은 어떠한 역경에도 낙심하지 않습니다. 핍박과 죽음도 이기며 이 꿈을 향해 걸어 나가는 것입니다.

"꿈을 가져라. 그 꿈이 너를 이끌어 갈 것이다." 이것은 제가 늘 강조하는 말입니다. 꿈을 가지십시오. 희한하게도 꿈은 우리가 꾸고 있는 그대로 우리를 이끌어 가는 것입니다.

형들은 요셉을 잡아 구덩이에 파묻고 아버지에게는 요셉이 짐승에게 잡아먹혔다고 보고하면 그만이라고 생각했습니다. 이와 같이 형들은 아버지를 감쪽같이 속일 생각을 하였으나, 요셉에게 꿈을 주신 하나님께서 그 꿈을 반드시 이루실 것이라는 생각은 하지 못했습니다.

21, 22절 르우벤이 듣고 요셉을 그들의 손에서 구원하려 하여 이르

되 우리가 그의 생명은 해치지 말자 르우벤이 또 그들에게 이르되 피를 흘리지 말라 그를 광야 그 구덩이에 던지고 손을 그에게 대지 말라 하니 이는 그가 요셉을 그들의 손에서 구출하여 그의 아버지에게로 돌려보내려 함이었더라

르우벤은 비록 서모인 빌하와 통간하여 아버지에게 죄는 지었으나 맏아들로서 아버지 생각을 제일 많이 하였습니다.

저도 우리 집안의 맏아들인데 우리 형제 중 제가 제일 많이 부모 생각을 하는 것 같습니다. 자화자찬 같지만 늘 아버지 어머니에 대한 생각이 마음속에서 떠나지 않습니다. 이처럼 맏이는 동생들은 물론 부모님에 대해 책임감을 느끼는 것입니다.

르우벤은 아버지 야곱을 생각하여 요셉을 살려주자고 동생들을 달랬습니다.

르우벤은 동생들에게 "죽일 것까지 있느냐. 차라리 저 광야의 마른 구덩이에 던져 버리고 우리는 가자."라고 설득했습니다. 르우벤이 이렇게 말한 이유는 나중에 몰래 와서 요셉을 건져 내어 아버지에게로 보내려고 작정했기 때문입니다.

23, 24절 요셉이 형들에게 이르매 그의 형들이 요셉의 옷 곧 그가 입은 채색옷을 벗기고 그를 잡아 구덩이에 던지니 그 구덩이는 빈 것이라 그 속에 물이 없었더라

요셉이 형들에게 이르자 형들은 요셉을 붙잡아 채색옷을 벗긴 후 구덩이에 던져 넣었습니다. 이때 요셉은 눈물로 형들의 동정을 애걸했는데, 그 모습이 어찌나 애절하고 처절했던지 20년이 지난 후에도 형제들의

뇌리에서 지워지지 않고 생생하게 기억될 정도였습니다(창 42:21,22).

형들이 요셉을 잡아서 던져 넣은 구덩이는 마침 물이 없는 빈 구덩이였던 것입니다. 형들은 요셉을 죽이기로 궤계를 세우고 음모를 꾸몄으나 하나님께서 벌써 그 꿈을 다스리기 시작한 것입니다.

4. 노예로 팔려 가는 요셉(37:25~28)

25. 그들이 앉아 음식을 먹다가 눈을 들어 본즉 한 무리의 이스마엘
사람들이 길르앗에서 오는데 그 낙타들에 향품과 유향과 몰약을 싣
고 애굽으로 내려가는지라 26. 유다가 자기 형제에게 이르되 우리가
우리 동생을 죽이고 그의 피를 덮어둔들 무엇이 유익할까 27. 자 그
를 이스마엘 사람들에게 팔고 그에게 우리 손을 대지 말자 그는 우리
의 동생이요 우리의 혈육이니라 하매 그의 형제들이 청종하였더라
28. 그 때에 미디안 사람 상인들이 지나가고 있는지라 형들이 요셉을
구덩이에서 끌어올리고 은 이십에 그를 이스마엘 사람들에게 팔매
그 상인들이 요셉을 데리고 애굽으로 갔더라

25절 그들이 앉아 음식을 먹다가 눈을 들어 본즉 한 무리의 이스마엘 사람들이 길르앗에서 오는데 그 낙타들에 향품과 유향과 몰약을 싣고 애굽으로 내려가는지라

아무리 무정하다 해도 이 장면보다 더 무정한 일이 또 어디 있겠습니까? 그들은 요셉을 잡아 구덩이에 던져 버리고 겁에 질린 목소리로 살려달라고 애원하는 그의 울부짖음을 무시한 채 요셉이 가져온 음식을 맛있게 먹으면서 떠들어댔습니다.

그들은 요셉에게 앙갚음한 것을 즐거워했습니다. 눈에 거슬리던 채색옷도 벗겨 버렸으니 형들의 눈에 이제 요셉에게는 아무 것도 없는 것처럼 보였습니다. 그러나 요셉에게는 꿈이 있었습니다. 우리가 모든 것을 다 잃어버려도 마음속에 있는 꿈을 잃어버리지 않으면 절대로 망하지 않습니다. 그렇지만 꿈을 잃어버린 개인이나 민족은 끝장납니다. 꿈이 없는 학생은 공부하지 않고, 꿈이 없는 남자는 술로 방탕하게 되며, 꿈이 없는 여자는 치맛바람 날리며 놀러 다니다가 망합니다. 즉 사람이 그 마음속에 꿈이 없으면 절망적인 것입니다.

얼마 전에 일어난 일이었습니다. 아버지가 열심을 다해 노동하며 아들을 고등학교에 보냈습니다. 그 아버지는 자기가 이루지 못한 꿈을 아들이 이룰 것을 소원하며 힘겹게 공부를 시켰습니다. 그러나 그 아들은 하라는 공부는 하지 않고 나쁜 짓만 골라 하면서 학교에서 말썽을 일으켰습니다. 하루는 아버지가 건축 현장에서 노동을 마치고 돌아오니 아들이 학교에서 퇴학을 당하고 돌아왔습니다. 그리고는 다음날 가출해 버렸습니다. 그날 저녁 그 아버지는 이를 비관하여 농약을 먹고 자살했습니다. 그아버지는 아들에게 건 꿈이 깨져 버리자 더 이상 삶에 대한 의욕이 없어졌고, 살아갈 힘조차 상실해 버린 것입니다. 너무나 비관이 된 나머지, 노동할 수 있는 힘도 잃어버리고 삶의 소망조차도 잃게 되어 자살한 것입니다.

사람은 마음속에 꿈이 있으면 그 꿈을 통해 기쁨을 누리고 또 그 기쁨이 주는 힘으로 어떻나 어려움도 싸워 이겨 나가는 것입니다.

요셉의 형들이 음식을 나누어 먹고 있는데 멀리서 한 떼의 이스마엘 대상들이 오는 것이 보였습니다. 그들은 낙타에 향품과 유향과 몰약을 싣고 사막을 건너 애굽으로 장사하러 가는 장사꾼들이었습니다.

26, 27절 유다가 자기 형제에게 이르되 우리가 우리 동생을 죽이고 그의 피를 덮어둔들 무엇이 유익할까 자 그를 이스마엘 사람들에게 팔고 그에게 우리 손을 대지 말자 그는 우리의 동생이요 우리의 혈육이니라 하매 그의 형제들이 청종하였더라

이스마엘 대상들을 바라보면서 유다가 형제들에게 요셉을 죽이지 말고 차라리 이스마엘 대상에게 팔자고 제안했습니다.

유다의 이 제안은 우연한 생각이 아니었습니다. 이 제안은 하나님께서 유다의 마음을 움직이심으로써 하나님께서 계시해 주신 꿈대로 일이 성취되도록 이끌어 가고 계심을 보여 주는 것입니다. 우리가 여기서 알아야 될 것은 우리의 환경이 아무리 어려울지라도 마음속에 꿈이 있으면 그 꿈이 환경을 변화시킨다는 것입니다.

형제들은 요셉을 죽이기보다 차라리 아라비아 대상에게 팔아 버리는 편이 더 낫겠다고 생각했습니다. 그들은 요셉을 애굽에 팔아버린다면 그가 다시는 돌아오지 못할 것이라고 생각한 것입니다. 그러나 하나님께서는 사랑하는 자 곧 그 뜻대로 부르심을 입은 자들에게는 모든 것이 합력하여 선을 이루게 해주십니다(롬 8:28).

28절 그 때에 미디안 사람 상인들이 지나가고 있는지라 형들이 요셉을 구덩이에서 끌어올리고 은 이십에 그를 이스마엘 사람들에게 팔매 그 상인들이 요셉을 데리고 애굽으로 갔더라

형들은 요셉을 구덩이에서 끌어올려 애굽으로 내려가는 대상들에게 노예의 몸값인 은 이십 개를 받고 팔아 버렸습니다. 요셉이 노예의 몸값으로 팔린 것은 훗날 예수님께서 가룟 유다에 의해 은 삼십에 팔린 것(마 26:15)을 예표하는 것입니다. 형들이 요셉을 판 것이 돈 때문이 아니었듯이, 가룟 유다가 예수님을 은 삼십에 판 것도 돈을 벌기 위함이 아니었브니다. 예수님을 노예의 몸값에 팔아버림으로써 예수님을 모욕하려고 한 것입니다. 가룟 유다는 예수님이 왕이 되어 온 천하를 다스리게 될 때 자기는 장관이 될 것을 꿈꾸고 있었는데, 예수님께서 왕이 되시는 것이 아니라 십자가에 달려 죽을 것이라고 말씀하시는 것을 듣고 너무 실망하고 분했기 때문에 예수님을 판 것입니다.

요셉은 상인들에게 노예로 팔려 애굽으로 끌려갔습니다. 요셉은 장차 애굽에서 가장 높은 국무총리가 될 사람이었지만, 애굽의 국무총리가 되기 위해 타고 간 말은 고난의 말이었습니다. 그러나 그 말은 영광으로 이끄는 고난의 말이란 것을 우리는 알아야 합니다. 영광으로 가는 길은 금수레를 타고 가는 것이 아니라 고난의 말을 타고 가는 것입니다.

예수님께서도 인류를 구원하고 천국의 영광을 이루시기 위하여 갈보리로 가실 때 십자가를 지고 가셨습니다. 그리고 바로 그 십자가를 통해 영광을 받으셨습니다. 요셉이 애굽으로 내려가는 길은 비록 고난의 길로 시작되었지만 영광으로 가는 길이었던 것입니다.

5. 야곱의 애통(37:29~36)

29. 르우벤이 돌아와 구덩이에 이르러 본즉 거기 요셉이 없는지라 옷
을 찢고 30. 아우들에게로 되돌아와서 이르되 아이가 없도다 나는
어디로 갈까 31. 그들이 요셉의 옷을 가져다가 숫염소를 죽여 그 옷
을 피에 적시고 32. 그의 채색옷을 보내어 그의 아버지에게로 가지
고 가서 이르기를 우리가 이것을 발견하였으니 아버지 아들의 옷인
가 보소서 하매 33. 아버지가 그것을 알아보고 이르되 내 아들의 옷
이라 악한 짐승이 그를 잡아 먹었도다 요셉이 분명히 찢겼도다 하고
34. 자기 옷을 찢고 굵은 베로 허리를 묶고 오래도록 그의 아들을 위
하여 애통하니 35. 그의 모든 자녀가 위로하되 그가 그 위로를 받지
아니하여 이르되 내가 슬퍼하며 스올로 내려가 아들에게로 가리라
하고 그의 아버지가 그를 위하여 울었더라 36. 그 미디안 사람들은
그를 애굽에서 바로의 신하 친위대장 보디발에게 팔았더라

29, 30절 르우벤이 돌아와 구덩이에 이르러 본즉 거기 요셉이 없는지라 옷을 찢고 아우들에게로 되돌아와서 이르되 아이가 없도다 나는 어디로 갈까

요셉이 팔려갈 때 마침 르우벤은 맏형이라 책임감이 있어서 짐승 떼들이 어떻게 되었나 싶어서 짐승을 보러 가고 없었습니다. 그런데 르우벤이 짐승을 보러 간 사이에 남은 형제들이 요셉을 구덩이에서 끌어내어 은이십 개를 받고 팔아버린 것입니다. 르우벤이 돌아와서 구덩이를 바라보

니 요셉은 없고 빈 구덩이뿐이었습니다. 르우벤은 요셉이 없어진 것을 보고 동생들에게 돌아와서 옷을 찢으며 절규했습니다. "요셉이 없어지다니, 이제 나는 어떻게 하나. 어떻게 아버지에게 가나." 어디로 가서 요셉을 찾아야 할지 갈피를 잡지 못한 채 르우벤은 맏형으로서 당혹감과 죄책감에 괴로워했습니다.

31, 32절 그들이 요셉의 옷을 가져다가 숫염소를 죽여 그 옷을 피에 적시고 그의 채색옷을 보내어 그의 아버지에게로 가지고 가서 이르기를 우리가 이것을 발견하였으니 아버지 아들의 옷인가 보소서 하매

요셉의 형들은 아버지가 편애하는 요셉을 노예로 팔고 나니 속이 후련했습니다. 그러나 아직은 당장 아버지에게 어떻게 해야 요셉이 없어진 일에 대한 책임을 벗게 될 것인가 하는 문제가 남아 있었습니다. 그래서 그들은 계책을 세웠습니다. 그들은 아버지를 속이기 위해 염소를 잡아 요셉의 채색옷을 그 피에 적셔 피투성이로 만들었습니다. 그것을 본 아버지가 요셉이 길을가다 짐승에게 물려 죽었다고 생각하도록 한 것입니다.

33, 34절 아버지가 그것을 알아보고 이르되 내 아들의 옷이라 악한 짐승이 그를 잡아 먹었도다 요셉이 분명히 찢겼도다 하고 자기 옷을 찢고 굵은 베로 허리를 묶고 오래도록 그의 아들을 위하여 애통하니

야곱은 요셉의 피 묻은 옷을 보자 마음이 천 갈래 만 갈래로 찢어지는

것 같았습니다. 그토록 사랑하던 아들이 포악한 짐승에게 잡아먹혀 시체조차 찾을 수 없게 되었으니 그 비참한 광경을 생각만 해도 정신을 잃을 지경이었습니다.

"요셉이 분명히 찢겼도다" 야곱은 의심할 여지없이 분명히 짐승에 의해 찢겨 죽었을 요셉을 생각하며 자기 옷을 찢고 굵은 베로 허리를 묶고 죽은 아들을 위해 통곡하였습니다.

35절 그의 모든 자녀가 위로하되 그가 그 위로를 받지 아니하여 이르되 내가 슬퍼하며 스올로 내려가 아들에게로 가리라 하고 그의 아버지가 그를 위하여 울었더라

야곱은 가장 사랑하는 아들을 잃고 사느니 차라리 요셉을 따라 죽고 싶었습니다. 요셉은 아들 딸들의 위로를 받기를 거부하고 "나도 내 아들이 있는 곳으로 가겠다. 내가 더 살아서 뭐하겠느냐. 머리가 백발이 되도록 살았는데 내 아들이 나보다 먼저 가다니 이럴 수가 있느냐." 하며 울었습니다.

이 세상에서 가장 큰 불효가 부모보다 먼저 가는 것입니다. 부모가 자식 죽은 것을 보았을 때 그 마음의 고통이 얼마나 크겠습니까? 그러므로 부모보다 앞서 죽는 것은 불효 중의 불효인 것입니다.

36절 그 미디안 사람들은 그를 애굽에서 바로의 신하 친위대장 보디발에게 팔았더라

요셉은 벌거벗긴 채 끌려가 애굽의 노예 시장에서 시위대장 보디발에게 팔렸습니다. 이제 요셉은 낯선 타국 땅에서 종으로 팔린 몸이 된 것입

니다. 이처럼 하나님께서 주신 꿈을 이루기 위해서는 고난의 험한 길을 걸어야 합니다. 사람은 호된 시련과 고난을 통해서 깨지고 변화 받아야 하나님께서 원하는 사람이 되며, 그런 사람에게 하나님께서는 꿈을 이루어 주시는 것입니다. 하나님께서는 요셉을 크게 사용하기 위해서 13년 동안 무자비할 정도로 깨뜨리셨습니다. 이와 같이 꿈이 이루어지는 길은 고난의 길이지만, 때로는 꿈이 없는데 고통이 다가올 때도 있습니다. 그런 고통은 끝까지 싸워 물리쳐야 합니다. 왜냐하면 꿈이 없는데 고통이 다가오는 것은 사탄에게서 오는 것이기 때문입니다.

우리의 마음속에 꿈이 있고 좋은 계획이 있는데 고통이 다가오면 이는 하나님께서 보내신 고난의 수레인 것입니다. 우리의 꿈을 이루기 위하여 타고 가는 수레는 행복과 평안의 수레가 아닙니다. 눈물과 고통과 처절한 괴로움의 수레인 것입니다. 이 수레를 타고 가면서 자아가 깨지고 죽어서, 하나님의 큰 일을 맡아서 할 수 있도록 변화되는 것입니다. 마치 누에게 고치 속에 들어가서 나비가 되어 나오는 것처럼 우리가 고난이라는 고치 속에 들어가서 변화되어 나오면 하나님의 복을 받아 누리게 되는 것입니다.

요셉은 고난의 고치 속에 들어갔습다. 그러나 어둡고 캄캄한 13년의 기나긴 고난의 터널을 통과한 요셉은 애굽의 제2인자인 국무총리가 되어 삶의 극치를 누리며 여생을 살았습니다. 성경에 "눈물을 흘리며 씨를 뿌리는 자는 기쁨으로 거두리로다 울며 씨를 뿌리러 나가는 자는 반드시 기쁨으로 그 곡식 단을 가지고 돌아오리로다"(시 126:5,6)라고 했습니다.

그러므로 우리는 우리의 꿈이 이루어지기 위해서는 반드시 고난의 수레를 타고 가야 영광의 자리에 도달할 수 있다는 것을 깨닫고, 고난이 다가올 때 장차 임할 영광을 바라보며 믿음으로 이겨 나가야 하는 것입니다.

제 38 장

유다와 다말 사건

유다의 며느리 다말	38:1~11
다말의 유혹	38:12~26
베레스와 세라의 출생	38:27~30

유다는 야곱의 열두 아들 중 장차 메시야가 태어날 혈통으로 하나님께 선택받은 인물이었습니다. 그런데 그의 아들인 엘과 오난이 하나님 앞에서 범죄하여 죽음을 당했습니다. 이스라엘의 계대 결혼법에는 형이 자식 없이 죽으면 동생이 형수와 결혼하여 형의 혈통을 이어 주게 되어 있었습니다.

그러나 유다는 셋째 아들 셀라도 형들처럼 죽을까봐 아들이 어리다는 핑계로 며느리 다말을 친정으로 보냈습니다. 세월이 흘러 셀라가 장성했음에도 불구하고 셀라를 통해 대를 이어 주지 않자, 다말은 속임수를 써서 시아버지를 유혹하여 잉태했습니다.

이와 같이 성경은 예수 그리스도의 족보에 이러한 근친상간의 부끄러운 역사를 삭제하거나 감추지 않고 사실 그대로 기록하고 있는데, 이를 통해 우리는 두 가지 사실을 알 수 있습니다. 그 하나는 성경의 무오성이며, 다른 하나는 하나님께서 인간의 완벽성이 아닌 하나님의 주권적 은혜와 사랑으로 우리를 택하여 구원의 역사를 이루어 가신다는 것입니다.

1. 유다의 며느리 다말(38:1~11)

1. 그 후에 유다가 자기 형제들로부터 떠나 내려가서 아둘람 사람 히
라와 가까이 하니라 2. 유다가 거기서 가나안 사람 수아라 하는 자
의 딸을 보고 그를 데리고 동침하니 3. 그가 임신하여 아들을 낳으
매 유다가 그의 이름을 엘이라 하니라 4. 그가 다시 임신하여 아들
을 낳고 그의 이름을 오난이라 하고 5. 그가 또 다시 아들을 낳고 그
의 이름을 셀라라 하니라 그가 셀라를 낳을 때에 유다는 거십에 있었
더라 6. 유다가 장자 엘을 위하여 아내를 데려오니 그의 이름은 다
말이더라 7. 유다의 장자 엘이 야훼가 보시기에 악하므로 야훼께서
그를 죽이신지라 8. 유다가 오난에게 이르되 네 형수에게로 들어가
서 남편의 아우 된 본분을 행하여 네 형을 위하여 씨가 있게 하라 9.
오난이 그 씨가 자기 것이 되지 않을 줄 알므로 형수에게 들어갔을
때에 그의 형에게 씨를 주지 아니하려고 땅에 설정하매 10. 그 일이
야훼가 보시기에 악하므로 야훼께서 그도 죽이시니 11. 유다가 그의
며느리 다말에게 이르되 수절하고 네 아버지 집에 있어 내 아들 셀라
가 장성하기를 기다리라 하니 셀라도 그 형들 같이 죽을까 염려함이

라 다말이 가서 그의 아버지 집에 있으니라

1절 그 후에 유다가 자기 형제들로부터 떠나 내려가서 아둘람 사람 히라와 가까이 하니라

야곱의 열두 아들은 쟁쟁한 믿음을 이어받은 사람들이었습니다. 그들의 증조할아버지 아브라함과 할아버지 이삭 그리고 아버지 야곱은 모두 하나님을 만난 사람들이었스다. 그뿐 아니라 증조할머니 사라를 위시하여 집안의 모든 여인들이 신앙의 뼈대가 있는 집안의 딸들로서 신앙적 전통이 굉장히 좋았습니다.

사람들은 이 세상에 살면서 여러 가지 영향을 받는데, 인격 형성에 있어 가장 큰 영향을 받는 곳은 가정입니다. 가정에서는 육체만 자라는 것이 아니라 그 사람의 인격과 교양이 함께 자랍니다. 품위와 교양은 학교에서 배우는 것이 아니라 가정에서 가족들과의 관계와 가정의 분위기를 통해서 익히게 되는 것입니다. 그러므로 가정 교육을 제대로 받지 못하고 자란 사람은 교양이 없습니다.

그런 사람들은 상하도 모르고 말을 함부로 하고 옷차림이나 행동거지도 천박하며 생활에 절도가 없습니다. 인격뿐 아니라 신앙도 역시 가정에서 뿌리가 깊이 내립니다. 그렇게 때문에 부모와 형제들이 하나님을 사랑하고 경외하면, 그 신앙의 기풍이 자신도 모르는 사이에 온몸에 배게 되어서 세상으로 나가서 하나님을 잊고 살다가도 결국 신앙생활을 하게 되는 것입니다.

또한 신앙이란 함께 있어야 신앙의 불이 붙게 되지 혼자서는 신앙을

불붙이기 어렵습니다. 말세에 모이기에 힘써야 하는 이유는, 혼자 있으면 신앙의 불이 꺼지기 때문입니다. 주일 예배, 수요 예배, 금요 철야, 구역 예배 등에 모여서 성경말씀과 설교를 듣고 서로 교제하고 간증하고 말씀도 배움으로써 신앙의 불을 자꾸 붙여야 하는 것입니다.

그런데 여기에 보면, 야곱의 열두 아들 중에 유다가 자기 형제들로부터 떠나 내려가서 아둘람 사람 히라와 가까이 했다고 했습니다. 신앙이 좋은 열두 형제가 함께 뭉쳐서 살아가야 하는데, 유다는 불신앙의 세계로 내려간 것입니다.

사람은 환경의 영향을 많이 받습니다. 그것은 어린 아이뿐 아니라 어른들도 마찬가지입니다. 그렇게 때문에 성경은 나쁜 환경에 들어가서 이기라고 말씀하지 않고 악에서 속히 떠나라고 했습니다(잠 4:27).

형제들을 떠나 아둘람 사람 히라에게 나아간 유다는 가나안 풍습에 서서히 물들어 가기 시작했습니다.

2절 유다가 거기서 가나안 사람 수아라 하는 자의 딸을 보고 그를 데리고 동침하니

가나안에 내려간 유다는 가나안 여인을 아내로 맞아들이고 가나안의 문화에 동화되어 갔습니다. 유다가 동족 중에서 신앙의 정절이 있는 아내를 맞았으면 좋았을 텐데, 가나안 사람 수아의 딸을 보고 그 매력에 끌려 결혼해 버린 것입니다.

결혼이란 자기만 좋다고 해서는 안됩니다. 결혼 후에 태어날 자손들도 생각하여 심사숙고해야 하는 것입니다. 결혼 상대자를 볼 때에는 혈통 뿐 아니라 가정 교육과 교양도 중요합니다. 요즘은 당사자끼리 좋아하면 이런저런 분별없이 결혼하지만, 가정교육을 제대로 받지 않은 교양 없는 사람과 일단 결혼하면 당사자는 물론 그들의 자손들까지 나쁜 영향을 받게 되어 있습니다.

어느 가정이나 가장 큰 영향력을 지닌 사람은 아버지가 아니고 어머니입니다. 왜냐하면 자녀들은 어머니에게 말을 배우며 늘상 함께 있기 때문입니다. 우리 집에도 아들이 셋이 있는데, 나처럼 경상도 말을 하지 않고 아내를 따라서 셋이 모두 이북 말을 씁니다. 이처럼 자녀에게 어머니가 큰 영향력을 끼치는 것을 볼 때, 정말 신앙이 좋고 교양 있는 집안의 딸을 아내로 맞아들이는 것이 중요합니다.

그런데 유다는 전통적으로 신앙 좋은 집안의 딸이 아닌 우상을 섬기며 세속에 젖어 사는 가나안 족속의 딸을 취해서 결혼했습니다.

3-5절 그가 임신하여 아들을 낳으매 유다가 그의 이름을 엘이라 하니라 그가 다시 임신하여 아들을 낳고 그의 이름을 오난이라 하고 그가 또 다시 아들을 낳고 그의 이름을 셀라라 하니라 그가 셀라를 낳을 때에 유다는 거십에 있었더라

유다는 가나안 여인과의 사이에서 세 아들을 낳았습니다. 그런데 자식은 낳는 것보다 키우는 것이 더 힘듭니다. 왜냐하면 아이를 어떻게 키우느냐에 따라 아이의 인격과 교양이 형성되기 때문입니다.

유다는 이방여인을 부인으로 맞이했기 때문에 그 자식들도 하나님을 믿지 않는 불신자들로 자라고 말았습니다. 비록 유다의 집안이 신앙의 뼈대가 튼튼한 데다가 특히 하나님께서 열두 형제 중에 유다를 택하시어 메시야가 태어날 혈통으로 삼으셨지만, 유다가 이방 여인과 결혼함으로

써 그의 세 아들 모두가 불신자가 되어 버리고 만 것입니다.

6, 7절 유다가 장자 엘을 위하여 아내를 데려오니 그의 이름은 다말이더라 유다의 장자 엘이 야훼가 보시기에 악하므로 야훼께서 그를 죽이신지라

유다는 장자 엘이 장성하자 다말이란 여인을 아내로 삼아 주었습니다. 그런데 이 맏아들 엘이 얼마나 악했던지 하나님께서 그를 죽이셨습니다. 엘이 얼마나 하나님을 무시하고 악했으면 하나님께서 죽여 버렸겠습니까? 유다의 가정에 일어난 불행을 통해서 가정 교육의 중요성을 다시 한 번 절실히 느끼게 됩니다.

8절 유다가 오난에게 이르되 네 형수에게로 들어가서 남편의 아우된 본분을 행하여 네 형을 위하여 씨가 있게 하라

이스라엘 사회에서는 소위 '계대 결혼법' 이라 하여, 가족 중의 한 형제가 후사 없이 죽으면 그 다른 형제가 대를 이어 주기 위해 그 과부에게 장가 드는 풍습이 있었습니다. 그런데 이것은 단순한 사회적 관습이 아니라 하나님께서 후에 이스라엘에게 율법으로 정하셨습니다(신 25:5~10). 이 결혼으로 태어난 첫 남자아이는 죽은 형제의 이름을 잇게 됩니다. 특히 죽은 형이 장자일 경우 이 결혼으로 낳은 아들이 장자의 상속권을 잇게 됩니다.

하나님께서는 그 혈통 유지와 재산 상속을 위해 의무적으로 이것을 지키게 하신 것입니다.

맏아들 엘이 하나님께 벌을 받아 죽자 유다는 둘째 아들 오난에게 명

령했습니다. "네 형수에게로 들어가서 남편의 아우의 본분을 행하여 네 형을 위하여 씨가 있게 하라" 이 명령을 받은 오난은 아버지의 명령에 따라 형수에게 장가를 들기는 했으나 형의 후사를 이어주지 않고 자신이 장자의 유업을 얻기로 결심했습니다.

9, 10절 오난이 그 씨가 자기 것이 되지 않을 줄 알므로 형수에게 들어갔을 때에 그의 형에게 씨를 주지 아니하려고 땅에 설정하매 그 일이 야훼가 보시기에 악하므로 야훼께서 그도 죽이시니

오난은 형수와 결혼하여 같이 살았지만 형수가 잉태하지 못하도록 체외에 설정했습니다. 오난은 형수가 아이를 잉태할 경우 그 아이가 자신의 자식이 아닌 형의 이름을 이을 것이기 때문에 고의적으로 피임했던 것입니다. 이렇게 자연 피임을 계속함으로 인하여 다말은 잉태할 수 없었습니다. 이렇나 오난의 행동은 하나님의 말씀에 대한 불순종이었습니다.

결국 오난의 고의적인 악행은 하나님의 진노를 불러 일으켰고, 이로 인해 그 역시 형의 뒤를 이어 죽음을 당하고 말았습니다.

11절 유다가 그의 며느리 다말에게 이르되 수절하고 네 아버지 집에 있어 내 아들 셀라가 장성하기를 기다리라 하니 셀라도 그 형들 같이 죽을까 염려함이라 다말이 가서 그의 아버지 집에 있으니라

유다는 맏아들과 둘째 아들이 다말과 결혼한 후 죽자, 셋째 아들 셀라까지 죽음을 당할까봐 겁이 났습니다. 그래서 다말에게 셀라의 나이가 어리다는 핑계를 대고 그가 장성하기까지 친정에서 기다리라고 했습니

다. 유다가 이렇게 한 이유는 다말을 불길한 여자로 간주했기 때문이었습니다.

그러나 사실 다말은 불쌍한 여자입니다. 그녀의 첫째 신랑도 둘째 신랑도 하나님 앞에 악하여 죽었으니 그들의 죽음에 대하여 다말은 아무 죄가 없는 것입니다. 다말은 시아버지 유다의 뜻을 따라 친정으로 돌아가서 셀라가 장성할 때까지 수절했습니다.

2. 다말의 유혹(38:12~26)

12. 얼마 후에 유다의 아내 수아의 딸이 죽은지라 유다가 위로를 받은 후에 그의 친구 아둘람 사람 히라와 함께 딤나로 올라가서 자기의 양털 깎는 자에게 이르렀더니 13. 어떤 사람이 다말에게 말하되 네 시아버지가 자기의 양털을 깎으려고 딤나에 올라왔다 한지라 14. 그가 그 과부의 의복을 벗고 너울로 얼굴을 가리고 몸을 휩싸고 딤나 길 곁 에나임 문에 앉으니 이는 셀라가 장성함을 보았어도 자기를 그의 아내로 주지 않음으로 말미암음이라 15. 그가 얼굴을 가리었으므로 유다가 그를 보고 창녀로 여겨 16. 길 곁으로 그에게 나아가 이르되 청하건대 나로 네게 들어가게 하라 하니 그의 며느리인 줄을 알지 못하였음이라 그가 이르되 당신이 무엇을 주고 내게 들어오려느냐 17. 유다가 이르되 내가 내 떼에서 염소 새끼를 주리라 그가 이르되 당신이 그것을 줄 때까지 담보물을 주겠느냐 18. 유다가 이르되 무슨 담보물을 네게 주랴 그가 이르되 당신의 도장과 그 끈과 당신의 손에 있는 지팡이로 하라 유다가 그것들을 그에게 주고 그에게로 들

어갔더니 그가 유다로 말미암아 임신하였더라 19. 그가 일어나 떠나
가서 그 너울을 벗고 과부의 의복을 도로 입으니라 20. 유다가 그 친
구 아둘람 사람의 손에 부탁하여 염소 새끼를 보내고 그 여인의 손에
서 담보물을 찾으려 하였으나 그가 그 여인을 찾지 못한지라 21. 그
가 그 곳 사람에게 물어 이르되 길 곁 에나임에 있던 창녀가 어디 있
느냐 그들이 이르되 여기는 창녀가 없느니라 22. 그가 유다에게로
돌아와 이르되 내가 그를 찾지 못하였고 그 곳 사람도 이르기를 거기
에는 창녀가 없다 하더이다 하더라 23. 유다가 이르되 그로 그것을
가지게 두라 우리가 부끄러움을 당할까 하노라 내가 이 염소 새끼를
보냈으나 그대가 그를 찾지 못하였느니라 24. 석 달쯤 후에 어떤 사
람이 유다에게 일러 말하되 네 며느리 다말이 행음하였고 그 행음함
으로 말미암아 임신하였느니라 유다가 이르되 그를 끌어내어 불사르
라 25. 여인이 끌려나갈 때에 사람을 보내어 시아버지에게 이르되
이 물건 임자로 말미암아 임신하였나이다 청하건대 보소서 이 도장
과 그 끈과 지팡이가 누구의 것이니이까 한지라 26. 유다가 그것들
을 알아보고 이르되 그는 나보다 옳도다 내가 그를 내 아들 셀라에게
주지 아니하였음이로다 하고 다시는 그를 가까이 하지 아니하였더라

12, 13절 얼마 후에 유다의 아내 수아의 딸이 죽은지라 유다가 위로를 받은 후에 그의 친구 아둘람 사람 히라와 함께 딤나로 올라가서 자기의 양털 깎는 자에게 이르렀더니 어떤 사람이 다말에게 말하되 네 시아버지가 자기의 양털을 깎으려고 딤나에 올라왔다 한지라

다말이 친정으로 가고 나서 얼마 후에 유다의 아내가 죽었습니다. 유다는 아내의 죽음을 슬퍼하는 애통 기간을 보낸 후 그의 친구인 아둘람

사람 히라와 함께 양털을 깎으러 올라갔습니다. 마침 그때가 양털 깎을 때였던 것입니다. 양털 깎는 행사는 농부들의 추수와 마찬가지로 매우 기쁘고 즐거운 큰 축제였습니다. 그래서 양털을 깎을 때는 보통 며칠씩 큰 잔치를 벌이고 여러 사람을 청하여 먹고 마시며 땀의 결실로 얻은 소득을 즐거워했습니다.

14절 그가 그 과부의 의복을 벗고 너울로 얼굴을 가리고 몸을 휩싸고 딤나 길 곁 에나임 문에 앉으니 이는 셀라가 장성함을 보았어도 자기를 그의 아내로 주지 않음으로 말미암음이라

다말은 유다가 막내 시동생을 신랑으로 주기를 기다리며 친정에서 수절하고 있었습니다. 그러나 막내 시동생 셀라가 장성했음에도 불구하고 유다에게서 소식이 없자, 그녀는 죽은 남편의 혈통을 이어 줄 방편으로 비상한 수단을 강구했습니다. 그 비상수단이란 창녀로 가장하여 직접 시아버지를 통해서 잉태하는 것이었습니다.

옛날의 창녀들은 언제나 도시의 문 입구에 앉았습니다. 그래서 여자가 온몸을 면박으로 가리고 성문에 걸터앉아 있으면 남자를 기다리는 창녀의 표시로 알았습니다. 사실 다말은 매춘부가 아니었으나 시아버지를 속여서라도 죽은 남편의 혈통을 이어주려는 의무감으로 창녀처럼 위장하고 성문 앞에 앉아 있었습니다. 마침 시아버지는 상처한 후 외로운 차에 이 유혹에 쉽게 빠져들었습니다. 시아버지 유다는 그 여인이 누구인지도 모르고 그 유혹하는 눈길에 사로잡히고 말았습니다.

본문에 나타난 유다의 집안은 윤리적으로 큰 문제를 가지고 있습니다. 그럼에도 불구하고 이러한 내용이 모두 기록되어 있는 것을 볼 때, 우

리는 성경이 거짓없는 진리라는 것과 하나님의 구원은 인간의 선한 행위에 달려있지 아니하고 하나님의 선택에 달려 있다는 것을 알 수 있습니다. 유다가 비록 완전치 못한 사람이었을지라도 하나님께서 그의 혈통을 통해 무흠하신 예수님이 성령으로 태어나도록 이미 결정하셨기 때문에 하나님의 뜻을 좇아서 이루어지는 것입니다.

오늘 우리가 구원받은 것도 우리가 의롭고 능력있어서 구원받은 것이 아니라 이미 만세 전에 하나님께서 우리를 구원하시려고 택하셨기 때문입니다. 그럼에도 불구하고 우리가 전도를 위해 열심히 기도하고 복음을 전하는 것은 하나님께서 누구를 택하셨는지 알 수 없기 때문입니다. 우리도 그러했듯이 아무리 하나님의 택함을 받은 사람일지라도 그리스도의 말씀을 들을 때 비로소 믿음이 생겨서 예수님을 구주로 영접하고 구원받게 되는 것입니다(롬 10:17).

15, 16절 그가 얼굴을 가리었으므로 유다가 그를 보고 창녀로 여겨 길 곁으로 그에게 나아가 이르되 청하건대 나로 네게 들어가게 하라 하니 그의 며느리인 줄을 알지 못하였음이라 그가 이르되 당신이 무엇을 주고 내게 들어오려느냐

유다는 좋은 신앙 전통이 있는 집안 출신으로서 그 자신도 하나님을 경외하는 자였지만 남자가 짓기 쉬운 죄에 떨어지고 말았습니다. 상처하여 외로운 처지에 있던 차에 유혹을 받자 더욱 죄의 유혹에 이끌리게 된 것입니다. 유다는 자신을 유혹하는 창녀가 며느리 다말이라는 것을 전혀 눈치 채지 못하고, 그녀에게 다가가서 "나로 네게 들어가게 하라" 고 넌지시 말을 건넸습니다. 이에 다말은 매춘의 대가로 무엇을 주겠느냐고 물

었습니다.

17, 18절 유다가 이르되 내가 내 떼에서 염소 새끼를 주리라 그가 이르되 당신이 그것을 줄 때까지 담보물을 주겠느냐 유다가 이르되 무슨 담보물을 네게 주랴 그가 이르되 당신의 도장과 그 끈과 당신의 손에 있는 지팡이로 하라 유다가 그것들을 그에게 주고 그에게로 들어갔더니 그가 유다로 말미암아 임신하였더라

유다는 며느리와 몸값을 놓고 흥정하기 시작했습니다. 유다가 몸값으로서 염소를 주겠다고 하자, 다말은 지금 당장 염소가 없으니 그것을 받을 때까지 담보물을 줄 수 있겠느냐고 했습니다. 다말이 유다에게 담보물을 요구한 것은 장차 그녀가 잉태하게 될 경우에 증거물로 제시하기 위해서였습니다.

유다는 다말이 요구한 대로 소유권을 표시할 때 찍는 도장과 그것에 달린 끈과 지팡이를 담보물로 내어 주었습니다. 유다는 후에 염소 새끼와 교환할 생각으로 별 의심 없이 담보물을 선뜻 건네 주었지만, 이것들은 두 사람이 동침한 확실한 물증이 되었습니다.

다말은 상당히 지혜로운 여자였습니다. 옛날에는 남편 없는 여인이 아기를 가지면 돌로 쳐 죽이거나 화형에 처하였습니다. 그래서 다말은 이러한 죽음을 면할 뿐 아니라 자신이 잉태한 아이가 유다 집안의 자손임을 증명하기 위하여 미리 계획을 세워놓고 그 계획 속으로 시아버지를 끌어들인 것입니다. 흥정을 마친 두 사람은 동침하였고, 결국 다말은 시아버지의 아들을 잉태하게 되었습니다.

19-21절 그가 일어나 떠나가서 그 너울을 벗고 과부의 의복을 도로 입으니라 유다가 그 친구 아둘람 사람의 손에 부탁하여 염소 새끼를 보내고 그 여인의 손에서 담보물을 찾으려 하였으나 그가 그 여인을 찾지 못한지라 그가 그 곳 사람에게 물어 이르되 길 곁 에나임에 있던 창녀가 어디 있느냐 그들이 이르되 여기는 창녀가 없느니라

다말은 시아버지와 동침하고 나서 면박을 벗고 다시 상복을 입었습니다. 그녀는 수단과 방법을 가지지 않고 감쪽같이 자기의 목적을 달성한 것입니다.

유다는 일시적인 감정에 이끌리어 창녀를 가까이 한 자기의 행실을 부끄럽게 생각했습니다. 그래서 그는 몸값으로 약속한 염소 새끼를 주고 자기의 물건을 찾아와 달라고 히라에게 부탁했습니다. 그러나 이미 다말은 면박을 벗고 상복을 다시 입은 후라 히라는 그곳에서 그녀를 찾을 수 없었습니다. 히라가 성문에 앉았던 창녀를 수소문했지만 사람들은 이곳에 창녀가 없다고 대답해 주었습니다.

22, 23절 그가 유다에게로 돌아와 이르되 내가 그를 찾지 못하였고 그 곳 사람도 이르기를 거기에는 창녀가 없다 하더이다 하더라 유다가 이르되 그로 그것을 가지게 두라 우리가 부끄러움을 당할까 하노라 내가 이 염소 새끼를 보냈으나 그대가 그를 찾지 못하였느니라

히라가 창녀를 찾지 못한 채 그냥 돌아와 사실대로 이야기하자 유다는 이 일로 인하여 자신의 명예가 실추될 것이 염려되었습니다. 자기는 약

속대로 염소 새끼를 보내었는데 그 여인이 대가도 받지 않고 사라졌으니, 만약 일이 잘못되면 큰 창피를 당하겠다고 생각하였습니다.

24절 석 달쯤 후에 어떤 사람이 유다에게 일러 말하되 네 며느리 다말이 행음하였고 그 행음함으로 말미암아 임신하였느니라 유다가 이르되 그를 끌어내어 불사르라

그때로부터 석 달쯤 지난 후에 유다는 며느리가 행음하여 잉태했다는 소문을 듣고 당장 다말을 끌어내어 화형에 처하라고 명령했습니다. 인간은 지극히 주관적이고 이기적인 존재입니다. 유다 자신은 창녀와 관계를 맺으면서도 자기 며느리가 잉태했다는 말을 듣자마자 사연을 묻지도 않고 당장 끌어내어 화형을 시키라고 명령하는 유다의 모습은 이러한 인간의 잔인한 속성을 여실히 보여 주고 있습니다.

옛말에 자기 죄는 멜빵으로 등에 짊어지고, 남의 죄는 목에 건다고 합니다. 즉 자기의 죄는 뒤로 다 감추어 버리고, 남의 죄는 매일같이 보면서 파헤치는 것입니다. 이것이 인간의 모습입니다.

우리는 성경에서 인간이 짓는 죄 중 성과 관계된 죄에 대해 몇 가지로 알 수 있습니다. 간음, 음란, 근친상간, 동성연애, 수간 등이 바로 그러한 것들인데, 이는 인간의 타락을 잘 보여주는 것입니다.

간음죄는 이미 결혼하여 배우자가 있는 사람과 관계를 맺는 죄로서 성경에서는 이를 명백히 금지하고 있습니다(레 18:20, 20: · 10; 신 5:18, 22:22).

음란죄는 성적으로 문란하고 방탕한 관계를 맺는 성적 범죄로서, 이 죄는 하나님의 성전을 더럽히는 죄입니다(고전 6:9~20).

근친상간은 친척이나 동기간끼리 관계를 맺는 성적 범죄로서, 하나님께서 이를 엄하게 금하고 계십니다(레 18:6).

동성연애는 남자끼리 또는 여자끼리 교합하는 것으로서 고대에는 흔한 악습이었고(창 19:5), 현 구미에서는 용납되는 경향이 있는데 이 역시 하나님께서 금하고 계신 범죄입니다(레 18:22).

수간은 짐승과 교합하는 가증한 행위로서, 수간하는 자들은 타락할 대로 타락한 자들입니다.

이러한 성적 범죄는 최근에 생겨난 죄가 아니라 고대부터 있어 왔던 죄입니다. 이것은 아담과 하와와 타락하고 난 다음에 더러운 마귀가 가지고 온 죄악들 중 하나로, 옛날이나 오늘이나 똑같이 이 세상에 있는 것입니다. 하나님께서는 이러한 죄를 짓는 사람을 다 죽이라고 하셨으며(레 18:20~29; 신 22:24), 이러한 죄를 범하는 자들은 하나님의 나라를 유업으로 받을 수 없습니다(고후 6:9,10).

25, 26절 여인이 끌려나갈 때에 사람을 보내어 시아버지에게 이르되 이 물건 임자로 말미암아 임신하였나이다 청하건대 보소서 이 도장과 그 끈과 지팡이가 누구의 것이니이까 한지라 유다가 그것들을 알아보고 이르되 그는 나보다 옳도다 내가 그를 내 아들 셀라에게 주지 아니하였음이로다 하고 다시는 그를 가까이 하지 아니하였더라

다말은 끌려 나가면서 시아버지의 도장과 그 끈과 지팡이를 내어놓았습니다. 그리고 그것의 임자를 통하여 자신이 잉태했다고 밝혔습니다. 다말의 지혜가 돋보이는 장면입니다. 그 물건을 알아본 시아버지 유다는

얼굴을 들지 못하게 되었습니다.

유다는 자기의 물건을 내려다보면서 "그는 나보다 옳도다"라고 고백하였습니다. 이러한 유다의 고백은 다말이 무죄하다는 뜻이 아니라 자신의 처신에 비해 다말의 행위가 더 타당했음을 시인한 것입니다. 유다는 다말을 죽이라는 명령을 거두고, 그 이후로는 다시는 며느리를 가까이 하지 않았습니다.

3. 베레스와 세라의 출생(38:27~30)

27. 해산할 때에 보니 쌍태라 28. 해산할 때에 손이 나오는지라 산
파가 이르되 이는 먼저 나온 자라 하고 홍색 실을 가져다가 그 손에
매었더니 29. 그 손을 도로 들이며 그의 아우가 나오는지라 산파가
이르되 네가 어찌하여 터뜨리고 나오느냐 하였으므로 그 이름을 베
레스라 불렀고 30. 그의 형 곧 손에 홍색 실 있는 자가 뒤에 나오니
그의 이름을 세라라 불렀더라

27, 28절 해산할 때에 보니 쌍태라 해산할 때에 손이 나오는지라 산파가 이르되 이는 먼저 나온 자라 하고 홍색 실을 가져다가 그 손에 매었더니

다말이 아이를 낳기 위해 진통을 시작할 대에야 비로소 태중의 아이가 쌍둥이라는 것을 알았습니다.

출산할 때 태아의 머리보다 손이 먼저 나오는 것은 태아의 위치가 잘못된 증거로서 난산의 위험성이 있습니다. 그런데 다말이 해산할 때에 태아의 머리가 보이지 않고 손이 먼저 나왔습니다. 산파는 장자를 구별하기 위해 처음 나온 태아의 손에 홍색 실을 매었습니다.

29, 30절 그 손을 도로 들이며 그의 아우가 나오는지라 산파가 이르되 네가 어찌하여 터뜨리고 나오느냐 하였으므로 그 이름을 베레스라 불렀고 그의 형 곧 손에 홍색 실 있는 자가 뒤에 나오니 그의 이름을 세라라 불렀더라

그러자 홍색 실을 맨 아기의 손이 도로 들어가고 다른 아기가 먼저 나왔습니다. 그래서 먼저 나온 자를 베레스라 하고, 홍사를 맨 아이를 세라라 불렀습니다. 예수님의 족보를 보면 아브라함이 이삭을 낳고 이삭이 야곱을 낳고 야곱이 유다를 낳고 유다가 베레스를 낳았다고 기록되어 있습니다(마 1:1~3). 다말이 낳은 유다의 쌍둥이 아들 중 베레스가 예수님의 혈통을 이어주는 조상이 된 것입니다.

여기서 우리는 두 가지를 볼 수 있습니다. 그 중 하나는 하나님의 작정입니다. 하나님께서는 유다를 택하셨으므로 유다의 혈통에서 예수님이 태어나게 하셨습니다. 하나님께서는 당신의 택하신 바와 주권을 아무에게도 양보하지 않으십니다. 하나님의 뜻대로 택하신 것은 인간의 조건이나 환경에 상관없이 그대로 이루십니다. 그리고 다른 하나는 다말의 충성심입니다. 다말은 비록 옳은 방법은 아니나 남편의 혈통을 이어 주기

위해 비장한 각오로 목숨을 걸고 비상수단을 써서 그 뜻을 이루었다는 점입니다.

우리는 유다의 이름에 대하여 알아야 할 것이 있습니다. 유다는 '하나님께 찬양' 이라는 뜻입니다. 하나님께서 가장 기뻐하시는 것은 인생이 하나님께 감사와 찬양을 드리는 것입니다. 그렇기 때문에 성경에는 "감사로 제사를 드리는 자가 나를 영화롭게 하나니 그의 행위를 옳게 하는 자에게 내가 하나님의 구원을 보이리라"(시 50:23)고 기록하고 있는 것입니다.

유다는 허물이 많은 사람이었지만 하나님께 감사와 찬양을 많이 드린 사람임에 틀림없습니다. 그래서 유다를 통하여 하나님의 구원의 능력을 보여 주신 것입니다. 감사와 찬양은 신앙 생활을 함에 있어서 매우 중요한 것입니다.

첫째로, 감사와 찬양을 드릴 때 우리의 문제를 하나님께 맡길 수 있습니다. 성경은 "네 길을 야훼께 맡기라 그를 의지하면 그가 이루시고"(시 37:5)라고 기록하고 있습니다.

그러나 우리가 하나님께 맡긴다고 맡겨집니까? 정말로 하나님께 맡겼다면 우리의 마음이 평안해야 할 텐데 왜 우리는 평안하지 못합니까? 그것은 온전히 맡기지 않았기 때문입니다. 우리는 감사와 찬양을 드림으로써 우리의 모든 문제를 하나님께 온전히 맡길 수 있습니다.

바울과 실라를 보십시오. 그들이 빌립보 감옥에서 기도할 때는 아무런 일도 일어나지 않았습니다. 그런데 그들이 찬송을 부르자 순식간에 지진이 일어나고 감옥 문이 열렸습니다(행 16:25,26). 찬송에는 이와 같이 놀라운 문제 해결의 능력이 있는 것입니다.

둘째로, 감사와 찬송은 우리에게 믿음이 생기게 합니다. 성경은 "무엇이든지 기도하고 구하는 것은 받은 줄로 믿으라"(막 11:24)고 했습니다. 그러므로 믿음의 사람은 기도하고 난 다음, 눈에는 아무 증거 안 보이고 귀에는 아무 소리 안 들리고 손에 잡히는 것 없어도 하나님께서 이미 이루어 주셨다고 믿고 "하나님, 감사합니다." 하며 주님을 찬양합니다. 이와 같이 감사와 찬송은 우리들의 믿음이 생기게 합니다.

셋째로, 감사와 찬송을 하면 하나님의 영광이 임합니다. 거룩하신 야훼 하나님께서는 찬양을 보좌로 삼고 임하십니다. 그러므로 만일 하나님이 오시기를 원한다면 감사와 찬양을 해야 합니다. 찬양이 있는 곳에는 하나님의 영광이 임하시기 때문에 모든 악의 세력이 물러가며, 감사의 제사는 하나님의 능력을 나타내는 구원의 열쇠가 됩니다.

오늘날 교회가 새벽 기도도 잘하고 철야 기도도 잘하는데도 불구하고 구원의 능력이 크게 나타나지 않는다면, 그 이유는 성도들의 마음속에 원한이 꽉 들어차 있거나 감사와 찬양이 없기 때문입니다. 그러므로 우리가 이 땅에 살면서 환경을 극복하고, 하나님의 영광과 능력을 크게 나타내는 신앙을 갖기 위해서는 서로 화목하면서 끝없는 감사와 찬양을 드려야 합니다. 이것이 진정한 신앙인의 자세입니다.

제 39 장

요셉의 고난

신임받는 요셉	39:1~6
유혹받는 요셉	39:7~13
누명쓴 요셉	39:14~23

A COMMENTARY ON THE
GENESIS

요셉은 17세의 어린 나이에 억울하게 종으로 팔려 애굽 땅 낯선 곳에 왔어도 형들을 원망하지 않고 보디발의 집에서 범사에 감사하며 종으로서 충성을 다했습니다. 이러한 요셉에게 하나님께서 함께하여 주심으로 요셉이 하는 일마다 하나님의 복을 받아 형통했습니다. 이로 말미암아 보디발은 하나님께서 요셉과 함께함을 알고 요셉을 가정총무로 삼아 모든 가정 사무와 전 재산을 관리하게 하였습니다.

그런데 보디발의 아내가 요셉의 인품과 용모에 반하여 유혹하기 시작하였습니다. 요셉은 신앙이 깊은 사람이라 보디발 아내의 유혹을 뿌리치며 거절했습니다. 요셉이 계속 피하며 거절하자 보디발의 아내의 연애 감정은 증오로 변했습니다.

급기야 보디발의 아내는 요셉이 자기를 겁탈하려 했다고 누명을 씌웠고, 이 일로 인해 요셉은 시위대 감방에 갇히게 되었습니다. 요셉에게 시련이 계속되므로 마치 그의 꿈이 깨어진 것처럼 보입니다. 그러나 하나님께서는 요셉을 애굽의 국무총리라는 높은 지위로 인도하기 위한 전단계로 시위대 감방으로 보내신 것입니다.

1. 신임받는 요셉(39:1~6)

1. 요셉이 이끌려 애굽에 내려가매 바로의 신하 친위대장 애굽 사람
보디발이 그를 그리로 데려간 이스마엘 사람의 손에서 요셉을 사니
라 2. 야훼께서 요셉과 함께 하시므로 그가 형통한 자가 되어 그의
주인 애굽 사람의 집에 있으니 3. 그의 주인이 야훼께서 그와 함께
하심을 보며 또 야훼께서 그의 범사에 형통하게 하심을 보았더라 4.
요셉이 그의 주인에게 은혜를 입어 섬기매 그가 요셉을 가정 총무로
삼고 자기의 소유를 다 그의 손에 위탁하니 5. 그가 요셉에게 자기
의 집과 그의 모든 소유물을 주관하게 한 때부터 야훼께서 요셉을 위
하여 그 애굽 사람의 집에 복을 내리시므로 야훼의 복이 그의 집과
밭에 있는 모든 소유에 미친지라 6. 주인이 그의 소유를 다 요셉의
손에 위탁하고 자기가 먹는 음식 외에는 간섭하지 아니하였더라 요
셉은 용모가 빼어나고 아름다웠더라

1절 요셉이 이끌려 애굽에 내려가매 바로의 신하 친위대장 애굽 사

람 보디발이 그를 그리로 데려간 이스마엘 사람의 손에서 요셉을 사니라

요셉이 종으로 팔려갈 때 나이가 열일곱 살이었습니다. 그 나이에 이러한 시련을 당한다는 것은 견딜 수 없는 충격이었을 것입니다. 그런데 성경에는요셉 같은 처지에 있게 되더라고 범사에 감사하라고 했습니다(살전 5:18). 하지만 이런 비극을 당한 요셉이 어떻게 감사할 수 있었겠습니까? 부잣집 아들로 태어나 아버지의 사랑을 독차지하던 그가 한 순간에 이복 형제들의 손에 의해 종으로 팔렸으니 현실적으로 볼 때 도저히 감사할 수 없었을 것입니다.

그러나 요셉이 종으로 끌려간 그 길이 13년 후에는 애굽의 총리가 되는 길이었습니다. 우리가 범사에 감사해야 할 이유가 여기 있습니다. 장래를 내다볼 줄 모르는 사람들은 눈앞의 현실만 보지만 하나님께서는 우리의 일생을 바라보시는 것입니다.

하나님께서는 우리에게 복을 주실 때 언제나 우리의 믿음을 연단하신 후 영광의 자리에 앉혀 주십니다. 그렇기 때문에 고난당할 때 원망하고 불평하면 영광의 자리에 오르지 못할 뿐 아니라 도달하기도 전에 파멸되어 버리고 마는 것입니다.

이스라엘 백성은 말만 들어도 좋은 젖과 꿀이 흐르는 땅에 들어가기 위해 광야를 지나야 했습니다. 그러나 그들은 광야에서 원망하고 불평하다가 결국은 그 땅에 들어가지 못했습니다. 그러므로 우리 그리스도인들은 고난당할 때 모든 일을 하나님께 맡기고 감사해야 됩니다.

요셉은 종으로 끌려가 애굽 사람 보디발의 종으로 팔렸습니다. 인간적인 눈으로 볼 때 기가 막힌 일이었지만, 이와 같이 하나님께서 요셉을 종

의 자리까지 낮아지게 만드신 것은 요셉을 철저하게 깨어지게 하기 위해서였습니다.

하나님께서는 낮아지고 깨어진 사람을 사용하십니다. 물이 높은 곳에서 낮은 곳으로 흐르듯이 하나님의 은혜와 복도 깨어지고 낮아진 사람에게로 임하는 것입니다.

2절 야훼께서 요셉과 함께 하시므로 그가 형통한 자가 되어 그의 주인 애굽 사람의 집에 있으니

이제 요셉은 종의 신분으로 생활을 하여야 했습니다. 그런 가운데서도 야훼께서는 요셉과 함께 하셨습니다. 만일 요셉의 종으로 팔려 간 일을 비관하여 형들을 저주하고, 운명을 탄식하며 부정적인 생각에 사로잡혀 있었다면 하나님께서 그와 같이하지 않으셨을 것입니다.

하나님께서 요셉과 함께 하신 것은, 비록 그가 형들에 의해 팔렸지만 그 형들을 원망하지 않고 오히려 주어진 환경에 감사하는 사람이었기 때문입니다. 요셉은 비록 종의 신분으로 낮아졌지만, 하나님께서 함께 하여 주심으로 형통한 삶을 살 수 있었습니다.

오늘날 많은 사람들이 예수님의 공생애와 같이 가난하고 굶주리는 것이 올바른 믿음생활을 하는 것이라고 생각합니다. 그렇기 때문에 하나님의 복 받기를 기대하는 것은 기복 신앙이라고 오해하고 있습니다. 그러나 성경에는 하나님의 말씀을 열심히 듣고 그것을 준행하면 하나님께서 형통의 복을 주신다고 약속되어 있습니다.

여호수아 1장 7절과 8절에 "오직 강하고 극히 담대하여 나의 종 모세가 네게 명령한 그 율법을 다 지켜 행하고 우로나 좌로나 치우치지 말라 그리하면 어디로 가든지 형통하리니 이 율법책을 네 입에서 떠나지 말게 하며 주야로 그것을 묵상하여 그 안에 기록된 대로 다 지켜 행하라 그리하면 네 길이 평탄하게 될 것이며 네가 형통하리라" 고 하였습니다.

이러한 말씀은 구약뿐 아니라 신약에도 기록되어 있습니다. 고린도후서 8장 9절에 "우리 주 예수 그리스도의 은혜를 너희가 알거니와 부요하신 이로서 너희를 위하여 가난하게 되심은 그의 가난함으로 말미암아 너희를 부요하게 하려 하심이라" 고 기록하고 있습니다.

예수님께서는 우리를 대신하여 가난하게 되셨습니다. 그런데 오늘날 사람들은 예수님이 헐벗고 굶주리며 가난했기 때문에 우리도 예수님을 따라서 가난하고 헐벗고 굶주린 삶을 살아야 한다고 생각합니다. 이 말은 얼핏 듣기에는 감동적인 말 같지만, 사실은 예수님의 뜻을 전혀 이해하지 못하고 하는 말입니다.

부모가 자식을 위하여 고생하는 것은 자식을 고생시키지 않으려고 하는 것이지 부모의 고생을 그대로 답습하여 살라는 것이 아닙니다. 우리가 주님을 따라 헐벗고 굶주리는 생활을 한다면 주님이 우리를 위해 고생하신 보람을 없애버리는 것과 같습니다. 우리는 성경 말씀을 감정적으로 이해해서는 안 됩니다.

고린도후서 9장 8절에 "하나님이 능히 모든 은혜를 너희에게 넘치게 하시나니 이는 너희로 모든 일에 항상 모든 것이 넉넉하여 모든 착한 일을 넘치게 하게 하려 하심이라" 고 말씀하고 있습니다. 이 말씀은 하나님께서는 우리가 은혜를 넘치게 받아서 그 넉넉함을 가지고 세상에 나가 착한 일을 하기를 원하신다는 것입니다. 그래서 고린도후서 9장 11절에 보면 "너희가 모든 일에 넉넉하여 너그럽게 연보를 함은 그들이 우리로 말미암아 하나님께 감사하게 하는 것이라" 고 했습니다.

그러므로 가난해야 참된 신자요, 복 받기를 기대하는 것은 기복 신앙이라고 하는 것은 잘못된 생각입니다. 하나님의 뜻은 우리의 영혼이 잘됨 같이 범사가 잘되고 강건하게 되는 것입니다.

3절 그의 주인이 야훼께서 그와 함께 하심을 보며 또 야훼께서 그의 범사에 형통하게 하심을 보았더라

요셉이 종살이를 하면서도 범사에 형통의 복을 누리자 주인은 내심 놀랐습니다. 요셉이 하는 일마다 척척 잘되어 나가자, 보디발은 노예 시장에서 사온 이 히브리 종이 보배 덩어리라는 것을 알게 되었습니다.

이와 같이 하나님께서 함께하는 사람은 믿지 않는 사람의 눈에도 그 형통함이 눈에 보이는 것입니다. 그리스도인들의 형통함은 결국 하나님의 영광이 됩니다. 자녀가 잘되면 그 자녀를 통하여 부모가 영광을 받듯이, 그리스도인이 잘되면 그 영적 부모이신 하나님께서 영광을 받으시는 것입니다. 그렇게 때문에 하나님께서는 우리에게 필요한 모든 것을 넉넉히 주시어 주님의 선한 사업을 많이 하도록 도와 주십니다.

저는 교회에 출석한 이후 복을 많이 받게 되자 교회를 떠나는 사람을 본 적이 있습니다. 그 사람은 10억의 빚을 지고 자살하려고 했었는데 우리 교회에 잠시 들렀다가 성령께 사로잡혀 회개하고 예수님을 믿게 된 사람으로, 저에게 기도도 많이 받고 상담도 많이 했습니다. 그 후로 그는 하나님의 도우심을 얻어 10억대의 빚을 갚고 수백억을 벌었습니다. 그는 1년에 내는 십일조가 1억이 넘을 정도로 물질의 복을 받은 사람이었습니다.

그런데 하루는 저를 찾아와서 하는 말이, 이제는 더 이상 교회를 못나오겠다고 하는 것이었습니다. 왜냐하면 십일조가 몇 백만 원, 몇 천만 원쯤 되었을 때는 몰랐는데, 1억이 넘게 되니 십일조 내는 것이 마음이 찢어지는 것처럼 아깝기 때문이라는 것입니다. 그리고 나서 그는 정말로 교회를 떠났습니다. 십일조 내기가 아까워서 교회를 떠난 그 성도는 교회를 떠난 것이 아니라 하나님 아버지를 떠난 것입니다. 그 후 그는 결국 하나님께 버림받아 비참하고 가련하게 되었습니다.

성경 말씀에 "네 보물 있는 그 곳에는 네 마음도 있느니라"(마 6:21)고 하였습니다. 그러므로 주님을 사랑한다고 외치면서 주님보다 더 사랑하는 또다른 것이 있다면 그 사랑은 허공을 치듯 공허한 것입니다.

4절 요셉이 그의 주인에게 은혜를 입어 섬기매 그가 요셉을 가정 총무로 삼고 자기의 소유를 다 그의 손에 위탁하니

요셉이 하는 일이 척척 잘되어 가자 주인은 그를 보배같이 여겼습니다. 사실 이 세상에서 복 있는 사람을 만나서 생활과 운명을 같이하는 것은 보물을 얻는 것보다 더 좋습니다. 왜냐하면 복 있는 사람을 통해 그 주변 사람들과 환경과 사업에 복이 끊임없이 임하므로 더불어 잘 살 수 있기 때문입니다.

요셉이 복 있는 사람인 것은 안 보디발은 그를 귀히 여겨 가정 총무로 삼고 자기의 소유를 다 그의 손에 맡겼습니다. 요셉은 보디발의 집의 가정 총무가 되자 지혜롭게 주인집의 일들을 척척 해결해 나갔습니다.

5절 그가 요셉에게 자기의 집과 그의 모든 소유물을 주관하게 한 때

부터 야훼께서 요셉을 위하여 그 애굽 사람의 집에 복을 내리시므로 야훼의 복이 그의 집과 밭에 있는 모든 소유에 미친지라

요셉이 가정 총무가 된 후, 하나님께서 요셉을 위하여 보디발의 집에 복을 내리셔서 요셉이 하는 일마다 형통하였습니다. 성경에 보면, 하나님을 믿는 사람은 머리가 되고 꼬리가 되지 않고 위에 있고 아래 내려가지 않고 남에게 꾸어 주되 꾸지 않으며, 하나님을 섬기는 사람에게 복이 따라서 어디서 무엇을 하든지 형통하게 된다고 기록되어 있습니다(신 28:1~6, 12~14).

오늘날에도 예수 그리스도를 믿으면 이와 같은 복을 받습니다. 하나님을 믿지 않는 보디발의 집도 요셉이 그 곳에 머물자 그같이 복을 받았는데, 진심으로 하나님을 섬기는 자에게 하나님께서 복을 주시지 않을 리가 없습니다.

6절 주인이 그의 소유를 다 요셉의 손에 위탁하고 자기가 먹는 음식 외에는 간섭하지 아니하였더라 요셉은 용모가 빼어나고 아름다웠더라

요셉이 하는 일마다 모두 잘되어 나가자, 보디발은 요셉을 전적으로 신임하고 자기의 소유를 맡기고 자기가 먹는 음식 외에는 요셉에게 아무 간섭도 하지 않았습니다. 오늘날도 요셉같이 하나님께 순종하고 범사에 하나님께 감사하면 하나님께서 형통하게 해주십니다.

저도 하나님의 은혜로 형통의 복을 넘치게 받았습니다. 제가 폐병으로 거의 죽을 지경까지 되었다가 살아나서 고등학교도 졸업하지 못한 채 빈손으로 서울역에 내린 것이 지금으로부터 약 30여 년 전의 일입니다.

저는 그때 해가 뉘엿뉘엿 져 가는 서울역 한복판에 서서 어찌할 바를 모르고 서 있었습니다. 돈 한 푼 없이 올라온 터라 오갈 데가 없었고 일가친척도 없는 형편이라, 용기를 내어 한 선교사님으로부터 소개받은 어느 신학교 기숙사를 찾아 들어갔습니다.

마침 그때는 8월말로 여름 방학이 끝날 때라 기숙사 방들이 비어 있었으므로 저는 빈방에 들어가 남의 요를 깔고 베개를 베고 잤습니다. 사람이 궁하면 체면도 없어지는 것입니다. 다음날 아침이 되자 시침을 뚝 떼고 기숙사 식당에 앉아서 밥도 얻어 먹었습니다.

1주일 동안 이렇게 잘 지내다가 개학이 되자 그만 들통이 나고 말았습니다. 그 신학교의 부교장으로 있던 정 목사란 분이 저를 사무실로 부르더니, "거지면 거지답게 살아야지, 허락도 받지 않고 남의 학교 기숙사에 들어와서 기숙하느냐? 경찰을 부르기 전에 썩 나라가." 고 호통을 쳤습니다. 저는 돈이 없을 뿐이지 거지는 아닌데, 몰인정한 현실에 부딪치고 보니 말문이 막혔습니다. 아무 말 못하고 묵묵히 사무실을 나오는데 마친 사무실로 들어오던 존 스텟츠 교장 선생님과 마주쳤습니다. 저는 초면임에도 불구하고 반사적으로 "How are you?" 하고 인사했습니다. 저는 어릴 때부터 누구에게나 인사를 잘했는데, 이때에도 무의식 중에 인사했던 것입니다. 그런데 이 인사가 인연이 되어 저는 그분의 통역관이 되었습니다. 그 분은 부교장을 불러 저에게 좋은 기숙사 방을 주고 학비도 다 책임질 테니 잘 돌봐 주라고 했습니다. 그뿐 아니라 교단의 원조 창고 열쇠도 저에게 맡겼습니다. 그 창고에는 밀가루와 옷이 가득 쌓여 있어서 여러 방면으로부터 유혹이 뻗쳐 왔지만, 저는 하나님을 생각하고 또 존 스텟츠 목사님의 배려가 너무 고마워서 모든 유혹을 뿌리치고 서릿발 같은 공의로 창고의 문을 지켰습니다.

그 후 저는 하나님의 복을 받아 신학교를 졸업하고 주의 종으로 나가서 35년의 세월을 보냈는데, 지금 돌이켜 볼 때 요셉보다 덜 형통했다고 볼 수 없습니다. 하나님께서 세계 최대의 교회를 이룩해 주시고 온 세계로 나가 복음을 전하게 해주셨습니다.

저는 가끔 삼등 열차를 타고 서울역에 내려서 지는 노을을 물끄러미 바라보던 그 시절을 생각합니다. 그때에 비해 지금의 처지는 그 무엇을 하나님께 드려도 다 감사하지 못할 만큼 하나님의 복을 받은 것입니다. 그리고 35여 년의 목회를 하면서 수많은 성도들이 하나님 말씀을 듣고 주의 말씀에 순종하여 형통하게 되는 것을 보아 왔습니다.

우리 하나님은 형통의 하나님이십니다. 하나님께서 약속하신 은총과 복을, 마음을 다하고 뜻을 다하고 정성을 다하고 목숨을 다하여 주 하나님을 사랑하고 섬기는 사람에게 허락해 주시는 것입니다.

2. 유혹받는 요셉(39:7~13)

7. 그 후에 그의 주인의 아내가 요셉에게 눈짓하다가 동침하기를 청하니 8. 요셉이 거절하며 자기 주인의 아내에게 이르되 내 주인이 집안의 모든 소유를 간섭하지 아니하고 다 내 손에 위탁하였으니 9.

이 집에는 나보다 큰 이가 없으며 주인이 아무것도 내게 금하지 아니하였어도 금한 것은 당신뿐이니 당신은 그의 아내임이라 그런즉 내가 어찌 이 큰 악을 행하여 하나님께 죄를 지으리이까 10. 여인이 날마다 요셉에게 청하였으나 요셉이 듣지 아니하여 동침하지 아니할 뿐더러 함께 있지도 아니하니라 11. 그러할 때에 요셉이 그의 일을 하러 그 집에 들어갔더니 그 집 사람들은 하나도 거기에 없었더라 12. 그 여인이 그의 옷을 잡고 이르되 나와 동침하자 그러나 요셉이 자기의 옷을 그 여인의 손에 버려두고 밖으로 나가매 13. 그 여인이 요셉이 그의 옷을 자기 손에 버려두고 도망하여 나감을 보고

7절 그 후에 그의 주인의 아내가 요셉에게 눈짓하다가 동침하기를 청하니

요셉에게 또 하나의 큰 문젯거리가 생겼습니다. 요셉은 맡겨진 일을 잘했을 뿐 아니라 이목구비가 뚜렷한 미남이었습니다. 그런데 보디발의 아내가 이러한 요셉을 매일 바라보다가 그만 반해버린 것입니다. 그래서 보디발의 아내는 기회가 있을 때마다 요셉에게 눈짓을 하며 유혹했습니다. 그러나 요셉은 유혹에 넘어가지 않았습니다. 보통 사람들은 그러한 유혹을 받으면 열이면 열 모두 그 유혹에 넘어가는데, 요셉은 그 유혹을 단호하게 거절했습니다. 이처럼 요셉이 추호의 흔들림도 없이 유혹을 물리칠 수 있었던 것은 마음 중심에 하나님을 모시고 있었기 때문입니다.

8, 9절 요셉이 거절하며 자기 주인의 아내에게 이르되 내 주인이 집 안의 모든 소유를 간섭하지 아니하고 다 내 손에 위탁하였으니 이 집에는 나보다 큰 이가 없으며 주인이 아무것도 내게 금하지

아니하였어도 금한 것은 당신뿐이니 당신은 그의 아내임이라 그런즉 내가 어찌 이 큰 악을 행하여 하나님께 죄를 지으리이까

요셉은 단호하게 보디발 아내의 유혹을 뿌리쳤습니다. 하나님께서는 우리에게 '간음하지 말라'는 계명을 주셨습니다(출 20:14; 신 5:18). 간음이란 것은 합법적으로 부부가 아닌 남녀가 부부 관계를 갖는 것을 말합니다. 그 예로 다윗이 우리아의 아내와 간음했다가 하나님께 징계 받은 사실을 우리는 알고 있습니다. 그런데 예수님께서는 "음욕을 품고 여자를 보는 자마다 마음에 이미 간음하였느니라"(마 5:28)고 말씀하셨습니다.

요셉은 하나님 앞에서 범죄하지 않겠다고 단호하게 결정하고 보디발의 아내에게 솔직하게 말했습니다. "이 집의 모든 재산을 주인이 다 나에게 맡기고 하고 싶은 대로 할 수 있는 권한을 주었으나, 당신만은 손을 대지 말라고 하였습니다. 그러므로 나는 당신과 동침하여 하나님 앞에 죄를 지을 수 없습니다."

요셉이 이와 같이 단호히 거절의 뜻을 밝혔으나 그녀는 막무가내였습니다.

10절 여인이 날마다 요셉에게 청하였으나 요셉이 듣지 아니하여 동침하지 아니할 뿐더러 함께 있지도 아니하니라

보디발의 아내는 요셉을 끈질기게 유혹해 왔습니다. 이제 보디발의 아내는 요셉에게 추파만 던지는 것이 아니라 적극적으로 따라다니며 졸라대기 시작했습니다. 요셉은 자기를 보기만 하면 따라다니면서 추파를 던지는 보디발의 아내의 눈에 띄지 않도록 피해 다녔습니다. 이러한 요

셉의 행동은 옳은 행동입니다. 유혹이 다가오면 뿌리치고 피해야 합니다. 왜냐하면 유혹을 바라보면 그 유혹에 빠져 버리기가 십상이기 때문입니다.

11절 그러할 때에 요셉이 그의 일을 하러 그 집에 들어갔더니 그 집 사람들은 하나도 거기에 없었더라

평상시에는 안채를 피하여 다니던 요셉이 집안에 중요한 일이 생겨 부득이 안채에 들어가서 일을 보게 되었습니다. 요셉이 안채로 갔을 때 마침 그 집에는 아무도 없었습니다. 종들은 모두 일하러 바깥채로, 들로 나가고 보디발은 왕궁에 들어간 후라 집안이 고요했습니다.

이것은 기회를 엿보던 보디발의 아내의 계획적인 의도에 따라 되어진 것일 수도 있습니다.

12절 그 여인이 그의 옷을 잡고 이르되 나와 동침하자 그러나 요셉이 자기의 옷을 그 여인의 손에 버려두고 밖으로 나가매

기어이 요셉에게 큰 문제가 터졌습니다. 요셉이 용무가 있어 안채에 들어갔다가 보디발의 아내에게 잡힌 것입니다. 보디발의 아내가 요셉을 잡고서 "나와 동침하자" 고 말하면서 그의 옷자락을 부여잡자 요셉은 이를 거절하며 뿌리쳤습니다. 요셉이 뿌리쳐도 그 여인이 옷자락을 놓지 않으므로 두 사람 사이에 실랑이가 벌어졌습니다. 이 실랑이 도중 요셉의 옷이 벗겨졌습니다. 그러자 요셉은 그 옷을 보디발의 아내가 움켜쥐고 있는 상태로 버려두고 바깥으로 도망쳐 버렸습니다.

사랑이 미움으로 변하면 사랑한 만큼 미움의 감정이 갑절로 솟아나는

것입니다. 보디발의 아내의 분노와 치욕감은 절정에 달했습니다. 여인으로서의 체면도 버리고 그토록 그의 사랑을 간청했는데도 불구하고 냉정하게 자기를 뿌리치고 떠나자, 요셉에 대한 열정이 무서운 미움으로 변했습니다. 그녀는 분노와 미움에 사로잡힌 채 자신의 격한 감정을 견디지 못하고 요셉을 죽여 버리기로 작정하였습니다.

13절 그 여인이 요셉이 그의 옷을 자기 손에 버려두고 도망하여 나감을 보고

보디발의 아내의 손에 들려 있는 요셉의 옷은 그 자리를 피해 도망간 요셉의 결백을 증거해 주는 증거물이었습니다. 그러나 복수심에 불타오른 보디발의 아내에게는 요셉을 모함하기에 충분한 증거물도 되었습니다. 가까스로 역경을 딛고 회복되어 가던 요셉에게 또다시 무서운 시련이 닥치기 시작한 것입니다.

3. 누명 쓴 요셉(39:14~23)

14. 그 여인의 집 사람들을 불러서 그들에게 이르되 보라 주인이 히브리 사람을 우리에게 데려다가 우리를 희롱하게 하는도다 그가 나와 동침하고자 내게로 들어오므로 내가 크게 소리 질렀더니 15. 그가 나의 소리 질러 부름을 듣고 그의 옷을 내게 버려두고 도망하여

나갔느니라 하고 16. 그의 옷을 곁에 두고 자기 주인이 집으로 돌아
오기를 기다려 17. 이 말로 그에게 말하여 이르되 당신이 우리에게
데려온 히브리 종이 나를 희롱하려고 내게로 들어왔으므로 18. 내가
소리 질러 불렀더니 그가 그의 옷을 내게 버려두고 밖으로 도망하여
나갔나이다 19. 그의 주인이 자기 아내가 자기에게 이르기를 당신의
종이 내게 이같이 행하였다 하는 말을 듣고 심히 노한지라 20. 이에
요셉의 주인이 그를 잡아 옥에 가두니 그 옥은 왕의 죄수를 가두는 곳
이었더라 요셉이 옥에 갇혔으나 21. 야훼께서 요셉과 함께 하시고
그에게 인자를 더하사 간수장에게 은혜를 받게 하시매 22. 간수장이
옥중 죄수를 다 요셉의 손에 맡기므로 그 제반 사무를 요셉이 처리하
고 23. 간수장은 그의 손에 맡긴 것을 무엇이든지 살펴보지 아니하
였으니 이는 야훼께서 요셉과 함께 하심이라 야훼께서 그를 범사에
형통하게 하셨더라

14, 15절 그 여인의 집 사람들을 불러서 그들에게 이르되 보라 주인이 히브리 사람을 우리에게 데려다가 우리를 희롱하게 하는도다 그가 나와 동침하고자 내게로 들어오므로 내가 크게 소리 질렀더니 그가 나의 소리 질러 부름을 듣고 그의 옷을 내게 버려두고 도망하여 나갔느니라 하고

보디발의 아내는 고함을 쳐 사람들을 불렀습니다. 그러자 정원이나 밭에서 일하던 집안 사람들이 놀라서 뛰어 들어왔습니다. 사람들이 모여들자 그녀는 요셉의 옷을 내보이면서 떠들기 시작했습니다. "주인이 사온 히브리 종이 가정 총무로 세워 준 은혜도 모르고 나를 겁탈하려 하기에 내가 크게 소리 질렀더니 옷도 입지 못하고 도망해 버렸다. 세상에 이런

억울한 일이 있는가" 라고 소리치면서 펄펄 뛰었습니다. 정말 억울한 사람은 요셉이었습니다. 그러나 요셉은 변명할 길이 없었습니다. 집 안에는 아무도 없었기 때문에 증인이 없었으므로 요셉은 누명을 쓸 수밖에 없게 되었습니다. 이제 요셉은 팔려온 종으로서 시위대장의 아내를 겁탈하려고 한 죄인으로 몰려 살아날 가망성이 없는 것입니다.

16절 그의 옷을 곁에 두고 자기 주인이 집으로 돌아오기를 기다려

보디발의 아내는 요셉이 자신을 겁탈하려 했다는 증거물로 그의 옷을 보관해 두고 남편이 돌아오기를 기다렸습니다. 요셉을 집요하게 유혹했던 그녀는 그를 죽이려는 데에도 집요했습니다. 누명을 씌워 선량한 사람을 무참히 죽이려는 보디발의 아내의 모습에는 인간의 간악함이 잘 나타나 있습니다.

17, 18절 이 말로 그에게 말하여 이르되 당신이 우리에게 데려온 히브리 종이 나를 희롱하려고 내게로 들어왔으므로 내가 소리 질러 불렀더니 그가 그의 옷을 내게 버려두고 밖으로 도망하여 나갔나이다

보디발이 집에 돌아오자 그의 아내는 요셉을 모함하여 거짓으로 울며 증거물로써 요셉의 옷을 내놓았습니다. 남자의 질투심은 무서운 것입니다.

성경은 "여인과 간음하는 자는 무지한 자라 이것을 행하는 자는 자기의 영혼을 망하게 하며 상함과 능욕을 받고 부끄러움을 씻을 수 없게 되나니 남편이 투기로 분노하여 원수 갚는 날에 용서하지 아니하고 어떤

보상도 받지 아니하며 많은 선물을 줄지라도 듣지 아니하리라" (잠 6:32~35)고 말씀하고 있습니다.

여자의 질투심도 무섭지만 남자가 질투하게 되면 목숨을 돌아보지 않습니다. 평소에 아내를 괴롭히고 이혼하자고 천대하다가도, 다른 남자와 만났다는 소리를 들으면 생사를 걸고 담판을 짓는 것이 남자입니다.

19, 20절 그의 주인이 자기 아내가 자기에게 이르기를 당신의 종이 내게 이같이 행하였다 하는 말을 듣고 심히 노한지라 이에 요셉의 주인이 그를 잡아 옥에 가두니 그 옥은 왕의 죄수를 가두는 곳이었더라 요셉이 옥에 갇혔으나

보디발은 자기가 믿고 그렇게 돌봐 준 히브리 종이 그 은혜를 모르고 자기의 아내를 겁탈하려 했다는 아내의 말을 듣고 매우 분노하여 요셉을 잡아와 때렸을 것입니다. 그 당시에는 주인이 종을 때려 죽여도 아무 법적인 책임이 없었습니다. 그러니 한 번 상상해 보십시오. 얼마나 요셉이 얻어맞았겠습니까? 요셉은 발길로 채여서 입술이 터지고 온 몸은 피투성이가 되어 정신을 잃을 때까지 얻어맞았을 것입니다.

그 감옥은 왕의 명령을 거역한 죄인들을 투옥하는 곳으로서 그곳에 한 번 들어가면 사형을 당하거나 그곳에서 종신형을 살았습니다. 그러니 이제 요셉은 막다른 골목에 처하게 되었습니다. 종으로 팔려 온 그때로부터 시작해서 종말에는 억울한 누명을 쓰고 한마디 변명도 못한 채 한 번 들어가면 살아나올 수 없는 시위대 감방에 갇힌 요셉의 처지는 참담하기만 했습니다.

보디발에게 억울하게 고난당하는 요셉을 보면서 우리가 배워야 할 것

이 있습니다. 하나님께서는 반드시 온실의 화초처럼 돌보아 주시는 방법으로만 사랑을 표현하지 않으십니다. 때로는 원수의 손에 우리를 맡기십니다.

마귀가 주는 환난은 사람을 멸망케 하지만 하나님은 환난을 통해 반드시 복을 받게 하시는 것입니다. 그렇기 때문에 하나님의 자녀인 우리는 환난이 다가오면 그것을 원망하지 말고 오히려 감사해야 합니다. 요셉은 무서운 모함을 받고 오해를 받아 기절할 만큼 매를 맞고도 원망하지 않고 오히려 하나님을 찬양했습니다. 일반적으로 사람은 고난에 처하면 마음속에 쓴 뿌리가 생겨 원망하게 되는데, 요셉은 그 누구도 원망하지 않고 그 고난을 긍정적으로 받아들인 것입니다. 요셉은 틀림없이 이렇게 말했을 것입니다. “하나님 아버지, 보디발의 아내에게 모함당한 것 감사합니다. 그리고 보디발에게 맞아 죽지 않은 것 감사합니다. 이 감옥에서도 하나님께서 함께 계시니 감사합니다. 이 모든 것을 하나님께서 다 보시고 계시기 때문에 저는 알 수 없지만 하나님께서 이를 통해서 더 좋은 일을 베푸실 줄 믿습니다. 감사합니다.” 나중에 보면 요셉이 모함을 받고 시위대 감방에 들어갔기 때문에 떡 장관, 술 장관을 만나 바로의 꿈을 해석할 기회를 얻어 순식간에 국무총리가 된 것입니다.

그러므로 하나님의 역사는 사람이 상상할 수 없습니다. 사람이 보기에는 불가능한 것이 하나님께는 가능한 것이고, 인간의 보기에는 절망적인 일이 하나님께는 희망의 문이 되는 것입니다. 따라서 하나님을 믿는 사람은 극단적인 말을 해서도 안 되고, ‘이것이 나의 종말이다.’ 라고 생각해서도 안 됩니다. 어떠한 절망과 흑암의 길에 섰을지라도 하나님을 원망하지 말고 감사해야 하는 것입니다. 왜냐하면 죽음조차도 영원한 하나님 나라로 가는 문이 되기 때문입니다.

우리가 감사하면 하나님께 모든 짐을 맡길 수 있는 것입니다. 하나님께 감사하면 하나님께서 일을 맡아서 처리해 주십니다.

보디발은 그래도 분이 풀리지 않아 왕의 죄수를 가두는 감옥에 요셉을 가두어 버렸습니다.

21절 야훼께서 요셉과 함께 하시고 그에게 인자를 더하사 간수장에게 은혜를 받게 하시매

요셉이 모진 고난 속에서도 하나님을 원망하지 않고 찬미하자 감옥 속에서도 하나님께서 같이하여 주셨습니다. 하나님께서는 요셉에게 시련을 주시면서도 다른 한편으로는 시련 받는 요셉과 동행하여 주셔서 감옥 속에서도 형통한 복을 받게 하셨습니다.

마귀는 보디발의 아내를 통하여 요셉을 유혹해서 모함 속에 빠뜨려 놓았지만, 하나님께서는 이것을 오히려 유익되게 하시어 요셉으로 하여금 애굽의 국무총리가 될 수 있는 길로 나가게 만들어 주신 것입니다. 그러므로 세상 사람들은 하나님 뜻대로 사는 것이 무슨 유익이 있느냐고 하지만, 실제로 요셉처럼 하나님 뜻대로 사는 것이 당시는 손해 보는 것 같아도 나중에는 큰 유익이 되는 것입니다.

저는 우연히 공장에서 노동하는 젊은 자매 한 분을 만나 전도한 적이 있습니다. 제가 예수님을 전하자 그 자매는 예수님을 잘 믿는다고 대답하고 예수님을 믿으므로 인하여 받는 여러 가지 서러움과 고통을 저에게 털어놓았습니다. 그 자매는 전라도가 고향인데, 너무나 집안이 가난하여 야간 중학교를 나온 후 서울로 올라왔습니다. 그 후 서울 언니 집에 얹혀

살면서 공장에 다니며 돈을 벌었습니다.

그 자매는 누가 보아도 똑똑하고 용모가 단정하여 호감이 가는 자매인데, 이처럼 똑똑하고 예쁘니 직장의 상사들이 끊임없이 밥 먹으러 가자, 춤추러 가자, 술 마시러 가자고 꾄다는 것입니다. 그 요구를 들어주면 일도 수월해지고 부서에서 많은 보수를 받을 수 있을 텐데, 그런 것을 거절하니 직장 상사들의 눈 밖에 나서 자꾸만 과외 일을 하게 되고, 사람들이 모두 꺼리고 하기 싫어하는 일만 도맡아 배당받으니 예수님을 믿고 바르게 살기 위해 당하는 고통과 손해가 크다는 것입니다.

그러면서 저에게 "목사님, 저는 예수님을 믿는 제 자신이 싫습니다. 다른 애들처럼 상사들이 요구하는 대로 들어주어 편하고 쉽게 살고 싶습니다. 아무도 몰라 주는데 이렇게 살 필요가 있겠습니까?" 라고 질문해 왔습니다.

저는 단호히 잘라 말했습니다. "지금은 신앙을 지키는 것이 고독하고 손해 보는 것 같지만 그러한 것은 영원히 계속되지 않습니다. 이 기간이 지나고 나면 신앙을 지키며 살아온 것이 얼마나 보람 있고 복된 것인가를 감사하고 찬양할 때가 오니 마음을 굳게 하고 올바로 살아야 합니다. 어려울수록 감사하고 찬양하면 주님이 함께하여 주심으로 죄악의 불이 자매님을 태우지 못하니 단호하게 신앙 가운데 서십시오." 라고 격려해 주었습니다.

요셉이 보디발의 아내의 유혹에 끌려 원하는 대로 해주었더라면 당분간은 대접을 잘받고 무사하게 보냈겠으나 그것이 오래 가지는 못했을 것입니다. 어느 시점에 가서라도 파탄이 나고, 하나님께 징계 받아 장차 한 나라의 국무총리와 같은 높은 자리에 올라갈 기회도 상실해 버렸을 것입니다.

요셉이 편한 길을 버리고 의로운 길을 택하자 그 고난의 길이 곧 영광의 길이 된 것입니다. 이러므로 성경은 "하나님이 자기를 사랑하는 자들을 위하여 예비하신 모든 것은 눈으로 보지 못하고 귀로 듣지 못하고 사람의 마음으로 생각하지도 못하였다 함과 같으니라" (고전 2:9)고 기록하고 있습니다. 하나님께서 주신 고난의 길 뒤에는 영광의 길이 예비되어 있는 것입니다.

22, 23절 간수장이 옥중 죄수를 다 요셉의 손에 맡기므로 그 제반 사무를 요셉이 처리하고 간수장은 그의 손에 맡긴 것을 무엇이든지 살펴보지 아니하였으니 이는 야훼께서 요셉과 함께 하심이라 야훼께서 그를 범사에 형통하게 하셨더라

감옥에 갇힌 요셉은 전옥의 눈에 들게 되었습니다. 감옥에서도 하나님께서 요셉과 함께하셨기 때문에 감옥 내의 모든 일들이 잘되어 갔습니다. 죄수들은 전옥의 말을 듣지 않아도 요셉의 말을 잘 들어주었습니다. 그러자 전옥은 감옥의 모든 일을 요셉에게 맡겼습니다. 그리고 전옥은 요셉이 죄수들을 돌보고 식사를 배급하고 질서 정연하게 감옥의 일을 꾸려 나가자, 나중에는 요셉을 완전히 신임하여 감옥의 열쇠까지 맡겼습니다.

하나님께서 요셉과 함께하시니 범사가 형통하였습니다. 우리가 하나님 중심으로 살며 하나님의 뜻을 좇아 살면 어디에서 무엇을 하든지 형통하게 되는 것입니다.

이에 대해 성경은 "그는 시냇가에 심은 나무가 철을 따라 열매를 맺으

며 그 잎사귀가 마르지 아니함 같으니 그가 하는 모든 일이 다 형통하리로다"(시 1:3)라고 기록하고 있습니다. 그러므로 우리는 시련이 닥쳐올 때 낙심하지 말고 신앙의 정도에 서서 믿음으로 하나님을 의지하고 나가야 하는 것입니다.

우리가 살아가는 데 돈이나 지위나 명예는 삶의 원천이 될 수 없습니다. 오직 하나님만이 우리의 삶의 원천이 되십니다. 하나님께서는 우리의 건강의 원천이 되시고, 평안과 기쁨과 형통의 원천이 되어 주십니다. 때로는 하나님께서 우리로 하여금 고난을 길을 걷게 하시지만, 그 고난의 길은 우리의 영혼을 살찌게 해줍니다. 사람은 고난을 당할 때 회개하게 됩니다. 우리에게 고난이 유익이 될 수 있는 것은 고난당하면 하나님께 가까이 나아가게 됨으로 우리의 영혼이 잘됨 같이 범사가 형통하고 강건케 되는 하나님의 복이 임하기 때문입니다.

제 40 장

꿈을 해석하는 요셉

인간적인 눈으로 볼 때 시위대 감옥에 갇혀 있는 요셉의 인생은 완전히 끝장난 것처럼 보였습니다. 그러나 이 모든 일들은 요셉의 꿈을 이루기 위한 하나님의 섭리에 의한 것이었습니다.

하나님께서는 그의 계획하심에 따라 시위대 감방에 그 나라의 술 장관과 떡 장관을 보내셨고, 요셉은 그들을 섬기게 되었습니다. 어느 날 두 장관이 각각 몽조가 다른 꿈을 꾸었습니다. 두 장관이 그 꿈으로 인해 얼굴에 수심이 차 있자, 요셉은 꿈의 해석이 하나님께 달려 있으니 기탄없이 말해 보라고 하였습니다. 술 장관의 꿈은 복직이 되는 길몽이었고, 떡 장관의 꿈은 사형을 당하는 흉몽이었습니다. 요셉은 꿈을 해석해 주면서 술 장관에게 석방되어 나가면 자신의 억울한 사정을 왕에게 탄원해 달라고 부탁하였습니다.

꿈을 해석한 지 사흘 후 놀랍게도 요셉이 해몽해 준 대로 술 장관은 사면되고 떡 장관은 사형되었습니다. 그러나 사면된 술 장관은 요셉의 부탁을 까맣게 잊어 버렸습니다.

1. 두 관원장의 꿈(40:1~8)

1. 그 후에 애굽 왕의 술 맡은 자와 떡 굽는 자가 그들의 주인 애굽 왕
에게 범죄한지라 2. 바로가 그 두 관원장 곧 술 맡은 관원장과 떡 굽
는 관원장에게 노하여 3. 그들을 친위대장의 집 안에 있는 옥에 가
두니 곧 요셉이 갇힌 곳이라 4. 친위대장이 요셉에게 그들을 수종들
게 하매 요셉이 그들을 섬겼더라 그들이 갇힌 지 여러 날이라 5. 옥
에 갇힌 애굽 왕의 술 맡은 자와 떡 굽는 자 두 사람이 하룻밤에 꿈을
꾸니 각기 그 내용이 다르더라 6. 아침에 요셉이 들어가 보니 그들
에게 근심의 빛이 있는지라 7. 요셉이 그 주인의 집에 자기와 함께
갇힌 바로의 신하들에게 묻되 어찌하여 오늘 당신들의 얼굴에 근심
의 빛이 있나이까 8. 그들이 그에게 이르되 우리가 꿈을 꾸었으나
이를 해석할 자가 없도다 요셉이 그들에게 이르되 해석은 하나님께
있지 아니하니이까 청하건대 내게 이르소서

1-3절 그 후에 애굽 왕의 술 맡은 자와 떡 굽는 자가 그들의 주인 애

굽 왕에게 범죄한지라 바로가 그 두 관원장 곧 술 맡은 관원장과 떡 굽는 관원장에게 노하여 그들을 친위대장의 집 안에 있는 옥에 가두니 곧 요셉이 갇힌 곳이라

바야흐로 좁게는 요셉을 위하여, 넓게는 인류의 구속을 위한 하나님의 역사가 본격적으로 시작되었습니다. 억울한 누명을 쓰고 시위대 뜰의 감방에 갇혀서 외로운 나날을 보내고 있는 요셉에게 하나님께서 역사하시기 시작했습니다. 그 즈음에 애굽 왕 바로의 신하인 떡 장관과 술 장관이 왕의 시위대 감옥에 갇히게 되었습니다.

떡 장관과 술 장관은 매일같이 하루 세끼 바로의 곁에서 떡과 술을 권하며 바치는 바로의 측근이었습니다. 이러한 떡 장관과 술 장관이 바로의 노를 사서 시위대 감방에 갇힌 것 자체가 하나님의 섭리로 시작된 것입니다. 우연인 것 같은 이러한 일들이 일어난 것은 하나님의 섭리로 되어진 것으로서, 그 하나하나가 모두 요셉의 꿈을 이루는 정점을 향해 진행되어 갔습니다.

4절 친위대장이 요셉에게 그들을 수종들게 하매 요셉이 그들을 섬겼더라 그들이 갇힌 지 여러 날이라

두 장관은 비록 시위대 감방에 갇힌 처지였지만 국가의 고위직에 있었던 신분이라 보디발이 그들의 감옥 생활을 배려해 주었습니다. 보디발은 요셉으로 하여금 그들을 수종하게 하였습니다. 이들의 이같은 만남은 우연으로 보이지만 결코 우연이 아닌 것입니다. 세상에 살면서 우연히 만나고 헤어지는 일들의 배후에는 하나님의 뜻을 이루기 위한 섭리가 있는 것입니다.

그리스도인들이 우연히 사람들을 만나 전도하고, 그들을 위해 기도해 주는 일은 우연이 아니라 한 영혼이 구원받고 하나님의 영광이 드러나도록 섭리하시는 눈에 보이지 않는 하나님의 예정하심에 의해서입니다. 요셉과 두 장관의 우연한 만남도 사실은 우연이 아니라 하나님의 계획 안에서 이루어진 만남이었던 것입니다.

5절 옥에 갇힌 애굽 왕의 술 맡은 자와 떡 굽는 자 두 사람이 하룻밤에 꿈을 꾸니 각기 그 내용이 다르더라

성령의 은사 중에는 계시의 은사가 있습니다. 계시의 은사는 지혜의 말씀의 은사, 지식의 말씀의 은사, 영 분별의 은사, 이 세 가지로 나타납니다.

우리가 기도할 때 성령께서는 우리 마음속에 아이디어를 주십니다. 우리가 여러 가지 문제를 당하여 그 문제를 어떻게 해결할까 하고 고민할 때 하나님께서 주로 말씀으로, 그의 꿈이나 환상을 통해서 문제를 해결할 수 있는 방법을 알려 주시는 것입니다.

지식의 말씀의 은사는 도무지 알지 못하던 일을 말씀이나 생각이나 꿈을 통하여 깨닫게 해주시는 것입니다. 예를 들면 잃어버린 물건이 어디 있다든지, 어디를 가면 누구를 만날 것인지 등 인간적으로는 도무지 알 수 없는 일들을 알게 해주는데 이것이 지식의 말씀의 은사입니다.

영 분별의 은사는 성령께서 어떤 일에 대해서 그것이 하나님의 역사인지 사탄의 역사인지를 영적으로 분별하게 하시는 은사입니다.

이와 같이 성령께서는 여러 가지 방법으로 우리에게 말씀하실 때가 많습니다. 평소에는 우리가 세상일에 너무 분주하여 하나님의 음성을 듣지 못하기 때문에 하나님께서 말씀하셔도 우리에게 전달되지 않는 경우가 많습니다. 그러나 우리가 잠들면 우리의 꿈을 통해 말씀하시기도 합니다. 구약 성경에 보면, 하나님께서 꿈을 통해서 지혜의 말씀이나 지식의 말씀이나 영 분별을 해준 예가 많이 있습니다. 하나님께서는 시위대 감옥 안에 갇힌 두 장관에게 이러한 계시의 꿈을 꾸게 함으로써 요셉의 존재가 서서히 드러나게 하셨습니다.

하나님께서는 먼저 두 장관들이 바로의 미움을 받게 하고, 다음에는 감옥에 들어와서 요셉의 수종을 받게 한 다음, 이제는 꿈을 꾸게 하여 요셉의 해몽을 듣게 하신 것입니다. 이와 같이 하나님의 섭리는 인간이 추측할 수 없이 오묘합니다. 사람이 보기에는 모든 것이 낭패로 생각될지라도 그 낭패조차도 하나님의 뜻을 이루는 수단이 되는 것입니다.

6, 7절 아침에 요셉이 들어가 보니 그들에게 근심의 빛이 있는지라 요셉이 그 주인의 집에 자기와 함께 갇힌 바로의 신하들에게 묻되 어찌하여 오늘 당신들의 얼굴에 근심의 빛이 있나이까

마음이 즐거우면 얼굴에 빛이 나지만 근심이 생기면 얼굴이 어두워집니다. 이렇게 사람의 마음 상태는 그 얼굴에 그대로 나타납니다.

요즈음 미국에서는 사람의 마음과 육체가 하나로 연결되어 있다는 논리를 가지고 의학적인 치료 방법을 활발히 연구하고 있습니다. 그 연구진이 발표한 바에 따르면, 마음이 즐겁고 기쁨이 충만하면 우리의 핏속에 병에 대한 저항력이 강해져서 병에 걸리지 않지만, 마음에 근심, 걱정이 꽉 들어차 낙심이 되면 면역성이 약해져서 병에 걸리게 된다는 것입니다.

그러나 이 사실은 성경에 이미 기록된 것으로서, 새로운 발견이 아닙니다. 성경은 "마음의 즐거움은 양약이라도 심령의 근심은 뼈를 마르게 하느니라"(잠 17:22)고 가르치고 있습니다. 성경은 이미 수천 년 전에 사람의마음과 육신의 건강이 밀접한 관계가 있다는 것을 밝혀 준 것입니다.

두 장관은 꿈을 꾼 후 얼굴에 수심이 꽉 찼습니다. 꿈의 내용이 심상치 않자 마음에 근심이 들어찬 것입니다.

요셉은 충성스러운 사람이었습니다. 그는 자기가 섬기는 두 장관을 언제나 관심을 가지고 지켜 보았습니다. 그러기에 어느 날 아침 그들의 안색이 어두워진 것을 금새 알아본 것입니다. 요셉은 떡 장관과 술 장관의 안색이 좋지 않은 것을 보고 그 이유를 물었습니다.

8절 **그들이 그에게 이르되 우리가 꿈을 꾸었으나 이를 해석할 자가 없도다 요셉이 그들에게 이르되 해석은 하나님께 있지 아니하니이까 청하건대 내게 이르소서**

두 관원장은 간밤에 의미심장한 꿈을 꾸었는데 이 감방에는 꿈을 해석할 예언자도, 해몽가도 없어 마음이 답답하다고 말했습니다. 이 말을 들은 요셉은 꿈을 주신 분도 하나님이시고, 그 꿈을 풀어주실 분도 하나님이시니 그 꿈을 자기에게 얘기해 보라고 했습니다.

하나님의 백성들 중에는 특별히 하나님의 계시의 은사를 받아 꿈을 잘 꾸는 사람이 있는가 하면 그 꿈을 잘 해석하는 은사를 받은 사람도 있습니다. 요셉은 꿈을 잘 꾸는 계시의 은사도 받았지만, 동시에 꿈을 잘 해석하는 은사도 받았습니다.

2. 술 관원장의 길몽(40:9~15)

9. 술 맡은 관원장이 그의 꿈을 요셉에게 말하여 이르되 내가 꿈에 보
니 내 앞에 포도나무가 있는데 10. 그 나무에 세 가지가 있고 싹이 나
서 꽃이 피고 포도송이가 익었고 11. 내 손에 바로의 잔이 있기로 내
가 포도를 따서 그 즙을 바로의 잔에 짜서 그 잔을 바로의 손에 드렸
노라 12. 요셉이 그에게 이르되 그 해석이 이러하니 세 가지는 사흘
이라 13. 지금부터 사흘 안에 바로가 당신의 머리를 들고 당신의 전
직을 회복시키리니 당신이 그 전에 술 맡은 자가 되었을 때에 하던 것
같이 바로의 잔을 그의 손에 드리게 되리이다 14. 당신이 잘 되시거
든 나를 생각하고 내게 은혜를 베풀어서 내 사정을 바로에게 아뢰어
이 집에서 나를 건져 주소서 15. 나는 히브리 땅에서 끌려온 자요 여
기서도 옥에 갇힐 일은 행하지 아니하였나이다

9-11절 술 맡은 관원장이 그의 꿈을 요셉에게 말하여 이르되 내가 꿈에 보니 내 앞에 포도나무가 있는데 그 나무에 세 가지가 있고 싹이 나서 꽃이 피고 포도송이가 익었고 내 손에 바로의 잔이 있기로 내가 포도를 따서 그 즙을 바로의 잔에 짜서 그 잔을 바로의 손에 드렸노라

술 장관은 요셉에게 간밤에 꾼 꿈의 내용을 설명해 주었습니다. 술 장관이 꿈에 보니 포도나무에서 세 줄기가 생겨나고 그 세 줄기에서 꽃이 피고 탐스러운 포도가 주렁주렁 열렸다는 것입니다. 그래서 술 장관이

바로가 마시는 잔에 그 포도를 따서 즙을 내어 바로에게 드렸더니 바로가 그것을 받아 마셨다는 내용이었습니다.

요셉은 가만히 그 꿈 이야기를 듣고 있었습니다. 하나님께서 꿈을 주실 때는 사실 그대로 보여 주시는 것이 아니라, 상징적으로 보여 주시기 때문에 보통 사람들은 꿈을 꾸고도 그 꿈을 해석하지 못합니다. 이런 것은 성령이 주신 꿈이므로 성령의 도움을 받아야 해석이 되는 것입니다. 그러므로 우리가 이러한 이해할 수 없는 신비한 꿈을 꾸게 되면, 반드시 꿈에 대하여 해석해달라고 하나님께 기도하여 깨달음을 받아야 합니다.

성령의 도움 없이 자기 마음대로 해석을 하면 안 됩니다. 우리가 꾼 꿈에 대하여 하나님께 해석을 바라는 기도를 드리면, 하나님의 계시가 임해서 마음속에 깨달아지는 것입니다.

요셉은 술 장관의 꿈 이야기를 들으면서 마음속으로 기도했습니다. "하나님이시여, 이 꿈을 해석하여 주시옵소서." 그러던 중에 어느 한 순간 마음에 깨닫게 된 것입니다. 갑자기 요셉은 눈을 반짝반짝 빛내고 생글생글 웃더니 무릎을 탁 치면서 그 꿈이 굉장히 좋은 꿈이라고 해석해 주었습니다.

12, 13절 요셉이 그에게 이르되 그 해석이 이러하니 세 가지는 사흘이라 지금부터 사흘 안에 바로가 당신의 머리를 들고 당신의 전직을 회복시키리니 당신이 그 전에 술 맡은 자가 되었을 때에 하던 것 같이 바로의 잔을 그의 손에 드리게 되리이다

요셉은 하나님의 계시를 받아 술 장관의 꿈 내용을 술술 풀어 나갔습니다. 포도나무는 술 장관과 관계된 나무입니다. 포도나무에서 세 가지

가 났다는 것은 사흘을 의미하고, 바로의 잔에 포도즙을 짜서 바로에게 드렸다는 것은 사흘 후에 복직이 되어 다시 예전과 같이 바로에게 술을 짜서 바치게 된다는 것입니다.

요셉에게 하나님의 계시가 임하지 않았다면 어떻게 꿈을 해석할 수 있었겠습니까? 오직 하나님께서 가르쳐 주셔야 깨닫게 되는 것입니다. 오늘날도 하나님께서는 우리가 하나님의 말씀 깨닫기를 원하고 계십니다. 그런데 우리는 너무 세상에 취해서 하나님의 음성을 듣지 못하는 것입니다.

"하나님은 영이시니 예배하는 자가 영과 진리로 예배할지니라"(요 4:24)고 했는데, 우리는 육에 속해 있어서 무엇을 먹을까, 무엇을 입을까, 무엇을 마실까 하는 생각에 너무 집착하여 하나님과의 영적 교제를 갖지 못합니다. 하나님께서는 여호수아에게 "이 율법책을 네 입에서 떠나지 말게 하며 주야로 그것을 묵상하여 그 안에 기록된 대로 다 지켜 행하라 그리하면 네 길이 평탄하게 될 것이며 네가 형통하리라"(수 1:8)고 말씀하셨는데, 여기에서 율법책이란 성경을 말합니다.

하나님께서는 성경을 그냥 읽으라고 하시지 않고 주야로 묵상하라고 하셨습니다. 하나님의 말씀을 읽고 그 말씀을 깊이 생각하고 있으면 하나님께서 말씀해 주시는 것입니다. 그러므로 우리는 묵상하는 시간을 많이 가져야 합니다. 성경을 읽다가 마음에 부딪치는 말씀이 있으면 일단 읽기를 중단하고 그 말씀을 깊이 생각하여 그 말씀을 통하여 하나님의 성령이 무엇이라 말씀하시는가에 귀를 기울여야 합니다.

저는 물만 바꾸어 마시면 배탈이 납니다. 지난번에 대만에 갔을 때에도 배탈이 났습니다. 해외여행을 자주하는 저로서는 여행 때마다 배탈로 고통 받는 일이 여간 불편하고 괴로운 것이 아니었습니다. 그래서 이 병을 고치기로 작정하고 "우리의 연약한 것을 친히 담당하시고 병을 짊어지셨도다"(마 8:17)라는 말씀을 1시간 동안 묵상했습니다. 그런데 1시간쯤 지난 후에 그 말씀은 글자가 아니라 하나님의 거대한 음성이 되어 내 영혼에 들어왔습니다. 그 순간 제 마음이 믿음이 꽉 들어찼습니다. 어떤 병도 다 이길 수 있다는 믿음이 제 마음을 사로잡았습니다. 그러자 아랫배의 통증이 싹 사라지고 말았습니다.

이와 같이 믿음은 읽음으로 오는 것이 아니라 들음으로 오는 것입니다. 그러므로 눈으로 읽고 난 다음, 이것을 자꾸 반복하여 내 영혼 속에 들리도록 해야 하는 것입니다. 성경을 읽다가 마음에 부딪쳐 오는 말씀이 있으면 그냥 지나치지 말고 10분이든지 30분이든지 시간이 있으면 1시간이든지, 그 말씀을 씹고 되씹으면서 묵상하면 그 말씀에 대한 믿음이 우리 자신을 사로잡아 버리는 것입니다. 이러한 믿음을 얻고 난 다음, 그 믿음의 바탕에 서서 기도하면 하나님의 기적이 나타나는 것입니다.

그런데 보통 사람들은 말씀도 읽지 않고, 묵상도 하지 않고, 마음에 믿음도 생기지 않은 채 입으로만 "주여, 주여" 하고 고함을 칩니다. 그러한 부르짖음은 아무 효과가 없습니다. 그러므로 하나님께 기도할 때에는 먼저 말씀을 묵상하도 그 말씀을 통하여 마음속에 믿음을 얻고, 그 믿음을 바탕으로 해서 하나님께 기도해야 합니다. 그렇게 할 때 하나님의 놀라운 역사가 일어나게 되는 것입니다.

14, 15절 당신이 잘 되시거든 나를 생각하고 내게 은혜를 베풀어서 내 사정을 바로에게 아뢰어 이 집에서 나를 건져 주소서 나는

히브리 땅에서 끌려온 자요 여기서도 옥에 갇힐 일은 행하지 아니하였나이다

요셉은 술 장관의 꿈을 멋지게 해석해 준 다음, 인간적인 부탁을 했습니다. 그러나 술 장관은 감방에서 나오자마자 요셉의 부탁을 까맣게 잊어 버렸습니다(창 40:23). 그것도 하루, 이틀 잊은 것이 아니라 2년 동안이나 잊어버린 것입니다.

2년 동안 아무 소식이 없다는 것은 그 부탁이 소용이 없었다는 것입니다.

3. 떡 관원장의 흉몽(40:16~23)

16. 떡 굽는 관원장이 그 해석이 좋은 것을 보고 요셉에게 이르되 나도 꿈에 보니 흰 떡 세 광주리가 내 머리에 있고 17. 맨 윗광주리에 바로를 위하여 만든 각종 구운 음식이 있는데 새들이 내 머리의 광주리에서 그것을 먹더라 18. 요셉이 대답하여 이르되 그 해석은 이러하니 세 광주리는 사흘이라 19. 지금부터 사흘 안에 바로가 당신의 머리를 들고 당신을 나무에 달리니 새들이 당신의 고기를 뜯어 먹으리이다 하더니 20. 제삼일은 바로의 생일이라 바로가 그의 모든 신하를 위하여 잔치를 베풀 때에 술 맡은 관원장과 떡 굽는 관원장에게 그의 신하들 중에 머리를 들게 하니라 21. 바로의 술 맡은 관원장은 전직을 회복하매 그가 잔을 바로의 손에 받들어 드렸고 22. 떡 굽는

관원장은 매달리니 요셉이 그들에게 해석함과 같이 되었으나 23.
술 맡은 관원장이 요셉을 기억하지 못하고 그를 잊었더라

16, 17절 떡 굽는 관원장이 그 해석이 좋은 것을 보고 요셉에게 이르되 나도 꿈에 보니 흰 떡 세 광주리가 내 머리에 있고 맨 윗광주리에 바로를 위하여 만든 각종 구운 음식이 있는데 새들이 내 머리의 광주리에서 그것을 먹더라

떡 장관의 꿈의 내용을 다 듣고 난 후, 요셉은 얼굴이 하얗게 질려 버렸습니다. 그 꿈은 떡 장관의 죽음을 예고하는 흉몽이었던 것입니다.

18, 19절 요셉이 대답하여 이르되 그 해석은 이러하니 세 광주리는 사흘이라 지금부터 사흘 안에 바로가 당신의 머리를 들고 당신을 나무에 달리니 새들이 당신의 고기를 뜯어 먹으리이다 하더니

떡 장관은 좋은 해석을 기대하며 요셉에게 꿈 이야기를 했으나 그 꿈은 뜻밖의 내용이었습니다. 꿈 이야기를 듣고 난 요셉은 해석해 주었습니다. 세 광주리는 사흘이요, 그 떡 광주리의 음식이 바로에게 바쳐진 것이 아니라 새들이 와서 먹어 버렸으니, 사흘 후 떡 장관은 목이 잘려 나무에 달려서 새들에게 그 시체를 뜯어 먹힐 것이라는 것이었습니다. 이 해석을 듣자 떡 장관은 사색이 되었습니다.

20절 제삼일은 바로의 생일이라 바로가 그의 모든 신하를 위하여 잔치를 베풀 때에 술 맡은 관원장과 떡 굽는 관원장에게 그의 신

하들 중에 머리를 들게 하니라

두 장관이 꿈을 꾼 지 사흘째 되는 날은 바로의 생일이었습니다. 왕궁에서는 성대한 잔치가 벌어졌고, 신하들은 먹고 마시며 바로의 생일을 축하했습니다. 이 날은 요셉이 해석한 꿈의 내용이 현실적으로 이루어지는 날이었습니다.

잔치가 한창 무르익어 갈 때 바로는 감방에 갇혀 있는 두 장관을 불러 머리를 들게 하였습니다. 바로의 생일은 경축일이라 관례에 따라 왕이 죄수들을 불러 특별 사면을 내리기도 하고 처형하기도 했습니다.

21, 22절 바로의 술 맡은 관원장은 전직을 회복하매 그가 잔을 바로의 손에 받들어 드렸고 떡 굽는 관원장은 매달리니 요셉이 그들에게 해석함과 같이 되었으나

바로는 흥겨운 잔치 자리에 끌려온 두 죄수들을 번갈아 내려다보았습니다. 그리고는 손을들어 술 장관은 사면을 시켜 다시 술잔을 바치게 하였고, 떡 장관에게는 사형을 언도하여 매달게 하였습니다. 요셉의 해석이 조금도 빗나가지 않고 말한 그대로 이루어진 것입니다.

23절 술 맡은 관원장이 요셉을 기억하지 못하고 그를 잊었더라

하나님의 때가 아니면 사람의 힘으로 아무리 애써도 소용이 없습니다. 술 맡은 관원장과 떡 맡은 관원장이 꾼 꿈을 요셉이 해석한 것과 술 맡은 관원장이 복직된 후에 요셉의 부탁을 잊어버린 것은 모두 하나님의 역사로 인한 것입니다. 기억도 마찬가지입니다. 하나님의 때가 되어야 기억이 나게 되는 것입니다.

하나님께서는 법칙을 어겨 가면서 역사하시지 않습니다. "사람이 무엇으로 심든지 그대로 거두리라"(갈 6:7)는 말씀과 같이 우리가 땀을 흘려 심어 놓으면 하나님의 때가 이르렀을 때 심은 대로 거두게 되는 것입니다.

요셉이 술 장관과 떡 장관의 꿈을 해석해 주었는데 그것이 바로 기억의 씨앗이었습니다. 술 장관의 기억 속에 그 씨앗을 심어 놓은 것입니다. 그런데 그 씨앗이 때가 되어 돋아 나오는 데 2년이나 걸린 것입니다.

제 41 장

애굽의 총리가 된 요셉

애굽의 술장관이 출옥한 지 2년 후 바로는 이상한 꿈을 꾸었습니다. 그는 그 꿈의 몽조가 심상치 않음을 느끼고 꿈을 해석하려 하였으나 그 누구도 이 꿈을 해석하지 못했습니다. 바로가 술객과 박사들에게 꿈을 해석해 내라고 불호령을 내리자 바로의 왕궁에는 긴장감이 감돌기 시작했습니다.

이러한 상황 속에서 술 장관은 과거에 자기의 꿈을 해석해 주었던 요셉을 기억해 내었고 요셉은 바로 앞으로 불려 왔습니다. 요셉은 하나님의 지혜로 바로의 꿈을 명쾌하게 해석해 주었습니다. 장차 애굽에 7년 동안 풍년이 들고 뒤따라 7년 간 흉년이 들 것인데, 풍년이 들 때 많은 곡식을 징수하여 저장해 두어야 흉년을 넘길 수 있다고 꿈에 대한 해결책까지 알려 주었습니다.

바로는 하나님의 신에 감동된 요셉을 귀히 여겨 그 자리에서 국무총리로 삼고 애굽 전체를 그의 손에 맡겼습니다. 바야흐로 요셉이 13년 전 가나안에서 꾸었던 꿈이 하나님의 섭리로 이루어지고 있는 것입니다.

1. 바로의 꿈(41:1~13)

1. 만 이 년 후에 바로가 꿈을 꾼즉 자기가 나일 강 가에 서 있는데 2.
보니 아름답고 살진 일곱 암소가 강 가에서 올라와 갈밭에서 뜯어먹
고 3. 그 뒤에 또 흉하고 파리한 다른 일곱 암소가 나일 강 가에서 올
라와 그 소와 함께 나일 강 가에 서 있더니 4. 그 흉하고 파리한 소가
그 아름답고 살진 일곱 소를 먹은지라 바로가 곧 깨었다가 5. 다시
잠이 들어 꿈을 꾸니 한 줄기에 무성하고 충실한 일곱 이삭이 나오고
6. 그 후에 또 가늘고 동풍에 마른 일곱 이삭이 나오더니 7. 그 가는
일곱 이삭이 무성하고 충실한 일곱 이삭을 삼킨지라 바로가 깬즉 꿈
이라 8. 아침에 그의 마음이 번민하여 사람을 보내어 애굽의 점술가
와 현인들을 모두 불러 그들에게 그의 꿈을 말하였으나 그것을 바로
에게 해석하는 자가 없었더라 9. 술 맡은 관원장이 바로에게 말하여
이르되 내가 오늘 내 죄를 기억하나이다 10. 바로께서 종들에게 노
하사 나와 떡 굽는 관원장을 친위대장의 집에 가두셨을 때에 11. 나
와 그가 하룻밤에 꿈을 꾼즉 각기 뜻이 있는 꿈이라 12. 그 곳에 친위
대장의 종 된 히브리 청년이 우리와 함께 있기로 우리가 그에게 말하

매 그가 우리의 꿈을 풀되 그 꿈대로 각 사람에게 해석하더니 13. 그 해석한 대로 되어 나는 복직되고 그는 매달렸나이다

1절 만 이 년 후에 바로가 꿈을 꾼즉 자기가 나일 강 가에 서 있는데

요셉은 술 장관이 출옥한 이후로 감방에서 2년 동안 그의 소식을 학수고대하며 기다렸으나 아무 소식이 없자 부풀었던 기대는 그만 시들어져 갔습니다. 요셉은 감방에서 이렇게 절망에 빠져 2년간 기다리는 동안 그 자아가 철저히 깨졌습니다.

이 2년의 기간은 인간적으로 볼 때 요셉에게 완전한 절망의 기간으로 보이지만, 그것은 복을 잉태한 연단의 기간이었습니다. 하나님께서는 이 기간을 통해 요셉으로 하여금 더 기도하게 하고 하나님만을 의지하게 하려고 하신 것입니다. 그리고 드디어 때가 차자 하나님께서는 바로에게 꿈을 꾸게 하셨습니다.

2-4절 보니 아름답고 살진 일곱 암소가 강 가에서 올라와 갈밭에서 뜯어먹고 그 뒤에 또 흉하고 파리한 다른 일곱 암소가 나일 강 가에서 올라와 그 소와 함께 나일 강 가에 서 있더니 그 흉하고 파리한 소가 그 아름답고 살진 일곱 소를 먹은지라 바로가 곧 깨었다가

바로는 의미심장한 꿈을 꾸었습니다. 하나님께서는 바로에게 같은 내용의 꿈을 두 번 꾸게 하심으로 그 꿈이 확실히 이루어질 것을 보여 주셨습니다. 요셉은 열일곱 살에 꿈을 꾸었을 때 같은 내용의 꿈을 두 번 꾸었

고, 예수님께서는 제자들을 보내실 때 꼭 둘씩 짝지어 보내셨습니다. '둘' 이라는 숫자는 이같이 확실함을 증거하는 숫자인 것입니다.

바로가 꾼 꿈은 비상한 꿈이었습니다. 꿈에 보니, 그가 나일 강변에 섰는데 아주 살찌고 토실토실한 일곱 마리의 암소가 올라와서 강변에서 풀을 뜯어 먹는 것이었습니다. 그런데 얼마 있지 않아 흉악하고 파리한 일곱 마리 소가 올라와서 그 살찐 암소 일곱 마리를 다 잡아먹는 끔찍한 일이 벌어졌습니다.

바로가 놀라 벌떡 일어나 보니 꿈이었습니다. 하나님께서 주시는 계시의 꿈은 아침에 깨고 난 다음에도 그 꿈이 생시같이 느껴집니다. 비몽사몽간에 꾼 꿈은 깨고 난 다음 머리 속이 어지럽고 그 내용이 뭐가 뭔지 잘 알 수 없지만, 바로가 꾸었던 꿈같이 하나님께서 주신 꿈은 아주 분명하여 꿈을 깨고 난 후에도 생시에 본 것 같이 생생하게 느껴지는 것입니다.

5-7절 **다시 잠이 들어 꿈을 꾸니 한 줄기에 무성하고 충실한 일곱 이삭이 나오고 그 후에 또 가늘고 동풍에 마른 일곱 이삭이 나오더니 그 가는 일곱 이삭이 무성하고 충실한 일곱 이삭을 삼킨지라 바로가 깬즉 꿈이라**

그 후에 바로는 다시 잠이 들어 또 꿈을 꾸었습니다. 꿈에 보니, 아주 기름지고 충실한 일곱 이삭이 자라 나오더니 잠시 후에 아주 가늘고 약하며 동풍에 마른 일곱 이삭이 나와 충실한 이삭을 다 삼켰습니다.

바로는 아침에 잠에서 깬 후에도 마치 실제로 본 것처럼 꿈의 내용이 선명하게 기억났습니다. 바로는 두 번에 걸쳐 계시의 꿈을 꾼 것입니다.

8절 아침에 그의 마음이 번민하여 사람을 보내어 애굽의 점술가와 현인들을 모두 불러 그들에게 그의 꿈을 말하였으나 그것을 바로에게 해석하는 자가 없었더라

바로는 자신이 꾼 두 가지의 꿈이 비상한 계시의 꿈인 것을 느꼈지만 그 꿈의 의미를 알 수 없어서 마음이 답답하기 이를 데 없었습니다. 그래서 바로는 애굽의 술객들과 박사들을 모두 불러 그들에게 꿈 이야기를 들려주고 해석하라고 명령하였습니다.

바로 앞에 불려 온 박사와 술객들은 그 꿈의 내용을 듣고 난감하였습니다. 그들은 바로의 꿈이 무슨 의미를 담고 있는지 도무지 알 수 없었으므로 서로 옆 사람의 눈치만 보고 있었습니다. 하나님께서 주신 꿈은 하나님의 성령이 깨닫게 해주셔야지 박사나 술객 같은 사람의 능력으로는 해석할 수 없는 것입니다.

바로는 아무도 꿈을 해석해 내지 못하자 심히 노하였습니다. 이로 말미암아 전왕궁에는 긴장이 감돌고 술객과 박사들이 위태롭게 되었습니다.

9-13절 술 맡은 관원장이 바로에게 말하여 이르되 내가 오늘 내 죄를 기억하나이다 바로께서 종들에게 노하사 나와 떡 굽는 관원장을 친위대장의 집에 가두셨을 때에 나와 그가 하룻밤에 꿈을 꾼즉 각기 뜻이 있는 꿈이라 그 곳에 친위대장의 종 된 히브리 청년이 우리와 함께 있기로 우리가 그에게 말하매 그가 우리의 꿈을 풀되 그 꿈대로 각 사람에게 해석하더니 그 해석한 대로 되어 나는 복직되고 그는 매달렸나이다

바로가 꿈의 의미를 몰라서 번민하고 있는 것을 보던 술 장관의 뇌리에 문득 한 기억이 떠올랐습니다. '아차, 내가 깜빡 잊었었구나. 요셉이 내 꿈을 해석해 준 지 벌써 2년이야. 어떻게 이렇게 감쪽같이 잊어버릴 수가 있나. 이 사실을 바로에게 고해야겠다.' 라고 생각하고 술 장관은 바로에게 꿈 해석을 잘하는 요셉에 대해 이야기했습니다. 술 장관은 시위대 감옥에서 요셉이 꿈을 해석해 준 대로 떡 장관은 처형을 당하고 자신은 사면을 받아 복직되었던 것을 바로에게 말했습니다.

하나님께서는 이때를 위하여 2년 전에 술 장관과 떡 장관을 요셉이 갇혀 있는 감옥에 들어가게 하시고 요셉에게 그들의 꿈을 해석하게 해주셨던 것입니다. 요셉은 복직된 술 장관의 도움으로 당장 감옥에서 나올 줄 알았지만 하나님께서는 2년을 더 기다리게 하셨습니다. 하나님의 시간은 하루가 천년 같고 천년이 하루같은 것입니다. 그러므로 하나님의 일을 성급하게 생각하지 말고 인내하며 하나님께서 일하실 때를 기다려야 하는 것입니다.

2. 바로 앞에 선 요셉(41:14~24)

14. 이에 바로가 사람을 보내어 요셉을 부르매 그들이 급히 그를 옥에서 내 놓은지라 요셉이 곧 수염을 깎고 그의 옷을 갈아 입고 바로

에게 들어가니 15. 바로가 요셉에게 이르되 내가 한 꿈을 꾸었으나
그것을 해석하는 자가 없더니 들은즉 너는 꿈을 들으면 능히 푼다 하
더라 16. 요셉이 바로에게 대답하여 이르되 내가 아니라 하나님께서
바로에게 편안한 대답을 하시리이다 17. 바로가 요셉에게 이르되 내
가 꿈에 나일 강 가에 서서 18. 보니 살지고 아름다운 일곱 암소가 나
일 강 가에 올라와 갈밭에서 뜯어먹고 19. 그 뒤에 또 약하고 심히 흉
하고 파리한 일곱 암소가 올라오니 그같이 흉한 것들은 애굽 땅에서
내가 아직 보지 못한 것이라 20. 그 파리하고 흉한 소가 처음의 일곱
살진 소를 먹었으며 21. 먹었으나 먹은 듯 하지 아니하고 여전히 흉
하더라 내가 곧 깨었다가 22. 다시 꿈에 보니 한 줄기에 무성하고 충
실한 일곱 이삭이 나오고 23. 그 후에 또 가늘고 동풍에 마른 일곱 이
삭이 나더니 24. 그 가는 이삭이 좋은 일곱 이삭을 삼키더라 내가 그
꿈을 점술가에게 말하였으나 그것을 내게 풀이해 주는 자가 없느니라

14절 이에 바로가 사람을 보내어 요셉을 부르매 그들이 급히 그를 옥에서 내 놓은지라 요셉이 곧 수염을 깎고 그의 옷을 갈아 입고 바로에게 들어가니

술 장관의 말을 듣고 바로는 즉시 요셉을 불러 오라고 명령했습니다. 이에 요셉은 옥에서 풀려 나와서 수염을 깎고 옷을 갈아입고 바로의 궁에 입궐했습니다.

하나님께서 함께하는 사람은 어떤 상황에 처해 있든지 절망할 이유가 없습니다. 왜냐하면 절대 주권자이신 하나님께서 모든 것이 합력하여 선이 이루어지도록 역사해 주시기 때문입니다. 하나님께서 높이는 사람을 낮출 수 없고 하나님께서 낮추는 사람을 높일 수 없습니다. 이 우주의 주

권자는 하나님이십니다. 절대 주권자 하나님을 누가 감히 대적할 수 있겠습니까?

하나님께서 우리를 붙잡으시면 아무도 우리를 하나님의 손에서 빼앗아 가지 못합니다. 그렇기 때문에 예수님께서는 "그들을 주신 내 아버지는 만물보다 크시매 아무도 아버지 손에서 빼앗을 수 없느니라"(요 10:29)고 말씀하셨습니다. 하나님께서 만세 전에 우리를 택하셔서 예수님께 맡기셨기 때문에 그 무엇도 우리를 예수님에게서 끊어 놓을 수 없는 것입니다.

끝이 없을 것만 같은 환난과 시련의 터널을 통과하면서도 하나님을 경외하고 겸손한 신앙인의 모습을 갖춘 요셉은 실로 2년여 만에 죽음과 방불한 감옥을 벗어나 바로 앞에 서게 되었습니다. 자아가 완전히 깨어지고 철저히 낮아진 요셉에게 하나님께서 그의 꿈을 이루어 높여 주는 역사를 시작하신 것입니다.

15, 16절 **바로가 요셉에게 이르되 내가 한 꿈을 꾸었으나 그것을 해석하는 자가 없더니 들은즉 너는 꿈을 들으면 능히 푼다 하더라 요셉이 바로에게 대답하여 이르되 내가 아니라 하나님께서 바로에게 편안한 대답을 하시리이다**

바로는 술 장관의 말을 듣고 요셉을 꿈 해석하는 능력이 있는 사람으로 이해했기 때문에 요셉에게 자기의 답답한 마음을 토로하고 자기의 꿈을 해석해 달라고 부탁했습니다. 그러나 요셉은 "저에게는 꿈을 해석하는 능력이 없습니다. 꿈 해석은 하나님께 있습니다. 하나님께서 저를 통하여 당신에게 해석을 주실 것입니다."라고 바로에게 겸손히 말함으로써 하나님께 모든 영광을 돌렸습니다.

우리는 요셉같이 하나님 중심의 신앙을 소유한 겸손한 신앙인이 되어야 합니다. 모든 것은 하나님께서 하시는 것이지 우리가 하는 것이 아닙니다. 그러므로 우리는 자신을 드러내고 자랑하는 교만을 버리고, 하나님의 영광만을 드러내어야 할 것입니다.

17-24절 바로가 요셉에게 이르되 내가 꿈에 나일 강 가에 서서 보니 살지고 아름다운 일곱 암소가 나일 강 가에 올라와 갈밭에서 뜯어먹고 그 뒤에 또 약하고 심히 흉하고 파리한 일곱 암소가 올라오니 그같이 흉한 것들은 애굽 땅에서 내가 아직 보지 못한 것이라 그 파리하고 흉한 소가 처음의 일곱 살진 소를 먹었으며 먹었으나 먹은 듯 하지 아니하고 여전히 흉하더라 내가 곧 깨었다가 다시 꿈에 보니 한 줄기에 무성하고 충실한 일곱 이삭이 나오고 그 후에 또 가늘고 동풍에 마른 일곱 이삭이 나더니 그 가는 이삭이 좋은 일곱 이삭을 삼키더라 내가 그 꿈을 점술가에게 말하였으나 그것을 내게 풀이해 주는 자가 없느니라

바로는 자기가 꾼 꿈의 내용을 요셉에게 상세히 설명하였습니다. 살찐 일곱 마리 암소 다음에 뒤따라 올라온 심히 흉악하고 파리한 일곱 암소는 바로가 일찍이 애굽 땅에서 본 적이 없는 끔찍한 것이었다고 합니다. 그리고 바로는 그 흉악한 암소가 살찐 암소를 다 잡아먹었으나 먹은 듯하지 않고 여전히 흉악한 모습으로 있는 것을 보고 불길한 예감을 받았다고 꿈의 느낌을 얘기했습니다.

3. 요셉의 해몽(41:25~36)

25. 요셉이 바로에게 아뢰되 바로의 꿈은 하나라 하나님이 그가 하
실 일을 바로에게 보이심이니이다 26. 일곱 좋은 암소는 일곱 해요
일곱 좋은 이삭도 일곱 해니 그 꿈은 하나라 27. 그 후에 올라온 파
리하고 흉한 일곱 소는 칠 년이요 동풍에 말라 속이 빈 일곱 이삭도
일곱 해 흉년이니 28. 내가 바로에게 이르기를 하나님이 그가 하실
일을 바로에게 보이신다 함이 이것이라 29. 온 애굽 땅에 일곱 해 큰
풍년이 있겠고 30. 후에 일곱 해 흉년이 들므로 애굽 땅에 있던 풍년
을 다 잊어버리게 되고 이 땅이 그 기근으로 망하리니 31. 후에 든 그
흉년이 너무 심하므로 이전 풍년을 이 땅에서 기억하지 못하게 되리
이다 32. 바로께서 꿈을 두 번 겹쳐 꾸신 것은 하나님이 이 일을 정
하셨음이라 하나님이 속히 행하시리니 33. 이제 바로께서는 명철하
고 지혜 있는 사람을 택하여 애굽 땅을 다스리게 하시고 34. 바로께
서는 또 이같이 행하사 나라 안에 감독관들을 두어 그 일곱 해 풍년
에 애굽 땅의 오분의 일을 거두되 35. 그들로 장차 올 풍년의 모든
곡물을 거두고 그 곡물을 바로의 손에 돌려 양식을 위하여 각 성읍에
쌓아 두게 하소서 36. 이와 같이 그 곡물을 이 땅에 저장하여 애굽
땅에 임할 일곱 해 흉년에 대비하시면 땅이 이 흉년으로 말미암아 망
하지 아니하리이다

25절 요셉이 바로에게 아뢰되 바로의 꿈은 하나라 하나님이 그가 하실 일을 바로에게 보이심이니이다

요셉은 하나님의 지혜가 충만하여 바로의 꿈을 해석해 주었습니다. 요셉은 바로에게 암소에 관한 꿈과 이삭에 관한 꿈을 보여 주는 의미는 한 가지로 똑같은 것이라고 밝혀 주었습니다. 그리고 하나님께서 한 가지의 사실을 확실하게 보여 주시기 위하여 두 번 연속으로 꿈을 꾸게 하셨다고 했습니다.

26-28절 일곱 좋은 암소는 일곱 해요 일곱 좋은 이삭도 일곱 해니 그 꿈은 하나라 그 후에 올라온 파리하고 흉한 일곱 소는 칠 년이요 동풍에 말라 속이 빈 일곱 이삭도 일곱 해 흉년이니 내가 바로에게 이르기를 하나님이 그가 하실 일을 바로에게 보이신다 함이 이것이라

요셉은 일곱 암소와 일곱 이삭이 일곱 해를 상징하는 것이라고 했습니다. 그리고 일곱 마리의 살찐 암소와 일곱 좋은 이삭은 애굽에 있을 7년 풍년을 의미하고, 흉악하게 마른 소와 속이 빈 일곱 이삭은 풍년 뒤를 이어 애굽에 있을 무서운 7년 흉년을 의미하는 것이라고 했습니다.

하나님께서는 앞으로 다가올 7년 풍년과 그 후에 닥칠 7년 흉년을 바로에게 꿈으로 계시해 주셨던 것입니다. 이것을 보면 천재 지변도 다 하나님의 통치를 받고 있음을 알 수 있습니다. 인간의 과학이 아무리 발달하고 그 힘이 우주까지 뻗친다 해도 하나님께서 천재 지변을 일으키시면 다 소용없는 것이 되고 맙니다. 그러므로 우리는 우리의 힘과 지혜를 의지하지 말고 오직 우주 만물의 주권자이신 하나님만을 믿고 의지해야 할 것입니다.

29-31절 온 애굽 땅에 일곱 해 큰 풍년이 있겠고 후에 일곱 해 흉년 이 들므로 애굽 땅에 있던 풍년을 다 잊어버리게 되고 이 땅이 그 기근으로 망하리니 후에 든 그 흉년이 너무 심하므로 이전 풍년을 이 땅에서 기억하지 못하게 되리이다

풍년과 흉년은 하나님의 뜻에 따르는 것이며 인간의 행복과 불행도 하나님께서 주시는 것입니다. 우리가 진심으로 하나님을 잘 섬기면 하나님께서 우리 마음에 행복을 부어 주셔서 불행해질 도리가 없습니다. 그러나 사람이 아무리 부귀, 영화, 공명을 가지고 있어도 하나님을 잘 섬기지 않으면 행복해질 수 없습니다. 왜냐하면 하나님을 섬기는 것이 행복의 근원이 되기 때문입니다.

세계적으로 이름난 거부였던 미국의 폴 캐리는 5번 결혼하고 5번 이혼했습니다. 그의 결혼 생활은 실패의 연속이었고 이로 인해 그의 가정은 안정을 잃었습니다. 설상가상으로 그의 자녀들마저 모두 불행해졌습니다. 그의 맏아들은 비행기 사고로 죽고, 둘째 아들은 알콜 중독자로 정신 이상자가 되었으며, 셋째와 넷째도 나을 것이 없었습니다. 그의 만년에 신문 기자가 그에게 물었습니다. "당신은 행복하십니까?" 그랬더니 그는 화를 버럭 내면서 "행복? 행복이 어디 있어?"라고 하더랍니다. 세계적인 갑부였던 폴 캐리에게는 행복이 없었습니다. 복은 아무나 누리지 못합니다. 행복은 하나님께서 주셔야 누릴 수 있는 것입니다.

하나님을 떠난 인생은 불행할 뿐 아니라 미래의 소망도 없습니다. 하나님을 제쳐놓고 자기의 힘으로 행복을 얻으려고 아무리 애를 써도 헛수고로 돌아갈 뿐, 인간의 노력만으로는 행복이 다가오지 아니하는 것입니다.

하나님께서는 이스라엘 민족과 요셉에 대한 하나님의 뜻을 이루시기 위해서 7년의 풍년과 7년의 흉년이 들도록 하셨을 뿐 아니라 그의 행복한 삶을 이루기 위해서도 큰 일을 하신 것입니다.

32절 바로께서 꿈을 두 번 겹쳐 꾸신 것은 하나님이 이 일을 정하셨음이라 하나님이 속히 행하시리니

바로가 같은 꿈을 겹쳐 두 번 꾼 것은 그대로 이루어지도록 하나님이 정하신 바 되었고 곧 신속히 성취될 것임을 나타내 주고 있습니다.

33, 34절 이제 바로께서는 명철하고 지혜 있는 사람을 택하여 애굽 땅을 다스리게 하시고 바로께서는 또 이같이 행하사 나라 안에 감독관들을 두어 그 일곱 해 풍년에 애굽 땅의 오분의 일을 거두되

요셉은 바로가 같은 꿈을 두 번 겹쳐 꾼 이유를 해석한 뒤, 꿈의 해석뿐 아니라 더 나아가 이 문제를 어떻게 해결해야 할지에 대해서 말했습니다. 요셉은 바로에게 정직하고 명철하고 지혜 있는 사람을 관리고 세우고, 각 성마다 큰 창고를 짓고 7년간 풍년이 들 때 풍족히 남아도는 곡식을 해마다 5분의 1 정도 거둬들여 그 안에 가득가득 채우라고 말했습니다.

35, 36절 그들로 장차 올 풍년의 모든 곡물을 거두고 그 곡물을 바로의 손에 돌려 양식을 위하여 각 성읍에 쌓아 두게 하소서 이와 같이 그 곡물을 이 땅에 저장하여 애굽 땅에 임할 일곱 해 흉년

에 대비하시면 땅이 이 흉년으로 말미암아 망하지 아니하리이다

요셉은 흉년에 대한 해결책뿐 아니라 장차 바로 왕가가 부강하게 될 방법까지 가르쳐 주었습니다. 그것은 흉년이 들었을 때 각 성의 곳간을 열어 풍년에 거둬들인 많은 곡식을 백성들에게 팔면 흉년을 면할 수 있을 뿐만 아니라 바로가 부를 축적하게 된다는 것입니다. 이와 같이 요셉이 꿈을 명쾌히 해석하고 문제의 해결책까지 말해 주자 바로는 그 지혜에 놀랐습니다.

4. 애굽의 총리가 된 요셉(41:37~45)

**37. 바로와 그의 모든 신하가 이 일을 좋게 여긴지라 38. 바로가 그
의 신하들에게 이르되 이와 같이 하나님의 영에 감동된 사람을 우리
가 어찌 찾을 수 있으리요 하고 39. 요셉에게 이르되 하나님이 이 모
든 것을 네게 보이셨으니 너와 같이 명철하고 지혜 있는 자가 없도다
40. 너는 내 집을 다스리라 내 백성이 다 네 명령에 복종하리니 내가
너보다 높은 것은 내 왕좌뿐이니라 41. 바로가 또 요셉에게 이르되
내가 너를 애굽 온 땅의 총리가 되게 하노라 하고 42. 자기의 인장
반지를 빼어 요셉의 손에 끼우고 그에게 세마포 옷을 입히고 금 사슬
을 목에 걸고 43. 자기에게 있는 버금 수레에 그를 태우매 무리가 그
의 앞에서 소리 지르기를 엎드리라 하더라 바로가 그에게 애굽 전국**

을 총리로 다스리게 하였더라 44. 바로가 요셉에게 이르되 나는 바로라 애굽 온 땅에서 네 허락이 없이는 수족을 놀릴 자가 없으리라 하고 45. 그가 요셉의 이름을 사브낫바네아라 하고 또 온의 제사장 보디베라의 딸 아스낫을 그에게 주어 아내로 삼게 하니라 요셉이 나가 애굽 온 땅을 순찰하니라

37, 38절 바로와 그의 모든 신하가 이 일을 좋게 여긴지라 바로가 그의 신하들에게 이르되 이와 같이 하나님의 영에 감동된 사람을 우리가 어찌 찾을 수 있으리요 하고

좋은 사람을 얻는다는 것은 천금을 얻는 것보다 값진 것입니다. 오늘날 우리 사회에는 직장에 직원이 부족한 것이 아니라 쓸모 있는 유능한 사람이 부족합니다. 아무리 좋은 직장이라도 쓸모없는 무능한 사람들을 직원으로 채용한다면 번영할 수 없는 것입니다. 이와 마찬가지로 인생을 사는 데 있어서도 여자는 남편을 잘 만나야 행복하고, 또 남자는 아내를 잘 만나야 행복하며, 사업가는 사업의 동역자를 잘 만나야 사업이 잘되는 것입니다.

그러므로 흥하고 망하는 것은 어떤 사람을 만나는가에 달려 있습니다. 사람을 잘못 만나면 화를 당하게 되고, 사람을 잘 만나면 복이 오는 것입니다. 바로는 요셉이 보통 사람이 아닌 것을 한눈에 알아보았습니다. 바로는 요셉처럼 하나님의 영에 감동한 사람을 찾기 어렵다는 것을 알았으므로 주저함 없이 요셉을 애굽의 총리로 등용하였습니다.

39-41절 요셉에게 이르되 하나님이 이 모든 것을 네게 보이셨으니

너와 같이 명철하고 지혜 있는 자가 없도다 너는 내 집을 다스리라 내 백성이 다 네 명령에 복종하리니 내가 너보다 높은 것은 내 왕좌뿐이니라 바로가 또 요셉에게 이르되 내가 너를 애굽 온 땅의 총리가 되게 하노라 하고

드디어 요셉은 애굽의 국무총리에 오르게 되었습니다. 이것을 보면 정말 '사람 팔자는 시간 문제' 인 것입니다. 남의 집 종살이를 하다가 죄인으로 몰려 감옥살이를 하던 비천한 요셉이 하루 아침에 애굽의 총리대신이 되었으니 참으로 놀라운 일입니다. 요셉이 총리가 되었으므로 이제 보디발과 그 집안 식구들은 물론 애굽 온 백성이 요셉 앞에서 무릎을 꿇고 절하게 되었습니다. 사람의 일이란 이와 같이 알 수가 없는 것입니다.

42, 43절 자기의 인장 반지를 빼어 요셉의 손에 끼우고 그에게 세마포 옷을 입히고 금 사슬을 목에 걸고 자기에게 있는 버금 수레에 그를 태우매 무리가 그의 앞에서 소리 지르기를 엎드리라 하더라 바로가 그에게 애굽 전국을 총리로 다스리게 하였더라

바로는 자기의 인장 반지를 빼어 요셉의 손에 끼워 주었습니다. 이것은 앞으로 모든 국사를 요셉에게 맡긴다는 뜻입니다. 옥새로 쓰이는 바로의 반지를 받음으로써 애굽의 모든 국사가 요셉의 손안에 들어온 셈입니다.

요셉처럼 종으로 팔려 와서 감옥의 죄수로 있다가 순식간에 운명이 바뀌어 총리가 된다는 것은 상상을 초월하는 일입니다. 그러나 하나님께서 함께하시면 어떠한 일도 일어날 수 있는 것입니다. 요셉에게 하나님

께서 함께하심으로 이처럼 상상을 초월한 놀라운 일이 일어난 것입니다. 요셉이 애굽의 국무총리가 됨으로 13년 전에 꾸었던 꿈이 바야흐로 하나도 빠짐없이 다 이루어질 수 있는 기틀이 잡혔습니다.

비록 그 꿈이 이루어지는 과정은 고난의 가시덤불 같았지만, 그 꿈을 마음에 간직하고 있는 이상 결국 어떠한 어려움도 극복하고 목표에 도달하게 된 것입니다. 그러므로 우리는 마음에 꿈을 품고 살아야 합니다. 그러면 그 꿈이 우리를 끌고 가 주는 것입니다.

44절 바로가 요셉에게 이르되 나는 바로라 애굽 온 땅에서 네 허락이 없이는 수족을 놀릴 자가 없으리라 하고

요셉은 애굽의 치리권뿐만 아니라 전권도 갖게 되었습니다. "나는 바로라 애굽 온 땅에서 네 허락이 없이는 수족을 놀릴 자가 없으리라"는 말은 왕의 절대적인 모든 권한을 요셉에게 부여한다는 것입니다.

45절 그가 요셉의 이름을 사브낫바네아라 하고 또 온의 제사장 보디베라의 딸 아스낫을 그에게 주어 아내로 삼게 하니라 요셉이 나가 애굽 온 땅을 순찰하니라

바로는 요셉을 국무총리로 등용한 후 그를 애굽 사람으로 만들기 위해 애굽 이름을 지어 주었습니다.. 요셉이 새로 얻은 애굽 이름은 "사브낫바네아"였습니다. 이 이름의 뜻은 확실치는 않으나 일반적으로 '세상의 구원'이라고 해석합니다. 그리고 바로는 태양신을 섬기는 중심지인 "온"이라는 지역의 유력자인 제사장 보디베라의 딸 아스낫을 그와 정략적으로 결혼시켜 이방인 요셉이 아니라 애굽인 사브낫바네아로서 애굽에 안주

하게 했습니다.

이 경우에도 아마 요셉은 이방 여인인 아스낫이 하나님 신앙을 받아들이도록 했을 것으로 보기도 합니다.

이제 요셉은 국무총리도 되었고 결혼도 하여 부럽지 않은 행복한 생활을 하게 되었습니다.

5. 7년 풍년과 7년 흉년(41:46~57)

46. 요셉이 애굽 왕 바로 앞에 설 때에 삼십 세라 그가 바로 앞을 떠
나 애굽 온 땅을 순찰하니 47. 일곱 해 풍년에 토지 소출이 심히 많
은지라 48. 요셉이 애굽 땅에 있는 그 칠 년 곡물을 거두어 각 성에
저장하되 각 성읍 주위의 밭의 곡물을 그 성읍 중에 쌓아 두매 49.
쌓아 둔 곡식이 바다 모래 같이 심히 많아 세기를 그쳤으니 그 수가
한이 없음이었더라 50. 흉년이 들기 전에 요셉에게 두 아들이 나되
곧 온의 제사장 보디베라의 딸 아스낫이 그에게서 낳은지라 51. 요
셉이 그의 장남의 이름을 므낫세라 하였으니 하나님이 내게 내 모든
고난과 내 아버지의 온 집 일을 잊어버리게 하셨다 함이요 52. 차남
의 이름을 에브라임이라 하였으니 하나님이 나를 내가 수고한 땅에
서 번성하게 하셨다 함이었더라 53. 애굽 땅에 일곱 해 풍년이 그치
고 54. 요셉의 말과 같이 일곱 해 흉년이 들기 시작하매 각국에는 기
근이 있으나 애굽 온 땅에는 먹을 것이 있더니 55. 애굽 온 땅이 굶
주리매 백성이 바로에게 부르짖어 양식을 구하는지라 바로가 애굽

모든 백성에게 이르되 요셉에게 가서 그가 너희에게 이르는 대로 하라 하니라 56. 온 지면에 기근이 있으매 요셉이 모든 창고를 열고 애굽 백성에게 팔새 애굽 땅에 기근이 심하며 57. 각국 백성도 양식을 사려고 애굽으로 들어와 요셉에게 이르렀으니 기근이 온 세상에 심함이었더라

46절 요셉이 애굽 왕 바로 앞에 설 때에 삼십 세라 그가 바로 앞을 떠나 애굽 온 땅을 순찰하니

성경에는 사람의 나이가 30세가 되어서야 중요한 일을 시작하는 것으로 종종 기록되어 있습니다. 예수님께서 30세에 공생애를 시작하신 것을 볼 때, 히브리인에게 있어서의 30세는 성인에 들어선 후 본격적인 활동을 하는 나이로 인정받는 연령이라는 것을 알 수 있습니다.

요셉이 바로 앞에 나아가서 국무총리가 되었을 때 그의 나이는 30세였습니다. 열일곱 살에 종으로 팔려 온 이후 요셉은 13년간 연단을 받고 드디어 그의 꿈을 이루게 된 것입니다.

47-49절 일곱 해 풍년에 토지 소출이 심히 많은지라 요셉이 애굽 땅에 있는 그 칠 년 곡물을 거두어 각 성에 저장하되 각 성읍 주위의 밭의 곡물을 그 성읍 중에 쌓아 두매 쌓아 둔 곡식이 바다 모래 같이 심히 많아 세기를 그쳤으니 그 수가 한이 없음이었더라

요셉이 해석한 대로 7년 풍년이 현실로 이루어졌습니다. 애굽의 넓은 땅에 7년 동안 풍년이 들어 각 성마다 각종 농산물이 넘쳐 났습니다. 요

셉은 성마다 거대한 창고를 짓게 하고 많은 관리를 두어 남아도는 농산물을 거둬들이기 시작했습니다. 7년 동안 거둬들이자 성마다 저장한 곡식이 산더미를 이루고 그 수가 바다의 모래 같이 많아 그 수를 셀 수 없을 정도였습니다. 요셉은 이 막중한 일을 지혜롭게 차근차근 진행시켜 나갔습니다.

50, 51절 흉년이 들기 전에 요셉에게 두 아들이 나되 곧 온의 제사장 보디베라의 딸 아스낫이 그에게서 낳은지라 요셉이 그의 장남의 이름을 므낫세라 하였으니 하나님이 내게 내 모든 고난과 내 아버지의 온 집 일을 잊어버리게 하셨다 함이요

요셉은 풍년이 계속되는 동안 두 아들을 낳았습니다. 그 중 맏아들의 이름을 "므낫세"라고 지었습니다. "므낫세"는 '다 잊었다'는 뜻입니다. 요셉이 맏아들의 이름을 "므낫세"라고 지은 것은 원한과 고난을 다 잊었다는 의미를 갖고 있습니다. 고향 산천을 떠나서 아버지가 그립고 형들에 대한 원한이 마음에 사무치고 그 슬픔이 가슴을 아프게 하였지만, 이제는 모든 고통을 하나님의 은혜 가운데서 다 잊었다는 것입니다.

요셉은 13년간의 객지 생활에 한없이 아버지가 그립고 집이 그립고 형들에 대한 한스러움이 늘 마음속에 자리 잡고 있었지만, 출세하고 행복한 가정을 갖게 되자 그 모든 것을 잊어버릴 수 있었습니다.

52절 차남의 이름을 에브라임이라 하였으니 하나님이 나를 내가 수고한 땅에서 번성하게 하셨다 함이었더라

요셉은 둘째 아들의 이름을 "에브라임"이라고 지었습니다. "에브라

임" 이라는 이름에는 하나님의 수고한 땅에서 자기를 창성하도록 복 주셨다는 요셉의 신앙 고백이 담겨 있습니다.

하나님께서는 우리의 과거의 모든 슬픔과 원한을 잊어버리게 하시고 대신 우리에게 복으로 채워 주시기를 원하십니다. 그렇기 때문에 예수님을 믿는 사람들은 끝이 좋습니다. 믿음이 없는 사람들은 아무리 처음이 좋아도 대개 끝에 가서는 나쁘게 끝나는 것이 보통이지만, 그리스도인들은 처음에는 고초를 당해도 하나님께서 선한 은총을 베풀어 주셔서 반드시 좋은 결과를 맺게 되는 것입니다.

53-55절 애굽 땅에 일곱 해 풍년이 그치고 요셉의 말과 같이 일곱 해 흉년이 들기 시작하매 각국에는 기근이 있으나 애굽 온 땅에는 먹을 것이 있더니 애굽 온 땅이 굶주리매 백성이 바로에게 부르짖어 양식을 구하는지라 바로가 애굽 모든 백성에게 이르되 요셉에게 가서 그가 너희에게 이르는 대로 하라 하니라

요셉이 예언한 대로 7년 동안 대풍년이 들더니 뒤이어 무서운 흉년이 들기 시작했습니다. 계속된 흉년으로 인해 먹을 것이 떨어지자 백성들이 바로의 궁 앞으로 몰려와서 먹을 것을 달라고 아우성치기 시작했습니다. 그러나 바로는 걱정할 것이 없었습니다. 이런 일이 일어날 것을 이미 알고 있었을 뿐 아니라 이런 일을 다 처리할 유능한 총리 대신 요셉이 있었으므로, 바로는 태평한 얼굴로 백성들에게 요셉에게 가서 그가 이르는 대로 하라고 했습니다.

56, 57절 온 지면에 기근이 있으매 요셉이 모든 창고를 열고 애굽 백

성에게 팔새 애굽 땅에 기근이 심하며 각국 백성도 양식을 사려고 애굽으로 들어와 요셉에게 이르렀으니 기근이 온 세상에 심함이었더라

하나님께서는 요셉을 통하여 미리 곡식을 예비하셔서 큰 기근이 다가와도 능히 견뎌 나갈 수 있게 하셨습니다. 여기서 우리는 하나님께서는 '야훼 이레', 즉 예비하시는 하나님이라는 것을 발견할 수 있습니다.

우리가 하나님을 중심에 모시고 살지라도 이 세상에서 환난을 한 번도 당하지 않고 살 수는 없습니다. 그러나 환난이 다가오고 고통이 다가와도 우리 그리스도인들은 능히 이겨 낼 수 있습니다. 왜냐하면 하나님께서 피할 길을 예비해 주시기 때문입니다. 그러므로 믿는 사람들은 어떤 일이 다가와도 하나님께서 거기에 미리 예비해 놓으셨다는 것을 믿고 하나님 중심으로 살아야 합니다.

성경은 "하나님이 자기를 사랑하는 자들을 위하여 예비하신 모든 것은 눈으로 보지 못하고 귀로 듣지 못하고 사람의 마음으로 생각하지도 못하였다 함과 같으니라"(고전 2:9)고 했습니다. 하나님의 역사하심을 인간은 도저히 추측할 수도 이해할 수도 없습니다. 그러나 시간이 지나가면 이해할 수 있게 되며, 예비하시는 하나님과 함께 기쁨을 누리게 되는 것입니다.

우리가 탐욕에 사로잡혀서 욕심을 내다가는 아담과 하와처럼 하나님께 버림받고 일생을 망치게 됩니다. 그러므로 우리는 탐욕을 가지고 살아서는 안 됩니다. 우리가 하나님을 전폭적으로 의지하는 가운데 인생을 순리대로 살면 하나님께서 우리에게 필요한 것을 모두 예비해 놓으시고 우리를 이끌어 주시는 것입니다.

제 42 장

요셉과 형제들의 만남

양식을 구하러 애굽으로	42:1~5
요셉과 형들의 대면	42:6~17
요셉을 몰라보는 형제들	42:18~25
가나안으로의 귀향	42:26~38

애굽에 닥친 무서운 기근은 애굽에만 국한된 것이 아니라 전 세계적인 기근이었습니다. 이 기근으로 인해 인근 각지에서 많은 사람들이 애굽으로 몰려들었습니다. 그 중에는 요셉의 형들도 있었습니다.

곡식을 사기 위하여 형들이 애굽에서 내려와 요셉 앞에 엎드려 절하자 형들을 알아본 요셉은 감회가 새로웠습니다. 그가 어린 시절에 꾸었던 꿈이 20여 년 만에 그대로 이루어진 것입니다. 요셉은 자기를 몰라보는 형들을 시험해 보기 위해 그들을 정탐꾼으로 몰았습니다. 그리고 시므온을 볼모로 잡고 나머지 9명의 형들은 막내 동생을 데려오는 조건으로 돌려보냈습니다.

한편 애굽에서 돌아온 아들들에게서 자초지종을 들은 야곱은 이 사건이 구원의 길로 인도하는 하나님의 섭리인지 모르고 탄식하며 슬퍼했습니다.

1. 양식을 구하러 애굽으로(42:1~5)

1. 그 때에 야곱이 애굽에 곡식이 있음을 보고 아들들에게 이르되 너희는 어찌하여 서로 바라보고만 있느냐 2. 야곱이 또 이르되 내가 들은즉 저 애굽에 곡식이 있다 하니 너희는 그리로 가서 거기서 우리를 위하여 사오라 그러면 우리가 살고 죽지 아니하리라 하매 3. 요셉의 형 열 사람이 애굽에서 곡식을 사려고 내려갔으나 4. 야곱이 요셉의 아우 베냐민은 그의 형들과 함께 보내지 아니하였으니 이는 그의 생각에 재난이 그에게 미칠까 두려워함이었더라 5. 이스라엘의 아들들이 양식 사러 간 자 중에 있으니 가나안 땅에 기근이 있음이라

1, 2절 그 때에 야곱이 애굽에 곡식이 있음을 보고 아들들에게 이르되 너희는 어찌하여 서로 바라보고만 있느냐 야곱이 또 이르되 내가 들은즉 저 애굽에 곡식이 있다 하니 너희는 그리로 가서 거기서 우리를 위하여 사오라 그러면 우리가 살고 죽지 아니하리라 하매

애굽 전역을 휩쓸고있는 기근의 피해는 가나안 땅에서도 기승을 떨치고 있었습니다. 이 당시의 상황을 보면 아프리카 일대와 중동 일대에 걸쳐서 흉년이 들었던 것 같습니다. 가나안에 무서운 흉년이 닥쳐오자 야곱의 가족들도 굶주림으로 살 수가 없게 되었습니다.

야곱은 애굽에 곡식이 많다는 소문을 듣고 아들들을 불렀습니다. 그리고 "너희들은 도대체 무엇을 하고 있느냐? 듣자 하니 애굽에는 양식이 많다 하니 양식을 사러 빨리 떠나라. 이대로 가만히 있다가는 온 식구가 다 굶어 죽겠다." 라고 재촉하면서 아들들을 애굽으로 보냈습니다.

3, 4절 요셉의 형 열 사람이 애굽에서 곡식을 사려고 내려갔으나 야곱이 요셉의 아우 베냐민은 그의 형들과 함께 보내지 아니하였으니 이는 그의 생각에 재난이 그에게 미칠까 두려워함이었더라

야곱은 베냐민만 남겨 두고 열 명의 아들을 애굽으로 보냈습니다. 베냐민은 야곱의 네 아내 중 야곱이 제일 사랑했던 라헬이 낳은 막내 아들입니다. 야곱은 요셉을 잃은 후 라헬의 유일한 소생이 된 베냐민을 극진히 사랑하여 그를 품안에서 내놓지 않으려 했습니다. 그래서 막내를 제외하고 아들을 애굽에 보내어 곡식을 사오게 한 것입니다.

5절 이스라엘의 아들들이 양식 사러 간 자 중에 있으니 가나안 땅에 기근이 있음이라

삶의 역경과 고난은 하나님을 믿는 자나 믿지 않는 자 모두에게 다가옵니다. 야곱과 그의 자녀들은 다 하나님께 택함받은 백성이지만 기근이 그들에게도 닥친 것입니다. 그러나 환난과 역경 중에서도 하나님께서는

믿는 사람에게만 피할 길을 주십니다.

극심한 기근으로 인해 모든 사람들이 고통받고 있을 때, 하나님께서는 야곱의 식구들을 이미 예비해 놓으신 피할 길을 찾아가게 하셨습니다. 야곱의 아들들은 아버지의 뜻을 좇아 애굽으로 양식을 구하러 갔지만, 그 길이 20여 년만의 가족 상봉과 가족 구원을 이루는 길이 될 줄은 몰랐습니다.

2. 요셉과 형들의 대면(42:6~17)

6. 때에 요셉이 나라의 총리로서 그 땅 모든 백성에게 곡식을 팔더니
요셉의 형들이 와서 그 앞에서 땅에 엎드려 절하매 7. 요셉이 보고
형들인 줄을 아나 모르는 체하고 엄한 소리로 그들에게 말하여 이르
되 너희가 어디서 왔느냐 그들이 이르되 곡물을 사려고 가나안에서
왔나이다 8. 요셉은 그의 형들을 알아보았으나 그들은 요셉을 알아
보지 못하더라 9. 요셉이 그들에게 대하여 꾼 꿈을 생각하고 그들에
게 이르되 너희는 정탐꾼들이라 이 나라의 틈을 엿보려고 왔느니라
10. 그들이 그에게 이르되 내 주여 아니니이다 당신의 종들은 곡물을
사러 왔나이다 11. 우리는 다 한 사람의 아들들로서 확실한 자들이
니 당신의 종들은 정탐꾼이 아니니이다 12. 요셉이 그들에게 이르되
아니라 너희가 이 나라의 틈을 엿보러 왔느니라 13. 그들이 이르되
당신의 종 우리들은 열두 형제로서 가나안 땅 한 사람의 아들들이라

막내 아들은 오늘 아버지와 함께 있고 또 하나는 없어졌나이다 14. 요셉이 그들에게 이르되 내가 너희에게 이르기를 너희는 정탐꾼들이라 한 말이 이것이니라 15. 너희는 이같이 하여 너희 진실함을 증명할 것이라 바로의 생명으로 맹세하노니 너희 막내 아우가 여기 오지 아니하면 너희가 여기서 나가지 못하리라 16. 너희 중 하나를 보내어 너희 아우를 데려오게 하고 너희는 갇히어 있으라 내가 너희의 말을 시험하여 너희 중에 진실이 있는지 보리라 바로의 생명으로 맹세하노니 그리하지 아니하면 너희는 과연 정탐꾼이니라 하고 17. 그들을 다 함께 삼 일을 가두었더라

6절 때에 요셉이 나라의 총리로서 그 땅 모든 백성에게 곡식을 팔더니 요셉의 형들이 와서 그 앞에서 땅에 엎드려 절하매

애굽에 당도한 요셉의 형들은 요셉 앞에 와서 땅에 엎드려 절했습니다. 비록 형들은 요셉을 애굽의 총리로만 알고 양식을 구하기 위해 절을 했지만, 이것은 요셉이 일찍이 꾸었던 꿈의 성취였습니다.

실로 20여년 만에 형들과 재회한 요셉은 감개무량했습니다. 지난날 형들이 자기에게 행했던 일들에 대한 기억이 주마등같이 요셉의 뇌리를 스쳐 지나갔습니다. 요셉은 굉장히 반갑고 기뻤지만 형들에게 자기를 드러내지 않고 먼저 가족들의 근황부터 알아보아야겠다고 생각했습니다.

7절 요셉이 보고 형들인 줄을 아나 모르는 체하고 엄한 소리로 그들에게 말하여 이르되 너희가 어디서 왔느냐 그들이 이르되 곡물을 사려고 가나안에서 왔나이다

요셉은 형들에게 원수를 갚겠다는 생각은 없었습니다. 물론 형들에 의

해 종으로 팔려서 끌려갈 때야 '두고 보자. 내가 살아나면 형들에게 원한을 갚을 것이다.' 라고 생각했을지도 모르지만, 기나긴 연단의 세월을 지내는 동안 그는 하나님 앞에서 완전히 깨어진 사람이 되어 원한은 사라지고 그 대신 하나님의 은혜에 대한 감사만이 넘치게 되었던 것입니다.

요셉은 형들에 대한 원한은 사라졌지만 형들을 한번 시험해 보기 위하여 짐짓 모르는 체하고 형들을 엄하게 다루었습니다.

요셉이 높은 보좌에 앉아 형들을 내려다보면서 엄한 소리로 "너희가 어디서 왔느냐" 고 묻자 형들은 기어들어가는 소리로 "곡물을 사러 가나안에서 왔나이다" 라고 벌벌 떨며 대답했습니다.

8절 요셉은 그의 형들을 알아보았으나 그들은 요셉을 알아보지 못하더라

형들은 보좌에 앉은 애굽의 국무총리가 20여 년 전에 자기들이 종으로 팔아 버린 동생 요셉이라는 것을 알 리가 없었습니다. 형들은 요셉이 종으로 팔려 어느 집에서 고된 고생을 하고 있을 것이라는 생각은 하고 있었으나 국무총리가 된 줄은 꿈에도 생각하지 못했던 것입니다. 요셉을 알아보지 못한 형들은 애굽 총리의 엄한 소리를 듣자 더욱 움츠러들고 머리를 조아릴 뿐이었습니다.

9절 요셉이 그들에게 대하여 꾼 꿈을 생각하고 그들에게 이르되 너희는 정탐꾼들이라 이 나라의 틈을 엿보려고 왔느니라

요셉은 감개무량했습니다. 자기의 꿈이 그대로 현실로 이루어지는 것을 바라보면서 과거를 회상했습니다. 그리고 이 모든 일이 하나님의 섭

리로 된 것임을 깨닫게 되었습니다. 하나님께서 주시는 꿈은 그대로 이루어집니다. 하나님의 말씀은 성경에 기록되었지만 하나님께서는 꿈을 통해 우리의 개인적인 것들에 대해 말씀하실 때도 있습니다. 그러므로 우리가 비상한 꿈을 꾸면 그 꿈을 사사로이 풀지 말고 말씀 안에서 생각해 보고 그 꿈이 무슨 메시지를 담고 있는지를 생각해 봐야 합니다.

요셉은 자기의 감정을 드러내지 않고 짐짓 "너희는 정탐꾼들이라 이 나라의 틈을 엿보려고 왔느니라" 고 억지소리를 했습니다. 뻔히 형들인 줄 알았지만 정탐꾼들이라고 몰아붙임으로써 형들을 시험해 보려고 했습니다.

10-12절 그들이 그에게 이르되 내 주여 아니니이다 당신의 종들은 곡물을 사러 왔나이다 우리는 다 한 사람의 아들들로서 확실한 자들이니 당신의 종들은 정탐꾼이 아니니이다 요셉이 그들에게 이르되 아니라 너희가 이 나라의 틈을 엿보러 왔느니라

요셉의 형들은 정탐꾼으로 몰리자 그들이 애굽 땅에 온 목적은 곡물을 사러 온 것이지 정탐꾼들이 아니라고 거듭 밝혔습니다. 그러나 요셉이 정탐꾼들임에 틀림없다고 강력히 주장하자, 그들은 자신들의 무고함을 입증하기 위해 급기야 가족 상황까지 털어놓기 시작했습니다. 자기들은 한 아버지를 둔 형제들로서 하나님을 경외하는 자들이니 자기들을 믿어 달라는 것이었습니다. 그러나 요셉은 단호하게 정탐꾼으로 몰아붙여 형들을 답답하고 억울하게 만들었습니다.

13절 그들이 이르되 당신의 종 우리들은 열두 형제로서 가나안 땅 한

사람의 아들들이라 막내 아들은 오늘 아버지와 함께 있고 또 하나는 없어졌나이다

요셉의 형들은 애굽의 총리인 요셉에게 그들의 가정 상황을 낱낱이 고하기 시작했습니다. 자기들은 원래 열두 형제들인데, 그 중 막내는 아버지와 함께 가나안에 있고 또 한 형제는 없어졌다고 했습니다. 그들은 지금 눈앞의 높은 보좌에 앉아 있는 요셉을 알아보지 못하고 다른 한 명은 없어졌다고 말한 것입니다.

14, 15절 요셉이 그들에게 이르되 내가 너희에게 이르기를 너희는 정탐꾼들이라 한 말이 이것이니라 너희는 이같이 하여 너희 진실함을 증명할 것이라 바로의 생명으로 맹세하노니 너희 막내 아우가 여기 오지 아니하면 너희가 여기서 나가지 못하리라

그 말을 듣자 요셉은 친동생인 베냐민이 더욱 보고 싶었습니다. 다른 형제들은 이복 형제이지만 베냐민은 자기 어머니 라헬의 피를 함께 나눈 친동생이기 때문에 요셉은 베냐민을 애틋하게 사랑했던 것입니다. 그래서 이 기회에 베냐민을 만나고 싶어서 형들에게 막내 동생을 데려오지 않으면 모두 다 정탐꾼으로 인정해서 감옥에 가두어 고향에 돌아가지 못하게 하리라고 말했습니다.

16, 17절 너희 중 하나를 보내어 너희 아우를 데려오게 하고 너희는 갇히어 있으라 내가 너희의 말을 시험하여 너희 중에 진실이 있는지 보리라 바로의 생명으로 맹세하노니 그리하지 아니하면 너희는 과연 정탐꾼이니라 하고 그들을 다 함께 삼 일을 가

두었더라

요셉은 아홉 명의 형제들은 볼모가 되고 형제들 중 한 사람만 고향에 돌아가서 막내 동생을 데라고 와서 진실을 증명해 보이라고 했습니다. 그리고 만일 막내 동생을 데리고 오지 않는다면 그들을 모두 정탐꾼으로 간주하여 처벌하겠다고 바로의 생명을 걸고 맹세했습니다. 그리고 나서 3일 동안 형제들을 모두 감옥에 가두었습니다. 요셉의 형들은 감옥에 갇혀서 사흘을 지내는 동안 두려움과 절망감에 싸여 있었을 것입니다. 그러나 그것은 요셉이 13년 동안 당한 고통에 비하면 아무 것도 아니었습니다.

3. 요셉을 몰라보는 형제들(42:18~25)

18. 사흘 만에 요셉이 그들에게 이르되 나는 하나님을 경외하노니 너희는 이같이 하여 생명을 보전하라 19. 너희가 확실한 자들이면 너희 형제 중 한 사람만 그 옥에 갇히게 하고 너희는 곡식을 가지고 가서 너희 집안의 굶주림을 구하고 20. 너희 막내 아우를 내게로 데리고 오라 그러면 너희 말이 진실함이 되고 너희가 죽지 아니하리라 하니 그들이 그대로 하니라 21. 그들이 서로 말하되 우리가 아우의 일로 말미암아 범죄하였도다 그가 우리에게 애걸할 때에 그 마음의 괴로움을 보고도 듣지 아니하였으므로 이 괴로움이 우리에게 임하도다

22. 르우벤이 그들에게 대답하여 이르되 내가 너희에게 그 아이에
대하여 죄를 짓지 말라고 하지 아니하였더냐 그래도 너희가 듣지 아
니하였느니라 그러므로 그의 핏값을 치르게 되었도다 하니 23. 그
들 사이에 통역을 세웠으므로 그들은 요셉이 듣는 줄을 알지 못하였
더라 24. 요셉이 그들을 떠나가서 울고 다시 돌아와서 그들과 말하
다가 그들 중에서 시므온을 끌어내어 그들의 눈 앞에서 결박하고
25. 명하여 곡물을 그 그릇에 채우게 하고 각 사람의 돈은 그의 자루
에 도로 넣게 하고 또 길 양식을 그들에게 주게 하니 그대로 행하였
더라

18, 19절 사흘 만에 요셉이 그들에게 이르되 나는 하나님을 경외하노니 너희는 이같이 하여 생명을 보전하라 너희가 확실한 자들이면 너희 형제 중 한 사람만 그 옥에 갇히게 하고 너희는 곡식을 가지고 가서 너희 집안의 굶주림을 구하고

요셉은 형들을 투옥한 지 사흘 만에 그들을 다시 불러 엄한 목소리로 새로운 제안을 했습니다. 먼저 요셉은 애굽의 국무총리인 자기도 하나님을 경외하는 사람이니 자기가 내세운 조건을 그들이 시행하면 자기도 약속을 반드시 지켜서 그들의 목숨을 살려 주겠다고 안심시켰습니다.

요셉은 기근으로 인하여 연로한 아버지와 자기의 동생 베냐민이 굶고 있을 것이라고 생각하자 더 이상 형제들을 지체시킬 수 없었습니다. 요셉은 곡식을 최대한 많이 실어서 아버지 집에 보내게 했습니다. 그리고 그들이 하나님을 진실하게 믿고 또 요셉을 믿는다면, 형제들 중 한 사람만 볼모로 잡고 아홉 명은 곡식을 가지고 고향으로 돌아가서 식구들을 구제하게 해 주겠다고 했습니다.

20절 너희 막내 아우를 내게로 데리고 오라 그러면 너희 말이 진실함이 되고 너희가 죽지 아니하리라 하니 그들이 그대로 하니라

또 요셉은 형들에게 막내 동생을 데리고 오면 그들의 혐의를 풀고 살려 주겠다고 했습니다. 형들은 별 도리가 없었으므로 요셉의 말대로 그들 중 한 사람을 남겨 놓고 아홉 사람은 곡식을 가지고 돌아가기로 하였습니다. 집에 돌아가서 막내 동생을 데리고 오기만 하면 다 살려주지만 그렇지 않을 경우에는 사형을 당하게 되었으므로 그들은 선택의 여지없이 그대로 행할 수밖에 없었습니다.

21절 그들이 서로 말하되 우리가 아우의 일로 말미암아 범죄하였도다 그가 우리에게 애걸할 때에 그 마음의 괴로움을 보고도 듣지 아니하였으므로 이 괴로움이 우리에게 임하도다

사람이 고통을 당하면 과거에 지은 죄를 생각하게 됩니다. 저의 할머니는 여름에 크게 뇌성벽력이 치고 소나기가 쏟아질 때는 천하 모든 사람의 마음이 본심으로 돌아온다고 말씀하셨습니다. 저는 그 말씀이 무슨 뜻인지 몰랐습니다. 그 후 제가 나이가 좀 들어서 하루는 소 먹이러 들로 나갔다가 갑자기 뇌성벽력과 함께 억수로 쏟아지는 소낙비를 만났습니다. 그때 놀라고 두려운 마음으로 황급히 바위 밑에 숨어 들어가면서 제일 먼저 생각한 것이 있습니다. '아이고, 날벼락 맞으면 어쩌나!' 사람이란 자기가 시험과 환난을 당할 때는 이렇게 자신을 돌아보게 되는 것입니다.

요셉의 형들은 애굽에 와서 불행한 일을 연속으로 당하자 과거에 그들이 저지른 잘못이 떠올라 마음이 섬뜩했습니다. "그러면 그렇지. 그 어린

요셉이 끌려가면서 살려 달라고 울부짖는 것을 모르는 척했더니 이제 그 죄 값을 받는구나." 형들은 과거를 회상하며 자신들의 무정했던 행동을 자책했습니다.

22, 23절 르우벤이 그들에게 대답하여 이르되 내가 너희에게 그 아이에 대하여 죄를 짓지 말라고 하지 아니하였더냐 그래도 너희가 듣지 아니하였느니라 그러므로 그의 핏값을 치르게 되었도다 하니 그들 사이에 통역을 세웠으므로 그들은 요셉이 듣는 줄을 알지 못하였더라

맏형인 르우벤이 "나는 어찌하든지 요셉을 살려서 아버지에게 돌려보내려고 했는데, 내가 잠시 자리를 비운 동안 너희가 그를 팔아 버렸기 때문에 지금 우리가 그의 피 값을 지불하게 되었다." 고 말하면서 이런 고통이 임하는 것이 마땅하다고 했습니다. 그들은 중간에 통역을 세우고 요셉과 대화했기 때문에 요셉이 그들의 말을 알아듣지 못하는 줄 알고 마음 놓고 서로 자책했습니다. 그러나 단지 형들에게 자신의 신분을 감추기 위해 통역을 세웠을 뿐, 아직 히브리 말을 잊지 않고 기억하는 요셉은 형들의 말을 들으면서 가슴이 터지는 것 같았습니다.

24, 25절 요셉이 그들을 떠나가서 울고 다시 돌아와서 그들과 말하다가 그들 중에서 시므온을 끌어내어 그들의 눈 앞에서 결박하고 명하여 곡물을 그 그릇에 채우게 하고 각 사람의 돈은 그의 자루에 도로 넣게 하고 또 길 양식을 그들에게 주게 하니 그대로 행하였더라

요셉은 형들이 자기를 알아보지 못하고 서로 이야기하는 것을 들으면서 옛날 생각도 나고 형들이 가련해 보이기도 하여 감정을 억제하지 못하고 밖으로 나가서 실컷 울었습니다. 그리고 다시 돌아와서 형들과 대화하다가 그들 중 시므온을 잡아 결박하여 감옥에 가두고, 하인에게 명하여 형들의 자루 아귀에 곡식을 가득 채우고 그들의 돈도 자루에 몰래 넣으라고 했습니다. 또한 길을 갈 때에 필요한 곡식도 따로 싸서 보내라고 명령했습니다.

4. 가나안으로의 귀향(42:26~38)

26. 그들이 곡식을 나귀에 싣고 그 곳을 떠났더니 27. 한 사람이 여
관에서 나귀에게 먹이를 주려고 자루를 풀고 본즉 그 돈이 자루 아귀
에 있는지라 28. 그가 그 형제에게 말하되 내 돈을 도로 넣었도다 보
라 자루 속에 있도다 이에 그들이 혼이 나서 떨며 서로 돌아보며 말하
되 하나님이 어찌하여 이런 일을 우리에게 행하셨는가 하고 29. 그
들이 가나안 땅에 돌아와 그들의 아버지 야곱에게 이르러 그들이 당
한 일을 자세히 알리어 아뢰되 30. 그 땅의 주인인 그 사람이 엄하게
우리에게 말씀하고 우리를 그 땅에 대한 정탐꾼으로 여기기로 31.
우리가 그에게 이르되 우리는 확실한 자들이요 정탐꾼이 아니니이다
32. 우리는 한 아버지의 아들 열두 형제로서 하나는 없어지고 막내는
오늘 우리 아버지와 함께 가나안 땅에 있나이다 하였더니 33. 그 땅

의 주인인 그 사람이 우리에게 이르되 내가 이같이 하여 너희가 확실
한 자들임을 알리니 너희 형제 중의 하나를 내게 두고 양식을 가지고
가서 너희 집안의 굶주림을 구하고 34. 너희 막내 아우를 내게로 데
려 오라 그러면 너희가 정탐꾼이 아니요 확실한 자들임을 내가 알고
너희 형제를 너희에게 돌리리니 너희가 이 나라에서 무역하리라 하
더이다 하고 35. 각기 자루를 쏟고 본즉 각 사람의 돈뭉치가 그 자루
속에 있는지라 그들과 그들의 아버지가 돈뭉치를 보고 다 두려워하
더니 36. 그들의 아버지 야곱이 그들에게 이르되 너희가 나에게 내
자식들을 잃게 하도다 요셉도 없어졌고 시므온도 없어졌거늘 베냐
민을 또 빼앗아 가고자 하니 이는 다 나를 해롭게 함이로다 37. 르우
벤이 그의 아버지에게 말하여 이르되 내가 그를 아버지께로 데리고
오지 아니하거든 내 두 아들을 죽이소서 그를 내 손에 맡기소서 내가
그를 아버지께로 데리고 돌아오리이다 38. 야곱이 이르되 내 아들
은 너희와 함께 내려가지 못하리니 그의 형은 죽고 그만 남았음이라
만일 너희가 가는 길에서 재난이 그에게 미치면 너희가 내 흰 머리를
슬퍼하며 스올로 내려가게 함이 되리라

26-28절 그들이 곡식을 나귀에 싣고 그 곳을 떠났더니 한 사람이 여관에서 나귀에게 먹이를 주려고 자루를 풀고 본즉 그 돈이 자루 아귀에 있는지라 그가 그 형제에게 말하되 내 돈을 도로 넣었도다 보라 자루 속에 있도다 이에 그들이 혼이 나서 떨며 서로 돌아보며 말하되 하나님이 어찌하여 이런 일을 우리에게 행하셨는가 하고

요셉의 형제들은 무거운 마음으로 가나안을 향하여 돌아가다가 객점에 들러서 쉬어가기로 했습니다. 객점에서 그들 중 한 사람이 나귀들에

게 먹이를 주려고 자루를 풀어보니 돈이 자루 아귀에 있었습니다. 그는 깜짝 놀라 형제들에게 가서 이 사실을 전했습니다. 참으로 뜻밖의 말을 듣는 형제들은 가슴이 철렁 내려앉는 듯 했습니다.

가뜩이나 애굽의 총리가 무슨 구실을 붙여서라도 그들을 종으로 잡아가려 한다고 생각하고 있던 차에 그들이 지불했던 곡식 값이 그대로 있는 것을 보니 이젠 꼼짝없이 도둑 누명을 쓰게 되었다고 느껴졌습니다. 그들은 저마다 "아, 이럴 수가 있나! 하나님이 원망스럽다." 하고 탄식하며 하나님을 원망했습니다.

신앙생활을 함에 있어서 찬송하는 것은 유익하지만 원망, 불평하는 것은 무익합니다. 우리는 어려운 상황에 처해 있을수록 찬송을 더욱 많이 해야 합니다. 시련과 고통의 폭풍이 불어오고 천지가 아득할 때 찬송을 부르며 하나님께 감사하면 그 폭풍은 금방 사라지고 맙니다. 그러나 인생의 풍랑을 만났을 때 원망, 불평, 탄식하면 그 풍랑이 걷잡을 수 없이 막강한 힘으로 밀려들어 와서 마침내는 그 풍랑에 휩쓸려 자멸하게 되는 것입니다.

그러므로 우리 그리스도인들은 인생의 풍랑이 일 때 언제나 감사하고 찬송함으로써 그 풍랑을 막아야 하는 것입니다.

29-31절 그들이 가나안 땅에 돌아와 그들의 아버지 야곱에게 이르러 그들이 당한 일을 자세히 알리어 아뢰되 그 땅의 주인인 그 사람이 엄하게 우리에게 말씀하고 우리를 그 땅에 대한 정탐꾼으로 여기기로 우리가 그에게 이르되 우리는 확실한 자들이요 정탐꾼이 아니니이다

요셉의 형제들은 고향에 돌아와 야곱에게 애굽에서 있었던 일을 다 고하였습니다. 아버지의 충격을 덜기 위하여 시므온이 감금된 이야기를 먼저 하지 않고 그들이 정탐꾼으로 오해받은 일을 먼저 고했습니다. 그들은 애굽의 총리가 그들을 정탐꾼으로 몰아붙이고 얼마나 무섭게 심문했던지 가족 상황을 털어놓지 않을 수 없었다고 말했습니다.

32, 33절 우리는 한 아버지의 아들 열두 형제로서 하나는 없어지고 막내는 오늘 우리 아버지와 함께 가나안 땅에 있나이다 하였더니 그 땅의 주인인 그 사람이 우리에게 이르되 내가 이같이 하여 너희가 확실한 자들임을 알리니 너희 형제 중의 하나를 내게 두고 양식을 가지고 가서 너희 집안의 굶주림을 구하고

그들은 아무리 애굽 총리에게 그들의 무죄를 주장해도 믿지 않으므로 할 수 없이 정탐꾼이라는 누명을 벗기 위해 야곱의 가족 관계를 소상히 밝혔다고 말했습니다. 그러자 애굽 총리가 그들에게 혐의가 없음을 증명할 수 있는 증거로써 한 가지 제안을 하고, 형제 중 하나를 볼모로 잡고 자기네들에게는 가족을 기근으로부터 구하라고 많은 양식을 실어 주었다고 전했습니다.

34, 35절 너희 막내 아우를 내게로 데려 오라 그러면 너희가 정탐꾼이 아니요 확실한 자들임을 내가 알고 너희 형제를 너희에게 돌리리니 너희가 이 나라에서 무역하리라 하더이다 하고 각기 자루를 쏟고 본즉 각 사람의 돈뭉치가 그 자루 속에 있는지라 그들과 그들의 아버지가 돈뭉치를 보고 다 두려워하더니

그리고 난 다음 비로소 야곱의 아들들은 애굽 총리가 그들의 말이 진실이라는 것을 증명하려면 그 증거로 막내 동생을 데려오라고 했다고 조심스럽게 털어놓았습니다. 그리고 만일 그들이 막내 동생을 데려오면 애굽에서 마음대로 무역할 수 있는 통상권을 주겠다고 하더라고 말했습니다.

요셉의 형들이 아버지 야곱에게 그간에 있었던 일을 다 고한 후 각자 자기의 짐을 풀어보니 곡식 값으로 지불했던 돈이 전부 그대로 자루 속에 있었습니다. 이것을 본 형제들과 야곱은 '이거 무슨 함정에 빠진 것 아닌가?' 하는 불길한 생각이 들었습니다.

36절 그들의 아버지 야곱이 그들에게 이르되 너희가 나에게 내 자식들을 잃게 하도다 요셉도 없어졌고 시므온도 없어졌거늘 베냐민을 또 빼앗아 가고자 하니 이는 다 나를 해롭게 함이로다

아들들로부터 얘기를 듣고 자루에서 돈이 나오는 것을 본 야곱은 두려움에 휩싸인 채 탄식했습니다. 야곱은 아들들이 애굽에서 일을 잘못 처리했기 때문에 자기가 자식을 잃게 되었다고 생각했습니다. 요셉은 짐승에 찢겨 죽고, 시므온은 애굽에 감금되었는데, 이제 베냐민까지 잃게 될지도 모른다는 생각에 야곱은 깊이 탄식했습니다.

사실 이 모든 일은 야곱의 가족을 구원하기 위해서 하나님께서 복 주시는 과정이었지만, 이를 알 리 없는 야곱으로서는 두렵고 슬프기만 한 일이었던 것입니다.

37절 르우벤이 그의 아버지에게 말하여 이르되 내가 그를 아버지께

로 데리고 오지 아니하거든 내 두 아들을 죽이소서 그를 내 손에 맡기소서 내가 그를 아버지께로 데리고 돌아오리이다

아버지의 탄식을 듣다못해 맏아들 르우벤이 나섰습니다. 그는 아버지에게 베냐민을 함께 가도록 허락해 주면 시므온도 데려오고 베냐민도 데려올 테니까 믿어 달라고 하였습니다. 그리고 만일 이 약속을 지키지 못하면 자기의 두 아들을 죽이라고 했습니다.

38절 야곱이 이르되 내 아들은 너희와 함께 내려가지 못하리니 그의 형은 죽고 그만 남았음이라 만일 너희가 가는 길에서 재난이 그에게 미치면 너희가 내 흰 머리를 슬퍼하며 스올로 내려가게 함이 되리라

야곱은 단호하게 "베냐민은 안 돼. 그 애만은 보낼 수 없다." 라고 잘라 말했습니다. 그 이유는, 만약 베냐민이 애굽에 갔다가 재난을 당하게 된다면 자신은 너무 슬퍼서 한많은 인생을 뒤로 하고 죽게 될 것이기 때문이라고 했습니다.

야곱의 말을 들은 아들들은 이러지도 저러지도 못하고 깊은 시름에 잠겼습니다. '가만히 앉아서 굶어죽을 수도 없고, 그렇다고 해서 아버지야 어찌 되든지 상관하지 않고 베냐민을 데려갈 수도 없으니 이떻게 해야 하나.' 하고 생각하면서 저마다 근심했습니다.

제 43 장

요셉과 형제들의 두 번째 만남

유다의 설득	43:1~10
야곱의 결단	43:11~15
요셉의 십으로 인도된 형제들	43:16~24
형제들에 대한 요셉의 환대	43:25~34

A COMMENTARY ON THE
GENESIS

기근이 계속되고 애굽에서 사온 양식이 다 떨어지자 야곱은 아들들을 애굽으로 보낼 수밖에 없게 되었습니다. 야곱은 아들들과 더불어 장차 살아갈 방도를 의논하다가 유다의 설득력 있는 말을 듣고 결국 베냐민을 형들과 함께 애굽에 보내기로 결단했습니다.

두 번째 애굽을 방문한 요셉의 형제들은 요셉의 집에 초청받아 환대를 받게 되지만, 지난번에 애굽을 다녀갔을 때의 돈 사건 때문에 불안을 감출 수 없었습니다.

실로 20여 년 만에 열두 형제가 함께 식사하게 되자 요셉은 형제들에게 극진히 대접하는 한편, 친동생 베냐민을 인해 더 이상 감정을 억제하지 못하고 방으로 들어가 울었습니다. 그러나 형제들은 여전히 요셉을 알아보지 못하고 자신들의 안전을 위해 눈치만 보고 있었습니다.

1. 유다의 설득(43:1~10)

1. 그 땅에 기근이 심하고 2. 그들이 애굽에서 가져온 곡식을 다 먹으매 그 아버지가 그들에게 이르되 다시 가서 우리를 위하여 양식을 조금 사오라 3. 유다가 아버지에게 말하여 이르되 그 사람이 우리에게 엄히 경고하여 이르되 너희 아우가 너희와 함께 오지 아니하면 너희가 내 얼굴을 보지 못하리라 하였으니 4. 아버지께서 우리 아우를 우리와 함께 보내시면 우리가 내려가서 아버지를 위하여 양식을 사려니와 5. 아버지께서 만일 그를 보내지 아니하시면 우리는 내려가지 아니하리니 그 사람이 우리에게 말하기를 너희의 아우가 너희와 함께 오지 아니하면 너희가 내 얼굴을 보지 못하리라 하였음이니이다 6. 이스라엘이 이르되 너희가 어찌하여 너희에게 또 다른 아우가 있다고 그 사람에게 말하여 나를 괴롭게 하였느냐 7. 그들이 이르되 그 사람이 우리와 우리의 친족에 대하여 자세히 질문하여 이르기를 너희 아버지가 아직 살아 계시느냐 너희에게 아우가 있느냐 하기로 그 묻는 말에 따라 그에게 대답한 것이니 그가 너희의 아우를 데리고 내려오라 할 줄을 우리가 어찌 알았으리이까 8. 유다가 그의 아버지 이스라엘에게 이르되 저 아이를 나와 함께 보내시면 우리가 곧 가리

니 그러면 우리와 아버지와 우리 어린 아이들이 다 살고 죽지 아니하리이다 9. 내가 그를 위하여 담보가 되오리니 아버지께서 내 손에서 그를 찾으소서 내가 만일 그를 아버지께 데려다가 아버지 앞에 두지 아니하면 내가 영원히 죄를 지리이다 10. 우리가 지체하지 아니하였더라면 벌써 두 번 갔다 왔으리이다

1, 2절 그 땅에 기근이 심하고 그들이 애굽에서 가져온 곡식을 다 먹으매 그 아버지가 그들에게 이르되 다시 가서 우리를 위하여 양식을 조금 사오라

애굽과 가나안 땅에 임한 7년 간의 기근은 역사에 기록될 만한 무서운 기근이었습니다. 이 기근은 하나님께서 애굽과 가나안 일대에 내리신 심판이었습니다. 하나님께서 심판하시는 방법들 중에는 천재지변이 있는데 기근은 그 중의 하나입니다.

그런데 성경을 보면 하나님께서는 인류를 심판하실 때 하나님의 백성에게는 언제나 피할 길을 주셨습니다. 대홍수 때에는 방주를 예비케 하여 노아와 그 가족을 미리 피난시키신 후에 심판하셨고(창 7:7~10), 소돔과 고모라를 멸하실 때에는 롯과 그의 가족들을 소알 성으로 피신시키고 난 다음에 심판하셨습니다(창 19:12~29). 이처럼 하나님께서 심판하실 때는 언제나 주님의 백성들에게 피할 길을 미리 예비해 주신 다음에 심판하시는 것입니다. 장차 하나님께서 이 땅을 마지막 심판하실 때에도 먼저 예수님께서 공중에 임하셔서 주님의 백성들을 공중으로 불러 올린 후 심판하실 것입니다.

이와 같은 하나님의 구원의 섭리로 야곱의 가족도 기근의 재앙 가운데

서 구원받았습니다. 가나안에 흉악한 흉년이 다가왔지만, 하나님께서는 기근이 있기 20년 전에 요셉을 먼저 애굽에 보내서 국무총리가 되게 하심으로 야곱의 가족들을 기근 중에서 구원받게 하신 것입니다.

가나안 땅 전역에는 극심한 기근이 계속되었습니다. 야곱의 가족들은 애굽에서 구해 온 식량으로 한동안 끼니를 이을 수 있었지만, 얼마 못 가서 그 식량도 다 떨어지고 말았습니다. 그래서 야곱은 아들들에게 다시 애굽에 가서 양식을 사오라고 했습니다.

3-5절 유다가 아버지에게 말하여 이르되 그 사람이 우리에게 엄히 경고하여 이르되 너희 아우가 너희와 함께 오지 아니하면 너희가 내 얼굴을 보지 못하리라 하였으니 아버지께서 우리 아우를 우리와 함께 보내시면 우리가 내려가서 아버지를 위하여 양식을 사려니와 아버지께서 만일 그를 보내지 아니하시면 우리는 내려가지 아니하리니 그 사람이 우리에게 말하기를 너희의 아우가 너희와 함께 오지 아니하면 너희가 내 얼굴을 보지 못하리라 하였음이니이다

아들들은 아버지 야곱의 말을 듣고 난감할 뿐이었습니다. 왜냐하면 먼젓번에 돈 사건도 있었던 데다가 애굽의 총리가 막내 동생을 데려오지 않으면 죽음을 면치 못할 것이라고 엄포를 놓았으므로 막내 베냐민을 데려가야만 곡식도 얻고 생명도 부지할 수 있는데, 아버지는 베냐민을 절대로 보내 주지 않을 태세였기 때문입니다.

그래서 이번에는 유다가 나서서 아버지를 설득하기 시작했습니다. 맏아들 르우벤은 서모 빌하와 불륜의 관계를 맺어 아버지를 욕되게 했기

때문에 아버지의 신임을 잃었고, 둘째 시므온은 지금 애굽에 볼모로 잡혀 있고, 셋째 레위는 그의 여동생 디나를 욕보인 일에 대한 보복으로 세겜 사람들을 무자비하게 살육했기 때문에 신임을 잃었습니다. 그러나 넷째 아들 유다는 아버지 야곱의 신임을 받고 있었으므로 그의 말은 설득력이 있었습니다.

유다는 아버지에게 애굽의 총리가 했던 말을 다시 한 번 전함으로써 자신들이 애굽으로 가려면 베냐민을 동행해야만 한다는 사실을 강조했습니다.

6, 7절 이스라엘이 이르되 너희가 어찌하여 너희에게 또 다른 아우가 있다고 그 사람에게 말하여 나를 괴롭게 하였느냐 그들이 이르되 그 사람이 우리와 우리의 친족에 대하여 자세히 질문하여 이르기를 너희 아버지가 아직 살아 계시느냐 너희에게 아우가 있느냐 하기로 그 묻는 말에 따라 그에게 대답한 것이니 그가 너희의 아우를 데리고 내려오라 할 줄을 우리가 어찌 알았으리이까

유다의 말을 듣던 중 야곱은 자신의 감정을 억제하지 못하고 아들들에게 "너희가 어찌하여 너희에게 또 다른 아우가 있다고 그 사람에게 말하여 나를 괴롭게 하느냐?" 고 책망했습니다.

그러자 아들들이 대답했습니다. "아버지, 그 사람이 우리 집안을 훤히 알고 있기라도 하듯이 가족 상황에 대해 조목조목 자세히 힐문했기 때문에 우리는 도저히 대답을 하지 않을 수 없었습니다. 우리는 설마 그 사람이 막내를 데려오라고 할 줄은 상상도 못했습니다."

사실 요셉의 형들은 애굽의 총리가 요셉이라는 것을 전혀 눈치 채지

못하고, 자기네 집안에 대해 소상히 알고 있기라도 하듯 자세히 힐문하는 요셉의 준엄한 어투에 눌려 꼼짝 못하고 사실대로 모두 말했던 것입니다.

8절 유다가 그의 아버지 이스라엘에게 이르되 저 아이를 나와 함께 보내시면 우리가 곧 가리니 그러면 우리와 아버지와 우리 어린 아이들이 다 살고 죽지 아니하리이다

야곱의 아들들은 아버지의 심정을 충분히 이해하지만 그들의 현실이 워낙 절박했기 때문에 가만히 있을 수가 없었습니다. 왜냐하면 애굽에 서둘러 가서 양식을 사오지 않으면 가족들이 모두 굶어 죽기 때문입니다. 그래서 그들은 저마다 근심하며 베냐민을 데리고 애굽으로 가야 한다고 서로 수근대고 있었습니다. 물론 야곱도 이러한 어려움을 어느 누구보다도 잘 알고 있었습니다.

야곱 역시 70여 명이나 되는 식구들이 먹을 양식을 구할 길이 막연하여 마음이 답답하고 고통스러웠습니다. 그러나 요셉을 잃은 후 하나 남은 라헬의 소생인 베냐민에 대한 사랑과 애착이 매우 강했으므로 베냐민을 선뜻 애굽으로 보낼 수도 없었던 것입니다. 이에 유다가 다시 나서서 아버지를 설득했습니다.

9, 10절 내가 그를 위하여 담보가 되오리니 아버지께서 내 손에서 그를 찾으소서 내가 만일 그를 아버지께 데려다가 아버지 앞에 두지 아니하면 내가 영원히 죄를 지리이다 우리가 지체하지 아니하였더라면 벌써 두 번 갔다 왔으리이다

유다는 간절하게 아버지에게 간청했습니다. "아버지, 제 목숨을 걸고 베냐민을 반드시 데려올 것을 약속드리겠습니다. 만일 베냐민을 데리고 돌아오지 못하면 평생을 아버지 앞에 죄인으로 살면서 어떠한 형벌도 달게 받겠습니다. 그러니 베냐민을 데라고 가게 해주십시오. 양식이 벌써 다 떨어졌기 때문에 더 이상 지체할 시간이 없습니다." 유다는 온 가족을 살리기 위해 이와 같이 자기 희생의 각오로 아버지께 간청했습니다.

2. 야곱의 결단(43:11~15)

11. 그들의 아버지 이스라엘이 그들에게 이르되 그러할진대 이렇게
하라 너희는 이 땅의 아름다운 소산을 그릇에 담아가지고 내려가서
그 사람에게 예물로 드릴지니 곧 유향 조금과 꿀 조금과 향품과 몰약
과 유향나무 열매와 감복숭아이니라 12. 너희 손에 갑절의 돈을 가
지고 너희 자루 아귀에 도로 넣어져 있던 그 돈을 다시 가지고 가라
혹 잘못이 있었을까 두렵도다 13. 네 아우도 데리고 떠나 다시 그 사
람에게로 가라 14. 전능하신 하나님께서 그 사람 앞에서 너희에게
은혜를 베푸사 그 사람으로 너희 다른 형제와 베냐민을 돌려보내게
하시기를 원하노라 내가 자식을 잃게 되면 잃으리로다 15. 그 형제
들이 예물을 마련하고 갑절의 돈을 자기들의 손에 가지고 베냐민을
데리고 애굽에 내려가서 요셉 앞에 서니라

11, 12절 그들의 아버지 이스라엘이 그들에게 이르되 그러할진대 이렇게 하라 너희는 이 땅의 아름다운 소산을 그릇에 담아가지고 내려가서 그 사람에게 예물로 드릴지니 곧 유향 조금과 꿀 조금과 향품과 몰약과 유향나무 열매와 감복숭아이니라 너희 손에 갑절의 돈을 가지고 너희 자루 아귀에 도로 넣어져 있던 그 돈을 다시 가지고 가라 혹 잘못이 있었을까 두렵도다

결국 야곱은 유다의 설득력 있는 말을 듣고 어려운 결단을 내렸습니다. 일단 결단을 하자 야곱은 전 가족의 생명을 보존하기 위해 적극적인 대책을 세웠습니다. 야곱은 아들들에게 빈손으로 애굽에 내려가지 말고 가나안 땅의 아름다운 소산을 예물로 가져가라고 했습니다. 이러한 야곱의 지시는 그의 연륜과 경험에서 나온 삶의 지혜를 백분 발휘한 것입니다. 즉 야곱은 과거에 밧단아람에서 고향으로 돌아올 때 예물로써 에서의 복수심을 누그러뜨리고 화해하려고 했던 경험이 있기 때문에(창 32:20) 혹시라도 예물을 보냄으로써 애굽 총리의 환심을 사서 은혜를 입을 수 있을지도 모른다고 생각한 것입니다. 그 예물은 유향목의 진액을 짜서 말린 고급 향료인 유향, 신선한 포도의 즙을 내어 졸인 진한 시럽인 꿀, 향료의 일종인 향품, 감람과의 관목 줄기에서 체취한 즙으로서 약재로 쓰이는 몰약, 기름 짜는 원료인 비자, 살구나무의 일종인 파단행 등 매우 진귀한 것들이었습니다.

그리고 야곱은 아들들에게 곡식을 사는 데 필요한 돈뿐 아니라 지난번 양식을 사올 때 곡식 자루에 들어있던 돈도 함께 가지고 가라고 말했습니다. 야곱은 지난번 곡물 자루에 돈이 들어 있었던 것은 애굽의 관리들이나 자기 아들들 중 어느 한쪽의 실수였을 것이라고 생각한 것입니다.

13, 14절 네 아우도 데리고 떠나 다시 그 사람에게로 가라 전능하신 하나님께서 그 사람 앞에서 너희에게 은혜를 베푸사 그 사람으로 너희 다른 형제와 베냐민을 돌려보내게 하시기를 원하노라 내가 자식을 잃게 되면 잃으리로다

야곱은 베냐민을 데리고 가는 것을 허락하면서 "내가 자식을 잃게 되면 잃으리로다"라고 말했습니다. 이 말을 통해 우리는 전폭적으로 하나님께 맡기는 야곱의 신앙 자세를 볼 수 있습니다.

우리도 처음에 기도할 때는 "주여, 제 소원대로 해주옵소서."라고 기도하다가 나중에 기도가 절정에 이르면 "주여, 죽어도 좋습니다. 살든지 죽든지 주님 뜻대로 하시옵소서."라고 기도하게 되는데, 이러한 기도가 주님께 온전히 맡기는 기도입니다. 이와 같이 하나님을 전폭적으로 의지하고 맡기면 하나님께서 그 일을 맡아서 해결해 주십니다.

에스더가 이스라엘 민족을 구원하기 위하여 아하수에로 왕에게 나아가기 전에 사흘 동안 금식하면서 "죽으면 죽으리이다"라는 각오로 기도했을 때 놀라운 일이 벌어졌습니다. 이것은 온전히 하나님께 맡기는 기도이기 때문입니다. 저도 여의도순복음교회를 건축할 때 하나님께 맡기는 기도를 수없이 했습니다. "하나님, 살든지 죽든지, 흥하든지 망하든지, 성하든지 쇠하든지 주님 뜻대로 하시옵소서." 이러한 기도에 대한 응답으로 하나님께서 역사하셔서 지금의 우리 교회가 우뚝 서게 된 것입니다. 그런데 이러한 기도는 수많은 눈물 골짜기를 지나 온 사람만이 할 수 있습니다.

"내가 자식을 잃게 되면 잃으리로다"라는 말은 바로 이처럼 하나님께 전폭적으로 맡기는 야곱의 기도였습니다. 사실 베냐민을 보내기로 마음

의 결단을 내리기까지 야곱은 고민을 많이 했습니다. 그러나 눈앞의 현실을 보면 70여 명의 식구들이 모두 다 자기만 쳐다보고 있었으므로 언제까지나 고민만 하고 있을 수 없었습니다. 그래서 최후의 결단을 내린 것입니다. "베냐민을 데리고 가라. 하나님께서 돌려보내 주시기를 바라지만 내가 자식을 잃게 되면 잃으리로다." 이러한 야곱의 결단은 자기의 뜻을 포기할 줄 아는 믿음의 결단이었습니다.

자기의 뜻을 포기하는 것은 결코 쉬운 일이 아닙니다. 포기한다, 포기한다 하면서도 최악의 상태에 이르기까지 포기하지 못하고 더 꽉 움켜쥐게 됩니다. 야곱도 포기하는 데 오랜 시간이 걸렸습니다. 많은 고민 끝에 자기의 뜻을 포기했을 때에야 비로소 "자식을 잃게 되면 잃으리로다"라고 결단할 수 있었던 것입니다.

신앙이 깊어지면 자기의 뜻을 포기하는 속도가 빠릅니다. 신앙적인 체험을 많이 하고 장성한 믿음을 소유한 그리스도인들은 어려운 문제가 생기면 즉시 기도함으로써 그것을 하나님께 내어 맡깁니다. 그러면 하나님께서 책임져 주시는 것입니다. 예수님께서 "수고하고 무거운 짐 진 자들아 다 내게로 오라 내가 너희를 쉬게 하리라"(마 11:28)고 말씀하셨습니다. 그러므로 우리가 진 무거운 짐을 주님께 맡기면 주님께서 책임져 주시는 것입니다.

15절 그 형제들이 예물을 마련하고 갑절의 돈을 자기들의 손에 가지고 베냐민을 데리고 애굽에 내려가서 요셉 앞에 서니라

야곱의 아들들은 아버지의 지시에 따라 예물을 준비하고 지난번 곡식 대금까지 합쳐 두 배의 돈을 가지고 베냐민을 데리고 애굽으로 내려갔습

니다.

이로써 요셉은 실로 오랜 세월 동안 그리워해 온 친동생과 재회하게 되었습니다.

3. 요셉의 집으로 인도된 형제들(43:16~24)

16. 요셉은 베냐민이 그들과 함께 있음을 보고 자기의 청지기에게 이
르되 이 사람들을 집으로 인도해 들이고 짐승을 잡고 준비하라 이 사
람들이 정오에 나와 함께 먹을 것이니라 17. 청지기가 요셉의 명대
로 하여 그 사람들을 요셉의 집으로 인도하니 18. 그 사람들이 요셉
의 집으로 인도되매 두려워하여 이르되 전번에 우리 자루에 들어 있
던 돈의 일로 우리가 끌려드는도다 이는 우리를 억류하고 달려들어
우리를 잡아 노예로 삼고 우리의 나귀를 빼앗으려 함이로다 하고
19. 그들이 요셉의 집 청지기에게 가까이 나아가 그 집 문 앞에서 그
에게 말하여 20. 이르되 내 주여 우리가 전번에 내려와서 양식을 사
가지고 21. 여관에 이르러 자루를 풀어본즉 각 사람의 돈이 전액 그
대로 자루 아귀에 있기로 우리가 도로 가져왔고 22. 양식 살 다른 돈
도 우리가 가지고 내려왔나이다 우리의 돈을 우리 자루에 넣은 자는
누구인지 우리가 알지 못하나이다 23. 그가 이르되 너희는 안심하라
두려워하지 말라 너희 하나님, 너희 아버지의 하나님이 재물을 너희
자루에 넣어 너희에게 주신 것이니라 너희 돈은 내가 이미 받았느니
라 하고 시므온을 그들에게로 이끌어내고 24. 그들을 요셉의 집으로

인도하고 물을 주어 발을 씻게 하며 그들의 나귀에게 먹이를 주더라

16, 17절 요셉은 베냐민이 그들과 함께 있음을 보고 자기의 청지기에게 이르되 이 사람들을 집으로 인도해 들이고 짐승을 잡고 준비하라 이 사람들이 정오에 나와 함께 먹을 것이니라 청지기가 요셉의 명대로 하여 그 사람들을 요셉의 집으로 인도하니

형제들은 애굽에 당도하여 요셉을 만났습니다. 요셉이 베냐민을 마지막으로 본 것은 약 20여 년 전 베냐민이 아주 어릴 때였으므로 자기 아우를 한눈에 알아보기는 어려웠을 것입니다. 그러나 지난번에 형제들이 왔었을 때 보지 못했던 젊은 청년을 보고 그가 베냐민일 것이라고 짐작했을 것입니다. 꿈에도 그리던 친동생 베냐민을 본 요셉은 즉시 청지기를 불러 그들을 환대하게 했습니다. 청지기는 요셉의 분부에 따라 그들을 요셉의 집으로 인도하고 정오에 식사할 수 있도록 식탁을 준비했습니다.

18절 그 사람들이 요셉의 집으로 인도되매 두려워하여 이르되 전번에 우리 자루에 들어 있던 돈의 일로 우리가 끌려드는도다 이는 우리를 억류하고 달려들어 우리를 잡아 노예로 삼고 우리의 나귀를 빼앗으려 함이로다 하고

요셉의 집으로 인도되어 온 형제들은 매우 두려워하고 근심했습니다. 요셉은 형들과 동생 베냐민을 잘 대접하려고 자기 집으로 인도했지만, 형들은 애굽 총리가 지난번 곡식 부대에 들어있던 돈을 빌미로 삼아서

자신들을 종으로 잡으려고 집으로 끌어들인 것으로 생각한 것입니다.

요셉의 마음과 그의 형들의 생각이 이처럼 다르듯이 하나님의 생각과 우리의 생각도 다릅니다. 하나님께서 복을 주시려고 우리에게 때때로 시험과 환난을 통과하게 하시면, 우리 인간은 '하나님께서 날 버리셨구나. 이제 나는 끝장이야.' 라고 거꾸로 생각합니다. 우리에 대한 하나님의 뜻은 언제나 선하고 복된 것입니다. 우리가 시험, 환난을 당할지라도 하나님께서는 그것을 선으로 바꾸시고 우리에게 유익이 되게 하십니다. 그러므로 우리는 '하나님은 우리의 영혼이 잘됨 같이 범사에 잘되며 강건하기를 원하시는 좋으신 하나님' 이란 사실을 잊지 말아야 합니다.

요셉의 형제들은 요셉의 집이 가까워질수록 그에 비례하여 커지는 두려움을 견딜 수 없었습니다. 드디어 요셉의 집 문 앞에 이르자, 그들은 두려움에 질려 청지기에게 지난번 왔었을 때 발생했던 돈 사건을 설명하기 시작했습니다.

19-22절 그들이 요셉의 집 청지기에게 가까이 나아가 그 집 문 앞에서 그에게 말하여 이르되 내 주여 우리가 전번에 내려와서 양식을 사가지고 여관에 이르러 자루를 풀어본즉 각 사람의 돈이 전액 그대로 자루 아귀에 있기로 우리가 도로 가져왔고 양식 살 다른 돈도 우리가 가지고 내려왔나이다 우리의 돈을 우리 자루에 넣은 자는 누구인지 우리가 알지 못하나이다

그들은 요셉의 청지기가 그 말을 믿고 그들을 위험에서 건져 주기를 바랐습니다. 그래서 그들의 정직성을 증명하기 위해 청지기에게 "우리가 그때 자루에 들어있던 돈도 가져왔거니와 또 이번에 곡식 살 돈도 가

져왔으니 우리의 정직성을 믿어 주소서."라고 말했습니다.

23, 24절 그가 이르되 너희는 안심하라 두려워하지 말라 너희 하나님, 너희 아버지의 하나님이 재물을 너희 자루에 넣어 너희에게 주신 것이니라 너희 돈은 내가 이미 받았느니라 하고 시므온을 그들에게로 이끌어내고 그들을 요셉의 집으로 인도하고 물을 주어 발을 씻게 하며 그들의 나귀에게 먹이를 주더라

그러자 청지기가 그들을 안심시켰습니다. 그는 "두려워하지 말라. 자루에 돈이 들어 있었던 것은 당신들의 하나님, 당신들의 아버지의 하나님이 당신들에게 재물을 주시려고 그렇게 한 것입니다. 그러므로 당신들의 하나님께 감사하십시오. 당신들의 돈은 내가 이미 받았습니다."라고 말했습니다.

요셉의 청지기의 말처럼 우리 하나님께서는 우리의 자루에 곡식도 채워 주시고 재물도 넣어 주시기를 원하시는 좋으신 하나님이십니다. 이와 같이 하나님께서는 우리에게 복을 주려고 하시는데, 우리가 하나님의 뜻을 오해할 때가 많습니다.

청지기는 그들을 안심시킨 후 볼모로 잡혀 있던 시므온을 그들에게로 이끌어 내고, 그들을 요셉의 집으로 인도하여 그들이 오정에 요셉과 식사할 수 있도록 준비했습니다.

4. 형제들에 대한 요셉의 환대(43:25~34)

25. 그들이 거기서 음식을 먹겠다 함을 들었으므로 예물을 정돈하고
요셉이 정오에 오기를 기다리더니 26. 요셉이 집으로 오매 그들이
집으로 들어가서 예물을 그에게 드리고 땅에 엎드려 절하니 27. 요
셉이 그들의 안부를 물으며 이르되 너희 아버지 너희가 말하던 그 노
인이 안녕하시냐 아직도 생존해 계시느냐 28. 그들이 대답하되 주의
종 우리 아버지가 평안하고 지금까지 생존하였나이다 하고 머리 숙
여 절하더라 29. 요셉이 눈을 들어 자기 어머니의 아들 자기 동생 베
냐민을 보고 이르되 너희가 내게 말하던 너희 작은 동생이 이 아이냐
그가 또 이르되 소자여 하나님이 네게 은혜 베푸시기를 원하노라
30. 요셉이 아우를 사랑하는 마음이 복받쳐 급히 울 곳을 찾아 안방
으로 들어가서 울고 31. 얼굴을 씻고 나와서 그 정을 억제하고 음식
을 차리라 하매 32. 그들이 요셉에게 따로 차리고 그 형제들에게 따
로 차리고 그와 함께 먹는 애굽 사람에게도 따로 차리니 애굽 사람은
히브리 사람과 같이 먹으면 부정을 입음이었더라 33. 그들이 요셉
앞에 앉되 그들의 나이에 따라 앉히게 되니 그들이 서로 이상히 여겼
더라 34. 요셉이 자기 음식을 그들에게 주되 베냐민에게는 다른 사
람보다 다섯 배나 주매 그들이 마시며 요셉과 함께 즐거워하였더라

25, 26절 그들이 거기서 음식을 먹겠다 함을 들었으므로 예물을 정돈하고 요셉이 정오에 오기를 기다리더니 요셉이 집으로 오매 그들이 집으로 들어가서 예물을 그에게 드리고 땅에 엎드려

절하니

형제들은 청지기로부터 그들이 요셉의 집에서 식사를 하게 되었다는 말을 듣고 그들이 가지고 온 예물을 가지런히 정돈하고 요셉을 기다렸습니다. 드디어 요셉이 집으로 돌아오자 그들은 그 집으로 들어가서 예물을 드리고 땅에 꿇어 엎드려 절을 했습니다. 요셉이 열일곱 살 때 꾼 꿈이 다시 한 번 성취된 것입니다.

요셉의 형들은 요셉에게서 두 번의 꿈 이야기를 듣고(창 37:7, 9) 화를 내며 '너의 그 꿈이 이루어지는가 보자.' 하고 요셉을 잡아서 종으로 팔았었는데, 형들의 간계가 도리어 그 꿈을 성취시켜 주는 계기가 되었습니다. 이와 같이 하나님의 계시와 약속은 비록 더디 이루어지는 것 같아도 때가 되면 반드시 이루어집니다.

27, 28절 요셉이 그들의 안부를 물으며 이르되 너희 아버지 너희가 말하던 그 노인이 안녕하시냐 아직도 생존해 계시느냐 그들이 대답하되 주의 종 우리 아버지가 평안하고 지금까지 생존하였나이다 하고 머리 숙여 절하더라

요셉은 여전히 자신의 신분을 감춘 채 형들에게 아버지의 안부를 물었습니다. 요셉은 아들들 중 자기를 가장 사랑했던 연로한 아버지 야곱에게 그동안 무슨 변고가 없는지 궁금했던 것입니다. 형들은 "주의 종 우리 아버지가 평안하고 지금까지 생존하였나이다"라고 대답했습니다. 형들이 아버지 야곱을 '주의 종'이라고 한 것은 요셉의 두 번째 꿈인 해와 달과 열한 별이 경배하는 꿈의 성취였습니다. 비록 야곱이 요셉에게 직접 경배한 것은 아니지만 결과적으로 그렇게 된 것입니다.

29, 30절 요셉이 눈을 들어 자기 어머니의 아들 자기 동생 베냐민을 보고 이르되 너희가 내게 말하던 너희 작은 동생이 이 아이냐 그가 또 이르되 소자여 하나님이 네게 은혜 베푸시기를 원하노라 요셉이 아우를 사랑하는 마음이 복받쳐 급히 울 곳을 찾아 안방으로 들어가서 울고

요셉은 친동생 베냐민을 보고 마음이 뜨거워지고 감정이 복받쳐 올랐습니다. 요셉은 애굽으로 팔려 온 이래로 오랜 세월 동안 그리워하던 친동생의 얼굴을 보는 순간 자기의 감정을 더 이상 억제할 수 없었습니다. 그래서 요셉은 형제들이 눈치 채지 못하도록 급히 안방으로 들어가 울었습니다. 요셉의 이러한 모습은 그가 굉장히 감정히 풍부하고 순수한 사람이라는 것을 보여 줍니다. 눈물을 잘 흘리는 것은 그 사람의 마음이 순수하고 감정이 풍부하기 때문입니다.

우리는 눈물이 없던 사람이 하나님의 은혜를 받으면 잘 우는 것을 볼 수 있습니다. 그것은 하나님 은혜를 받기 전에는 각박한 세상에서 마음이 완악해져서 눈물 없이 살지만, 하나님의 은혜를 받으면 그 완악함이 다 사라지고 마음이 순화되어 잘 울게 되는 것입니다.

31, 32절 얼굴을 씻고 나와서 그 정을 억제하고 음식을 차리라 하매 그들이 요셉에게 따로 차리고 그 형제들에게 따로 차리고 그와 함께 먹는 애굽 사람에게도 따로 차리니 애굽 사람은 히브리 사람과 같이 먹으면 부정을 입음이었더라

실컷 울고 마음을 진정시킨 후 요셉은 그런 기색을 보이지 않으려고 얼굴을 씻고 나와서 음식을 차리라고 명령했습니다. 요셉의 명령에 따라

종들이 음식을 차리는데 세 상이나 차렸습니다. 즉 요셉에게 따로 하고, 형제들에게 따로 하고, 배식하는 애굽 사람들에게 따로 했습니다. 이처럼 음식 상을 셋이나 차린 것은 애굽 사람들은 히브리 사람과 함께 먹는 것을 부정하다고 여겼기 때문에 따로 차리고, 요셉은 국무 총리이기 때문에 따로 차렸기 때문입니다.

33, 34절 그들이 요셉 앞에 앉되 그들의 나이에 따라 앉히게 되니 그들이 서로 이상히 여겼더라 요셉이 자기 음식을 그들에게 주되 베냐민에게는 다른 사람보다 다섯 배나 주매 그들이 마시며 요셉과 함께 즐거워하였더라

요셉은 형제들을 나이 순서대로 앉게 자리를 배치했습니다. 정해진 자리에 앉은 형제들은 지금 자기들에게 식사를 대접하는 사람이 요셉인 줄은 꿈에도 몰랐기 때문에 이 사실에 놀라움을 금치 못했습니다.

요셉은 형들을 극진히 대접하면서, 특히 자기 친동생 베냐민에게는 각별한 호의를 베풀었습니다. 베냐민에게는 5배의 식물을 주었는데, 이는 어떤 사람을 특별히 존귀히 여기는 당시의 관례적 표현이었습니다. 요셉은 그렇게 함으로써 형들의 태도를 시험해 보려고 했는지도 모릅니다. 어떻든 요셉의 형제들은 여전히 요셉인 줄 알지 못한 채 애굽 총리의 호의에 안심하고 즐겁게 식사했습니다.

제 44 장

요셉의 2차 시험과 유다의 탄원

요셉의 은잔 시험 44:1~13

베냐민을 억류하려는 요셉 44:14~17

유나의 간절한 호소 44:18~34

A COMMENTARY ON THE
GENESIS

요셉으로부터 융숭한 대접을 받은 형제들은 곡식을 사서 고향으로 향하지만, 성에서 떠나 얼마 못 가 뒤따라온 요셉의 청지기에게 잡히고 말았습니다. 요셉은 베냐민이 은잔을 훔친 것처럼 꾸며 베냐민에 대한 형들의 사랑과 우애를 시험해 보았습니다. 이 시험에서 베냐민을 위한 유다의 간절한 탄원은 요셉을 감동시켰고, 이에 요셉은 방성대곡하며 그제야 자신의 신분을 형제들에게 알렸습니다.

이와 같이 본장은 서로 용서하고 사랑하며, 서로 짐을 져 주기를 기뻐하는 하나님 나라 백성들의 아름다운 삶의 모습을 보여 줍니다.

1. 요셉의 은잔 시험(44:1~13)

1. 요셉이 그의 집 청지기에게 명하여 이르되 양식을 각자의 자루에
운반할 수 있을 만큼 채우고 각자의 돈을 그 자루에 넣고 2. 또 내 잔
곧 은잔을 그 청년의 자루 아귀에 넣고 그 양식 값 돈도 함께 넣으라
하매 그가 요셉의 명령대로 하고 3. 아침이 밝을 때에 사람들과 그
들의 나귀들을 보내니라 4. 그들이 성읍에서 나가 멀리 가기 전에
요셉이 청지기에게 이르되 일어나 그 사람들의 뒤를 따라 가서 그들
에게 이르기를 너희가 어찌하여 선을 악으로 갚느냐 5. 이것은 내
주인이 가지고 마시며 늘 점치는 데에 쓰는 것이 아니냐 너희가 이같
이 하니 악하도다 하라 6. 청지기가 그들에게 따라 가서 그대로 말
하니 7. 그들이 그에게 대답하되 내 주여 어찌 이렇게 말씀하시나이
까 당신의 종들이 이런 일은 결단코 아니하나이다 8. 우리 자루에
있던 돈도 우리가 가나안 땅에서부터 당신에게로 가져왔거늘 우리
가 어찌 당신의 주인의 집에서 은 금을 도둑질하리이까 9. 당신의
종들 중 누구에게서 발견되든지 그는 죽을 것이요 우리는 내 주의 종
들이 되리이다 10. 그가 이르되 그러면 너희의 말과 같이 하리라 그

것이 누구에게서든지 발견되면 그는 내게 종이 될 것이요 너희는 죄
가 없으리라 11. 그들이 각각 급히 자루를 땅에 내려놓고 자루를 각
기 푸니 12. 그가 나이 많은 자에게서부터 시작하여 나이 적은 자에
게까지 조사하매 그 잔이 베냐민의 자루에서 발견된지라 13. 그들이
옷을 찢고 각기 짐을 나귀에 싣고 성으로 돌아 가니라

1-3절 요셉이 그의 집 청지기에게 명하여 이르되 양식을 각자의 자루에 운반할 수 있을 만큼 채우고 각자의 돈을 그 자루에 넣고 또 내 잔 곧 은잔을 그 청년의 자루 아귀에 넣고 그 양식 값 돈도 함께 넣으라 하매 그가 요셉의 명령대로 하고 아침이 밝을 때에 사람들과 그들의 나귀들을 보내니라

요셉은 형들을 잘 대접한 후 그들을 다시 한 번 시험해 보기로 작정했습니다. 그럼으로써 형들이 과거에 자기에게 지은 죄를 뼈저리게 회개하고 자기의 친동생 베냐민을 진정으로 사랑하는지를 확인해 보려고 했습니다.

용서받는 것은 결코 쉬운 일이 아닙니다. 왜냐하면 용서를 받는 데에는 반드시 뼈저린 회개가 따라야 하기 때문입니다. 진정한 회개 없는 용서는 아무 가치가 없습니다. 우리 주 예수님께서 십자가에 못박혀 몸 찢기로 피 흘려서 우리의 죄를 용서해 주셨지만, 우리가 모든 것을 회개하여 통회, 자복할 때 비로소 그 용서가 뼛속까지 스며들어 깊은 인격의 변화를 가져오는 것입니다.

그러나 건성으로 "내 죄를 용서해 주시옵소서, 아멘." 하고 중얼거리는 것으로 그친다면, 용서를 받을 수 없고 인격도 변화받지 못합니다. 용

서의 전제 조건인 회개는 말로만 하는 것이 아니라 진심에서 우러나와야 합니다. 인간은 성령이 역사해서 회개하는 마음이 생길 때나 또는 고난에 부딪쳐 대단히 곤고한 형편에 처하여야 비로소 자기의 지나간 죄를 진심으로 회개하게 됩니다.

요셉은 형제들의 우애와 그들이 진심으로 과거의 죄를 회개했는지를 알아보기 위해 형제들의 자루에 곡식을 가득 채우고 각인의 돈을 넣고 자기의 은잔을 베냐민의 자루에 숨겼습니다. 이러한 사실을 전혀 모르는 형제들은 아침 일찍 길을 떠났습니다.

4-6절 그들이 성읍에서 나가 멀리 가기 전에 요셉이 청지기에게 이르되 일어나 그 사람들의 뒤를 따라 가서 그들에게 이르기를 너희가 어찌하여 선을 악으로 갚느냐 이것은 내 주인이 가지고 마시며 늘 점치는 데에 쓰는 것이 아니냐 너희가 이같이 하니 악하도다 하라 청지기가 그들에게 따라 가서 그대로 말하니

요셉은 형제들이 곡식을 싣고 떠나자 곧 청지기를 불러 지시하고 형제들을 뒤쫓아 가게 했습니다. 이에 청지기는 요셉의 형들을 따라 미쳐 그들을 잡고, 요셉이 지시했던 대로 그들에게 "너희는 어찌하여 악으로 선을 갚느냐 이것은 내 주인이 가지고 마시며 늘 점을 치는 데에 쓰는 것이 아니냐 너희가 이같이 하니 악하도다"라고 책망했습니다.

요셉은 하나님을 믿으므로 점을 치지 않습니다. 그러나 애굽인들은 잔에 포도주나 차를 따라서 주문을 외우고 난 후 포도주나 차의 색깔이 달라지는 것을 보고 점을 쳤습니다. 그렇기 때문에 애굽에는 점치는 잔을 매우 신성한 것으로 간주하고 이것을 훔치는 것은 그 집의 수호신을

훔치는 행위라 하여 엄하게 처벌했습니다.

요셉은 은잔을 점치는 데 사용했을 리는 만무하나, 그럼에도 불구하고 그가 그 은잔을 베냐민의 곡물 자루에 넣은 것은 이러한 애굽인들의 풍속을 이용하여 형제들에게 올무를 씌워 그들을 시험하기에 아주 적합했기 때문입니다.

7-10절 그들이 그에게 대답하되 내 주여 어찌 이렇게 말씀하시나이까 당신의 종들이 이런 일은 결단코 아니하나이다 우리 자루에 있던 돈도 우리가 가나안 땅에서부터 당신에게로 가져왔거늘 우리가 어찌 당신의 주인의 집에서 은 금을 도둑질하리이까 당신의 종들 중 누구에게서 발견되든지 그는 죽을 것이요 우리는 내 주의 종들이 되리이다 그가 이르되 그러면 너희의 말과 같이 하리라 그것이 누구에게서든지 발견되면 그는 내게 종이 될 것이요 너희는 죄가 없으리라

형제들의 요셉의 은잔이 없어졌다는 청지기의 말을 듣고 깜짝 놀랐습니다. 그들은 요셉이 은잔을 베냐민의 자루에 넣게 한 것을 전혀 알지 못했으므로 자기들의 결백함을 주장했습니다.

그들은 "내 주여 어찌 이렇게 말씀하시나이까 당신의 종들이 이런 일은 결단코 아니하나이다 우리 자루에 있던 돈도 우리가 가나안 땅에서부터 당신에게로 가져왔거늘 우리가 어찌 당신의 주인의 집에서 은금을 도둑질하리이까"라고 말했습니다. 그리고 더 나아가 "당신의 종들 중 누구에서서 발견되든지 그는 죽을 것이요 우리는 내 주의 종들이 되리이다"라고 자신있게 말했습니다.

그러자 요셉의 청지기가 "그러면 너희의 말과 같이 하리라 그것이 누구에게서든지 발견되면 그는 내게 종이 될 것이요 너희는 죄가 없으리라" 고 말했습니다. 요셉의 형제들이 공동 책임을 지겠다고 했음에도 불구하고 청지기가 은잔을 훔친 당사자 외에는 책임을 묻지 않겠다고 했습니다.

이것은 요셉이 시킨 것으로 베냐민에게서 은잔이 발견되었을 때 형제들이 강압적으로 구속시키지 않아도 형제들이 베냐민을 위해서 공동을 책임을 지는지의 여부를 확인하고 싶었기 때문입니다.

11-13절 그들이 각각 급히 자루를 땅에 내려놓고 자루를 각기 푸니 그가 나이 많은 자에게서부터 시작하여 나이 적은 자에게까지 조사하매 그 잔이 베냐민의 자루에서 발견된지라 그들이 옷을 찢고 각기 짐을 나귀에 싣고 성으로 돌아 가니라

형제들이 각기 자루들을 풀어놓자 요셉의 청지기가 연장자부터 차례대로 조사해 나갔습니다. 사실 청지기는 자기가 직접 베냐민의 자루에 은잔을 넣었기 때문에 막내인 베냐민의 자루에 은잔이 들어 있다는 것을 알고 있었지만, 요셉의 의도적인 행위를 감추기 위해서 연장자부터 순서대로 사루를 조사한 것입니다.

결국 베냐민의 자루에서 은잔이 발견되었고, 요셉의 형제들은 너무도 뜻밖의 엄청난 사태가 벌어지자 비통해하며 옷을 찢고 각자의 짐을 다시 나귀에 싣고 성으로 되돌아왔습니다. 옛날 유대인들이 옷을 찢는 것을 처절한 슬픔을 나타내는 행위였습니다.

뜻밖에 베냐민의 자루에서 은잔이 발견되자 형제들의 낙담과 슬픔은

극에 달했습니다. 아버지가 그토록 베냐민을 보내지 않으려고 하는 것을 유다가 자기 목숨을 담보로 하고 데리고 왔는데, 베냐민이 돌아갈 수 없게 되었으니 형제들은 도저히 그들끼리만 집으로 돌아갈 수 없었습니다.

왜냐하면 베냐민 없이 돌아갈 경우, 아버지가 슬픔을 이기지 못하고 세상을 뜰 것이 분명했기 때문입니다. 그래서 그들은 '차라리 우리도 같이 종이 되자.' 고 결심하고 다 함께 성으로 되돌아온 것입니다.

2. 베냐민을 억류하려는 요셉(44:14~17)

> 14. 유다와 그의 형제들이 요셉의 집에 이르니 요셉이 아직 그 곳에 있는지라 그의 앞에서 땅에 엎드리니 15. 요셉이 그들에게 이르되 너희가 어찌하여 이런 일을 행하였느냐 나 같은 사람이 점을 잘 치는 줄을 너희는 알지 못하였느냐 16. 유다가 말하되 우리가 내 주께 무슨 말을 하오리이까 무슨 설명을 하오리이까 우리가 어떻게 우리의 정직함을 나타내리이까 하나님이 종들의 죄악을 찾아내셨으니 우리와 이 잔이 발견된 자가 다 내 주의 노예가 되겠나이다 17. 요셉이 이르되 내가 결코 그리하지 아니하리라 잔이 그 손에서 발견된 자만 내 종이 되고 너희는 평안히 너희 아버지께로 도로 올라갈 것이니라

14, 15절 유다와 그의 형제들이 요셉의 집에 이르니 요셉이 아직 그

곳에 있는지라 그의 앞에서 땅에 엎드리니 요셉이 그들에게 이르되 너희가 어찌하여 이런 일을 행하였느냐 나 같은 사람이 점을 잘 치는 줄을 너희는 알지 못하였느냐

형제들이 나귀를 끌고 요셉의 집에 이르니 요셉이 기다리고 있었습니다. 형제들은 베냐민의 죄를 용서받기 위해 요셉 앞에 엎드렸습니다. 이와 같이 요셉의 꿈은 거듭 성취되었습니다. 그러므로 하나님의 예언을 무시하면 안됩니다. 하나님의 예언은 반드시 이루어집니다.

요셉은 땅에 엎드려 있는 형제들에게 "너희가 어찌하여 이런 일을 행하였느냐 나 같은 사람이 점을 잘 치는 줄을 너희는 알지 못하였느냐"라고 호통쳤습니다. 이미 베냐민의 자루에서 은잔이 발견되었으므로 형제들은 애굽의 국무총리의 준엄한 질책에 머리를 조아릴 뿐 아무 말도 할 수가 없었습니다. 그러나 고향에서 기다리고 계실 아버지를 생각할 때 어찌하든지 베냐민을 구해야 한다는 생각을 떨칠 수 없었습니다. 그래서 결국 형제들 중 유다가 나서서 호소하기 시작했습니다.

16, 17절 유다가 말하되 우리가 내 주께 무슨 말을 하오리이까 무슨 설명을 하오리이까 우리가 어떻게 우리의 정직함을 나타내리이까 하나님이 종들의 죄악을 찾아내셨으니 우리와 이 잔이 발견된 자가 다 내 주의 노예가 되겠나이다 요셉이 이르되 내가 결코 그리하지 아니하리라 잔이 그 손에서 발견된 자만 내 종이 되고 너희는 평안히 너희 아버지께로 도로 올라갈 것이니라

유다는 요셉에게 베냐민의 자루에서 은잔이 나온 사실에 대하여 변명할 여지가 없음을 시인했습니다. 그리고 이러한 일이 벌어지게 된 것은 그

들이 과거에 지은 죄가 하나님께 적발된 결과라고 말했습니다. 그렇기 때문에 그 죗값을 치르기 위해 베냐민뿐 아니라 그들 모두가 요셉의 종이 되겠다고 했습니다. 이러한 유다의 말에는 과거에 요셉을 노예로 팔았던 죄에 대한 통절한 회개가 담겨 있습니다.

사람들은 시험과 환난을 당하면 지난날 자신이 지었던 죄를 생각하게 되는 것입니다. 그래서 '그때 그 죗값을 받는구나.' 하고 생각하는 것입니다. 언제나 마음 한구석에 죄책감이 자리 잡고 있어서 큰 시련에 부딪치면 제일 먼저 자신의 죄책을 생각하는 것입니다. 그렇지만 예수님을 믿는 사람은 하나님께 진실로 죄를 고백하고 용서받았기 때문에 죄책에서 자유롭습니다.

유다는 지금 당면하고 있는 어려운 상황이 그들의 죗값이라고 인정하고 종이 되겠다고 했습니다. 그러나 요셉은 베냐민만 종으로 삼고 다른 형제들은 평안히 귀향하라고 말했습니다.

3. 유다의 간절한 호소(44:18~34)

18. 유다가 그에게 가까이 가서 이르되 내 주여 원하건대 당신의 종에게 내 주의 귀에 한 말씀을 아뢰게 하소서 주의 종에게 노하지 마소서 주는 바로와 같으심이니이다 19. 이전에 내 주께서 종들에게 물으시되 너희는 아버지가 있느냐 아우가 있느냐 하시기에 20. 우리가

내 주께 아뢰되 우리에게 아버지가 있으니 노인이요 또 그가 노년에
얻은 아들 청년이 있으니 그의 형은 죽고 그의 어머니가 남긴 것은
그뿐이므로 그의 아버지가 그를 사랑하나이다 하였더니 21. 주께서
또 종들에게 이르시되 그를 내게로 데리고 내려와서 내가 그를 보게
하라 하시기로 22. 우리가 내 주께 말씀드리기를 그 아이는 그의 아
버지를 떠나지 못할지니 떠나면 그의 아버지가 죽겠나이다 23. 주
께서 또 주의 종들에게 말씀하시되 너희 막내 아우가 너희와 함께 내
려오지 아니하면 너희가 다시 내 얼굴을 보지 못하리라 하시기로
24. 우리가 주의 종 우리 아버지에게로 도로 올라가서 내 주의 말씀
을 그에게 아뢰었나이다 25. 그 후에 우리 아버지가 다시 가서 곡물
을 조금 사오라 하시기로 26. 우리가 이르되 우리가 내려갈 수 없나
이다 우리 막내 아우가 함께 가면 내려가려니와 막내 아우가 우리와
함께 가지 아니하면 그 사람의 얼굴을 볼 수 없음이니이다 27. 주의
종 우리 아버지가 우리에게 이르되 너희도 알거니와 내 아내가 내게
두 아들을 낳았으나 28. 하나는 내게서 나갔으므로 내가 말하기를
틀림없이 찢겨 죽었다 하고 내가 지금까지 그를 보지 못하거늘 29.
너희가 이 아이도 내게서 데려가려 하니 만일 재해가 그 몸에 미치면
나의 흰 머리를 슬퍼하며 스올로 내려가게 하리라 하니 30. 아버지
의 생명과 아이의 생명이 서로 하나로 묶여 있거늘 이제 내가 주의
종 우리 아버지에게 돌아갈 때에 아이가 우리와 함께 가지 아니하면
31. 아버지가 아이의 없음을 보고 죽으리니 이같이 되면 종들이 주
의 종 우리 아버지가 흰 머리로 슬퍼하며 스올로 내려가게 함이니이
다 32. 주의 종이 내 아버지에게 아이를 담보하기를 내가 이를 아버
지께로 데리고 돌아오지 아니하면 영영히 아버지께 죄짐을 지리이
다 하였사오니 33. 이제 주의 종으로 그 아이를 대신하여 머물러 있
어 내 주의 종이 되게 하시고 그 아이는 그의 형제들과 함께 올려 보
내소서 34. 그 아이가 나와 함께 가지 아니하면 내가 어찌 내 아버지
에게로 올라갈 수 있으리이까 두렵건대 재해가 내 아버지에게 미침

을 보리이다

18절 유다가 그에게 가까이 가서 이르되 내 주여 원하건대 당신의 종에게 내 주의 귀에 한 말씀을 아뢰게 하소서 주의 종에게 노하지 마소서 주는 바로와 같으심이니이다

요셉이 베냐민만 종으로 삼고 다른 형제들은 고향으로 돌아가라고 하자 형제들은 매우 절망했습니다. 간신히 유다가 용기를 내어 요셉에게 가까이 가서 다시 한 번 간절하게 호소했습니다. 왜냐하면 유다는 자신의 생명을 담보로 하여 베냐민을 데려온 장본인일 뿐 아니라 베냐민 없이 집으로 돌아간다면 아버지가 큰 낙심과 슬픔에 빠져서 돌아가실 것임을 잘 알고 있었기 때문입니다. 유다는 요셉에게 자기를 '주의 종' 이라고 극도로 낮추고 요셉을 바로와 같다고 공손히 말함으로써 긍휼을 얻으려고 했습니다.

당시 애굽 왕 바로는 신과 같은 존재였으므로 그러한 바로의 권한을 위임받아 총리 대신의 직무를 수행하는 요셉 역시 히브리인들 눈에는 바로와 같이 절대적인 권세를 가진 존재로 보였습니다. 그렇기 때문에 유다는 요셉에게 바로와 같다고 말한 것입니다.

19-24절 이전에 내 주께서 종들에게 물으시되 너희는 아버지가 있느냐 아우가 있느냐 하시기에 우리가 내 주께 아뢰되 우리에게 아버지가 있으니 노인이요 또 그가 노년에 얻은 아들 청년이 있으니 그의 형은 죽고 그의 어머니가 남긴 것은 그뿐이므로

> 그의 아버지가 그를 사랑하나이다 하였더니 주께서 또 종들에게 이르시되 그를 내게로 데리고 내려와서 내가 그를 보게 하라 하시기로 우리가 내 주께 말씀드리기를 그 아이는 그의 아버지를 떠나지 못할지니 떠나면 그의 아버지가 죽겠나이다 주께서 또 주의 종들에게 말씀하시되 너희 막내 아우가 너희와 함께 내려오지 아니하면 너희가 다시 내 얼굴을 보지 못하리라 하시기로 우리가 주의 종 우리 아버지에게로 도로 올라가서 내 주의 말씀을 그에게 아뢰었나이다

유다는 지난번에 곡식을 사러 왔을 때 요셉과 그들 사이에 있었던 일과 그것을 자기 아버지에게 말한 것을 사실 그대로 요셉에게 이야기했습니다.

"그가 노년에 얻은 아들 청년이 있으니 그의 형은 죽고 그 어미의 끼친 것은 그뿐이므로 그의 아버지가 그를 사랑하나이다"라는 유다의 말대로 베냐민에 대한 야곱의 사랑은 단순히 막내 아들이라는 것 이상이었습니다.

즉 어머니 리브가의 편애 속에 자란 야곱은 네 명의 아내 중에서 라헬을 가장 사랑했습니다. 그리고 라헬이 낳은 요셉을 편애했습니다. 그런데 요셉이 사라지자, 야곱은 라헬의 유일한 소생이 된 베냐민을 특별히 더 사랑했던 것입니다.

유다는 아버지 야곱이 그렇게 애지중지하는 베냐민을 애굽에 데리고 온 것은 순전히 애굽 총리 대신의 엄명을 거역할 수 없었기 때문이라는 것을 상기시키면서, 애굽 총리에게는 보잘것없는 한낱 종으로 있게 될 베냐민이 그들의 아버지에게는 목숨같이 소중한 존재라는 것을 간절히

호소했습니다.

한편 유다가 은연 중에라도 거듭 아버지 야곱을 요셉의 종으로 칭하고 있는 것은 요셉의 꿈이 한 치도 어긋나지 않고 실현되고 있음을 확증해 줍니다.

25-29절 그 후에 우리 아버지가 다시 가서 곡물을 조금 사오라 하시기로 우리가 이르되 우리가 내려갈 수 없나이다 우리 막내 아우가 함께 가면 내려가려니와 막내 아우가 우리와 함께 가지 아니하면 그 사람의 얼굴을 볼 수 없음이니이다 주의 종 우리 아버지가 우리에게 이르되 너희도 알거니와 내 아내가 내게 두 아들을 낳았으나 하나는 내게서 나갔으므로 내가 말하기를 틀림없이 찢겨 죽었다 하고 내가 지금까지 그를 보지 못하거늘 너희가 이 아이도 내게서 데려가려 하니 만일 재해가 그 몸에 미치면 나의 흰 머리를 슬퍼하며 스올로 내려가게 하리라 하니

유다의 호소가 계속되었습니다. 야곱은 지난번에 사온 곡식이 다 떨어지자 아들들에게 다시 가서 곡물을 사오라고 명령했습니다. 그러나 아들들은 베냐민을 데려가게 하지 아니하면 결코 갈 수 없다고 했습니다.

그러자 야곱은 아들들에게 "너희도 알거니와 내 아내가 내게 두 아들을 낳았으나 하나는 내게서 나갔으므로 내가 말하기를 틀림없이 찢겨 죽었다 하고 내가 지금까지 그를 보지 못하거늘 너희가 이 아이도 내게서 데려가려 하니 만일 재해가 그 몸에 미치면 나의 흰 머리로 슬퍼하며 스올로 내려가게 하리라" 고 하소연했습니다.

'스올로 내려간다.' 는 것은 죽는다는 뜻입니다. 즉 야곱은 베냐민에게

재해가 미친다면 슬픔에 겨워 죽게 될 것이라고 말한 것입니다.

30, 31절 아버지의 생명과 아이의 생명이 서로 하나로 묶여 있거늘 이제 내가 주의 종 우리 아버지에게 돌아갈 때에 아이가 우리와 함께 가지 아니하면 아버지가 아이의 없음을 보고 죽으리니 이같이 되면 종들이 주의 종 우리 아버지가 흰 머리로 슬퍼하며 스올로 내려가게 함이니이다

'아버지의 생명과 아이의 생명이 하나로 묶여 있다' 는 말은 야곱의 생명과 베냐민의 생명이 서로 깊이 연관되어 있다는 뜻으로서, 아버지 야곱이 베냐민을 얼마나 뜨겁게 사랑하고 있는지를 단적으로 보여주는 말입니다.

유다는 이와 같이 아버지 야곱과 베냐민과의 끈끈한 유대관계에 대해서 말한 후, 만약 베냐민이 애굽에 종으로 잡히고 자기들만 돌아가면 아버지는 틀림없이 죽을 것이라고 말했습니다.

32-34절 주의 종이 내 아버지에게 아이를 담보하기를 내가 이를 아버지께로 데리고 돌아오지 아니하면 영영히 아버지께 죄짐을 지리이다 하였사오니 이제 주의 종으로 그 아이를 대신하여 머물러 있어 내 주의 종이 되게 하시고 그 아이는 그의 형제들과 함께 올려 보내소서 그 아이가 나와 함께 가지 아니하면 내가 어찌 내 아버지에게로 올라갈 수 있으리이까 두렵건대 재해가 내 아버지에게 미침을 보리이다

더 나아가 유다는 자신이 아버지에게 베냐민의 안전을 책임질 것을 약

속했던 사실을 말하고 감동적인 제안을 했습니다. "이제 주의 종으로 그 아이를 대신하여 머물러 있어 내 주의 종이 되게 하시고 그 아이는 그의 형제들과 함께 올려 보내소서" 이러한 유다의 자기 희생적인 제안은 아버지에 대한 극진한 효성이 담겨 있는 말입니다.

"우리 막내 동생과 아버지와는 생명이 연결되어 있습니다. 만일 베냐민이 돌아가지 못한다면 우리 아버지가 슬피 울다가 지쳐 죽을 것입니다. 자식된 도리로 도저히 그것을 보고 있을 수가 없으니 차라리 나를 종으로 삼고 동생은 돌려보내 주소서." 이처럼 효성과 형제애가 우러나서 스스로 종이 되기를 자원하는 유다의 말은 참으로 감동적인 제안이 아닐 수 없습니다.

유다의 제안은 요셉의 마음에 큰 감동을 일으켰습니다. 요셉은 유다의 자기 희생적인 호소를 통해 아버지와 동생에 대한 형들의 사랑이 진실된 것임을 느꼈으며, 또한 형들이 과거에 지은 죄를 깊이 회개하고 있음을 알았습니다. 이에 요셉은 더 이상 감정을 억제하지 못하고 형들에게 자신을 밝히고 형들과 화해하게 됩니다(창 45장).

제 45 장

요셉이 자신의 신분을 밝히고 가족을 초청함

A COMMENTARY ON THE
GENESIS

자신의 몸을 담보로 한 유다의 간절한 호소를 들은 요셉은 더 이상 감정을 억제하지 못하고 자신의 신분을 밝혔습니다.

요셉이 형제들과 상봉했다는 소식은 바로에게까지 알려지고, 바로는 야곱의 전 가족을 애굽으로 초청했습니다.

애굽에서 돌아온 아들들로부터 요셉에 대한 소식을 들은 야곱은 애굽으로의 이주를 결심했습니다. 이리하여 요셉에 대한 야곱의 편애로부터 시작된 형제들 간의 오랜 분열과 갈등은 마침내 해소되었습니다.

이와 같이 본장의 내용은 오랜 시련과 고난 끝에 찾아 든 야곱의 가정의 기쁨과 희망을 보여 주고 있습니다.

1. 자신의 신분을 밝히는 요셉(45:1~8)

1. 요셉이 시종하는 자들 앞에서 그 정을 억제하지 못하여 소리 질러
모든 사람을 자기에게서 물러가라 하고 그 형제들에게 자기를 알리
니 그 때에 그와 함께 한 다른 사람이 없었더라 2. 요셉이 큰 소리로
우니 애굽 사람에게 들리며 바로의 궁중에 들리더라 3. 요셉이 그
형들에게 이르되 나는 요셉이라 내 아버지께서 아직 살아 계시나이
까 형들이 그 앞에서 놀라서 대답하지 못하더라 4. 요셉이 형들에게
이르되 내게로 가까이 오소서 그들이 가까이 가니 이르되 나는 당신
들의 아우 요셉이니 당신들이 애굽에 판 자라 5. 당신들이 나를 이
곳에 팔았다고 해서 근심하지 마소서 한탄하지 마소서 하나님이 생
명을 구원하시려고 나를 당신들보다 먼저 보내셨나이다 6. 이 땅에
이 년 동안 흉년이 들었으나 아직 오 년은 밭갈이도 못하고 추수도
못할지라 7. 하나님이 큰 구원으로 당신들의 생명을 보존하고 당신
들의 후손을 세상에 두시려고 나를 당신들보다 먼저 보내셨나니 8.
그런즉 나를 이리로 보낸 이는 당신들이 아니요 하나님이시라 하나
님이 나를 바로에게 아버지로 삼으시고 그 온 집의 주로 삼으시며 애

곱 온 땅의 통치자로 삼으셨나이다

1절 요셉이 시종하는 자들 앞에서 그 정을 억제하지 못하여 소리 질러 모든 사람을 자기에게서 물러가라 하고 그 형제들에게 자기를 알리니 그 때에 그와 함께 한 다른 사람이 없었더라

요셉은 지금까지 마음속에 일어나는 벅찬 감정을 감추기 위해서 노력해 왔습니다. 몇 차례의 시험을 통해 자신을 노예로 팔았던 악한 형들의 변화된 모습을 확인한 요셉은 유다의 간절한 호소에 완전히 감동되고 말았습니다. 요셉은 이제 형들의 진심을 알게 되었으므로 더 이상 자신의 신분을 감출 필요도, 감출 수도 없었습니다.

솟구쳐 오르는 격정을 억제할 수 없었던 요셉은 자기 주위에 있는 하인들을 모두 밖으로 나가도록 명령했습니다. 하인들 앞에서 자신의 눈물을 보이고 싶지 않았기 때문입니다.

2절 요셉이 큰 소리로 우니 애굽 사람에게 들리며 바로의 궁중에 들리더라

그동안 억제하였던 감정이 한꺼번에 솟구쳐 오른 요셉은 더 이상 눈물을 주체할 수 없어서 방성대곡했습니다. 요셉이 얼마나 큰 소리로 울었던지 그 소리를 밖에 있던 애굽 관리가 듣고 바로의 궁중에 알릴 정도였습니다.

요셉이 갑자기 종들을 밖으로 내보내고 방성대곡하자 형들은 어찌된 영문인지 몰라 어리둥절했습니다.

3절 요셉이 그 형들에게 이르되 나는 요셉이라 내 아버지께서 아직 살아 계시니이까 형들이 그 앞에서 놀라서 대답하지 못하더라

요셉은 어리둥절해 있는 형들에게 자신이 요셉임을 밝혔습니다. 그리고 아버지의 안부를 물었습니다. 이와 같은 요셉의 말을 들은 형들은 너무 놀라 말문이 막혔습니다. 원수는 외나무 다리에서 만난다고 하더니 이런 난처한 일이 세상에 어디 있습니까?

자기들은 희희낙락하며 요셉이 가져온 음식을 먹고 '꿈쟁이의 꿈이 이루어지는가 보자.' 하고 비웃으면서 살려 달라고 애원하는 요셉을 노예로 팔았었는데, 22년의 세월이 흐르고 난 지금 자기들이 와서 머리를 조아리고 있는 상대가 요셉이라니, 천지가 아득했을 것입니다. 형들은 요셉의 말에 너무도 놀라고 충격을 받아 아무 말도 할 수가 없었습니다.

4, 5절 요셉이 형들에게 이르되 내게로 가까이 오소서 그들이 가까이 가니 이르되 나는 당신들의 아우 요셉이니 당신들이 애굽에 판 자라 당신들이 나를 이 곳에 팔았다고 해서 근심하지 마소서 한탄하지 마소서 하나님이 생명을 구원하시려고 나를 당신들보다 먼저 보내셨나이다

요셉은 얼이 빠져 있는 형들을 위로하고 안심시켰습니다. 요셉의 위대한 점은 자기 주위에서 일어나는 모든 일을 먼 안목을 갖고 본다는 데 있습니다. 요셉은 자기에게 일어나는 모든 것은 전지전능하시고, 무소부재하시며, 절대 주권자이신 하나님을 통해서 이루어진다는 것을 알고 있었습니다. 그렇기 때문에 요셉은 어떠한 시련과 환난 가운데서도 하나님을 바라보고 그의 신앙을 지켜 나갈 수 있었던 것입니다.

하나님의 섭리는 순간순간 일어나는 현실의 일들에서는 잘 모르지만, 지나고 나면 그 모든 것이 하나님의 역사였음을 알게됩니다. 내 삶 가운데 다가오는 시련과 환난은 하나님께서 나를 회개시키고, 나를 깨뜨리고, 나를 신앙 속에 들어오게 하시려고 하신 일이라는 것을 알 수가 있습니다. 그렇기 때문에 로마서 8장 28절에도 "하나님을 사랑하는 자 곧 그의 뜻대로 부르심을 입은 자들에게는 모든 것이 합력하여 선을 이루느니라" 고 말씀하신 것입니다.

어떤 사람이 천국에 가니 예수님께서 과거의 자기의 살아온 길을 쭉 보여 주시더랍니다. 그의 인생길에는 발자국이 네 개씩 있었습니다. 그것은 자기의 발자국 두 개와 예수님의 발자국 두 개가 나란히 있었기 때문입니다. 그런데 어느 시점에 오니까 발자국이 두 개밖에 없었습니다. 그래서 그가 의아해 하면서 주님께 물었습니다. "주님, 왜 여기에는 발자국이 두 개뿐입니까?" 그랬더니 예수님께서 "그 길은 너무 험해서 너의 힘으로는 도저히 못 가기 때문에 내가 너를 등에 업고 갔느니라." 고 대답하시더랍니다.

하나님께서는 앞에 나타나시는 분이 아니고, 숨어 역사하시는 하나님이십니다(사 45:15). 하나님께서 뒤에 숨어서 은밀히 역사하시기 때문에 당장 현실로는 보이지 않지만, 세월이 지나고 보면 하나님께서 뒤에서 역사하신 것인 나타납니다. 요셉은 하나님께서 배후에서 역사하셔서 하나님의 뜻을 이루신 것을 알고 있었기 때문에 형들을 원망하지 않았습니다.

6-8절 이 땅에 이 년 동안 흉년이 들었으나 아직 오 년은 밭갈이도

못하고 추수도 못할지라 하나님이 큰 구원으로 당신들의 생명을 보존하고 당신들의 후손을 세상에 두시려고 나를 당신들보다 먼저 보내셨나니 그런즉 나를 이리로 보낸 이는 당신들이 아니요 하나님이시라 하나님이 나를 바로에게 아버지로 삼으시고 그 온 집의 주로 삼으시며 애굽 온 땅의 통치자로 삼으셨나이다

"이 땅에 이 년 동안 흉년이 들었으나 아직 오 년은 밭갈이도 못하고 추수도 못할지라" 당시의 가뭄이 너무도 혹심하여서 밭갈이도, 추수도 할 수 없었습니다. 이처럼 극심한 가뭄과 그로 인한 기근은 앞으로도 5년간이나 더 계속될 것이었습니다. 이제 흉년이 들기 시작한 지 겨우 2년째인데 각지의 사람들이 기근으로 고통받는 것을 볼 때 7년간이나 기근이 계속된다면 얼마나 많은 사람들이 굶어 죽게 될지 모르는 일입니다. 요셉은 이와 같은 사정을 알고 있었기 때문에 지난 22년간 자기에게 있었던 일들이 자신의 가족들을 구원하기 위한 하나님의 섭리였음을 쉽게 깨달을 수 있었습니다.

그래서 요셉은 형제들에게 "하나님이 큰 구원으로 당신들의 생명을 보존하고 당신들의 후손에 세상에 두시려고 나를 당신들보다 먼저 보내셨나니 그런즉 나를 이리로 보낸 자는 당신들이 아니요 하나님이시라 하나님이 나를 바로에게 아버지로 삼으시며 그 온 집의 주로 삼으시며 애굽 온 땅의 통치자로 삼으셨나이다"라고 고백했습니다. 물론 국무총리가 되기까지 요셉에게는 수많은 고난이 있었습니다. 그러나 하나님께서 역사하셔서 그는 애굽의 제 2인자인 총리가 되어 가족을 구원할 수 있게 된 것입니다.

요셉은 애굽으로 올 때 고난의 수레를 타고 왔지만, 세월이 지나고 보

니 그 고난의 수레가 바로 하나님께서 예비하신 복의 꽃수레였습니다. 이를 통해서 볼 때, 하나님께서는 처음부터 영광스런 꽃수레를 타게 하시지는 않는다는 것을 알 수 있습니다.

이러므로 우리는 고난이 온다고 해서 하나님께 버림받았다고 낙심해서는 안됩니다. 우리가 하나님 중심으로 살면 우리에게 다가오는 고난은 결국 영광으로 가는 수레가 되는 것입니다. 고난의 수레를 타고 영광에 이르는 것입니다.

그러므로 우리는 긴 안목으로 바라보아 하나님께 감사함으로 맡겨야 합니다. 하나님께서 내가 알지 못하는 계획을 세우시고 그것을 주시려고 나를 인도하신다고 생각하면 범사에 감사할 수 있는 것입니다. 그래서 "하나님, 감사합니다. 고난은 고난대로 감사하고 평안은 평안대로 감사하고, 모든 일이 합력하여 아버지의 뜻을 이루게 됨을 감사합니다."라고 감사 기도를 하게 되는 것입니다.

요셉은 자기에게 닥쳤던 고난의 단계마다 하나님의 뜻이 숨어 있었음을 알게 되었습니다. 그래서 그는 형들을 원망하지 않고 두려워하거나 탄식하지 말라고 위로했습니다.

2. 부친 야곱을 모시기를 원하는 요셉
(45:9~15)

9. 당신들은 속히 아버지께로 올라가서 아뢰기를 아버지의 아들 요
셉의 말에 하나님이 나를 애굽 전국의 주로 세우셨으니 지체 말고 내
게로 내려오사 10. 아버지의 아들들과 아버지의 손자들과 아버지의
양과 소와 모든 소유가 고센 땅에 머물며 나와 가깝게 하소서 11. 흉
년이 아직 다섯 해가 있으니 내가 거기서 아버지를 봉양하리이다 아
버지와 아버지의 가족과 아버지께 속한 모든 사람에게 부족함이 없
도록 하겠나이다 하더라고 전하소서 12. 당신들의 눈과 내 아우 베
냐민의 눈이 보는 바 당신들에게 이 말을 하는 것은 내 입이라 13. 당
신들은 내가 애굽에서 누리는 영화와 당신들이 본 모든 것을 다 내
아버지께 아뢰고 속히 모시고 내려오소서 하며 14. 자기 아우 베냐
민의 목을 안고 우니 베냐민도 요셉의 목을 안고 우니라 15. 요셉이
또 형들과 입맞추며 안고 우니 형들이 그제서야 요셉과 말하니라

9-11절 당신들은 속히 아버지께로 올라가서 아뢰기를 아버지의 아들 요셉의 말에 하나님이 나를 애굽 전국의 주로 세우셨으니 지체 말고 내게로 내려오사 아버지의 아들들과 아버지의 손자들과 아버지의 양과 소와 모든 소유가 고센 땅에 머물며 나와 가깝게 하소서 흉년이 아직 다섯 해가 있으니 내가 거기서 아버지를 봉양하리이다 아버지와 아버지의 가족과 아버지께 속한 모든

사람에게 부족함이 없도록 하겠나이다 하더라고 전하소서

애굽으로 팔려 온 이래로 자식의 도리를 하지 못했던 요셉의 마음에는 아버지를 봉양하려는 효심이 끓어오르고 있었습니다. 더구나 지금 아버지가 가나안 땅에서 기근으로 고통당하고 있을 것을 생각하니 한시도 지체할 수 없었습니다. 그래서 요셉은 형들에게 지체하지 말고 속히 아버지와 가족들을 애굽 땅으로 모셔오라고 했습니다. 요셉은 아버지와 가족들을 비옥한 고센 땅에 모셔 와서 살게 할 계획이었습니다. 왜냐하면 고센 땅은 요셉이 있는 곳과 가까울 뿐 아니라 목축을 하기에 적합한 곳이었기 때문입니다.

한편 아버지께 봉양하려는 요셉의 모습에서 우리는 요셉의 효성을 볼 수 있습니다. 요셉은 하나님 앞에 경건하고 신실할 뿐 아니라 인간으로서의 도리도 다하는 삶을 살았는데, 이러한 요셉의 태도는 모든 그리스도인의 귀감이 됩니다.

12-15절 당신들의 눈과 내 아우 베냐민의 눈이 보는 바 당신들에게 이 말을 하는 것은 내 입이라 당신들은 내가 애굽에서 누리는 영화와 당신들이 본 모든 것을 다 내 아버지께 아뢰고 속히 모시고 내려오소서 하며 자기 아우 베냐민의 목을 안고 우니 베냐민도 요셉의 목을 안고 우니라 요셉이 또 형들과 입맞추며 안고 우니 형들이 그제서야 요셉과 말하니라

형제들은 요셉의 느닷없는 고백이 도무지 믿어지지 않았습니다. 그들은 그저 너무도 놀라서 아무 말도 하지 못하고 요셉을 바라보고만 있었습니다. 그래서 요셉은 자신을 죽은 줄로만 알고 있는 아버지 야곱에게 애

굽에서 직접 보고 체험한 사실들을 모두 전해 달라고 형들에게 당부했습니다.

요셉이 여전히 얼이 빠진 채로 서 있는 베냐민과 형들의 목을 안고 우니, 그제야 형들이 요셉과 말을 하기 시작했습니다. 참으로 감격스러운 장면입니다.

3. 요셉의 가족에 대한 바로의 환대(45:16~20)

16. 요셉의 형들이 왔다는 소문이 바로의 궁에 들리매 바로와 그의
신하들이 기뻐하고 17. 바로는 요셉에게 이르되 네 형들에게 명령하
기를 너희는 이렇게 하여 너희 양식을 싣고 가서 가나안 땅에 이르거
든 18. 너희 아버지와 너희 가족을 이끌고 내게로 오라 내가 너희에
게 애굽의 좋은 땅을 주리니 너희가 나라의 기름진 것을 먹으리라 19.
이제 명령을 받았으니 이렇게 하라 너희는 애굽 땅에서 수레를 가져
다가 너희 자녀와 아내를 태우고 너희 아버지를 모셔 오라 20. 또 너
희의 기구를 아끼지 말라 온 애굽 땅의 좋은 것이 너희 것임이니라

16절 요셉의 형들이 왔다는 소문이 바로의 궁에 들리매 바로와 그의 신하들이 기뻐하고

요셉의 형들이 왔다는 소식은 바로와 그 모든 신복들에게도 기쁨을 주

었습니다. 바로와 신복들이 기뻐하였다는 것은 요셉이 바로에게서 완전한 신뢰와 사랑을 받고 있었으며, 아랫사람들에게도 존경을 받았다는 것을 의미합니다. 이와 같이 요셉이 바로와 신복들의 사랑과 존경을 한몸에 받은 것은 하나님께서 그를 높여주셨을 뿐 아니라 그의 신앙과 인격이 훌륭했기 때문입니다.

우리 성도들도 예수 그리스도를 닮은 인격과 신앙의 향기를 주위 사람들에게 풍기는 삶을 살아야 합니다. 우리의 삶 전반을 통해 그리스도의 향기를 풍길 때, 하나님을 믿지 않는 세상 사람들도 그 향기에 감화되어서 하나님을 찾고 만나게 되는 것입니다.

17-20절 바로는 요셉에게 이르되 네 형들에게 명령하기를 너희는 이렇게 하여 너희 양식을 싣고 가서 가나안 땅에 이르거든 너희 아버지와 너희 가족을 이끌고 내게로 오라 내가 너희에게 애굽의 좋은 땅을 주리니 너희가 나라의 기름진 것을 먹으리라 이제 명령을 받았으니 이렇게 하라 너희는 애굽 땅에서 수레를 가져다가 너희 자녀와 아내를 태우고 너희 아버지를 모셔 오라 또 너희의 기구를 아끼지 말라 온 애굽 땅의 좋은 것이 너희 것임이니라

바로는 요셉을 불러 모든 가족들을 애굽으로 데려오라고 초청했습니다. 그리고 바로는 그들을 애굽의 기름지고 아름다운 땅에서 살게 해주겠다고 했습니다. 뿐만 아니라 바로는 요셉의 형들이 수레를 가져가서 가족들을 태워 애굽으로 이주해 오게 했습니다. 이렇게 함으로써 바로는 9년 전에 자기의 꿈을 해석해 주고 애굽을 기근으로부터 구원한 요셉의

공로에 보답하려고 한 것입니다.

4. 아들들의 귀향 보고와 야곱의 반응
(45:21~28)

21. 이스라엘의 아들들이 그대로 할새 요셉이 바로의 명령대로 그들
에게 수레를 주고 길 양식을 주며 22. 또 그들에게 다 각기 옷 한 벌
씩을 주되 베냐민에게는 은 삼백과 옷 다섯 벌을 주고 23. 그가 또
이와 같이 그 아버지에게 보내되 수나귀 열 필에 애굽의 아름다운 물
품을 실리고 암나귀 열 필에는 아버지에게 길에서 드릴 곡식과 떡과
양식을 실리고 24. 이에 형들을 돌려보내며 그들에게 이르되 당신
들은 길에서 다투지 말라 하였더라 25. 그들이 애굽에서 올라와 가
나안 땅으로 들어가서 아버지 야곱에게 이르러 26. 알리어 이르되
요셉이 지금까지 살아 있어 애굽 땅 총리가 되었더이다 야곱이 그들
의 말을 믿지 못하여 어리둥절 하더니 27. 그들이 또 요셉이 자기들
에게 부탁한 모든 말로 그에게 말하매 그들의 아버지 야곱은 요셉이
자기를 태우려고 보낸 수레를 보고서야 기운이 소생한지라 28. 이
스라엘이 이르되 족하도다 내 아들 요셉이 지금까지 살아 있으니 내
가 죽기 전에 가서 그를 보리라 하니라

21-23절 이스라엘의 아들들이 그대로 할새 요셉이 바로의 명령대

로 그들에게 수레를 주고 길 양식을 주며 또 그들에게 다 각기 옷 한 벌씩을 주되 베냐민에게는 은 삼백과 옷 다섯 벌을 주고 그가 또 이와 같이 그 아버지에게 보내되 수나귀 열 필에 애굽의 아름다운 물품을 실리고 암나귀 열 필에는 아버지에게 길에서 드릴 곡식과 떡과 양식을 실리고

요셉은 바로의 명대로 야곱을 태울 수레와 양식과 옷을 형들에게 주고 특히 친동생 베냐민과 아버지 야곱에게는 더 많은 선물을 주었습니다. 또한 애굽으로 이주하는 도중 야곱에게 식사 수발을 할 수 있도록 세심한 배려를 했습니다. 아버지 야곱이 가나안을 떠나 애굽으로 오는 동안 조금이라도 어려움을 당하지 않도록 배려하는 요셉의 마음가짐을 통해 요셉의 극진한 효성을 볼 수 있습니다.

24절 이에 형들을 돌려보내며 그들에게 이르되 당신들은 길에서 다투지 말라 하였더라

요셉은 형들을 돌려보내면서 그들에게 "당신들은 길에서 다투지 말라" 고 당부했습니다. 이 말은 자신을 노예로 팔았던 과거의 일들을 가지고 새삼스럽게 잘잘못을 따지지 말라는 것입니다.

사람들은 나쁜 일이 생기면 서로 안했다고 하고, 좋은 일이 생기면 서로 자기가 했다고 하는 경향이 있습니다. 요셉은 형들이 서로 책임을 회피하며 싸울 것을 염려해서 다투지 말라고 당부한 것입니다.

25, 26절 그들이 애굽에서 올라와 가나안 땅으로 들어가서 아버지 야곱에게 이르러 알리어 이르되 요셉이 지금까지 살아 있어

애굽 땅 총리가 되었더이다 야곱이 그들의 말을 믿지 못하여 어리둥절 하더니

요셉의 형들은 수레와 선물들을 가지고 가나안 땅에 있는 집으로 무사히 돌아왔습니다. 그들은 아버지에게 "요셉이 지금까지 살아 있어 애굽 땅 총리가 되었더이다"라고 말씀드렸습니다. 그러나 아버지 야곱은 아들들이 자기를 속인다고 생각하여 마음이 아득한 채 기절할 지경이었습니다.

인간으로서 도저히 상상할 수 없는 일이 생길 때 사람들은 그것을 믿지 않으려고 합니다. 야곱은 22년 전에 피투성이가 된 요셉의 채색옷을 보고 요셉이 죽었다고 생각하고 있었으므로, 요셉이 살아 있을 뿐 아니라 애굽의 국무총리가 되어 있다는 말을 도무지 믿을 수 없었습니다.

27절 그들이 또 요셉이 자기들에게 부탁한 모든 말로 그에게 말하매 그들의 아버지 야곱은 요셉이 자기를 태우려고 보낸 수레를 보고서야 기운이 소생한지라

야곱은 아들들이 요셉이 당부한 대로 애굽에서 보고 겪었던 일들을 소상히 설명하는 것을 듣고 요셉이 보낸 수레를 보고야 비로소 아들들의 말을 믿게 되었습니다. 아들들의 말을 믿지 않고 순간적으로 맥이 풀렸던 야곱은 죽은 줄로만 알았던 요셉이 살아 있다는 사실에 기운을 되찾았습니다. 그리고 이제 다시 요셉을 볼 수 있다는 기대와 기쁨에 마음이 들떠서 애굽으로 서둘러 떠나기로 작정했습니다.

28절 이스라엘이 이르되 족하도다 내 아들 요셉이 지금까지 살아 있

으니 내가 죽기 전에 가서 그를 보리라 하니라

요셉이 살아있다는 사실은 지난 2년간 죽음과도 같이 깊은 슬픔에 잠겨 있던 야곱에게 형언할 수 없을 만큼 큰 기쁨을 안겨 주었습니다.

그런데 여기에 보면 야곱의 이름이 이스라엘로 나타나 있습니다. 이스라엘이란 이름은 야곱이 얍복 강 나루터에서 하나님의 사자와 씨름하고 환도뼈가 어그러지고 자아가 깨어져, 주님께 전적으로 자신을 내어 맡겼을 때 하나님께서 바꿔 주신 이름입니다.

이스라엘은 '하나님과 겨루어 이긴 자' 라는 의미를 가진 이름입니다. 본절에서 야곱 대신 이스라엘로 표기된 것은 그가 이제는 더 이상 슬픔에 잠겨 사는 인생의 패배자가 아니요, 승리자가 되었음을 의미합니다.

하나님께서는 인간이 상상할 수 없는 기적을 행하십니다. 인간의 슬픔과 절망조차 하나님께서 역사하시면 영광으로 변화될 수 있습니다. 하나님은 어제나 오늘이나 영원히 살아 계셔서 역사하시는 분이십니다. 아브라함의 하나님, 이삭의 하나님, 야곱의 하나님은 죽은 자의 하나님이 아니라 산 자의 하나님이십니다. 그러므로 우리는 야곱이 체험한 것같이 신앙생활 가운데 다가오는 우리의 모든 슬픔과 괴로움과 고통을 결국에는 하나님께서 기쁨과 영광으로 변화시켜 주신다는 것을 확실히 믿을 수 있는 것입니다.

제 46 장

야곱 가족의 애굽 이주

야곱 가족의 애굽 이주 46:1~7

애굽으로 내려간 야곱 가족의 명단 46:8~27

야곱과 요셉의 만남 46:28~34

A COMMENTARY ON THE
GENESIS

야곱은 요셉이 있는 애굽으로 이주할 것을 결정하고 모든 소유를 이끌고 출발했습니다. 그러나 야곱은 애굽으로 가는 것이 과연 하나님의 뜻인지 아닌지를 알 수 없었습니다. 그래서 야곱은 브엘세바에 이르러 하나님께 제사를 드리고 하나님의 뜻을 확인했습니다.

하나님께서는 야곱의 애굽 이주가 하나님의 뜻임을 밝혀 주셨습니다. 이에 야곱은 70명의 가솔들을 이끌고 애굽 땅 고센에 당도하여 꿈에도 그리던 아들 요셉과 감격적인 해후를 하였습니다. 야곱의 애굽 이주는 일찍이 하나님께서 아브라함에게 하셨던 '횃불 언약'(창 13:15~17)의 성취인 동시에 장차 가나안 땅으로 돌아오게 될 출애굽 사건의 시작이기도 합니다.

이와 같이 본장에서는 야곱 일가의 애굽 이주를 통하여 하나님의 놀라운 계획이 시작됨과 더불어 하나님은 반드시 약속을 지키시는 분임을 보여 주고 있습니다.

1. 야곱 가족의 애굽 이주(46:1~7)

1. 이스라엘이 모든 소유를 이끌고 떠나 브엘세바에 이르러 그의 아
버지 이삭의 하나님께 희생제사를 드리니 2. 그 밤에 하나님이 이상
중에 이스라엘에게 나타나 이르시되 야곱아 야곱아 하시는지라 야
곱이 이르되 내가 여기 있나이다 하매 3. 하나님이 이르시되 나는
하나님이라 네 아버지의 하나님이니 애굽으로 내려가기를 두려워하
지 말라 내가 거기서 너로 큰 민족을 이루게 하리라 4. 내가 너와 함
께 애굽으로 내려가겠고 반드시 너를 인도하여 다시 올라올 것이며
요셉이 그의 손으로 네 눈을 감기리라 하셨더라 5. 야곱이 브엘세바
에서 떠날새 이스라엘의 아들들이 바로가 그를 태우려고 보낸 수레
에 자기들의 아버지 야곱과 자기들의 처자들을 태우고 6. 그들의 가
축과 가나안 땅에서 얻은 재물을 이끌었으며 야곱과 그의 자손들이
다함께 애굽으로 갔더라 7. 이와 같이 야곱이 그 아들들과 손자들과
딸들과 손녀들 곧 그의 모든 자손을 데리고 애굽으로 갔더라

1절 이스라엘이 모든 소유를 이끌고 떠나 브엘세바에 이르러 그의 아버지 이삭의 하나님께 희생제사를 드리니

이스라엘이 모든 소유를 이끌고 떠나 브엘세바에 이르러 그 아비 이삭의 하나님께 희생제사를 드렸습니다. 하나님께 희생제사를 드렸다는 것은 감사의 제사로서 예배를 드렸다는 것입니다. 이스라엘은 막상 애굽으로의 이주를 단행했지만 그것이 하나님의 뜻인지는 몰랐습니다. 그렇게 때문에 도중에 브엘세바에 이르러 제단을 쌓고 하나님의 뜻을 물은 것입니다.

과거에 야곱은 자기의 뜻을 이루기 위해 속임수를 써서 형의 장자 명분도 빼앗고, 형이 받을 장자의 축복도 빼앗는 등 자기 뜻에 따라 살았습니다. 그러나 얍복 나루터에서 깨어진 이후로 변화되어 이스라엘이 된 후로는 더 이상 자신의 뜻이 아닌 하나님의 뜻에 따라 살았습니다.

우리도 매일매일 살아갈 때 자기의 뜻대로 결정하면 야곱이 됩니다. 그러나 하나님의 뜻대로 결정하면 이스라엘이 되는 것입니다. 세상 사람들은 어떤 일을 결정할 때 자신과 세상을 바라보고 결정합니다. 우리 예수님을 믿는 사람들은 자신이나 세상을 바라보지 말고 오직 하나님을 바라보고 모든 문제를 결정해야 합니다. '하나님이여, 하나님의 기쁘신 뜻이 어디에 있습니까? 하나님의 뜻을 받들겠습니다.' 이렇게 해야 하는 것입니다.

이스라엘은 자기가 가장 사랑하는 아들 요셉이 애굽의 국무총리가 되어 자기를 초청했으니 육정을 생각하면 만사를 제쳐놓고 단숨에 뛰어내려가서 만나 보고 싶었으나 그렇게 하지 않았습니다. 죽은 줄 알았던 아들이 살아서 총리가 되었다고 하니 이런 영광스러운 일이 어디에 있겠습

니까? 그러나 이스라엘은 자신의 감정에 따라 행동하지 않고 하나님의 뜻을 구했습니다.

오늘날 우리도 이와 같이 매사에 하나님의 뜻을 구하고 그 뜻에 따라 살아가야 합니다. 예수님께서 우리의 희생이 되었기 때문에 중대한 문제가 있으면 예수님의 십자가 앞에 나아가서 예수님 이름으로 하나님의 뜻을 구해야 합니다. 그리고 하나님의 뜻을 확실히 알게 되기까지 끈질기게 간구해야 합니다. 그렇게 할 때 하나님께서 우리에게 하나님의 뜻을 계시해 주시고 우리가 그 뜻을 좇아 올바른 길을 가도록 도와주시는 것입니다.

2절 그 밤에 하나님이 이상 중에 이스라엘에게 나타나 이르시되 야곱아 야곱아 하시는지라 야곱이 이르되 내가 여기 있나이다 하매

이스라엘은 하나님께 제사를 드린 후 하나님의 응답을 기다렸습니다. 그러던 중 날이 저물고 밤에 되었으나 이스라엘은 포기하지 않았습니다. 이러한 이스라엘에게 밤에 하나님께서 이상 중에 나타나셨습니다. '밤에 이상 중에 나타났다.' 는 것은 꿈에 나타났다는 말입니다. 하나님께서 이스라엘의 꿈속에 나타나셔서 그를 부르셨습니다. 이에 이스라엘은 즉시 "내가 여기 있나이다" 라고 대답했습니다.

구약 시대에 보면 하나님께서 대개 꿈에 계시하시거나, 또는 실제로 천사를 보내서 메시지를 전하시는 예가 많습니다. 그때뿐 아니라 오늘날도 하나님께서 우리에게 꿈을 통해 계시해 주는 경우가 많습니다.

3절 하나님이 이르시되 나는 하나님이라 네 아버지의 하나님이니 애굽으로 내려가기를 두려워하지 말라 내가 거기서 너로 큰 민족을 이루게 하리라

하나님께서는 이스라엘에게 애굽으로 내려가라고 말씀하셨습니다. 그러므로 이스라엘은 더 이상 애굽으로 내려가는 것을 두려워할 필요가 없게 되었습니다. 그리고 하나님께서는 "내가 거기서 너로 큰 민족을 이루게 하리라"고 말씀하셨습니다.

우리는 무슨 일을 하든지 먼저 하나님의 뜻을 분명히 알아보고, 그 일이 하나님의 뜻에 맞을 경우에 그 일을 해야 합니다. 하나님의 뜻을 알고 일을 하면 믿음으로 일할 수 있지만, 그렇지 않으면 믿음으로 일하지 못하게 됩니다. 옛날 야곱의 조부 아브라함은 하나님의 뜻을 묻지 않고 자신의 뜻대로 아내와 조카를 데리고 애굽으로 내려갔다가 아내를 바로에게 시집보내는 비극을 맞았습니다. 이것은 하나님께서 가라고 하지 않았는데 자기 마음대로 갔기 때문에 그렇게 된 것입니다.

이러므로 우리는 범사에 하나님의 뜻을 확실히 알고 그 뜻대로 실천하는 삶을 살아야 할 것입니다.

4절 내가 너와 함께 애굽으로 내려가겠고 반드시 너를 인도하여 다시 올라올 것이며 요셉이 그의 손으로 네 눈을 감기리라 하셨더라

또한 하나님께서는 이스라엘에게 "내가 너와 함께 애굽으로 내려가겠다."고 하셨습니다. 이것은 하나님께서 이스라엘과 함께하시겠다는 말씀입니다. 우리가 하나님의 일을 하면 하나님께서 함께해 주십니다. 그

러나 우리가 우리 마음대로 일을 하면 하나님께서 함께하시지 않습니다. 그렇기 때문에 무슨 일을 하든지, 곧 작은 일이든지 큰일이든지 하나님께 기도하여 하나님의 뜻을 깨닫고 일을 수행하면 하나님께서 함께하시기 때문에 일이 잘 이루어집니다.

국민일보를 보십시오. 제가 처음에 신문사를 설립하여 일간지를 발행하겠다고 했을 때 많은 사람들이 반대했습니다. 반대하는 사람들이 얼마나 많았던지 제 마음이 심히 아프고 괴로웠습니다. 그러나 기도 중에 하나님께서 분명히 제게 일간지를 시작하라고 하셨습니다. "너는 일간지를 시작하라. 복음 실은 일간지를 시작하라." 많은 반대를 무릅쓰고 하나님께서 제게 말씀하신 대로 했더니 하나님께서 같이 해 주셔서 단기간 내에 신문사가 서게 되었고, 도저히 상상할 수 없는 빠른 속도로 신문을 창간할 수 있었습니다.

국민일보는 이제 복음을 사회 속에 전하는 교계의 대변지로서 활약하고 있습니다. 앞으로도 복음 실은 국민일보는 한국 1천 2백만 기독교인의 자랑이 되고 우리 조국과 민족을 올바르게 이끌어가는 큰 등대로서 사명을 다할 것입니다.

우리가 하나님의 뜻을 분명히 알고 일을 행하게 되면 하나님께서 함께해 주시기 때문에 두려울 이유가 없는 것입니다. 눈에는 아무 증거 안 보이고 귀에는 아무 소리 안 들리고 손에는 잡히는 것 없어도 하나도 두렵지 않습니다. 천지를 지으신 하나님께서 함께하시기 때문입니다. 이러므로 성경은 "만일 하나님이 우리를 위하시면 누가 우리를 대적하리요"(롬 8:31)라고 말씀하고 있습니다.

하나님께서는 이스라엘에게 "반드시 너를 인도하여 다시 올라올 것이며 요셉이 그의 손으로 네 눈을 감기리라"고 약속하셨습니다. 하나님의 이 예언대로 훗날 이스라엘은 요셉이 지켜보는 가운데 숨을 거두었고(창 49:33~50:3), 그의 유골은 가나안 땅 마므레 앞 막벨라 밭 굴에 장사되었습니다(창 50:13). 그리고 그의 후손인 온 이스라엘 백성들은 약 400년 후 하나님의 인도하심을 받고 출애굽하여 가나안 땅으로 무사히 돌아왔습니다.

5-7절 야곱이 브엘세바에서 떠날새 이스라엘의 아들들이 바로가 그를 태우려고 보낸 수레에 자기들의 아버지 야곱과 자기들의 처자들을 태우고 그들의 가축과 가나안 땅에서 얻은 재물을 이끌었으며 야곱과 그의 자손들이 다함께 애굽으로 갔더라 이와 같이 야곱이 그 아들들과 손자들과 딸들과 손녀들 곧 그의 모든 자손을 데리고 애굽으로 갔더라

이스라엘은 하나님의 뜻을 분명히 알고 약속까지 받았으므로 애굽으로 내려가는 것을 더 이상 망설일 이유가 없었습니다. 이스라엘은 자부들과 손자들과 함께 요셉이 보낸 수레를 타고 온 가족과 소유물을 이끌고 애굽으로 내려갔습니다.

2. 애굽으로 내려간 야곱 가족의 명단

(46:8~27)

8. 애굽으로 내려간 이스라엘 가족의 이름은 이러하니라 야곱과 그
의 아들들 곧 야곱의 맏아들 르우벤과 9. 르우벤의 아들 하녹과 발
루와 헤스론과 갈미요 10. 시므온의 아들은 여무엘과 야민과 오핫과
야긴과 스할과 가나안 여인의 아들 사울이요 11. 레위의 아들은 게
르손과 그핫과 므라리요 12. 유다의 아들 곧 엘과 오난과 셀라와 베
레스와 세라니 엘과 오난은 가나안 땅에서 죽었고 베레스의 아들은
헤스론과 하물이요 13. 잇사갈의 아들은 돌라와 부와와 욥과 시므
론이요 14. 스불론의 아들은 세렛과 엘론과 얄르엘이니 15. 이들은
레아가 밧단아람에서 야곱에게 난 자손들이라 그 딸 디나를 합하여
남자와 여자가 삼십삼 명이며 16. 갓의 아들은 시뵨과 학기와 수니
와 에스본과 에리와 아로디와 아렐리요 17. 아셀의 아들은 임나와
이스와와 이스위와 브리아와 그들의 누이 세라며 또 브리아의 아들
은 헤벨과 말기엘이니 18. 이들은 라반이 그의 딸 레아에게 준 실바
가 야곱에게 낳은 자손들이니 모두 십육 명이라 19. 야곱의 아내 라
헬의 아들 곧 요셉과 베냐민이요 20. 애굽 땅에서 온의 제사장 보디
베라의 딸 아스낫이 요셉에게 낳은 므낫세와 에브라임이요 21. 베냐
민의 아들 곧 벨라와 베겔과 아스벨과 게라와 나아만과 에히와 로스
와 뭅빔과 훕빔과 아릇이니 22. 이들은 라헬이 야곱에게 낳은 자손
들이니 모두 십사 명이요 23. 단의 아들 후심이요 24. 납달리의 아
들 곧 야스엘과 구니와 예셀과 실렘이라 25. 이들은 라반이 그의 딸
라헬에게 준 빌하가 야곱에게 낳은 자손들이니 모두 칠 명이라 26.

야곱과 함께 애굽에 들어간 자는 야곱의 며느리들 외에 육십육 명이니 이는 다 야곱의 몸에서 태어난 자이며 27. 애굽에서 요셉이 낳은 아들은 두 명이니 야곱의 집 사람으로 애굽에 이른 자가 모두 칠십 명이었더라

8, 9절 애굽으로 내려간 이스라엘 가족의 이름은 이러하니라 야곱과 그의 아들들 곧 야곱의 맏아들 르우벤과 르우벤의 아들 하녹과 발루와 헤스론과 갈미요

요셉의 초청을 받아 애굽으로 내려간 야곱 가족의 명단이 나와 있습니다. 이 명단은 야곱의 네 아내를 따라 모계별로 구분되어 기록된 것이며, 단순한 한 가족의 명단이 아니라 이스라엘 12지파의 근간이 되는 야곱의 열두 아들들의 명단입니다. 야곱의 맏아들 르우벤은 네 명의 아들을 두었습니다. 장자 하녹은 '바쳐진' 이라는 뜻을 지니고 있는데, 하녹은 하녹 집안의 선조가 되었습니다. 발루는 '탁월함' , 헤스론은 '둘러싼, 울타리' , 갈미는 '포도 재배자' 란 의미를 갖고 있으며 이들 역시 각각 그 집안의 선조가 되었습니다(민 26:5,6)

10, 11절 시므온의 아들은 여무엘과 야민과 오핫과 야긴과 스할과 가나안 여인의 아들 사울이요 레위의 아들은 게르손과 그핫과 므라리요

시므온의 아들들은 여무엘과 야민과 오핫과 야긴과 스할과 사울입니다. 여무엘은 '전능자의 날' , 야민은 '오른손' , 오핫은 '같이 합함' , 야긴은 '그가 세우신다' , 스할은 '증언' , 가나안 여인의 소생 사울은 '질문

함' 이라는 의미를 지니고 있습니다. 이들도 르우벤의 아들들과 마찬가지고 각각 그 가족의 시조가 되었습니다(민 26:12,13).

이스라엘이 애굽으로 내려갈 때 동행한 레위의 아들들은 게르손과 그핫과 므라리입니다. 게르손은 '추방', 그핫은 '회중', 므라리는 '쓴 맛, 가혹함, 불행함' 이란 뜻이 있습니다.

레위의 맏아들 게르손의 가족들은 출애굽 시대에 성막과 장막과 그 덮개와 회막 문장과 뜰의 휘장과 성막과 단 사면에 있는 뜰의 문장과 그 모든 것에 쓰는 줄들을 맡아 관리하는 일을 책임졌습니다(민 3:25,26, 4:24~28).

그핫은 고핫이라고도 불리는데, 그의 가족들은 성막의 비품을 보호했으며, 성막이 이동할 때에는 성물들을 옮기는 일을 맡았습니다.(민 4:1~20). 그리고 그핫의 집안에서는 제사장 집안을 이룬 아론과 애굽의 압제로부터 이스라엘 민족을 구원하여 가나안 땅으로 인도한 민족 지도자 모세를 배출하기도 했습니다(출 6:18~20).

므라리 가족들은 출애굽 시대에 성막의 널판과 그 띠와 그 기둥과 그 받침과 그 말뚝과 그 줄들을 맡아 관리하는 일을 했습니다(민 3:36,37, 4:29~33). 그리고 므라리 가족들은 훗날 예루살렘으로 장막을 옮기는 일에 참여했으며(대상 15:6), 장막 예배시에 음악을 담당했습니다(대상 6:44~47, 15:16,17).

12절 유다의 아들 곧 엘과 오난과 셀라와 베레스와 세라니 엘과 오난은 가나안 땅에서 죽었고 베레스의 아들은 헤스론과 하물이요

레아가 낳은 이스라엘의 넷째 아들 유다는 다섯 명의 아들을 두었습니

다. 그 중 유다가 가나안 출신의 아내를 통해 얻은 아들은 엘과 오난과 셀라입니다. 그런데 엘과 오난은 야훼 보시기에 악하였으므로 가나안 땅에서 죽음을 당했습니다(창 38:7~10).

베레스와 세라는 유다와 그의 며느리 다말 사이에서 태어난 쌍둥이입니다. 이들은 며느리 다말이 가계의 혈통을 잇고자 그 시부인 유다를 속이고 그로 말미암아 낳은 자손들입니다.

베레스는 두 아들 헤스론과 하물을 두었습니다. 그리고 이 베레스의 가문에서 훗날 유대 최고의 통치자인 다윗 왕과 만왕의 왕이신 메시야가 탄생하였습니다. 이와 같이 예수님의 가계를 통해 흠많고 부끄러운 죄된 인간을 구원하시려고 육체로 오신 그리스도의 완전하신 구원의 은혜가 더욱 선명하게 드러나고 있습니다.

13-15절 **잇사갈의 아들은 돌라와 부와와 욥과 시므론이요 스불론의 아들은 세렛과 엘론과 얄르엘이니 이들은 레아가 밧단아람에서 야곱에게 난 자손들이라 그 딸 디나를 합하여 남자와 여자가 삼십삼 명이며**

이스라엘의 다섯째 아들인 잇사갈은 네 명의 아들 곧 돌라와 부아와 욥과 시므론을 두었습니다.

그리고 이스라엘의 여섯째 아들인 스불론에게는 세 명의 아들 곧 세렛과 엘론과 얄르엘이 있었습니다.

이상에 열거된 이름들은 레아가 낳은 아들들과 그 자손들의 이름입니다. 야곱과 레아 사이에서 태어난 여섯 아들과 그들이 낳은 손자 스물 셋과 그 증손자들과 야곱의 딸 디나를 합한 수는 모두 33명이었습니다.

16-18절 갓의 아들은 시뵨과 학기와 수니와 에스본과 에리와 아로디와 아렐리요 아셀의 아들은 임나와 이스와와 이스위와 브리아와 그들의 누이 세라며 또 브리아의 아들은 헤벨과 말기엘이니 이들은 라반이 그의 딸 레아에게 준 실바가 야곱에게 낳은 자손들이니 모두 십육 명이라

이스라엘이 레아를 통해 얻은 자손들의 명단에 이어 레아의 몸종 실바를 통해 낳은 자손들의 이름이 열거되어 있습니다. 실바는 갓과 아셀을 낳았으며, 갓은 장자 시뵨을 비롯하여 학기와 수니와 에스본과 에리와 아로디와 아렐리라는 일곱 명의 아들을 두었습니다.

그리고 아셀은 네명의 아들과 딸 하나를 두었습니다. 그 중 이스와와 이스위는 쌍둥이 형제인 것으로 추정됩니다. 갓의 아들 브리아는 두 아들 헤벨과 말기엘을 두었습니다.

이와 같이 야곱과 실바 사이의 자손의 수는 모두 16명이었습니다.

19-22절 야곱의 아내 라헬의 아들 곧 요셉과 베냐민이요 애굽 땅에서 온의 제사장 보디베라의 딸 아스낫이 요셉에게 낳은 므낫세와 에브라임이요 베냐민의 아들 곧 벨라와 베겔과 아스벨과 게라와 나아만과 에히와 로스와 뭅빔과 훕빔과 아릇이니 이들은 라헬이 야곱에게 낳은 자손들이니 모두 십사 명이요

야곱이 가장 사랑했던 아내 라헬은 요셉과 베냐민을 낳았습니다. 야곱의 총애를 독차지했던 요셉은 애굽 온 제사장 보디베라의 딸 아스낫과 결혼해서 두 아들 므낫세와 에브라임을 낳았습니다.

그리고 야곱의 막내 아들인 베냐민은 벨라와 베겔과 아스벨과 게라와

나아만과 에히와 로스와 뭅빔과 훕빔과 아릇 열 형제를 슬하에 두었습니다.

이상과 같이 야곱과 라헬 사이의 자손은 모두 14명이었습니다.

23-25절 단의 아들 후심이요 납달리의 아들 곧 야스엘과 구니와 예셀과 실렘이라 이들은 라반이 그의 딸 라헬에게 준 빌하가 야곱에게 낳은 자손들이니 모두 칠 명이라

라헬이 야곱에게 첩으로 준 빌하는 단과 납달리 두 아들을 낳았습니다. 단은 슬하에 후심을 두었고, 납달리는 야스엘과 구니와 예셀과 실렘을 두었습니다.

야곱과 빌하 사이의 자손은 모두 7명이었습니다.

26, 27절 야곱과 함께 애굽에 들어간 자는 야곱의 며느리들 외에 육십육 명이니 이는 다 야곱의 몸에서 태어난 자이며 애굽에서 요셉이 낳은 아들은 두 명이니 야곱의 집 사람으로 애굽에 이른 자가 모두 칠십 명이었더라

야곱과 함께 애굽에 이른 사람은 모두 70명이었습니다. 그런데 이때로부터 약 400년이 지나서 애굽을 떠나올 때 20세 이상의 장정만 60만 명이 훨씬 넘는 수로 증가해 있었습니다(민 1:46). 따라서 여자들과 어린 아이들까지 합하면 수백만 명이 되었을 것입니다.

애굽으로 갈 때에는 70명이었던 야곱의 자손이 약 400년에 걸쳐 수만 배로 증가된 것은 하나님의 약속(창 46:3)의 성취였습니다. 아브라함과 이삭과 야곱에게 자손 번성의 약속을 해주신 하나님의 섭리와 요셉의 긍정

적인 신앙이 한데 어우러져서 야곱의 가족들을 기근으로부터 구원하고, 급기야는 이와 같은 복이 현실로 나타나게 된 것입니다.

3. 야곱과 요셉의 만남(46:28~34)

28. 야곱이 유다를 요셉에게 미리 보내어 자기를 고센으로 인도하게
하고 다 고센 땅에 이르니 29. 요셉이 그의 수레를 갖추고 고센으로
올라가서 그의 아버지 이스라엘을 맞으며 그에게 보이고 그의 목을
어긋맞춰 안고 얼마 동안 울매 30. 이스라엘이 요셉에게 이르되 네
가 지금까지 살아 있고 내가 네 얼굴을 보았으니 지금 죽어도 족하도
다 31. 요셉이 그의 형들과 아버지의 가족에게 이르되 내가 올라가
서 바로에게 아뢰어 이르기를 가나안 땅에 있던 내 형들과 내 아버지
의 가족이 내게로 왔는데 32. 그들은 목자들이라 목축하는 사람들
이므로 그들의 양과 소와 모든 소유를 이끌고 왔나이다 하리니 33.
바로가 당신들을 불러서 너희의 직업이 무엇이냐 묻거든 34. 당신
들은 이르기를 주의 종들은 어렸을 때부터 지금까지 목축하는 자들
이온데 우리와 우리 선조가 다 그러하니이다 하소서 애굽 사람은 다
목축을 가증히 여기나니 당신들이 고센 땅에 살게 되리이다

28절 야곱이 유다를 요셉에게 미리 보내어 자기를 고센으로 인도하게 하고 다 고센 땅에 이르니

야곱은 유다를 미리 요셉에게 보내어 자기를 고센 땅으로 인도하게 하였습니다.

유다는 두 번째 곡물을 구입할 때 아버지를 설득하여 베냐민을 동행하게 하였고, 베냐민이 은잔 도둑으로 몰렸을 때 요셉에게 베냐민 대신 자신이 종이 될 터이니 베냐민을 돌려보내 달라고 간절히 호소했습니다. 야곱은 이러한 유다를 신뢰하고 있었기 때문에 그를 대표로 보낸 것입니다.

29, 30절 요셉이 그의 수레를 갖추고 고센으로 올라가서 그의 아버지 이스라엘을 맞으며 그에게 보이고 그의 목을 어긋맞춰 안고 얼마 동안 울매 이스라엘이 요셉에게 이르되 네가 지금까지 살아 있고 내가 네 얼굴을 보았으니 지금 죽어도 족하도다

마침내 이스라엘과 요셉은 고센 땅에서 상봉했습니다. 실로 20여 년 만에 만난 부자는 감격과 기쁨을 억누를 수가 없어서 얼싸안고 목놓아 울었습니다.

이스라엘은 요셉을 보는 순간 죽은 아들이 살아 돌아온 것 같아서 이제는 죽어도 한이 없을 것 같았습니다.

자식 덕으로 큰 영화를 누리려는 목적으로 자식을 기르는 부모는 없습니다. 부모는 그저 자식이 몸 건강하고 잘 살아 있으면 그것으로 만족합니다. 그것은 부모가 위대해서 그런 것이 아니라 자기가 부모에게 받았던 대로 부모로서 자식에게 주는 천륜인 것입니다. 그것은 내리사랑입니다.

자식은 부모가 아무리 은혜를 베풀어도 별로 고맙게 생각하지 않고 당

연해합니다. 그리고 나중에 부모가 세상을 떠난 후에야 부모에게 잘 해 드리지 못한 것이 자꾸 생각나서 후회합니다. 그러나 부모는 자식이 건강하고 잘되면 좋아하고 그렇게 되도록 자신을 희생하는 것입니다.

이스라엘의 심정이 그와 같았습니다. "네가 지금까지 살아 있고 내가 네 얼굴을 보았으니 지금 죽어도 여한이 없다." 이스라엘은 20여 년 동안 자식을 잃고 눈물로 세월을 지내다가 그 자식을 실제 눈으로 보았으니, 그것 이상 더 바랄 것이 없었을 것입니다. 이것이 부모의 사랑입니다. 이와 같은 부모의 사랑은 우리를 향한 하나님의 사랑에 버금가는 것입니다.

우리를 지으신 하나님께서는 우리를 너무너무 사랑하시기 때문에 그 독생자를 보내서 십자가에 못박혀 죽게 하심으로 우리의 죄를 다 갚게 하셨는데, 이것은 얼마나 큰 희생인지 모릅니다. 이것은 사람의 머리로는 계산이 안 됩니다. 그 아들을 보내어서 우리를 대신해서 십자가의 희생의 제물이 되게 하신 것은 하나님만이 하실 수 있는 최대의 희생인 것입니다.

31-34절 요셉이 그의 형들과 아버지의 가족에게 이르되 내가 올라가서 바로에게 아뢰어 이르기를 가나안 땅에 있던 내 형들과 내 아버지의 가족이 내게로 왔는데 그들은 목자들이라 목축하는 사람들이므로 그들의 양과 소와 모든 소유를 이끌고 왔나이다 하리니 바로가 당신들을 불러서 너희의 직업이 무엇이냐 묻거든 당신들은 이르기를 주의 종들은 어렸을 때부터 지금까지 목축하는 자들이온데 우리와 우리 선조가 다 그러하니이다

하소서 애굽 사람은 다 목축을 가증히 여기나니 당신들이 고센 땅에 살게 되리이다

애굽 사람들은 일찍이 나일 강을 중심으로 농사를 짓고 사는 민족이었으며, 목축을 하는 사람을 매우 천하게 여겼습니다. 우리나라에서도 옛날에 짐승을 잡는 사람을 백정이라고 해서 가장 천시했습니다.

요셉은 "애굽에서는 목축하는 사람을 가장 천하게 여기고 서로 교제를 하지 않는다."고 형들과 아버지 야곱의 권속들에게 가르쳐 주었습니다. 그리고 바로가 직업이 무엇이냐고 묻거든 목축을 한다고 대답하라고 당부했습니다. 그러면 고센 땅에 살게 될 것이라고 했습니다. 고센 땅은 농경지로서는 적합하지 못한 곳이었지만, 풀이 많아 목축하기에 안성맞춤인 곳이었습니다. 또한 야곱의 가족들이 고센 땅에 살게 된다면 애굽 사람들과 구별되어 살게 되는 것이었습니다.

이와 같이 요셉은 야곱의 가족들이 애굽 사람들과 섞여 살지 않게 했는데 그것이 큰 유익이 되었습니다. 왜냐하면 애굽 사람들과 섞여 살았으면 애굽 사람과 서로 통혼을 해서 피가 섞여서 이스라엘 민족이 혈통의 순수성을 잃게 되었을 것입니다. 그러나 고센 땅에서 이스라엘 사람들은 애굽 사람에게 천대를 받으면서 동족끼리 결혼함으로써 혈통의 순수성을 지킬 수 있었던 것입니다.

그것은 모두 하나님의 섭리였습니다. 하나님께서는 야곱의 자손들을 애굽 사람들과 분리되어 살게 하여 그들이 야훼 신앙을 잃지 않고 순수한 혈통을 유지할 수 있게 역사하신 것입니다.

제 47 장

야곱 가족의 애굽 정착과 **요셉의 기근 정책**

야곱 가족의 바로 알현 47:1~12

심화되는 기근과 요셉의 치세 47:13~19

요셉의 새로운 토지 정책 47:20~26

야곱의 유언적 당부 47:27~31

A COMMENTARY ON THE
GENESIS

애굽에 당도한 야곱 일가는 바로와 면담하고 바로의 배려로 고센 땅에 정착하여 살게 되었습니다. 이것은 일찍이 하나님께서 아브라함에게 하신 예언(창 15:13-16)이 성취되고 있음을 보여주고 있습니다.

한편 기근은 더욱 심해져서 식물이 없음으로 인하여 백성들의 고통은 극에 달했습니다. 이때 요셉은 지혜로운 양곡 정책을 실시함으로써 애굽을 부강하게 하고, 왕권을 강화하며, 새로운 토지법과 조세제도를 확립했습니다.

그 후 세월이 더 흘러 야곱이 애굽에 거주한 지도 17년이 되었습니다. 야곱은 죽임이 임박했음을 예감하고 요셉을 불러 자신이 죽으면 가나안 땅의 조상의 선영에 묻어 달라고 당부했습니다.

1. 야곱 가족의 바로 알현(47:1~12)

1. 요셉이 바로에게 가서 고하여 이르되 내 아버지와 내 형들과 그들
의 양과 소와 모든 소유가 가나안 땅에서 와서 고센 땅에 있나이다
하고 2. 그의 형들 중 다섯 명을 택하여 바로에게 보이니 3. 바로가
요셉의 형들에게 묻되 너희 생업이 무엇이냐 그들이 바로에게 대답
하되 종들은 목자이온데 우리와 선조가 다 그러하니이다 하고 4. 그
들이 또 바로에게 고하되 가나안 땅에 기근이 심하여 종들의 양 떼를
칠 곳이 없기로 종들이 이 곳에 거류하고자 왔사오니 원하건대 종들
로 고센 땅에 살게 하소서 5. 바로가 요셉에게 말하여 이르되 네 아
버지와 형들이 네게 왔은즉 6. 애굽 땅이 네 앞에 있으니 땅의 좋은
곳에 네 아버지와 네 형들이 거주하게 하되 그들이 고센 땅에 거주하
고 그들 중에 능력 있는 자가 있거든 그들로 내 가축을 관리하게 하
라 7. 요셉이 자기 아버지 야곱을 인도하여 바로 앞에 서게 하니 야
곱이 바로에게 축복하매 8. 바로가 야곱에게 묻되 네 나이가 얼마냐
9. 야곱이 바로에게 아뢰되 내 나그네 길의 세월이 백삼십 년이니이
다 내 나이가 얼마 못 되니 우리 조상의 나그네 길의 연조에 미치지

못하나 험악한 세월을 보내었나이다 하고 10. 야곱이 바로에게 축복 하고 그 앞에서 나오니라 11. 요셉이 바로의 명령대로 그의 아버지와 그의 형들에게 거주할 곳을 주되 애굽의 좋은 땅 라암셋을 그들에게 주어 소유로 삼게 하고 12. 또 그의 아버지와 그의 형들과 그의 아버지의 온 집에 그 식구를 따라 먹을 것을 주어 봉양하였더라

1절 요셉이 바로에게 가서 고하여 이르되 내 아버지와 내 형들과 그들의 양과 소와 모든 소유가 가나안 땅에서 와서 고센 땅에 있나이다 하고

요셉은 자기의 아버지와 형제들이 소유를 이끌고 애굽에 와서 고센 땅에 머물고 있다는 사실을 바로에게 보고했습니다. 요셉은 국무총리로서, 자기 마음대로 정책을 결정하고 나라를 다스리는 것이 아니라 바로의 뜻을 받들어서 그것을 시행하여야 하므로 모든 일들을 바로에게 보고하고 바로의 지시를 받아야 했기 때문에 자기 가족들의 일도 보고한 것입니다.

우리도 마찬가지입니다. 우리의 임금은 우리 주 예수님이십니다. 우리는 이 땅에 사는 요셉과 같은 총리요, 우리의 집, 사업체, 자녀들 그리고 우리 자신의 생명도 우리 마음대로 할 수가 없습니다. 우리는 예수님께 다 아뢰고 예수님의 지시를 받아서 행하며, 자녀들의 양육과 생활 및 사업 등 모든 일을 주의 뜻대로 행해야 하는 사람들인 것입니다. 그러므로 우리가 꼭 알아야 될 것은 우리는 우리 중심으로 사는 것이 아니라 예수님 중심으로 살아야 한다는 것입니다.

오늘날 많은 사람들이 하나님께 징계를 받는 이유는 자기가 왕이 아니

라는 사실을 잊고 자꾸 왕 노릇을 하며 자기 마음대로 인생을 살아가려고 하기 때문입니다. 그러므로 하나님께서 채찍을 가해서 "임금도 아닌 주제에 네가 왜 자꾸 왕 노릇하려고 하느냐? 너는 임금이 아니라 임금 되시는 예수님 밑에서 일하는 청지기다. 청지기면 청지기 노릇을 해야지, 청지기가 주인 노릇을 하면 되겠느냐?" 고 깨우쳐 주시는 것입니다. 우리는 청지기라는 사실을 추호도 잊어서는 안 됩니다.

우리는 청지기입니다. 청지기에게는 주인의 것을 잘 감독하고 돌볼 책임이 있습니다. 시간도 주인의 것이요, 물질도 주인의 것이요, 몸도 주인의 것이요, 사는 것도 주인의 것입니다. 주인이 시키는 대로 하면 주인은 기뻐하며 청지기에게 시간과 물질과 건강을 주시고 행복한 삶도 주는 것입니다. 그러나 주인에게 거역한다면 주인이 즐겁게 돌보아 줄 리가 만무한 것입니다. 이러므로 우리는 우리의 직분을 잘 지켜서 우리의 주인이신 하나님께 사랑받는 청지기가 되어야지 자신의 본분을 잊고 잘못하여 하나님께 미움받고 징계받는 어리석은 자가 되어서는 안 됩니다.

요셉은 바로의 사랑과 신임을 받았습니다. 요셉이 국무총리로서 바로를 착실히 섬겼기 때문에 바로는 요셉을 신뢰하고 사랑하며 요셉을 위해서 무엇이든지 해주고 싶었습니다. 그러던 참에 요셉의 아버지와 형제들이 기근을 피해서 애굽에 살러 왔다는 보고를 받고 바로는 매우 기쁘게 생각했습니다.

2-4절 그의 형들 중 다섯 명을 택하여 바로에게 보이니 바로가 요셉의 형들에게 묻되 너희 생업이 무엇이냐 그들이 바로에게 대답하되 종들은 목자이온데 우리와 선조가 다 그러하니이다 하고 그들

이 또 바로에게 고하되 가나안 땅에 기근이 심하여 종들의 양 떼를 칠 곳이 없기로 종들이 이 곳에 거류하고자 왔사오니 원하건대 종들로 고센 땅에 살게 하소서

요셉은 형들 중 다섯 명을 택하여 바로에게 데리고 갔습니다. 바로는 요셉에게 그의 형들을 소개받고 그들에게 "너희 생업이 무엇이냐" 고 물었습니다. 이에 요셉의 형들은 선조 때부터 대대로 목축을 한다고 대답했습니다. 그리고 가나안 땅에 기근이 심하여 목축을 할 수 없어서 애굽에 잠시 머물기 위해 왔으니 고센 땅에서 살게 해달라고 요청했습니다.

이와 같이 요셉의 형들은 요셉이 가르쳐 준 대로 바로에게 대답했습니다.

5, 6절 바로가 요셉에게 말하여 이르되 네 아버지와 형들이 네게 왔은즉 애굽 땅이 네 앞에 있으니 땅의 좋은 곳에 네 아버지와 네 형들이 거주하게 하되 그들이 고센 땅에 거주하고 그들 중에 능력 있는 자가 있거든 그들로 내 가축을 관리하게 하라

바로는 요셉의 형들의 요청을 쾌히 승낙하고 야곱의 가족을 고센 땅에서 살게 했습니다. 뿐만 아니라 그들에게 왕실의 가축을 돌보는 특권도 주었습니다. 이러므로 야곱의 가족들은 원했던 대로 고센 땅 넓은 목초지에서 목축을 하며 살게 되었습니다. 야곱의 가족들의 애굽 이주 사건은 하나님의 예언의 성취인 동시에 우리 그리스도인들의 삶을 시사해 주는 상징적인 사건이기도 합니다.

가나안 땅이 천국의 상징이라면 애굽은 세상의 상징이고, 요셉은 우리 주 예수 그리스도의 상징입니다. 그리고 야곱의 가족들이 거주지로 삼았

던 고센 땅은 예수 그리스도의 십자가 밑에 있는 우리의 안식처를 상징합니다. 야곱의 가족들이 애굽으로 이주했듯이 오늘날 우리는 세상에서 살고 있습니다.

또 요셉의 공로로 인해 그들이 고센 땅에서 편하게 살게 된 것처럼 우리도 우리 주 예수님께서 천신만고를 겪고 십자가에서 몸 찢기고 피 흘려 죽으셨다가 부활하신 공로로 인해 우리의 고센 땅 십자가 밑에서 평안을 누리며 살게 된 것입니다. 그곳은 죄 사함이 있고, 성령이 충만히 임하여 역사하며, 병 고침이 있고, 아브라함의 복이 있고, 영생이 있는 오중 복음과 삼중 구원의 복이 넘쳐 나는 땅입니다.

오늘날 예수님을 믿는 사람은 고센 땅에 살아야 합니다. 이 세상에 살면서도 세상과 구별된 삶을 살아야 합니다. 우리는 세상에 살면서 예수님께서 십자가 밑에 마련해 놓은 고센 땅에서 하나님의 말씀을 따라서 믿음으로 살아야 합니다. 그리고 이스라엘 자손들이 하나님께서 작정하신 대로 정해진 기간이 끝난 후 하나님의 인도하심을 받아 애굽을 떠나 가나안 땅으로 귀환했듯이, 우리 그리스도인들도 이 세상에서의 유한한 삶이 끝나면 영원한 천국에 들어가서 살게 되는 것입니다.

7절 요셉이 자기 아버지 야곱을 인도하여 바로 앞에 서게 하니 야곱이 바로에게 축복하매

요셉은 형들 중에서 다섯 명을 대표로 세워서 바로와 면담하게 하여 고센 땅에서 사는 것을 허락받고 난 후, 야곱을 바로에게 인도하여 친교를 나누게 했습니다.

야곱은 바로 앞에 나와서 바로를 축복했습니다. 야곱은 바로의 신세를 지러 온 이방의 객(客)이 되었지만, 하나님의 선지자 자격으로 바로에게 축복한 것입니다. 야곱이 바로에게 축복한 것은 일찍이 하나님께서 아브라함과 맺으셨던 계약(창 12:3)에 근거한 것이었습니다.

아브라함으로부터 시작하여 족장 시대에 족장들이 했던 축복은 오늘날 우리 그리스도인들이 행할 의무이자 권리가 되었습니다. 세상 사람들이 우리를 대수롭지 않게 볼지라도 우리는, 하늘과 땅을 지으신 전능하신 창조주요, 만복의 근원이신 하나님의 자녀들입니다. 그러므로 우리는 하나님의 복이 임하도록 축복할 수 있는 권세를 가진 자들인 것입니다.

그렇기 때문에 우리 그리스도인들이 하나님 앞에서 나라와 민족을 위해서 기도하고, 대통령과 사회 각계의 지도자들을 위해 기도하고, 우리의 이웃들을 위해서 기도하면 절대 주권자이신 하나님께서 우리의 기도를 들으시고 복을 내려 주시는 것입니다.

8-10절 바로가 야곱에게 묻되 네 나이가 얼마냐 야곱이 바로에게 아뢰되 내 나그네 길의 세월이 백삼십 년이니이다 내 나이가 얼마 못 되니 우리 조상의 나그네 길의 연조에 미치지 못하나 험악한 세월을 보내었나이다 하고 야곱이 바로에게 축복하고 그 앞에서 나오니라

바로가 야곱의 나이를 묻자 야곱은 "내 나그네 길의 세월이 백삼십 년이니이다" 라고 대답했습니다. 야곱은 인생이 나그네 길이라는 것을 알았습니다.

우리는 이 땅에 있을 곳이 없는 나그네 길을 가는 것입니다. 70년 혹은 80년 동안 이 땅에서 행인과 나그네같이 살다가 하나님께서 오라고 하시

는 날 떠나가는 것입니다.

이 세상에는 영원히 안주할 곳이 없습니다. 오직 하나님 나라에만 영원한 우리의 집이 있습니다. 성경은 "만일 땅에 있는 우리의 장막 집이 무너지면 하나님께서 지으신 집 곧 손으로 지은 것이 아니요 하늘에 있는 영원한 집이 우리에게 있는 줄 아느니라"(고후 5:1)라고 기록하고 있습니다. 아브라함이나 이삭이나 야곱이 평생토록 천막을 치고 살면서 유랑 생활을 했듯이, 우리의 인생은 이 세상에서 나그네 길을 걷다가 육신의 삶이 다하면 그때는 주님께서 마련해 놓으신 우리의 영원한 집에서 살게 되는 것입니다.

우리는 이 땅에 마음의 집을 짓지 말아야 합니다. 이 땅에 돈의 집, 지위의 집, 명예의 집, 권세의 집을 짓는 일에 마음을 빼앗겨 천국 가는 길을 잊어버리면 안 됩니다. 우리는 항상 마음에 천막집을 짓고 살다가 언제 하나님께서 오라 하더라도 조금도 미련없이 떠나갈 수 있는 사람이 되어야 합니다.

우리는 이 세상의 모든 것을 소유하되 그 어떤 것에도 미련을 두어서는 안 됩니다. 남편에게도, 아내에게도, 자식에게도 미련을 두지 마십시오. 같이 살면서 서로의 사랑과 의무는 다하되 미련을 두거나 얽매여서는 안 됩니다. 우리는 행인과 나그네의 삶을 살 뿐이므로 항상 우리의 고향이 천국을 바라보고, 그곳을 향해서 마음을 준비하고 하루하루를 살되 최선을 다해서 살아야 하는 것입니다.

야곱은 "내 나이가 얼마 못 되니 우리 조상의 나그네 길의 연조에 미치지 못하나 험악한 세월을 보내었나이다"라고 말했습니다. 이미 나이가 130세나 된 야곱이 이와 같이 말한 것은 그가 그의 조상들에 비해 짧게 살았지만 그 동안 대단히 많은 고난을 겪었기 때문입니다.

야곱은 그의 고백대로 인생을 사는 동안에 참으로 험악한 일을 많이 보았습니다. 형의 보복을 피해 외삼촌 집으로 도망가기도 하고, 외삼촌 집에서 무려 20년 동안 머슴살이를 하며 고생을 하고, 가정적으로도 네 명의 아내와 함께 살자니 집안이 평안할 날이 없어 괴로움이 많았고, 귀향 길에도 계속 목숨을 위협 받았습니다.

그리고 가나안 땅에 정착한 후에는 딸이 이방인에게 폭행당하고, 이로 인해 아들들은 잔인한 복수극을 펼쳐 마치 살얼음판을 딛는 듯한 나날을 보내기도 했으며, 자기의 아내를 맏아들이 범하는 비극적인 일도 당했습니다. 뿐만 아니라 가장 총애하던 아들 요셉을 잃은 후에는 삶의 의욕을 잃을 정도로 극심한 마음 고생을 했습니다.

오늘날 우리도 정도의 차이는 있지만 모두 크고 작은 고통을 당하며 험한 세월을 보내고 있습니다. 그러나 이 험한 세월 가운데서도 우리 그리스도인들은 하나님의 도움을 늘 받으면서 살고, 인생의 파도를 넘어서 나중에 하나님 나라에 있는 영원한 집에 안식할 수 있다는 것을 믿기 때문에 소망이 넘치는 것입니다. 이 세상은 어느 곳에 가도 험한 세월을 살게 되지만, 예수님 믿고 하나님 품에 안기면 진정한 평안을 얻을 수 있습니다.

11, 12절 요셉이 바로의 명령대로 그의 아버지와 그의 형들에게 거주할 곳을 주되 애굽의 좋은 땅 라암셋을 그들에게 주어 소유로 삼게 하고 또 그의 아버지와 그의 형들과 그의 아버지의 온 집에 그 식구를 따라 먹을 것을 주어 봉양하였더라

요셉은 바로의 명대로 아버지 야곱과 형들에게 라암셋을 거주지로 주었습니다. '라암셋' 은 고센 지방의 성읍 이름입니다. 야곱의 가족들은 바로의 배려로 라암셋을 기업으로 삼고 살게 되었습니다.

그리고 요셉은 정성껏 아버지와 형제들을 돌보았습니다. 요셉은 그들에게 식구 수를 따라 먹을 것을 주어 봉양하였습니다.

2. 심화되는 기근과 요셉의 치세(47:13~19)

**13. 기근이 더욱 심하여 사방에 먹을 것이 없고 애굽 땅과 가나안 땅
이 기근으로 황폐하니 14. 요셉이 곡식을 팔아 애굽 땅과 가나안 땅
에 있는 돈을 모두 거두어들이고 그 돈을 바로의 궁으로 가져가니
15. 애굽 땅과 가나안 땅에 돈이 떨어진지라 애굽 백성이 다 요셉에
게 와서 이르되 돈이 떨어졌사오니 우리에게 먹을 거리를 주소서 어
찌 주 앞에서 죽으리이까 16. 요셉이 이르되 너희의 가축을 내라 돈
이 떨어졌은즉 내가 너희의 가축과 바꾸어 주리라 17. 그들이 그들
의 가축을 요셉에게 끌어오는지라 요셉이 그 말과 양 떼와 소 떼와
나귀를 받고 그들에게 먹을 것을 주되 곧 그 모든 가축과 바꾸어서
그 해 동안에 먹을 것을 그들에게 주니라 18. 그 해가 다 가고 새 해
가 되매 무리가 요셉에게 와서 그에게 말하되 우리가 주께 숨기지 아
니하나이다 우리의 돈이 다하였고 우리의 가축 떼가 주께로 돌아갔
사오니 주께 낼 것이 아무것도 남지 아니하고 우리의 몸과 토지뿐이
라 19. 우리가 어찌 우리의 토지와 함께 주의 목전에 죽으리이까 우**

리 몸과 우리 토지를 먹을 것을 주고 사소서 우리가 토지와 함께 바로의 종이 되리니 우리에게 종자를 주시면 우리가 살고 죽지 아니하며 토지도 황폐하게 되지 아니하리이다

13절 기근이 더욱 심하여 사방에 먹을 것이 없고 애굽 땅과 가나안 땅이 기근으로 황폐하니

기근이 더욱 심해져서 식량이 떨어지고 굶주리게 되자 사람들은 살아가기가 무척 힘들게 되었습니다. 그러나 고센 땅에 사는 야곱의 가족들은 요셉이 식물을 주어 봉양함으로 기근의 고통을 면했습니다. 하나님께서 요셉을 통해 야곱의 가족들을 기근의 고난에서 구원하신 것입니다.

이와 같이 하나님께서는 주의 백성들을 위해서 구원의 길을 예비하십니다. 그러므로 우리는 어떤 고난 중에 있을지라도 '예비하시는 하나님'을 믿고 순종해야 합니다. 그렇게 할 때 성령께서 우리를 하나님께서 예비하신 곳으로 이끌어 가십니다.

요셉이 애굽에 종으로 팔려간 것이 이런 큰 기근과 환난이 다가올 때 그 모든 가족들이 살아날 수 있게 하려는 하나님의 섭리라는 것을 당시에는 아무도 알지 못했습니다. 오늘날 우리도 여러 가지 시험과 환난이 다가오면 '왜 내게 이런 일이 일어나는가?' 라고 불평하고 낙심하고 절망하기 쉽습니다.

그러나 그럴 때일수록 우리는 현실만 보고 낙심할 것이 아니라 현재의 여러 가지 고통 뒤에 하나님의 큰 복이 예비되어 있음을 알아야 됩니다. 예비하시는 좋으신 하나님을 전적으로 믿고 따라가면 현재의 고통은 삽시간에 사라지고, 그 뒤에 감추어져 있던 하나님의 복이 다가오게 되는

것입니다.

14절 요셉이 곡식을 팔아 애굽 땅과 가나안 땅에 있는 돈을 모두 거두어들이고 그 돈을 바로의 궁으로 가져가니

요셉이 기근이 시작되기 전 7년간 계속된 풍작 때 사서 비축해 두었던 식량은 기근으로 고통받는 백성들에게 긴요하게 쓰였습니다. 요셉은 극심한 기근으로 인해 살 길이 막연해진 백성들에게 그 곡식을 돈을 받고 팔았습니다. 그리고 요셉은 그 돈을 전부 바로의 국고에 넣어, 날이 갈수록 국고에 돈이 쌓여 갔습니다. 요셉 한 사람으로 인해 애굽 온 백성이 다 살고 나라가 부강하게 된 것입니다.

이처럼 이 세상에서 지혜로운 사람을 만나는 것은 매우 중요한 것입니다. 지혜로운 사람을 만나는 것보다 큰 복은 없습니다. 성경은 "차라리 새끼 빼앗긴 암곰을 만날지언정 미련한 일을 행하는 미련한 자를 만나지 말 것이니라"(잠 17:12)고 기록하고 있습니다.

지혜로운 사람을 만나야지 미련한 사람을 만나면 참으로 난처한 지경에 빠지게 될 수 있습니다. 지혜로운 남편을 얻은 아내의 얼굴은 언제 보아도 태양같이 빛이 납니다. 지혜로운 아내를 얻은 남편의 마음속에는 기쁨이 언제나 샘솟습니다. 그리고 지혜로운 자식은 부모의 면류관입니다.

바로는 지혜로운 요셉을 얻음으로 온 국민을 기근에서 구하고 나라를 부강하게 하고 왕권을 강화시킬 수 있었습니다.

15-17절 애굽 땅과 가나안 땅에 돈이 떨어진지라 애굽 백성이 다 요

셉에게 와서 이르되 돈이 떨어졌사오니 우리에게 먹을 거리를 주소서 어찌 주 앞에서 죽으리이까 요셉이 이르되 너희의 가축을 내라 돈이 떨어졌은즉 내가 너희의 가축과 바꾸어 주리라 그들이 그들의 가축을 요셉에게 끌어오는지라 요셉이 그 말과 양 떼와 소 떼와 나귀를 받고 그들에게 먹을 것을 주되 곧 그 모든 가축과 바꾸어서 그 해 동안에 먹을 것을 그들에게 주니라

애굽과 가나안 당에 돈이 다 떨어질 때까지도 기근은 여전히 계속되었습니다. 돈이 다 떨어진 애굽 백성들이 요셉에게 식량을 달라고 간청하자, 요셉은 그들의 짐승을 가져오라고 하였습니다. 그리고 요셉은 그들에게 짐승과 곡식을 바꾸어 주었습니다. 그들은 식량난으로 짐승을 더 이상 기를 수 없었습니다.

요셉이 백성들에게 곡식을 무상으로 내어 주지 않은 것은 백성들이 남만 의지하고 나태하게 되어 사회 질서가 깨어지게 될 것을 우려했기 때문입니다.

18, 19절 그 해가 다 가고 새 해가 되매 무리가 요셉에게 와서 그에게 말하되 우리가 주께 숨기지 아니하나이다 우리의 돈이 다하였고 우리의 가축 떼가 주께로 돌아갔사오니 주께 낼 것이 아무것도 남지 아니하고 우리의 몸과 토지뿐이라 우리가 어찌 우리의 토지와 함께 주의 목전에 죽으리이까 우리 몸과 우리 토지를 먹을 것을 주고 사소서 우리가 토지와 함께 바로의 종이 되리니 우리에게 종자를 주시면 우리가 살고 죽지 아니하며 토지도 황폐하게 되지 아니하리이다

그 해가 지나고 새해가 되었지만 기근은 여전했습니다. 목숨을 연명하기 위해서 돈과 짐승 떼를 모두 곡식과 바꾸어 먹은 애굽 백성들에게 이제 남은 것이라고는 그들의 몸과 토지뿐이었습니다.

그들은 달리 곡식을 구할 방도가 없으므로 급기야 곡식을 얻는 대신 땅과 자기 자신을 나라에 제공하겠다고 했습니다. 사람들이 마지막 남은 자신의 몸과 토지마저 상품으로 내어놓고 식량을 구해야 할 정도로 기근은 극심했던 것입니다.

사람이 사는 데 있어서 기본적으로 해결되어야 하는 것은 의식주 문제이며, 그 중에서도 가장 먼저 해결되어야 할 문제는 식생활입니다. 지금 우리나라에는 절대빈곤, 즉 밥이 없어서 못 먹고 굶어죽는 사람은 거의 없습니다. 요즘은 식량 걱정이 없어지니까 더 잘 살지 못한다고 해서 말들이 많지만, 이것은 호사스러운 외침인 것입니다. 오늘날도 아시아와 아프리카 곳곳에서는 전쟁과 기근으로 인해 수많은 사람들이 굶어 죽어 가고 있습니다. 이것을 생각할 때 우리는 식량난 같은 문제 없이 살 수 있는 것을 정말 감사하게 생각해야 합니다.

요셉이 7년이나 계속되는 기근 속에서도 모든 백성에게 공급할 수 있을 만큼 식량을 넉넉히 비축했던 것은 그를 통해 위기를 대비하게 하신 하나님의 섭리였습니다.

3. 요셉의 새로운 토지 정책(47:20~26)

20. 그러므로 요셉이 애굽의 모든 토지를 다 사서 바로에게 바치니
애굽의 모든 사람들이 기근에 시달려 각기 토지를 팔았음이라 땅이
바로의 소유가 되니라 21. 요셉이 애굽 땅 이 끝에서 저 끝까지의 백
성을 성읍들에 옮겼으나 22. 제사장들의 토지는 사지 아니하였으니
제사장들은 바로에게서 녹을 받음이라 바로가 주는 녹을 먹으므로
그들이 토지를 팔지 않음이었더라 23. 요셉이 백성에게 이르되 오늘
내가 바로를 위하여 너희 몸과 너희 토지를 샀노라 여기 종자가 있으
니 너희는 그 땅에 뿌리라 24. 추수의 오분의 일을 바로에게 상납하
고 오분의 사는 너희가 가져서 토지의 종자로도 삼고 너희의 양식으
로도 삼고 너희 가족과 어린 아이의 양식으로도 삼으라 25. 그들이
이르되 주께서 우리를 살리셨사오니 우리가 주께 은혜를 입고 바로
의 종이 되겠나이다 26. 요셉이 애굽 토지법을 세우매 그 오분의 일
이 바로에게 상납되나 제사장의 토지는 바로의 소유가 되지 아니하
여 오늘날까지 이르니라

20절 그러므로 요셉이 애굽의 모든 토지를 다 사서 바로에게 바치니 애굽의 모든 사람들이 기근에 시달려 각기 토지를 팔았음이라 땅이 바로의 소유가 되니라

돈도 모두 국고로 들어가고 짐승도 모두 바로의 소유가 되고, 마침내 땅도 모두 국유지가 되고 백성들도 모두 소작인이 되어 바야흐로 바로는

더할 수 없이 막강한 왕권을 갖게 되었습니다. 그 당시는 전제 군주 시대였으므로 왕에게 통치권이 있었는데, 이제 애굽 왕 바로는 모든 것을 다 소유했으므로 강력한 절대 군주가 된 것입니다. 그래서 애굽은 막강한 군주 국가로서 세력을 확장하고, 조세 제도를 개혁하여 원활한 통치 기반을 조성하게 되었습니다.

21, 22절 요셉이 애굽 땅 이 끝에서 저 끝까지의 백성을 성읍들에 옮겼으나 제사장들의 토지는 사지 아니하였으니 제사장들은 바로에게서 녹을 받음이라 바로가 주는 녹을 먹으므로 그들이 토지를 팔지 않음이었더라

요셉은 곡식을 원활히 공급하기 위해 백성들을 이주시켰습니다. 이에 애굽 전역에서는 전국적으로 백성들이 곡식 창고가 있는 성읍들로 이주해 가는 일이 벌어졌습니다.

그러나 제사장들은 바로에게 직접 녹을 받기 때문에 곡식을 사 먹을 필요가 없었으므로 그들의 땅을 팔지 않았고 이주할 이유도 없었습니다. 당시 애굽의 제사장들은 태양신을 섬기는 종교 지도자들로서 바로를 위해서 기도해 주는 일을 했습니다.

23-26절 요셉이 백성에게 이르되 오늘 내가 바로를 위하여 너희 몸과 너희 토지를 샀노라 여기 종자가 있으니 너희는 그 땅에 뿌리라 추수의 오분의 일을 바로에게 상납하고 오분의 사는 너희가 가져서 토지의 종자로도 삼고 너희의 양식으로도 삼고 너희 가족과 어린 아이의 양식으로도 삼으라 그들이 이르되

> 주께서 우리를 살리셨사오니 우리가 주께 은혜를 입고 바로의 종이 되겠나이다 요셉이 애굽 토지법을 세우매 그 오분의 일이 바로에게 상납되나 제사장의 토지는 바로의 소유가 되지 아니하여 오늘날까지 이르니라

극심했던 7년간의 흉년이 끝나가고 있었기 때문에, 요셉은 백성들에게 종자를 주어 농사를 짓게 하였습니다. 그리고 이제는 바로의 소작농이 된 백성들에게 토지법을 정해 주었습니다. 요셉은 백성들에게 소출의 오분의 일은 바로에게 지세로 바치고 오분의 사로 먹고 살게 했습니다.

이러한 애굽의 토지법에 비교하면 하나님께서는 우리에게 후히 대해 주시는 것입니다. 바로는 소출의 오분의 일을 거두어 갔지만, 우리 하나님께서는 우리에게 수입의 십분의 일만 바치라고 하셨습니다. 십일조는 정성만 있으면 다 할 수 있는 것입니다. 우리가 십일조 생활을 잘하면 하나님께서 넘치는 복을 주셔서 그로 말미암아 먹고 입고 사는 데 조금도 부족함이 없게 해주신다고 약속하셨습니다.

구약 성경 말라기에 보면 "만군의 야훼가 이르노라 너희의 온전한 십일조를 창고에 들여 나의 집에 양식이 있게 하고 그것으로 나를 시험하여 내가 하늘 문을 열고 너희에게 복을 쌓을 곳이 없도록 붓지 아니하나 보라" (말 3:10)고 했습니다. 이러므로 우리가 온전한 십일조 생활을 실천하면 하나님의 복이 임하는 것을 체험할 수 있게 되는 것입니다.

4. 야곱의 유언적 당부(47:27~31)

27. 이스라엘 족속이 애굽 고센 땅에 거주하며 거기서 생업을 얻어
생육하고 번성하였더라 28. 야곱이 애굽 땅에 십칠 년을 거주하였
으니 그의 나이가 백사십칠 세라 29. 이스라엘이 죽을 날이 가까우
매 그의 아들 요셉을 불러 그에게 이르되 이제 내가 네게 은혜를 입
었거든 청하노니 네 손을 내 허벅지 아래에 넣고 인애와 성실함으로
내게 행하여 애굽에 나를 장사하지 아니하도록 하라 30. 내가 조상
들과 함께 눕거든 너는 나를 애굽에서 메어다가 조상의 묘지에 장사
하라 요셉이 이르되 내가 아버지의 말씀대로 행하리이다 31. 야곱
이 또 이르되 내게 맹세하라 하매 그가 맹세하니 이스라엘이 침상 머
리에서 하나님께 경배하니라

27절 이스라엘 족속이 애굽 고센 땅에 거주하며 거기서 생업을 얻어 생육하고 번성하였더라

이스라엘 족속은 애굽의 고센 땅에 거하면서 생업을 얻고 생육하며 번성하였습니다. 이것은 아브라함과 이삭과 야곱에게 계승되어 온 하나님의 언약(창 12:2, 26:4, 28:3)의 성취요, 야곱이 애굽에 내려오기 전에 하나님께 받은 언약(창 46:3)이 이루어지고 있음을 보여 주는 것입니다.

오늘날도 하나님께서는 우리가 십자가 구속의 은혜 아래서 생육하고 번성하기를 원하십니다. 하나님의 백성들이 생육하지 못하고 번성하지

못했다면 오늘날 어떻게 기독교가 남아 있겠습니까? 오늘날 기독교 복음이 천하에 전파된 것은 하나님의 복을 받아 강대국이 된 나라와 민족을 통해서 복음이 전파되었기 때문입니다.

지금 하나님께서 우리나라에 복을 주시는 것도 같은 맥락입니다. 한국에 일천이백만 기독교 신자들이 있어서 하나님께 주야로 기도하고 하나님을 섬기므로, 하나님께서 이 성도들을 통해서 이 민족에게 복을 주시고, 이 복을 통해서 온 천하에 예수 그리스도의 복음을 전하게 하시려는 것입니다.

그러므로 우리가 하나님 편에서 볼 때 우리나라는 큰 소망이 있습니다. 하나님께서 손을 잡고 주장하고 계시기 때문에 기독교 전래 불과 2세기째 접어든 우리나라에 일천이백만이 넘는 기독교인이 생겨날 수 있었습니다.

성령으로 말미암지 않고는 그리스도를 주라 할 수 없다는 성경 말씀에 비추어 볼 때, 우리나라 국민 중 일천이백만 명이 예수 그리스도를 믿는 것은 성령의 역사에 의한 것임이 분명합니다. 이와 같이 성령의 역사가 강하게 일어나고 있는 이 나라를 하나님께서 버리실 리가 만무합니다. 일천이백만 성도들이 열심히 하나님을 믿고 전도하고 하나님께 부르짖어 기도하면, 하나님께서 이 민족을 번성케 하시고 이 민족을 통해서 세계 만민에게 그리스도의 복음을 전하도록 해주실 것입니다.

28-31절 야곱이 애굽 땅에 십칠 년을 거주하였으니 그의 나이가 백사십칠 세라 이스라엘이 죽을 날이 가까우매 그의 아들 요셉을 불러 그에게 이르되 이제 내가 네게 은혜를 입었거든 청하노니

네 손을 내 허벅지 아래에 넣고 인애와 성실함으로 내게 행하여 애굽에 나를 장사하지 아니하도록 하라 내가 조상들과 함께 눕거든 너는 나를 애굽에서 메어다가 조상의 묘지에 장사하라 요셉이 이르되 내가 아버지의 말씀대로 행하리이다 야곱이 또 이르되 내게 맹세하라 하매 그가 맹세하니 이스라엘이 침상 머리에서 하나님께 경배하니라

어느덧 야곱이 애굽으로 이주한 지도 어언 십칠 년이 되었습니다. 일백사십칠 세가 된 야곱은 자신이 죽을 때가 임박했음을 예감했습니다. 이에 야곱은 요셉을 불러 자기 환도뼈 밑에 손을 넣게 하여 맹세시켰습니다. 그 당시 이스라엘 사람들은 반드시 지켜야 하는 엄숙한 맹세를 할 때는 손을 환도뼈 밑에 넣고 맹세했습니다.

야곱은 요셉에게 자기가 죽거든 애굽에 묻지 말고 가나안 땅에 있는 선영에 묻어 달라고 했습니다. 아브라함과 그 아내 사라, 이삭과 그 아내 리브가가 묻혀 있는 가나안 땅 마므레 앞 막벨라 굴에 묻어 달라고 부탁한 것입니다.

사람은 자기가 태어나고 자란 고향을 일평생 잊지 못하여 죽을 때 그 고향에 묻히기를 원하는데 이는 본능입니다.

그러나 야곱이 요셉에게 선영에 묻어 달라고 부탁한 이유는 단순히 이러한 귀소 본능에 의한 것이 아니었습니다. 야곱은 하나님께서 약속하신 땅 가나안만이 이스라엘의 참된 기업이라는 것과 언젠가는 그의 후손들이 하나님의 약속대로 가나안으로 돌아가게 되리라는 것을 믿고 그 믿음에 근거하여 부탁했던 것입니다.

요셉이 그의 말대로 이행할 것을 맹세하자 야곱은 침상 머리에서 하나

님께 감사하며 경배했습니다. 우리 성도에게 있어서 최후의 행위는 우리를 지금껏 인도해 주셨고 그리고 우리의 본향인 영원한 하나님 나라로 인도해 주실 하나님을 경배하고 찬양하는 것이어야 합니다.

제 48 장

야곱에게 장자권을 받은 요셉

요셉의 두 아들을 양자 삼는 야곱	48:1~7
에브라임과 므낫세에 대한 야곱의 축복	48:8~22

A COMMENTARY ON THE
GENESIS

야곱은 문병 온 요셉에게 가나안 땅과 후손에 대한 하나님의 언약을 전수시켜 주고, 요셉의 두 아들 에브라임과 므낫세를 양자로 삼음으로써 실질적으로 요셉에게 두 배의 몫이 돌아가게 했습니다.

야곱은 요셉의 두 아들 에브라임과 므낫세를 축복하면서 둘째 아들인 에브라임이 맏아들인 므낫세보다 더 창성하게 될 것을 예언해 주었습니다.

야곱이 사회의 통념을 넘어서 아우인 에브라임을 형인 므낫세보다 더 축복한 것은 인간 이성의 합리성을 초월한 하나님의 주권적 섭리로 인한 것이었습니다.

요셉의 두 아들은 야곱의 양자가 됨으로써 구별되어 하나님께 바쳐진 레위 지파 대신 이스라엘 열두 지파에 가입됩니다.

1. 요셉의 두 아들을 양자 삼는 야곱(48:1~7)

1. 이 일 후에 어떤 사람이 요셉에게 말하기를 네 아버지가 병들었다
하므로 그가 곧 두 아들 므낫세와 에브라임과 함께 이르니 2. 어떤
사람이 야곱에게 말하되 네 아들 요셉이 네게 왔다 하매 이스라엘이
힘을 내어 침상에 앉아 3. 요셉에게 이르되 이전에 가나안 땅 루스
에서 전능하신 하나님이 내게 나타나사 복을 주시며 4. 내게 이르시
되 내가 너로 생육하고 번성하게 하여 네게서 많은 백성이 나게 하고
내가 이 땅을 네 후손에게 주어 영원한 소유가 되게 하리라 하셨느니
라 5. 내가 애굽으로 와서 네게 이르기 전에 애굽에서 네가 낳은 두
아들 에브라임과 므낫세는 내 것이라 르우벤과 시므온처럼 내 것이
될 것이요 6. 이들 후의 네 소생은 네 것이 될 것이며 그들의 유산은
그들의 형의 이름으로 함께 받으리라 7. 내게 대하여는 내가 이전에
밧단에서 올 때에 라헬이 나를 따르는 도중 가나안 땅에서 죽었는데
그 곳은 에브랏까지 길이 아직도 먼 곳이라 내가 거기서 그를 에브랏
길에 장사하였느니라 (에브랏은 곧 베들레헴이라)

1절 **이 일 후에 어떤 사람이 요셉에게 말하기를 네 아버지가 병들었다 하므로 그가 곧 두 아들 므낫세와 에브라임과 함께 이르니**

애굽 고센 땅에 거한 지 어언 17년이 흘러 나이 147세가 된 야곱은 노환이 들어 죽을 때가 가까웠습니다. 젊은이들은 병들어도 병을 쉽게 이길 수있지만 노인은 체력이 떨어지므로 병이 들면 회복되기가 어렵습니다.

요셉은 아버지 야곱이 병들었다는 소식을 듣고 자기의 두 아들 므낫세와 에브라임을 데리고 아버지의 병문안을 갔습니다.

2절 **어떤 사람이 야곱에게 말하되 네 아들 요셉이 네게 왔다 하매 이스라엘이 힘을 내어 침상에 앉아**

야곱은 라헬의 소생인 요셉을 특별히 사랑했습니다. 야곱은 아들들 중 유독 요셉에게만 값비싼 채색옷을 입히는 등 사랑을 쏟았었습니다. 이러한 야곱의 편애는 요셉이 형들의 시기를 받고 종으로 팔려 가게 되었던 원인이 되기도 했습니다. 노환으로 임종을 눈앞에 둔 야곱이었지만 아직도 요셉에 대한 그의 남다른 사랑은 여전했습니다.

야곱은 병들어서 기운이 쇠진해서 침상에 드러누워 일어나지도 못하고 있던 중에도 요셉이 왔다는 말을 듣자 힘을 내서 일어나 앉았습니다. 야곱은 사랑하는 아들 요셉이 병문안하러 왔다는 전갈을 듣고 얼마나 반갑고 기뻤던지 기운을 차리고 요셉을 맞을 준비를 했습니다.

성경은 "마음의 즐거움은 양약이라도 심령의 근심은 뼈를 마르게 하느니라"(잠 17:22)고 기록하고 있습니다. 마음이 즐거우면 보약을 먹는 것보다 더 좋습니다. 따라서 우리는 즐거움을 가지고 살아야 합니다. 마음이 즐거우면 삶의 의욕이 넘쳐나고 힘이 생깁니다. 그러나 마음에 슬픔이 가득 차면 의욕도 사라지고 기운이 빠져 버립니다.

그러므로 우리는 이 어렵고 험한 세월을 살아가면서 서로에게 기쁨을 주고 살아야 합니다. 남편은 아내를 기쁘게 해주고, 아내는 남편을 기쁘게 해주고, 부모는 자식을, 자식은 부모를 기쁘게 해주고, 이웃끼리 모여도 헐뜯는 이야기하지 말고 서로 기쁨을 나누는 것이 좋습니다.

성경에 "항상 기뻐하라"(살전 5:16)고 했습니다. 우리는 이러한 하나님의 뜻을 좇아 늘 기뻐하면서 살아야 하는데, 이를 위해서는 기도에 힘써서 성령 충만하여야 합니다. 아무리 어렵고 힘든 일을 당할 때에도 하나님을 의지하고 간구하면 문제가 해결되고, 성령께서 주시는 크나큰 기쁨과 평안을 누리게 되는 것입니다.

3, 4절 요셉에게 이르되 이전에 가나안 땅 루스에서 전능하신 하나님이 내게 나타나사 복을 주시며 내게 이르시되 내가 너로 생육하고 번성하게 하여 네게서 많은 백성이 나게 하고 내가 이 땅을 네 후손에게 주어 영원한 소유가 되게 하리라 하셨느니라

야곱은 요셉에게 젊은 시절에 형의 낯을 피해 외삼촌 라반의 집으로 도피하던 도중에 가나안 땅 루스에서 돌베개를 베고 자다가 꿈에 하나님을 만났던 이야기를 했습니다. 그것은 야곱이 아직 결혼도 하지 않았던 젊은 시절에 있었던 일인데, 이제 그의 나이 147세가 된 지금까지 야곱은 그 루스 땅에서 하나님께서 주셨던 복을 잊지 않았습니다.

야곱이 147세를 사는 동안에 험한 세월을 살고 쓰라린 경험을 많이 했음에도 불구하고 긍정적이고 적극적이고 창조적이고 생산적으로 인생

을 살 수 있었던 것은 하늘 문을 여시고 자기에게 복을 주시던 하나님의 음성이 늘 귀에 쟁쟁하여 그것이 신앙의 자원이 되었기 때문입니다.

눈에는 아무 증거 안 보이고 귀에는 아무 소리 안 들리고 손에는 잡히는 것 없고 앞길이 칠흑같이 어두울 때도 "네가 누운 이 땅과 이 모든 것을 너에게 주고, 너를 번창케 하고 복을 주겠다."는 하나님의 음성이 언제나 그의 마음속에 쟁쟁히 들려오고 있었던 것입니다.

우리가 일생을 긍정적으로 살려면 하나님께서 우리에게 주신 약속이 우리의 마음속에 확고하게 자리 잡고 있어야 합니다. 그것이 마음을 꽉 사로잡고 있으면 좋을 때뿐 아니라 어려울 때나 낙망할 때나 고통스러울 때에도 그것을 의지해서 긍정적이고 적극적이고 생산적이고 창조적인 사고를 하고, 환경을 지배하고 살 수 있습니다.

그러면 이처럼 우리의 마음을 사로잡을 하나님의 약속은 어떻게 얻을 수 있을까요? 그것은 믿음을 통해 하나님의 은혜로 얻을 수 있는 것입니다. 예수님을 믿는 사람은 회개하고 예수님을 구주로 믿게 된 그 시간부터 그리스도의 십자가의 언약을 받은 것입니다.

우리가 예수 그리스도를 믿은 것도 우리의 뜻에 의한 것이 아니라 하나님의 예정에 의한 것입니다. 성경은 "찬송하리로다 하나님 곧 우리 주 예수 그리스도의 아버지께서 그리스도 안에서 하늘에 속한 모든 신령한 복을 우리에게 주시되 곧 창세 전에 그리스도 안에서 우리를 택하사 우리로 사랑 안에서 그 앞에 거룩하고 흠이 없게 하시려고 그 기쁘신 뜻대로 우리를 예정하사 예수 그리스도로 말미암아 자기의 아들들이 되게 하셨으니 이는 그가 사랑하시는 자 안에서 우리에게 거저 주시는 바 그의 은혜의 영광을 찬송하게 하려는 것이라"(엡 1:3~6)고 했습니다.

영원 무궁 전에 하나님께서 예수 그리스도 안에서 우리를 이미 선택해 주셨기 때문에 우리가 예수 그리스도를 믿게 되었지 우리 의지로 믿은 것이 아닙니다. 하나님께서 작정하신 때에 우리를 예수 그리스도의 십자가를 통해서 불러 주신 것입니다.

우리는 회개하고 예수님을 구주로 믿는 순간, 루스 땅에서 야곱이 체험했던 것같이 하나님을 만나 복을 받는 놀라운 체험을 하게 됩니다.

루스 땅에서 야곱에게 복의 언약을 주신 하나님께서 우리에게는 십자가의 언약을 주셨습니다. 십자가의 언약은 곧 예수님의 십자가를 통한 오중복음과 삼중축복입니다. 이것이 우리의 마음과 생각을 점령하고 언제나 우리에게서 떠나지 않도록 해야 합니다. '환경이 아무리 험하고 누가 뭐라고 해도 나는 예수님의 십자가를 통하여 아브라함의 복을 받은 사람이다.' 라는 생각과 꿈과 환상이 우리의 마음속에 꽉 들어차 있어야 합니다.

야곱은 루스 땅에서 하나님께로부터 받은 복의 약속을 한평생 간직하고 살다가 임종시에 아들 요셉에게 그것을 전수했습니다. 우리도 예수님을 믿고 난 이후로 예수님의 십자가를 통한 오중복음과 삼중축복을 항상 간직하고 있어야 합니다.

저는 이 진리를 깨닫고 난 다음부터 한시도 이 진리를 잊었던 적이 없습니다. 자나 깨나, 앉으나 서나 '예수님의 십자가 공로로 인하여 오중복음과 삼중축복은 내 것이 되었다.' 고 늘 고백하며 그렇게 된 자신을 꿈꾸어 봅니다. 그런 꿈이 마음에 꽉 들어차 있으면 그 꿈은 믿음을 산출합니다. 믿음이 우리 자신을 점령하면 그 믿음이 그대로 이루어집니다. 내가 꿈을 만드는 것이 아니라 꿈이 나를 만들어 가는 것입니다.

그러므로 예수님을 믿는 사람은 십자가 밑에서 언제나 오중복음과 삼중축복을 늘 묵상하고 그것이 이루어진 것을 생각하고 내가 그렇게 된 것을 입으로 시인해야 합니다. 부정적인 말을 해서는 절대로 안 됩니다. 그렇기 때문에 성경은 "네 입의 말로 네가 얽혔으며 네 입의 말로 인하여 잡히게 되었느니라"(잠 6:2)고 했으며 "죽고 사는 것이 혀의 힘에 달렸나니 혀를 쓰기 좋아하는 자는 혀의 열매를 먹으리라"(잠 18:21)고 한 것입니다.

오늘날 우리가 인생을 살아가면서 슬픔을 당하고 낭패와 실망을 겪게 되는 것은 대부분 부정적인 생각과 말 때문이니 경우가 많습니다. 이러므로 우리 그리스도인들은 어찌하든지 부정적인 생각을 제거하고, 부정적인 말을 하지 말고 항상 긍정적이고 창조적이며 소망에 찬 생각을 품고, 그것을 시인하며 살아야 합니다. 그렇게 할 때 하나님의 기적적인 역사가 일어나기 시작합니다.

5, 6절 내가 애굽으로 와서 네게 이르기 전에 애굽에서 네가 낳은 두 아들 에브라임과 므낫세는 내 것이라 르우벤과 시므온처럼 내 것이 될 것이요 이들 후의 네 소생은 네 것이 될 것이며 그들의 유산은 그들의 형의 이름으로 함께 받으리라

야곱은 요셉이 애굽에서 낳은 두 아들 에브라임과 므낫세를 자기의 아들로 삼았습니다. 이로써 에브라임과 므낫세는 애굽 여인의 소생임에도 불구하고 야곱의 다른 아들들처럼 순수한 선민의 일원이요, 야곱의 아들로 대우받게 되었습니다. 그래서 에브라임과 므낫세는 이스라엘 열두 지파의 일원이 되었고, 그들의 자손들은 훗날 가나안 땅을 기업으로 나누

어 받는 복을 누렸습니다.

야곱은 요셉의 두 아들을 자신의 아들로 삼고, 그의 셋째 아들부터 요셉의 자식이 되며 그들은 따로 지파를 형성하지 못하고 형들의 지파에 소속될 것이라고 했습니다. 요셉의 두 아들이 각각 한 지파를 이루어 기업을 받게 됨으로 결국 요셉은 다른 형제들보다 갑절의 몫을 받은 셈인데, 이는 그에게 장자의 명분이 주어졌음을 암시합니다(대상 5:2).

7절 내게 대하여는 내가 이전에 밧단에서 올 때에 라헬이 나를 따르는 도중 가나안 땅에서 죽었는데 그 곳은 에브랏까지 길이 아직도 먼 곳이라 내가 거기서 그를 에브랏 길에 장사하였느니라(에브랏은 곧 베들레헴이라)

야곱은 요셉을 보면서 자신이 사랑했던 아내 라헬을 생각했습니다. 라헬은 야곱이 밧단아람에서 가나안으로 돌아올 때 노중에서 베냐민을 낳다가 죽었습니다. 이러한 라헬에 대한 이야기는 다른 사람에게는 아무 의미가 없는 것이지만, 요셉에게는 친어머니에 대한 이야기이므로 의미가 깊은 것이었습니다. 야곱은 요셉에게 "네 어머니가 가나안으로 오는 도중 네 동생을 낳다가 죽어서 에브랏 길가에 묻었다." 고 말했습니다.

이미 오래 전에 죽어서 장사된 라헬에 대해서 이야기하는 야곱의 말에서 그가 요셉의 두 아들을 자기의 아들로 삼은 이유를 엿볼 수 있습니다. 야곱이 애굽 여인의 소생인 요셉의 두 아들을 양자로 삼고 그들을 축복한 것을 라헬에 대한 사랑과 그녀가 낳은 아들 요셉에 대한 남다른 사랑으로 인한 것이었습니다.

2. 에브라임과 므낫세에 대한 야곱의 축복
(48:8~22)

8. 이스라엘이 요셉의 아들들을 보고 이르되 이들은 누구냐 9. 요셉
이 그의 아버지에게 아뢰되 이는 하나님이 여기서 내게 주신 아들들
이니이다 아버지가 이르되 그들을 데리고 내 앞으로 나아오라 내가
그들에게 축복하리라 10. 이스라엘의 눈이 나이로 말미암아 어두워
서 보지 못하더라 요셉이 두 아들을 이끌어 아버지 앞으로 나아가니
이스라엘이 그들에게 입맞추고 그들을 안고 11. 요셉에게 이르되 내
가 네 얼굴을 보리라고는 생각하지 못하였더니 하나님이 내게 네 자
손까지도 보게 하셨도다 12. 요셉이 아버지의 무릎 사이에서 두 아
들을 물러나게 하고 땅에 엎드려 절하고 13. 오른손으로는 에브라임
을 이스라엘의 왼손을 향하게 하고 왼손으로는 므낫세를 이스라엘의
오른손을 향하게 하여 이끌어 그에게 가까이 나아가매 14. 이스라엘
이 오른손을 펴서 차남 에브라임의 머리에 얹고 왼손을 펴서 므낫세
의 머리에 얹으니 므낫세는 장자라도 팔을 엇바꾸어 얹었더라 15.
그가 요셉을 위하여 축복하여 이르되 내 조부 아브라함과 아버지 이
삭이 섬기던 하나님, 나의 출생으로부터 지금까지 나를 기르신 하나
님, 16. 나를 모든 환난에서 건지신 여호와의 사자께서 이 아이들에게
복을 주시오며 이들로 내 이름과 내 조상 아브라함과 이삭의 이름으
로 칭하게 하시오며 이들이 세상에서 번식되게 하시기를 원하나이다
17. 요셉이 그 아버지가 오른손을 에브라임의 머리에 얹은 것을 보고
기뻐하지 아니하여 아버지의 손을 들어 에브라임의 머리에서 므낫세
의 머리로 옮기고자 하여 18. 그의 아버지에게 이르되 아버지여 그

리 마옵소서 이는 장자이니 오른손을 그의 머리에 얹으소서 하였으
나 19. 그의 아버지가 허락하지 아니하며 이르되 나도 안다 내 아들
아 나도 안다 그도 한 족속이 되며 그도 크게 되려니와 그의 아우가
그보다 큰 자가 되고 그의 자손이 여러 민족을 이루리라 하고 20. 그
날에 그들에게 축복하여 이르되 이스라엘이 너로 말미암아 축복하
기를 하나님이 네게 에브라임 같고 므낫세 같게 하시리라 하며 에브
라임을 므낫세보다 앞세웠더라 21. 이스라엘이 요셉에게 또 이르되
나는 죽으나 하나님이 너희와 함께 계시사 너희를 인도하여 너희 조
상의 땅으로 돌아가게 하시려니와 22. 내가 네게 네 형제보다 세겜
땅을 더 주었나니 이는 내가 내 칼과 활로 아모리 족속의 손에서 빼
앗은 것이니라

8, 9절 이스라엘이 요셉의 아들들을 보고 이르되 이들은 누구냐 요셉이 그의 아버지에게 아뢰되 이는 하나님이 여기서 내게 주신 아들들이니이다 아버지가 이르되 그들을 데리고 내 앞으로 나아오라 내가 그들에게 축복하리라

요셉이 두 아들 므낫세와 에브라임을 대동하고 왔지만 야곱은 그들을 알아보지 못하고 누구냐고 물었습니다.

요셉이 그의 두 아들을 소개하자 야곱은 그들을 축복하겠다고 했습니다. 야곱이 하려는 축복은 아브라함과 이삭에 의해 시행된 제사장적 권위를 가진 축복입니다. 야곱은 자신이 아버지 이삭으로부터 받았던 축복을 그의 후손에게 전승하려는 것입니다.

10, 11절 이스라엘의 눈이 나이로 말미암아 어두워서 보지 못하더라

요셉이 두 아들을 이끌어 아버지 앞으로 나아가니 이스라엘이 그들에게 입맞추고 그들을 안고 요셉에게 이르되 내가 네 얼굴을 보리라고는 생각하지 못하였더니 하나님이 내게 네 자손까지도 보게 하셨도다

야곱은 나이 많아 늙어서 눈이 어두워 보지 못했습니다. 요셉이 두 아들을 야곱에게 이끌어 나아가니 야곱은 감격하여 그들에게 입을 맞추고 그들을 안고 요셉에게 "내가 네 얼굴을 보리라고는 생각하지 못하였더니 하나님이 내게 네 자손까지도 보게 하셨도다"라고 말했습니다. 야곱은 요셉이 짐승에게 찢겨서 죽었다고 생각했었는데, 요셉이 이렇게 잘되고 손자들까지 보게 되니 그 기쁨과 감격을 말로 다 표현할 수 없었을 것입니다.

야곱은 지나간 일들을 회상하며 이 모든 일이 전능하신 하나님으로 말미암아 이루어진 것임을 감격적으로 고백했습니다.

12-14절 요셉이 아버지의 무릎 사이에서 두 아들을 물러나게 하고 땅에 엎드려 절하고 오른손으로는 에브라임을 이스라엘의 왼손을 향하게 하고 왼손으로는 므낫세를 이스라엘의 오른손을 향하게 하여 이끌어 그에게 가까이 나아가매 이스라엘이 오른손을 펴서 차남 에브라임의 머리에 얹고 왼손을 펴서 므낫세의 머리에 얹으니 므낫세는 장자라도 팔을 엇바꾸어 얹었더라

요셉은 아버지의 고백을 듣고 매우 감격해서 두 아들을 아버지에게서 물리고 난 다음 아버지에게 큰 절을 했습니다. 그리고 오른손으로는 차남 에브라임을, 왼손으로는 장남 므낫세를 잡고 아버지에게 이끌어 갔습

니다. 요셉이 이렇게 한 것은 맏아들인 므낫세가 야곱의 오른손의 축복을 받게 하기 위해서였습니다. 당시 유대의 풍습에 의하면 오른손은 하나님의 능력과 권능을 의미하는 것이므로 요셉은 의도적으로 므낫세를 야곱의 오른쪽으로 인도하여 오른손의 축복을 받게 하려고 했던 것입니다. 그러나 야곱은 요셉의 의도를 뒤엎고 팔을 엇바꾸어 오른손을 차남 에브라임의 머리에 얹고 왼손을 장남 므낫세의 머리에 얹었습니다.

하나님의 섭리는 참으로 희한합니다. 요셉은 맏아들이 둘째 아들보다 더 큰 축복을 받도록 자리를 정해 인도했지만 하나님께서 야곱에게 손을 엇바꾸어 얹게 하신 것입니다. 이와 같이 하나님께서는 절대 주권자로서 당신이 원하시는 대로 하십니다. 성경을 보면 하나님께서 맏아들이 아닌 둘째 아들을 택하여 쓰셨던 것을 자주 볼 수 있습니다. 하나님께서는 아담의 맏아들 가인을 기뻐하시지 않으시고 둘째 아들 아벨을 사랑하셨으며, 이삭의 아들 중에서 맏아들 에서는 버리시고 둘째 야곱을 택하셨고, 요셉의 아들들 가운데도 므낫세는 장자라도 왼손을 얹고 에브라임은 동생인데도 불구하고 오른손을 얹어 장자의 축복을 받게 하셨습니다.

하나님께서는 예정하시는 분이십니다. 하나님께서 벌써 만세 만대 전부터 예정하신 그 예정 안에서 우리에게 선택의 자유가 있습니다. 예를 들어 말하면, 우리가 이 시점에 한국 땅에 태어난 것은 하나님께서 예정하신 것입니다. 그러므로 우리가 마음대로 변경시킬 수가 없습니다. 그러나 우리가 서울에 살 것이냐, 부산에 살 것이냐 하는 것은 우리 스스로 선택할 수가 있습니다. 한정된 범위 안에서 우리가 자유를 누릴 수 있습니다. 연못 속의 물고기는 자기의 의지로 연못 밖으로 나갈 수 없습니다.

그러나 연못 안에서 왼쪽에서 헤엄칠 것이냐 오른쪽에서 헤엄칠 것이냐 하는 것은 자유입니다.

우리의 선택의 자유도 그런 것입니다. 하나님께서 정해 놓으신 테두리 안에서는 자유를 누리되 그 테두리 밖으로 나갈 수는 없습니다.

15, 16절 그가 요셉을 위하여 축복하여 이르되 내 조부 아브라함과 아버지 이삭이 섬기던 하나님, 나의 출생으로부터 지금까지 나를 기르신 하나님, 나를 모든 환난에서 건지신 야훼의 사자께서 이 아이들에게 복을 주시오며 이들로 내 이름과 내 조상 아브라함과 이삭의 이름으로 칭하게 하시오며 이들이 세상에서 번식되게 하시기를 원하나이다

야보은 요셉의 두 아들에게 손을 얹고 축복해 주었습니다.

"내 조부 아브라함과 아버지 이삭이 섬기던 하나님, 나의 출생으로부터 지금까지 나를 기르신 하나님, 나를 모든 환난에서 건지신 야훼의 사자" 여기에 보면 야곱이 처음으로 '하나님은 나를 기르시는 목자' 라고 말하고 있습니다. 훗날 다윗도 "야훼는 나의 목자시니 내게 부족함이 없으리로다"(시 23:1)고 했는데, 오늘날도 우리 하나님께서는 우리의 좋은 목자로서 우리를 기르십니다. 그리고 '나를 모든 환난에서 건지신 야훼의 사자' 를 언급하고 있는데, 구약 성경에 기록된 하나님의 사자는 대부분 성자 예수님을 뜻하는 것으로 해석합니다.

야곱은 요셉과 그의 두 아들에게 아브라함과 이삭과 야곱의 이름으로 칭함을 받게 하고 세상에서 번성케 해달라고 축복했습니다.

17-20절 요셉이 그 아버지가 오른손을 에브라임의 머리에 얹은 것을 보고 기뻐하지 아니하여 아버지의 손을 들어 에브라임의 머리에서 므낫세의 머리로 옮기고자 하여 그의 아버지에게 이르되 아버지여 그리 마옵소서 이는 장자이니 오른손을 그의 머리에 얹으소서 하였으나 그의 아버지가 허락하지 아니하며 이르되 나도 안다 내 아들아 나도 안다 그도 한 족속이 되며 그도 크게 되려니와 그의 아우가 그보다 큰 자가 되고 그의 자손이 여러 민족을 이루리라 하고 그 날에 그들에게 축복하여 이르되 이스라엘이 너로 말미암아 축복하기를 하나님이 네게 에브라임 같고 므낫세 같게 하시리라 하며 에브라임을 므낫세보다 앞세웠더라

요셉은 장자가 복을 많이 받기를 원했기 때문에 아버지에게 오른손을 장자의 머리에 얹어 달라고 말했지만 아버지 야곱은 허락하지 않았습니다. 하나님께서 장자인 므낫세보다 차자인 에브라임에게 복을 더 많이 주기를 원하셨기 때문입니다. 그 하나님의 뜻을 따라서 야곱은 손을 엇바꾸어 얹어서 므낫세보다 에브라임에게 더 많이 축복을 한 것입니다.

야곱은 이스라엘 열두 지파 중에서 요셉의 자손들이 가장 많이 복을 받도록 했습니다. 이후의 이스라엘의 역사를 보면 이스라엘 열두 지파 중에서 에브라임과 므낫세 지파가 크게 흥왕한 것을 알 수 있습니다. 특히 에브라임 지파는 북왕국에서 강력하게 영향력을 행사하는 지파가 됨으로써 이 예언이 그대로 이루어졌습니다.

21, 22절 이스라엘이 요셉에게 또 이르되 나는 죽으나 하나님이 너

> 희와 함께 계시사 너희를 인도하여 너희 조상의 땅으로 돌아가게 하시려니와 내가 네게 네 형제보다 세겜 땅을 더 주었나니 이는 내가 내 칼과 활로 아모리 족속의 손에서 빼앗은 것이니라

요셉과 두 아들에게 축복한 야곱은 요셉에게 "나는 죽으나 하나님이 너희와 함께 계시사 너희를 인도하여 너희 조상의 땅으로 돌아가게 하시려니와"라고 예언했습니다. 그 예언이 이루어진 것은 400여 년이 지난 후였습니다.

또한 야곱은 요셉에게 "내가 네게 네 형제보다 세겜 땅을 더 주었나니"라고 말했습니다. 과연 야곱의 이 예언대로, 가나안 땅을 정복한 후에 에브라임과 므낫세가 독립된 지파로 인정받아 각각 기업을 배정받음으로 결국 요셉은 형들보다 갑절을 받은 셈이 되었습니다.

제 49 장

열두 아들에 대한 야곱의 예언과 죽음

르우벤, 시므온, 레위, 유다에 대한 예언	49:1~12
스불론, 잇사갈, 단, 갓, 아셀, 납달리에 대한 예언	49:13~21
요셉과 베냐민에 대한 예언	49:22~28
야곱의 죽음	49:29~33

임종을 눈 앞에 둔 야곱은 열두 아들을 불러 그들의 앞 일에 대하여 예언했습니다.

야곱의 예언은 성령의 감동을 받아 행해진 것으로써, 앞으로 전개될 열두 아들들의 역사가 하나님의 주권적 섭리 하에서 이루어지는 하나님의 구속 사역임을 보여 줍니다.

아들들에 대한 예언을 모두 마친 야곱은 다시 한 번 자신의 장례 문제에 대해 부탁한 후 평안하게 숨을 거두었습니다. 이 야곱의 죽음으로 이스라엘의 족장 시대로부터 야곱의 아들들을 통한 선민 이스라엘의 활동 시대로 역사의 전환이 이루어지기 시작합니다.

1. 르우벤, 시므온, 레위, 유다에 대한 예언
(49:1~12)

1. 야곱이 그 아들들을 불러 이르되 너희는 모이라 너희가 후일에 당
할 일을 내가 너희에게 이르리라 2. 너희는 모여 들으라 야곱의 아
들들아 너희 아버지 이스라엘에게 들을지어다 3. 르우벤아 너는 내
장자요 내 능력이요 내 기력의 시작이라 위풍이 월등하고 권능이 탁
월하다마는 4. 물의 끓음 같았은즉 너는 탁월하지 못하리니 네가 아
버지의 침상에 올라 더럽혔음이로다 그가 내 침상에 올랐었도다 5.
시므온과 레위는 형제요 그들의 칼은 폭력의 도구로다 6. 내 혼아
그들의 모의에 상관하지 말지어다 내 영광아 그들의 집회에 참여하
지 말지어다 그들이 그들의 분노대로 사람을 죽이고 그들의 혈기대
로 소의 발목 힘줄을 끊었음이로다 7. 그 노여움이 혹독하니 저주를
받을 것이요 분기가 맹렬하니 저주를 받을 것이라 내가 그들을 야곱
중에서 나누며 이스라엘 중에서 흩으리로다 8. 유다야 너는 네 형제
의 찬송이 될지라 네 손이 네 원수의 목을 잡을 것이요 네 아버지의

아들들이 네 앞에 절하리로다 9. 유다는 사자 새끼로다 내 아들아 너
는 움킨 것을 찢고 올라갔도다 그가 엎드리고 웅크림이 수사자 같고
암사자 같으니 누가 그를 범할 수 있으랴 10. 규가 유다를 떠나지 아
니하며 통치자의 지팡이가 그 발 사이에서 떠나지 아니하기를 실로
가 오시기까지 이르리니 그에게 모든 백성이 복종하리로다 11. 그의
나귀를 포도나무에 매며 그의 암나귀 새끼를 아름다운 포도나무에
맬 것이며 또 그 옷을 포도주에 빨며 그의 복장을 포도즙에 빨리로다
12. 그의 눈은 포도주로 인하여 붉겠고 그의 이는 우유로 말미암아
희리로다

1, 2절 야곱이 그 아들들을 불러 이르되 너희는 모이라 너희가 후일에 당할 일을 내가 너희에게 이르리라 너희는 모여 들으라 야곱의 아들들아 너희 아버지 이스라엘에게 들을지어다

야곱은 이 세상을 떠날 때가 가까웠다는 것을 알고 그의 열두 아들들을 불러 모으고 그들의 장래에 대해서 예언했습니다. "너희가 후일에 당할 일을 내가 너희에게 이르리라" 사람은 장래에 어떤 일이 있을지 전혀 알 수 없습니다. 그러나 하나님께서는 알파와 오메가 되시고, 처음과 나중 되시며, 시작과 끝이 되시므로 내일 일을 오늘 일처럼 환하게 알고 계십니다. 그러므로 야곱이 그 아들들을 불러서 "너희가 후일에 당할 일을 내가 너희에게 이르리라"고 한 것은 야곱의 지혜가 아닌 하나님의 성령께서 가르쳐 주시는 대로 예언하겠다는 것입니다.

이것을 오늘날 소위 예언 기도라고 말하는 것입니다. 많은 사람들이 제게 와서 "목사님, 제게 예언 기도를 해주십시오."라고 말합니다. 그러나 예언 기도라는 것은 아무나 손을 얹어서 기도한다고 나오는 것이 아

닙니다. 하나님께서 그 사람에 대해서 감추인 비밀을 보여 주기로 작정하실 때에 예언 기도가 나옵니다. 그러므로 예언의 은사를 받았다고 내세우면서 아무 사람에게나 손을 얹어서 예언 기도하는 사람은 가짜입니다.

예언은 하나님의 특별하신 섭리와 계획이 계셔서 특별한 사람에게 하나님의 작정을 보여주시는 것입니다. 대부분의 경우 하나님께서는 우리가 믿음으로 살기를 원하시지, 예언을 의지하고 사는 것을 원하시지 않습니다. 우리의 눈에는 아무 증거 안 보이고 귀에는 아무 소리 안 들려도 좋으신 하나님을 믿고 오중복음과 삼중축복을 믿고 살아가기를 원하고 계신 것입니다.

1985년도에 불광동에서 제가 고생할 때 있었던 일입니다. 그때는 정말 하나님께서 미래를 말씀해 주시지 않으면 낙심할 정도로 고생을 많이 하던 때였습니다. 천막이 낡아서 비가 자꾸 새지만 바꿀 돈은 없지요, 가마니는 썩어서 냄새가 나지요, 먹을 양식은 없지요, 앞길이 캄캄했습니다. 그렇기 때문에 가마니 위에 엎드려서 기도를 많이 했습니다.

그런데 한 번은 성도들이 한참 찬송을 부르는데 제가 엎드려서 기도하다가 벌떡 일어나 천막 가운데서 두 손을 옆으로 뻗어서 어린아이처럼 핑 하고 한 바퀴 돌았습니다. 그리면서 "네가 비록 지금은 이 찢어진 천막 안에서 가마니 위에 엎드려 있지만, 불원장래에 은빛 날개를 타고 온 지구가 좁다고 날아다니면서 복음을 전할 것이다."라는 예언이 나왔습니다.

저는 그러한 예언을 하면서도 그것이 실제로 이루어질 것이라고는 전혀 믿지 않았습니다. 사흘에 죽 한 그릇 먹기도 힘든 처지에 은빛 날개를 타고 땅끝까지 내 집처럼 드나든다는 것은 생각조차 못할 일이었습니다. 그런데 30년이 지난 오늘날 생각하면, 그때 하나님께서 하신 말씀대로 되었다는 것을 알 수 있습니다.

이와 같이 하나님께서 우리에게 장래에 대해서 말씀해 주시는 것은 우리가 굉장히 어려울 때 낙심하지 않고 일어나서 나아갈 수 있게 하기 위한 것입니다 야곱은 죽기 전에 이스라엘의 족장이요, 선지자로서 성령의 감동을 받아서 하나님의 정하신 뜻을 자식들에게 예언해주었습니다.

3, 4절 르우벤아 너는 내 장자요 내 능력이요 내 기력의 시작이라 위풍이 월등하고 권능이 탁월하다마는 물의 끓음 같았은즉 너는 탁월하지 못하리니 네가 아버지의 침상에 올라 더럽혔음이로다 그가 내 침상에 올랐었도다

르우벤은 야곱의 맏아들이었으므로 장자권은 물론 다른 형제들보다 더 큰 축복을 받을 자격이 있었습니다. 그러나 르우벤은 맏아들의 자격을 잃어버리고 말았습니다. 야곱은 르우벤을 일컬어 '물의 끓음 같았다.' 고 했습니다. 이 말은 바다가 바람이 불어서 격정적으로 파도치고 끓어오르는 것을 뜻합니다. 즉 이 말은 르우벤의 성격이 격정적이어서 스스로 자제할 수 있는 능력이 없다는 것을 시사해 주고 있습니다. 이러한 성격으로 인해 르우벤은 그만 서모 빌하와 간통을 함으로 씻을 수 없는 죄를 짓고 아버지의 마음에 굉장한 상처를 입혔습니다.

하나님께서는 그것을 보고 계셨습니다. 그래서 야곱의 입을 통해서 예언할 때에, 르우벤은 마땅히 맏아들로서 야곱의 능력이요, 기력의 시작이요, 위풍이 월등하고 권능이 탁월해서 온 가정의 모든 영광을 다 얻을

만했지만 버림을 받고 만 것입니다. 그리하여 르우벤의 장자권은 유다에게 돌아가고, 르우벤이 장자로서 받게 될 갑절의 상속분은 요셉의 것이 되었습니다.

여기서 한 가지 분명히 알 것은 우리가 하나님께 범죄하면 그 범죄의 대가를 반드시 지불하게 된다는 것입니다. 용서를 받는 것과 대가를 지불하는 것은 다릅니다. 우리가 하나님께 범죄하고 회개하면 용서는 받지만, 그 대가는 지불해야 합니다. 기둥에 못을 박았다가 뽑으면 그 흔적이 남듯이 우리가 죄를 짓고 하나님께 회개하면 용서는 받지만, 그 대가는 반드시 지불해야 하는 것입니다. 그러므로 르우벤은 장자였지만 죄를 지음으로 말미암아 장자의 자격을 상실해 버리고 만 것입니다.

5-7절 시므온과 레위는 형제요 그들의 칼은 폭력의 도구로다 내 혼아 그들의 모의에 상관하지 말지어다 내 영광아 그들의 집회에 참여하지 말지어다 그들이 그들의 분노대로 사람을 죽이고 그들의 혈기대로 소의 발목 힘줄을 끊었음이로다 그 노여움이 혹독하니 저주를 받을 것이요 분기가 맹렬하니 저주를 받을 것이라 내가 그들을 야곱 중에서 나누며 이스라엘 중에서 흩으리로다

야곱이 밧단아람을 떠나서 가나안 땅으로 돌아왔을 때 세겜 성 앞에서 천막을 치고 얼마 동안 거주한 적이 있었습니다. 그때 야곱의 딸 디나가 세겜 성에 여자들을 구경하러 갔었는데, 그 성의 추장 세겜이 디나를 보고 자기 집으로 강제로 끌고 가서 강간을 범했습니다. 세겜과 그의 아비 하몰이 야곱에게 와서 디나와의 결혼을 허락해 달라고 하자, 야곱의 아들들은 결혼 조건으로 세겜 성의 모든 남자가 할례를 받아야 한다고 했

습니다. 그래서 그들이 할례를 받고 고통을 겪고 있을 때, 디나의 오빠인 시므온과 레위가 칼을 들고 가서 그 성의 남자들을 다 죽이고 세겜도 죽였습니다. 그리고 다른 형제들이 가서 죽인 남자들의 처자를 종으로 잡고 가축과 재물을 모두 약탈했습니다.

하나님께서는 그것을 선하게 여기지 않으셨습니다. 원수 갚는 일은 하나님께서 하시는 일입니다(신 32:35; 롬 12:9; 히 10:30). 그런데 시므온과 레위는 분노하여 극도로 잔인하게 보복을 행했던 것입니다. 하나님께서는 분내고 화내는 것을 좋아하지 않으십니다. 성경은 "분을 내어도 죄를 짓지 말며 해가 지도록 분을 품지 말고"(엡 4:26)라고 기록하고 있습니다. 사람의 성내는 것이 하나님의 의를 이루지 못합니다. 우리가 분을 내고 화를 내어서 행동하면 저주를 초래할 뿐입니다.

하나님께서는 세겜 성 사건에 대한 대가로 시므온과 레위에게 "그 노여움이 혹독하니 저주를 받을 것이요 분기가 맹렬하니 저주를 받을 것이라 내가 그들을 야곱 중에서 나누며 이스라엘 중에서 흩으리로다"라고 예언하셨습니다. 과연 그 예언대로 나중에 가나안 땅에 들어갔을 때 레위 족속은 기업을 얻지 못하고 48개 성읍에 흩어져서 살게 되었으며, 시므온 족속은 약간의 기업을 얻었으나 분열 왕국 시대에 흩어져서 살았습니다.

그러므로 우리는 무슨 일을 할 때에 기도하고 평온한 마음 가운데서 처리하고, 서로 다툴 일이 있어도 대화를 통해서 문제를 해결해야 하겠습니다. 그리고 도저히 용서할 수 없는 일을 한 사람이 있다고 할지라도 우리의 감정대로 보복하지 말고 하나님께 의탁하여야 할 것입니다.

8-12절 유다야 너는 네 형제의 찬송이 될지라 네 손이 네 원수의 목을 잡을 것이요 네 아버지의 아들들이 네 앞에 절하리로다 유다는 사자 새끼로다 내 아들아 너는 움킨 것을 찢고 올라갔도다 그가 엎드리고 웅크림이 수사자 같고 암사자 같으니 누가 그를 범할 수 있으랴 규가 유다를 떠나지 아니하며 통치자의 지팡이가 그 발 사이에서 떠나지 아니하기를 실로가 오시기까지 이르리니 그에게 모든 백성이 복종하리로다 그의 나귀를 포도나무에 매며 그의 암나귀 새끼를 아름다운 포도나무에 맬 것이며 또 그 옷을 포도주에 빨며 그의 복장을 포도즙에 빨리로다 그의 눈은 포도주로 인하여 붉겠고 그의 이는 우유로 말미암아 희리로다

르우벤과 시므온과 레위에게 질책과 저주의 예언이 주어진 데 비해 유다는 축복을 풍성히 받았습니다. 야곱은 넷째 아들 유다에게 "너는 네 형제의 찬송이 될지라"고 했습니다. 유다는 그 이름의 뜻과도 같이 형제들의 찬송이 되는 축복을 받았는데, 과연 그 축복의 예언대로 유다 지파에서는 온 이스라엘의 찬송을 받는 인물들이 배출되었습니다. 그 대표적인 인물로 통일 왕국의 최고 전성기를 이루었던 다윗 왕을 손꼽을 수 있으며, 세계 만민에게 찬송을 받으시는 우리 주 예수 그리스도께서도 유다의 후손이십니다(마 1:3~16).

그리고 유다는 "네 손이 네 원수의 목을 잡을 것"이라는 축복을 받았는데, 이 축복의 예언은 훗날 다윗 왕과 솔로몬 왕 시대에 성취되었습니다.

또한 "네 아버지의 아들들이 네 앞에 절하리로다"라는 예언은 왕국 시대에 유다 지파에서 왕위를 차지함으로 이루어졌으며, "유다는 사자 새

끼로다 내 아들아 너는 움킨 것을 찢고 올라갔도다 그가 엎드리고 웅크림이 수사자 같고 암사자 같으니 누가 그를 범할 수 있으랴" 고 한 야곱의 예언대로 다윗 왕은 계속 정복 사업을 펼쳐 영토를 넓히고 국력을 강화시켰습니다.

"규가 유다를 떠나지 아니하며 통치자의 지팡이가 그 발 사이에서 떠나지 아니하기를 실로가 오시기까지 이르니니 그에게 모든 백성이 복종하리로다" 여기서 "규"는 왕이 손에 드는 지팡이며, "지팡이가 떠나지 아니한다"는 것은 왕권이 지속됨을 말합니다. 그리고 "실로"는 평강의 왕이신 예수 그리스도를 가리키는 말입니다. 그러므로 "실로가 오시기까지 통치자의 지팡이가 그 발 사이를 떠나지 아니한다"는 것은 유다의 통치권이 지속되며 예수님에 의해 통치권이 완성될 것임을 암시합니다.

유다는 영적 축복뿐 아니라 물질적인 축복도 풍성하게 받았습니다. "그의 나귀를 포도나무에 매며 그의 암나귀 새끼를 아름다운 포도나무에 맬 것이며 또 그 옷을 포도주에 빨며 그의 복장을 포도즙에 빨리로다 그의 눈은 포도주로 인하여 붉겠고 그의 이는 우유로 말미암아 희리로다"는 것은 가나안 땅에 다가올 평화와 번영, 그리고 엄청난 물질적 부요를 누릴 것을 예언한 것입니다.

이 예언은 역사적으로는 유다 왕국의 번영과 평화 시대에 대해서, 영적으로는 유다의 후손으로 오실 메시야 시대의 영적 풍요에 대해서 예언한 것입니다. 이처럼 유다는 영혼이 잘됨같이 범사에 잘되며 강건하게 되는 축복을 넘치게 받았습니다.

2. 스불론, 잇사갈, 단, 갓, 아셀, 납달리에 대한 예언(49:13~21)

13. 스불론은 해변에 거주하리니 그 곳은 배 매는 해변이라 그의 경
계가 시돈까지리로다 14. 잇사갈은 양의 우리 사이에 꿇어앉은 건장
한 나귀로다 15. 그는 쉴 곳을 보고 좋게 여기며 토지를 보고 아름답
게 여기고 어깨를 내려 짐을 메고 압제 아래에서 섬기리로다 16. 단
은 이스라엘의 한 지파 같이 그의 백성을 심판하리로다 17. 단은 길
섶의 뱀이요 샛길의 독사로다 말굽을 물어서 그 탄 자를 뒤로 떨어지
게 하리로다 18. 야훼여 나는 주의 구원을 기다리나이다 19. 갓은
군대의 추격을 받으나 도리어 그 뒤를 추격하리로다 20. 아셀에게
서 나는 먹을 것은 기름진 것이라 그가 왕의 수라상을 차리리로다
21. 납달리는 놓인 암사슴이라 아름다운 소리를 발하는도다

13-15절 스불론은 해변에 거주하리니 그 곳은 배 매는 해변이라 그의 경계가 시돈까지리로다 잇사갈은 양의 우리 사이에 꿇어앉은 건장한 나귀로다 그는 쉴 곳을 보고 좋게 여기며 토지를 보고 아름답게 여기고 어깨를 내려 짐을 메고 압제 아래에서 섬기리로다

야곱은 스불론 지파가 "배 매는 해변"에 거할 것이라고 예언했습니다. 이 예언대로 스불론 지파는 가나안 땅 점령 후 지중해와 갈릴리 바다 사

이에 거주하면서 상업과 무역에 종사했습니다.

또한 야곱은 잇사갈을 "양의 우리 사이에 꿇어앉은 건장한 나귀"라고 했습니다. 양의 우리 사이에 앉은 나귀는 건장하고 온순합니다. 그리고 "그는 쉴 곳을 보고 좋게 여기며 토지를 보고 아름답게 여기고 어깨를 내려 짐을 메고 압제 아래에서 섬기리로다"라고 했는데, 이 예언대로 잇사갈 지파는 온순해서 가나안 족속을 쫓아내지 못하고 그곳에 들어가서 압제를 받고 종살이를 하면서 살았습니다.

16-18절 단은 이스라엘의 한 지파 같이 그의 백성을 심판하리로다 단은 길섶의 뱀이요 샛길의 독사로다 말굽을 물어서 그 탄 자를 뒤로 떨어지게 하리로다 야훼여 나는 주의 구원을 기다리나이다

"단은 이스라엘의 한 지파 같이 그의 백성을 심판한다"는 예언은 단 지파에서 삼손 같은 사사가 나올 것이라는 뜻입니다.

또한 단은 길섶의 뱀이요, 샛길의 독사이기 때문에 말굽을 물어서 그 탄 자를 뒤로 떨어지게 할 것이라고 했습니다. 뱀은 귀신을 상징하고 독사는 마귀를 상징합니다. 그러므로 어떤 신학자들은 이 예언은 단 지파가 사탄에게 꾐을 받아 나갈 것을 의미한다고 주장하고, 또 어떤 신학자들은 적그리스도가 단 지파에서 나올 것이라고 말합니다.

유다 지파를 통해서는 세상 만민들을 구원하실 예수님께서 오시고, 단 지파를 통해서는 자신을 그리스도라고 사칭하며 세상 사람들을 미혹할 적그리스도가 나온다고 보기도 합니다. 그러므로 야곱은 단 지파에 대해서 예언하고 난 다음 "야훼여 나는 주의 구원을 기다리나이다"라고 말한

것입니다.

19-21절 갓은 군대의 추격을 받으나 도리어 그 뒤를 추격하리로다 아셀에게서 나는 먹을 것은 기름진 것이라 그가 왕의 수라상을 차리리로다 납달리는 놓인 암사슴이라 아름다운 소리를 발하는도다

야곱은 갓 지파가 용맹할 것이라고 예언했습니다. 갓 지파는 가나안 땅 점령 후 요단 동편에 기업을 얻었습니다. 그렇기 때문에 다른 지파에 비해서 침입을 자주 받았습니다. 때로는 기업을 지키기 위해서 그들이 먼저 공격을 감행하기도 했습니다. 그러나 어떤 경우이든 그들이 승리를 거둠으로써 이 예언은 적중했습니다.

아셀 지파에 대해서는, 아주 기름진 곡식이 많이 나서 왕의 음식을 아셀 지파가 공급하게 될 것이라고 예언했습니다. 가나안 정복 후 아셀 지파가 분배받은 땅은 지중해 해변가 갈멜의 낮은 지대로 땅이 기름지고 물이 풍부해서 밀과 기름 등을 풍성히 수확하는 곳이었는데, 이곳의 식물은 왕궁의 식량으로 조달되었습니다.

납달리에 대해서는, 놓인 암사슴이므로 아름다운 소리를 발한다고 했습니다. 납달리 지파가 마치 사슴처럼 외부의 공격으로부터 자기를 방어한 데 매우 민첩하고 능숙한 자들이 될 것을 예언한 말입니다.

이 예언은 납달리 지파에서 웅변과 노래에 탁월한 재능을 가진 자들이 나올 것이라는 예언이기도 합니다.

3. 요셉과 베냐민에 대한 예언(49:22~28)

22. 요셉은 무성한 가지 곧 샘 곁의 무성한 가지라 그 가지가 담을 넘
었도다 23. 활쏘는 자가 그를 학대하며 적개심을 가지고 그를 쏘았
으나 24. 요셉의 활은 도리어 굳세며 그의 팔은 힘이 있으니 이는 야
곱의 전능자 이스라엘의 반석인 목자의 손을 힘입음이라 25. 네 아
버지의 하나님께로 말미암나니 그가 너를 도우실 것이요 전능자로
말미암나니 그가 네게 복을 주실 것이라 위로 하늘의 복과 아래로 깊
은 샘의 복과 젖먹이는 복과 태의 복이리로다 26. 네 아버지의 축복
이 내 선조의 축복보다 나아서 영원한 산이 한 없음 같이 이 축복이
요셉의 머리로 돌아오며 그 형제 중 뛰어난 자의 정수리로 돌아오리
로다 27. 베냐민은 물어뜯는 이리라 아침에는 빼앗은 것을 먹고 저
녁에는 움킨 것을 나누리로다 28. 이들은 이스라엘의 열두 지파라
이와 같이 그들의 아버지가 그들에게 말하고 그들에게 축복하였으니
곧 그들 각 사람의 분량대로 축복하였더라 22. 요셉은 무성한 가지
곧 샘 곁의 무성한 가지라 그 가지가 담을 넘었도다 23. 활쏘는 자가
그를 학대하며 적개심을 가지고 그를 쏘았으나 24. 요셉의 활은 도
리어 굳세며 그의 팔은 힘이 있으니 이는 야곱의 전능자 이스라엘의
반석인 목자의 손을 힘입음이라 25. 네 아버지의 하나님께로 말미암
나니 그가 너를 도우실 것이요 전능자로 말미암나니 그가 네게 복을
주실 것이라 위로 하늘의 복과 아래로 깊은 샘의 복과 젖먹이는 복과
태의 복이리로다 26. 네 아버지의 축복이 내 선조의 축복보다 나아
서 영원한 산이 한 없음 같이 이 축복이 요셉의 머리로 돌아오며 그
형제 중 뛰어난 자의 정수리로 돌아오리로다 27. 베냐민은 물어뜯는
이리라 아침에는 빼앗은 것을 먹고 저녁에는 움킨 것을 나누리로다

28. 이들은 이스라엘의 열두 지파라 이와 같이 그들의 아버지가 그들에게 말하고 그들에게 축복하였으니 곧 그들 각 사람의 분량대로 축복하였더라

22-24절 요셉은 무성한 가지 곧 샘 곁의 무성한 가지라 그 가지가 담을 넘었도다 활쏘는 자가 그를 학대하며 적개심을 가지고 그를 쏘았으나 요셉의 활은 도리어 굳세며 그의 팔은 힘이 있으니 이는 야곱의 전능자 이스라엘의 반석인 목자의 손을 힘입음이라

요셉은 굉장한 축복을 받았습니다. 하나님께서는 이스라엘을 기근에서 건진 공로자인 요셉에게 큰 복을 주신 것입니다. 요셉은 샘 곁의 무성한 가지인데, 그 가지가 담을 넘었다고 했습니다. 이것은 샘 곁의 가지가 기후 조건과 관계없이 늘 무성한 것같이 요셉 지파가 앞으로 어떤 역경에 직면한다 할지라도 늘 번창하고 풍성한 삶을 누려 가지가 담을 넘듯이 다른 지파에까지 그 혜택을 주게 될 것이라는 예언입니다.

그리고 요셉의 후손들에 대하여 적들이 계속 대항해 올 것이나 도리어 요셉 지파가 전능하신 하나님의 도우심을 받아 그 모든 대적들을 이겨낼 것이라고 예언했습니다.

25, 26절 네 아버지의 하나님께로 말미암나니 그가 너를 도우실 것이요 전능자로 말미암나니 그가 네게 복을 주실 것이라 위로 하늘의 복과 아래로 깊은 샘의 복과 젖먹이는 복과 태의 복이리로다 네 아버지의 축복이 내 선조의 축복보다 나아서 영원

한 산이 한 없음 같이 이 축복이 요셉의 머리로 돌아오며 그 형제 중 뛰어난 자의 정수리로 돌아오리로다

야곱은 일생 동안 하나님의 끊임없는 도움을 받으면서 살아왔습니다. 그런데 이와 같이 야곱과 함께하신 하나님께서 도움의 손길을 요셉의 자손에게 뻗쳐서 위로 하늘의 복과 아래로 깊은 샘의 복과 젖먹이는 복과 태의 복을 주실 것이라고 했습니다. 그 축복은 야곱 자신이 그 아버지 이삭에게 받은 축복보다 훨씬 풍성한 것이며, 영원히 변하지 않고 온전히 이루어질 것이라고 했습니다.

또한 야곱은 요셉의 후손들이 이스라엘 민족 중에서 뛰어날 것이라고 예언했습니다. 하나님께서 요셉의 모든 수고를 아시고 요셉을 통해 그에게 놀라운 창성의 복을 예언해 주신 것입니다. 이 예언대로 요셉의 후손들은 훗날 가나안 땅의 중앙 지대를 기업으로 얻고 풍성한 삶을 누렸습니다.

27절 베냐민은 물어뜯는 이리라 아침에는 빼앗은 것을 먹고 저녁에는 움킨 것을 나누리로다

야곱은 "베냐민은 물어뜯는 이리라 아침에는 빼앗은 것을 먹고 저녁에는 움킨 것을 나누리로다"라고 예언했습니다. 이것은 베냐민 지파의 잔인하고 호전적인 성격을 나타낸 것입니다. 야곱의 예언대로 베냐민 지파의 호전적인 기질은 이스라엘 역사를 통해서 잘 나타나 있으며, 그 대표적 인물로 이스라엘의 초대 왕 사울을 들 수 있습니다.

28절 이들은 이스라엘의 열두 지파라 이와 같이 그들의 아버지가 그

들에게 말하고 그들에게 축복하였으니 곧 그들 각 사람의 분량대로 축복하였더라

이상과 같이 이스라엘의 열두 지파는 그들의 분량대로 아버지 야곱으로부터 축복을 받았습니다. 르우벤은 자기의 서모와 통간했기 때문에 장자의 명분을 빼앗기고 축복을 박탈당했습니다. 시므온과 레위는 원수 갚는 일이 하나님께 있음에도 불구하고 잔인하게 세겜 사람들을 칼로 쳐 죽임으로 보복했기 때문에 저주를 받았습니다. 유다는 하나님을 경외했기 때문에 하나님께서 크게 축복하셔서 그의 후손들을 왕위에 오르게 하시고, 그의 가문을 통해서 메시야를 보내주셨습니다. 그리고 요셉은 하나님을 진실히 섬겼기 때문에 장자의 축복을 받았습니다.

여기서 우리가 알 수 있는 것은 하나님께서는 우리의 행위에 따라서 우리에게 분량대로 복을 주신다는 것입니다. 우리가 하나님의 복을 받으려면, 먼저 우리의 죄와 허물을 회개하고 예수님을 구주로 모시고, 하나님을 중심으로 섬기고 말씀대로 순종하는 삶을 살아야 합니다. 그렇게 할 때 하나님의 복이 우리에게 임합니다.

그래서 들에 가도 복을 받고, 집안에 들어와도 복을 받고, 떡반죽 그릇이 복을 받고, 짐승을 기르면 짐승의 새끼까지 복을 받는 것입니다. 그러나 복을 받을 만한 마음의 그릇은 준비하지 않은 채 이기적으로 복을 구하는 사람은 복을 받을 수 없습니다. 설혹 원하는 대로 성공했다고 해도 그것은 헛된 것이 되고 맙니다.

성경은 "선인은 그 산업을 자자 손손에게 끼쳐도 죄인의 재물은 의인을 위하여 쌓이느니라"(잠 13:22)고 했습니다. 하나님께서는 악인이 평생토록 애써서 모아놓은 재물을 의인들이 쓰도록 처리하시는 것입니다.

하나님을 믿지도 아니하고, 하나님께 불순종하고, 반역하는 생활을 하고, 분노하고 거침돌이 되는 사람에게는 복 대신 화가 임할 뿐입니다.

4. 야곱의 죽음(49:29~33)

29. 그가 그들에게 명하여 이르되 내가 내 조상들에게로 돌아가리니
나를 헷 사람 에브론의 밭에 있는 굴에 우리 선조와 함께 장사하라
30. 이 굴은 가나안 땅 마므레 앞 막벨라 밭에 있는 것이라 아브라함
이 헷 사람 에브론에게서 밭과 함께 사서 그의 매장지를 삼았으므로
31. 아브라함과 그의 아내 사라가 거기 장사되었고 이삭과 그의 아내
리브가도 거기 장사되었으며 나도 레아를 그 곳에 장사하였노라 32.
이 밭과 거기 있는 굴은 헷 사람에게서 산 것이니라 33. 야곱이 아들
에게 명하기를 마치고 그 발을 침상에 모으고 숨을 거두니 그의 백성
에게로 돌아갔더라

29절 그가 그들에게 명하여 이르되 내가 내 조상들에게로 돌아가리니 나를 헷 사람 에브론의 밭에 있는 굴에 우리 선조와 함께 장사하라

야곱은 열두 아들에 대한 예언을 마치고 난 후 자기가 죽거든 조상들이 안장된 선영에 묻어 달라고 다시 한 번 당부했습니다. 사람은 뿌리를

무시하지 못합니다. 누구든지 객지에 가서 살고, 젊을 때 동분서주하며 살아도 나이를 먹기 시작하면 자신의 뿌리인 고향이 그리워지는 것입니다.

저는 외국에 많이 다니면서 이민 1세들이 늘 고향을 생각하고 있는 것을 봅니다. 이민 1세로 간 사람들은 돈을 벌어서 고향으로 돌아가 친구들과 어울려 살아가 고향 땅에 묻히는 것이 소원이라고 합니다. 그러나 이민 2세들은 그렇지 않습니다. 그들에게는 태어나서 자란 그곳이 고향이기 때문입니다.

사람은 뿌리를 잊을 수가 없습니다. 그래서 야곱도 자손들에게 유언할 때 선영에 묻어 달라고 한 것입니다.

30-33절 이 굴은 가나안 땅 마므레 앞 막벨라 밭에 있는 것이라 아브라함이 헷 사람 에브론에게서 밭과 함께 사서 그의 매장지를 삼았으므로 아브라함과 그의 아내 사라가 거기 장사되었고 이삭과 그의 아내 리브가도 거기 장사되었으며 나도 레아를 그 곳에 장사하였노라 이 밭과 거기 있는 굴은 헷 사람에게서 산 것이니라 야곱이 아들에게 명하기를 마치고 그 발을 침상에 모으고 숨을 거두니 그의 백성에게로 돌아갔더라

야곱의 선영은 아브라함이 헷 사람 에브론에게 샀던 가나안 땅 마므레 앞 막벨라 밭에 있는 굴입니다. 이 굴에는 이미 아브라함과 그 아내 사라, 이삭과 그 아내 리브가, 그리고 야곱의 첫 아내인 레아가 장사되어 있었습니다.

야곱은 아들들에게 예언하고 유언까지 마치고 난 다음 평안하게 숨을

거두었습니다. 마치 촛불이 꺼지듯이 야곱은 마지막 순간까지 분명한 의식을 가지고 유언을 한 후 순간적으로 숨을 거둔 것입니다. 야곱은 147년이나 되는 긴 인생을 사는 동안 수없이 험난한 인생의 고비를 넘기며 파란만장한 인생을 보냈지만, 그가 마지막으로 보인 이러한 임종의 모습은 참으로 복된 것이었습니다.

제 50 장

야곱의 장례와 요셉의 죽음

야곱의 장례식	50:1~14
형들을 위로하는 요셉	50:15~21
요셉의 죽음	50:22~26

A COMMENTARY ON THE
GENESIS

요셉과 형제들은 야곱의 유언대로 가나안 땅의 선영에 아버지 야곱을 장사지냈습니다.

요셉의 형들은 장례를 치르고 난 후 과거에 그들이 행했던 잘못(창 37:18~28)에 대해 요셉이 보복할지도 모른다고 생각하고 몹시 두려워했습니다. 그러나 요셉은 오히려 이러한 그들의 태도에 마음 아파하며 너그러운 마음으로 그들을 간곡히 위로했습니다. 이 일을 계기로 요셉과 그의 형제들은 비로소 형제 우애를 완전히 회복하게 되었습니다.

그 후 요셉도 자손들에게 자신의 유골을 가나안으로 가져갈 것을 당부하는 유언을 남기고 임종했습니다. 요셉의 시신은 애굽 땅에 매장되었다가 그의 유언대로 훗날 이스라엘 자손들에 의해 가나안 땅으로 이장되었습니다(수 24:32).

요셉의 죽음으로 아브라함, 이삭, 야곱을 거쳐 요셉에게까지 이어지는 이스라엘의 족장 시대가 막을 내리고, 모세가 출현하여 출애굽 시대가 전개되기까지 약 400년 동안의 긴 침묵기로 들어갑니다.

1. 야곱의 장례식(50:1~14)

1. 요셉이 그의 아버지 얼굴에 구푸려 울며 입맞추고 2. 그 수종 드
는 의원에게 명하여 아버지의 몸을 향으로 처리하게 하매 의원이 이
스라엘에게 그대로 하되 3. 사십 일이 걸렸으니 향으로 처리하는 데
는 이 날수가 걸림이며 애굽 사람들은 칠십 일 동안 그를 위하여 곡
하였더라 4. 곡하는 기한이 지나매 요셉이 바로의 궁에 말하여 이르
되 내가 너희에게 은혜를 입었으면 원하건대 바로의 귀에 아뢰기를
5. 우리 아버지가 나로 맹세하게 하여 이르되 내가 죽거든 가나안 땅
에 내가 파 놓은 묘실에 나를 장사하라 하였나니 나로 올라가서 아버
지를 장사하게 하소서 내가 다시 오리이다 하라 하였더니 6. 바로가
이르되 그가 네게 시킨 맹세대로 올라가서 네 아버지를 장사하라 7.
요셉이 자기 아버지를 장사하러 올라가니 바로의 모든 신하와 바로
궁의 원로들과 애굽 땅의 모든 원로와 8. 요셉의 온 집과 그의 형제
들과 그의 아버지의 집이 그와 함께 올라가고 그들의 어린 아이들과
양 떼와 소 떼만 고센 땅에 남겼으며 9. 병거와 기병이 요셉을 따라
올라가니 그 떼가 심히 컸더라 10. 그들이 요단 강 건너편 아닷 타작

마당에 이르러 거기서 크게 울고 애통하며 요셉이 아버지를 위하여
칠 일 동안 애곡하였더니 11. 그 땅 거민 가나안 백성들이 아닷 마당
의 애통을 보고 이르되 이는 애굽 사람의 큰 애통이라 하였으므로 그
땅 이름을 아벨미스라임이라 하였으니 곧 요단 강 건너편이더라 12.
야곱의 아들들이 아버지가 그들에게 명령한 대로 그를 위해 따라 행
하여 13. 그를 가나안 땅으로 메어다가 마므레 앞 막벨라 밭 굴에 장
사하였으니 이는 아브라함이 헷 족속 에브론에게 밭과 함께 사서 매
장지를 삼은 곳이더라 14. 요셉이 아버지를 장사한 후에 자기 형제
와 호상꾼과 함께 애굽으로 돌아왔더라

1-3절 요셉이 그의 아버지 얼굴에 구푸려 울며 입맞추고 그 수종 드는 의원에게 명하여 아버지의 몸을 향으로 처리하게 하매 의원이 이스라엘에게 그대로 하되 사십 일이 걸렸으니 향으로 처리하는 데는 이 날수가 걸림이며 애굽 사람들은 칠십 일 동안 그를 위하여 곡하였더라

기나긴 야곱의 험난한 일생은 애굽의 고센 땅에서 끝났습니다. 야곱이 유언을 마치고 세상을 뜨자 요셉은 그 얼굴에 입맞추고 통곡했습니다. 그리고 자기의 주치의에게 명해서 야곱의 시신에 향 재료를 넣게 했는데, 그 기간이 40일이나 걸렸습니다. 시신에 향 재료를 넣는다는 것은 미이라를 만들었다는 것입니다.

그 당시 애굽에서는 돈이 있는 사람, 지위나 권세나 명예가 있는 사람이 죽으면 그 시신을 미이라로 만들었는데, 그 과정이 매우 복잡하기 때문에 시일이 많이 걸렸습니다.

야곱의 장례는 70일 동안 치렀습니다. 야곱의 가족들 뿐 아니라 애굽 사람들까지도 야곱의 죽음을 슬퍼하며 70일 동안 곡하였습니다.

4-6절 곡하는 기한이 지나매 요셉이 바로의 궁에 말하여 이르되 내가 너희에게 은혜를 입었으면 원하건대 바로의 귀에 아뢰기를 우리 아버지가 나로 맹세하게 하여 이르되 내가 죽거든 가나안 땅에 내가 파 놓은 묘실에 나를 장사하라 하였나니 나로 올라가서 아버지를 장사하게 하소서 내가 다시 오리이다 하라 하였더니 바로가 이르되 그가 네게 시킨 맹세대로 올라가서 네 아버지를 장사하라

요셉은 바로에게 아버지를 장사하러 갔다 올 수 있도록 말미를 달라고 요청했습니다. 그 당시는 오늘날과 같이 교통 수단이 발달하지 않았던 때였기 때문에 애굽에서 가나안까지 오고 가는 데 상당히 오랜 시간이 걸렸습니다. 그렇게 때문에 국무총리의 직책을 맡고 있는 요셉이 한동안 자리를 비우기 위해서는 바로의 허락이 필요했던 것입니다. 요셉은 아버지가 돌아가시면 그 시신을 애굽 땅에 묻지 않고 가나안 땅 선영에 장사할 것을 아버지에게 맹세했으니 그 맹세를 지키게 해달라고 바로에게 요청했습니다. 그리고 이를 허락해 주면 아버지를 장사하고 나서 애굽으로 돌아오겠다고 했습니다. 이에 바로는 쾌히 승낙해 주었습니다.

요셉은 이제 바로의 허락을 받았으므로 아버지에게 맹세했던 대로 아버지의 유언을 지킬 수 있게 되었습니다. 유언이란 이 세상을 떠나면서 가장 중요한 말을 마지막으로 남기는 것이며, 법적으로도 다른 무엇보다 우선적으로 효력을 발하는 것입니다. 그러므로 유언은 그 자손들이

잘 따릅니다. 불순종하던 사람도 부모의 유언은 귀를 기울여 듣습니다.

주님께서 이 세상을 떠나실 때 우리가 이 세상에서 수행해야 할 지상 명령을 남기셨습니다. 그것은 "또 이르시되 너희는 온 천하에 다니며 만민에게 복음을 전파하라 믿고 세례를 받는 사람은 구원을 얻을 것이요 믿지 않는 사람은 정죄를 받으리라 믿는 자들에게는 이런 표적이 따르리니 곧 그들이 내 이름으로 귀신을 쫓아내며 새 방언을 말하며 뱀을 집어올리며 무슨 독을 마실지라도 해를 받지 아니하며 병든 사람에게 손을 얹은즉 나으리라 하시더라" (막 16:15~18)는 것입니다.

예수님께서 하신 모든 말씀이 다 중요하지만, 특히 예수님께서 이 세상을 떠나시기 전에 마지막 남긴 이 말씀은 우리가 최고의 관심을 가지고 순종해야 할 명령입니다.

첫째로, 우리는 온 천하에 다니며 만민에게 복음을 증거해야 합니다. 국내에서도 전해야 하고 온 세상 만방에 나가서도 전해야 합니다.

둘째로, 우리는 끊임없이 예수 그리스도의 이름으로 귀신들린 자에게서 귀신을 쫓아내야 합니다. 그리하여 우리의 삶의 영역에서 하나님 나라의 능력을 체험해야 할 것입니다.

셋째로, 우리는 새 방언을 말해야 합니다. 방언으로 기도하는 것은 하나님의 성령이 내 영으로 더불어 직접 기도해 주시는 것이므로 깊은 기도를 할 수 있습니다. 그런데 우리는 자신이 하는 방언의 의미를 알지 못하므로 기도할 때 상당한 인내심이 필요합니다. 비록 방언의 의미를 잘 알지 못하지만 하나님의 성령께서 정말 필요한 기도를 해주신다는 것을 믿고 기도하는 것이 방언 기도입니다.

넷째로, 뱀을 집으라고 하셨는데, 뱀은 탐욕을 뜻합니다.

다섯째로, 우리 그리스도인들은 무슨 독을 마실지라도 해를 받지 아니하고, 병든 자에게 손을 얹은즉 나으리라고 했습니다.

예수 그리스도의 이 최후의 명령은 우리가 말세를 살아가는 데 꼭 필요하기 때문에 주신 것입니다. 그러므로 우리는 예수님께서 주신 최후의 말씀에 관심을 가져 열심히 전도하고, 귀신들린 자에게서 귀신을 쫓아내고, 성령 충만하여 방언 기도를 열심히 하고, 탐욕을 내어 버리고, 영육간이 해독이 오더라도 예수님 이름으로 다 떨어 버리고, 병자를 위해 열심히 기도해야 합니다.

7-9절 요셉이 자기 아버지를 장사하러 올라가니 바로의 모든 신하와 바로 궁의 원로들과 애굽 땅의 모든 원로와 요셉의 온 집과 그의 형제들과 그의 아버지의 집이 그와 함께 올라가고 그들의 어린 아이들과 양 떼와 소 떼만 고센 땅에 남겼으며 병거와 기병이 요셉을 따라 올라가니 그 떼가 심히 컸더라

요셉이 아버지를 장사하러 가는 데 바로의 모든 신하와 바로 궁의 장로들과 애굽 땅의 모든 장로가 다 동행했습니다. 이러한 사실은 요셉이 온 백성을 기근에서 구원한 공로로 인해서 바로에게 신임을 받았을 뿐 아니라 모든 백성들의 존경을 한몸에 받고 있었다는 것을 시사해 줍니다.

애굽에 정착해 사는 야곱의 가솔들과 바로의 신하들과 장로들과 그들을 호위하는 군대가 함께하는 야곱의 장례 행렬은 오늘날로 치면 국장(國葬)에 해당하는 것으로서 그 규모가 상당히 크고 거창한 것이었습니다.

10, 11절 그들이 요단 강 건너편 아닷 타작 마당에 이르러 거기서 크게 울고 애통하며 요셉이 아버지를 위하여 칠 일 동안 애곡하였더니 그 땅 거민 가나안 백성들이 아닷 마당의 애통을 보고 이르되 이는 애굽 사람의 큰 애통이라 하였으므로 그 땅 이름을 아벨미스라임이라 하였으니 곧 요단 강 건너편이더라

그들은 상여를 메고 요단 강을 건너 아닷 땅에 가서 그 곳에 시체를 두고 또 이레 동안 애곡했습니다. 그들이 애곡하는 소리가 얼마나 컸던지 가나안 사람들은 아닷 마당에서 애통하는 요셉 일행을 보고 그 땅 이름을 "아벨미스라임" 이로 바꾸어 불렀습니다. "아벨미스라임" 은 '애굽인의 목초지' 라는 뜻인데, 아마도 '애굽인의 애통' 이라는 '에벨미스라임' 을 잘못 표기한 것 같습니다.

12-14절 야곱의 아들들이 아버지가 그들에게 명령한 대로 그를 위해 따라 행하여 그를 가나안 땅으로 메어다가 마므레 앞 막벨라 밭 굴에 장사하였으니 이는 아브라함이 헷 족속 에브론에게 밭과 함께 사서 매장지를 삼은 곳이더라 요셉이 아버지를 장사한 후에 자기 형제와 호상꾼과 함께 애굽으로 돌아왔더라

야곱의 아들들은 아버지의 유언대로 할아버지와 증조할아버지가 장사되어 있는 가나안 땅 마므레 앞 막벨라 밭 선영에 아버지를 장사지냈습니다. 장사를 지낸 후에 요셉은 그의 형제들과 장례에 수행한 모든 호상꾼들과 함께 애굽으로 돌아왔습니다.

2. 형들을 위로하는 요셉(50:15~21)

15. 요셉의 형제들이 그들의 아버지가 죽었음을 보고 말하되 요셉이 혹시 우리를 미워하여 우리가 그에게 행한 모든 악을 다 갚지나 아니할까 하고 16. 요셉에게 말을 전하여 이르되 당신의 아버지가 돌아가시기 전에 명령하여 이르시기를 17. 너희는 이같이 요셉에게 이르라 네 형들이 네게 악을 행하였을지라도 이제 바라건대 그들의 허물과 죄를 용서하라 하셨나니 당신 아버지의 하나님의 종들인 우리 죄를 이제 용서하소서 하매 요셉이 그들이 그에게 하는 말을 들을 때에 울었더라 18. 그의 형들이 또 친히 와서 요셉의 앞에 엎드려 이르되 우리는 당신의 종들이니이다 19. 요셉이 그들에게 이르되 두려워하지 마소서 내가 하나님을 대신하리이까 20. 당신들은 나를 해하려 하였으나 하나님은 그것을 선으로 바꾸사 오늘과 같이 많은 백성의 생명을 구원하게 하시려 하셨나니 21. 당신들은 두려워하지 마소서 내가 당신들과 당신들의 자녀를 기르리이다 하고 그들을 간곡한 말로 위로하였더라

15절 요셉의 형제들이 그들의 아버지가 죽었음을 보고 말하되 요셉이 혹시 우리를 미워하여 우리가 그에게 행한 모든 악을 다 갚지나 아니할까 하고

아버지가 돌아가신 후 요셉의 형들은 큰 두려움을 느꼈습니다. 왜냐하면 아버지가 살아계신 동안에는 요셉이 아버지를 생각해서 자기들에

게 보복하지 않았지만 이제는 아버지의 장례를 모두 끝냈으므로 보복을 할 것이라고 생각했기 때문입니다.

그들은 과거에 요셉이 그들에게 "당신들이 나를 이 곳에 팔았다고 해서 근심하지 마소서 한탄하지 마소서 하나님이 생명을 구원하시려고 나를 당신들보다 먼저 보내셨나이다"(창 45:5)라고 말하면서 용서하고 위로했던 것을 믿지 않고 있었습니다.

요셉이 겨우 열일곱 살밖에 안된 어린 나이에 노예로 팔려 가서 13년간이나 모진 시련을 겪었던 것을 생각할 때 그들의 죄는 도저히 용서받을 수 없는 것처럼 느껴졌습니다. 그러므로 그들은 이제 그 죄의 대가를 치르게 될 것이라고 예상하고 두려움에 떨었던 것입니다.

16, 17절 요셉에게 말을 전하여 이르되 당신의 아버지가 돌아가시기 전에 명령하여 이르시기를 너희는 이같이 요셉에게 이르라 네 형들이 네게 악을 행하였을지라도 이제 바라건대 그들의 허물과 죄를 용서하라 하셨나니 당신 아버지의 하나님의 종들인 우리 죄를 이제 용서하소서 하매 요셉이 그들이 그에게 하는 말을 들을 때에 울었더라

요셉에 대해 죄책감과 두려움을 떨칠 수 없었던 요셉의 형들은 결국 그에게 용서를 구하는 말을 전했습니다. 그들은 아버지가 돌아가시기 전에 "너희는 이같이 요셉에게 이르라 네 형들이 네게 악을 행하였을지라도 이제 바라건대 그들의 허물과 죄를 용서하하 하셨다 하라"고 명령했다고 했습니다.

이와 같이 요셉의 형들의 말이 사실인지 또는 그들이 지어낸 말인지

정확히 알 수는 없지만, 그들의 말에는 아직도 요셉의 용서와 호의를 의심하고 그의 보복을 두려워한다는 것과, 요셉에게 진정으로 용서받기를 원하고 있다는 것이 명백히 나타나 있습니다.

요셉은 아버지가 형들을 용서하라고 명했다는 말을 전해 듣고 울었습니다. 요셉은 형들이 지금까지도 죄책감과 보복에 대한 두려움 가운데서 살고 있었다는 것을 깨닫고 형들이 불쌍해서 울었던 것입니다.

죄를 짓고 나면 세월이 아무리 흘러가도 그 죄 때문에 고통을 당하게 되는 것입니다. 요셉의 형들은 수십 년 전에 요셉을 종으로 팔았던 죄로 인해 고통을 당했습니다. 이와 같이 남에게 죄 짓고 상처를 입히면 그 당시에는 고통이 없을지 몰라도 훗날 그 대가를 받게 됩니다.

성경은 사람이 무엇으로 심든지 그대로 거둔다고 기록하고 있습니다(갈 6:7). 우리가 선을 행하면 하나님께서 복으로 갚아 주시고, 우리가 악을 행하면 그 악의 대가가 반드시 돌아오는 것입니다. 당대에 돌아오지 않으면 자손 대에라도 돌아오는 것입니다.

하나님께서는 선을 행하는 사람에게는 천 대까지 복을 내리고, 악을 행하는 사람에게는 그 후손 3, 4대까지 보응한다고 하셨습니다(출 34:7). 그러므로 우리가 사는 동안에 할 수만 있으면 선을 행하고 덕을 세워 놓아야지 원한을 사고 악을 행해서는 안될 것입니다.

18, 19절 그의 형들이 또 친히 와서 요셉의 앞에 엎드려 이르되 우리는 당신의 종들이니이다 요셉이 그들에게 이르되 두려워하지 마소서 내가 하나님을 대신하리이까

"그의 형들이 또 친히 와서 요셉의 앞에 엎드려 이르되" 요셉의 형들

은 요셉에게 아버지의 말을 전한 것만으로는 마음을 놓을 수 없었습니다. 그래서 그들은 요셉을 찾아와서 그 앞에 무릎을 꿇고 엎드려 용서를 구했습니다. 요셉에 열일곱 살에 꾸었던 꿈이 다시 한 번 이루어진 것입니다. 요셉은 엎드린 채로 용서를 구하는 형들에게 자기가 하나님을 대신할 수 없다며 위로했습니다.

요셉의 신앙의 위대한 점은 자기에게 일어난 모든 것을 인간의 일이라고 생각하지 않고 하나님께서 허락해서 일어났다고 믿은 것입니다. 이러한 신앙은 우리 그리스도인들에게 꼭 필요한 것입니다. 내가 마음을 다하고 뜻을 다하고 정성을 다하여 하나님을 사랑하고 믿으면 하나님께서 나의 목자가 되어 주셔서 나를 기르시는 것입니다.

예수님께서 "참새 다섯 마리가 두 앗사리온에 팔리는 것이 아니냐 그러나 하나님 앞에는 그 하나도 잊어버리시는 바 되지 아니하는도다 너희에게는 심지어 머리털까지도 다 세신 바 되었나니 두려워하지 말라 너희는 많은 참새보다 더 귀하니라"(눅 12:6,7)고 말씀하셨습니다.

하나님의 허락 없이는 아무 것도 이루어지지 않습니다. 그러므로 우리는 하나님께 모든 것을 전적으로 맡기고 모든 일이 다 하나님의 허락 가운데 이루어지는 것을 믿어야 합니다.

예수님을 믿는 사람은 이 세상에 일어나는 일들이 우연히 일어난다고 생각하면 안 됩니다. 이 세상에서 일어나는 모든 일들은 하나님의 뜻을 이루기 위해서 일어나는 것이므로, 어떤 일이 생기면 언제나 우리는 기도하고 이 일이 왜 일어났는지를 알아보아야 합니다.

우리는 하나님께서 특별히 우리에게 계시해 주시는 것이 없어도 그 일을 하나님께서 해결해 주실 것을 믿고 감사해야 합니다. 좋은 일은 좋아서 감사하고, 나쁜 일은 하나님께서 좋게 만들어 주실 것을 믿고 감사해야 하는 것입니다.

요셉은 애굽의 종으로 팔려가서 비참한 생활을 했습니다. 그러나 결국은 하나님께서 모든 것이 합력하여 선을 이루게 하심으로 애굽의 국무총리가 되었습니다. 요셉이 보디발의 집에 종이 되어 보디발의 아내에게 무고히 모함을 받고 시위대 감방에 갇혔던 것은 참으로 불행한 일이었습니다. 그러나 세월이 지나고 보니 그 모든 시련이 영광으로 가는 길이었습니다.

그러므로 시련과 고난이 닥쳐와도 지나고 보면 불평할 것이 하나도 없는 것입니다. 사람들은 하나님의 깊은 뜻과 오묘한 섭리를 모르기 때문에 시련과 고난이 다가오면 원망, 불평하지만 훗날 돌아보면 감사할 일밖에 없는 것입니다. 우리가 요셉의 생애를 통해서 본 것처럼 인간의 눈으로 모든 것을 판단하지 말고 하나님께 맡겨 놓으면 먼 훗날에 돌이켜 볼 때 현실적으로 불행했던 모든 것이 장차 영광으로 들어가는 길이 됩니다.

20절 당신들은 나를 해하려 하였으나 하나님은 그것을 선으로 바꾸사 오늘과 같이 많은 백성의 생명을 구원하게 하시려 하셨나니

"당신들은 나를 해하려 하였으나 하나님은 그것을 선으로 바꾸사" 요셉의 형들은 요셉을 해하려고 했으나, 하나님께서 목자가 되어 보호해 주시고 그것을 선으로 바꾸셨습니다. 마귀가 사람들을 이용하여 우리 그리스도인들을 해치려고 악을 행하여도 전능하신 하나님께서는 그것까지도 합력하여 선을 이루게 하십니다(롬 8:28).

마귀가 유대인들을 충동해서 예수님을 십자가에 못박았지만 하나님께서는 그것을 통해서 인류를 구원하는 길을 열어 놓으셨습니다. 하나님의 피조물에 불과한 마귀는 하나님을 대적하고 악한 일을 꾀하지만 하나님의 상대가 될 수 없습니다. 궁극적인 승리는 오직 하나님께 있는 것입니다. 그러므로 우리 그리스도인들은 현재 아무리 어렵고 힘든 시련과 환난 가운데 있을지라도 하나님께서 선으로 바꾸어 주실 것을 믿고 하나님을 찬미해야 합니다.

요셉은 그러한 신앙의 소유자였습니다. 그렇게 때문에 요셉은 형들에 의해 팔려 가서 종살이하고 감옥살이 하면서도 마음속에 원한을 품지 않았습니다. 요셉은 하나님께서 자신을 인격적으로 준비된 사람으로 만들기 위해서 시련을 겪게 하셨다는 것을 깨달았기 때문에 형들을 원망하지 않았던 것입니다.

21절 당신들은 두려워하지 마소서 내가 당신들과 당신들의 자녀를 기르리이다 하고 그들을 간곡한 말로 위로하였더라

더 나아가 요셉은 형들에게 두려워하지 말라고 간곡한 말로 위로하고, 그들과 그들의 자손들까지도 키우겠다고 확증했습니다. 자신의 목숨을 해치려던 사람을 진정으로 용서하고 사랑한다는 것은 매우 어려운 일입니다. 진정한 용서와 사랑은 그것을 받아 누려본 사람만이 할 수 있습니다.

그런데 이러한 경험은 예수 그리스도를 믿을 때 비로소 체험할 수 있는 것입니다. 예수님의 십자가 공로를 통해 우리는 모든 죄를 용서받고 무한한 하나님의 사랑을 받는 하나님의 자녀가 되었습니다.

요셉은 하나님과 함께하며 하나님의 사랑을 체험했으므로, 자기를 해치려고 했던 형들을 용서하고 위로할 수 있는 것입니다.

성경은 "내 사랑하는 자들아 너희가 친히 원수를 갚지 말고 하나님의 진노하심에 맡기라 기록되었으되 원수 갚는 것이 내게 있으니 내가 갚으리라고 주께서 말씀하시니라 네 원수가 주리거든 먹이고 목마르거든 마시게 하라 그리함으로 네가 숯불을 그 머리에 쌓아 놓으리라"(롬 12:19,20)고 기록하고 있습니다.

또한 예수님께서는 "그러나 너희 듣는 자에게 내가 이르노니 너희 원수를 사랑하며 너희를 미워하는 자를 선대하며 너희를 저주하는 자를 위하여 축복하며 너희를 모욕하는 자를 위하여 기도하라"(눅 6:27,28)고 말씀하셨습니다. 그러므로 우리는 때때로 억울한 일을 당하는 경우가 있더라도 하나님께 모든 것을 맡기고 우리를 대적하는 상대방을 용서하고 사랑하여 그들을 위해 기도해 주고 선을 베풀어야 할 것입니다.

3. 요셉의 죽음(50:22~26)

22. 요셉이 그의 아버지의 가족과 함께 애굽에 거주하여 백십 세를 살며 23. 에브라임의 자손 삼대를 보았으며 므낫세의 아들 마길의 아들들도 요셉의 슬하에서 양육되었더라 24. 요셉이 그의 형제들에게 이르되 나는 죽을 것이나 하나님이 당신들을 돌보시고 당신들을

이 땅에서 인도하여 내사 아브라함과 이삭과 야곱에게 맹세하신 땅에 이르게 하시리라 하고 25. 요셉이 또 이스라엘 자손에게 맹세시켜 이르기를 하나님이 반드시 당신들을 돌보시리니 당신들은 여기서 내 해골을 메고 올라가겠다 하라 하였더라 26. 요셉이 백십 세에 죽으매 그들이 그의 몸에 향 재료를 넣고 애굽에서 입관하였더라

22-24절 요셉이 그의 아버지의 가족과 함께 애굽에 거주하여 백십 세를 살며 에브라임의 자손 삼대를 보았으며 므낫세의 아들 마길의 아들들도 요셉의 슬하에서 양육되었더라 요셉이 그의 형제들에게 이르되 나는 죽을 것이나 하나님이 당신들을 돌보시고 당신들을 이 땅에서 인도하여 내사 아브라함과 이삭과 야곱에게 맹세하신 땅에 이르게 하시리라 하고

요셉은 자손 3대까지 보면서 장수했습니다. 그리고 향년 일백십 세에 이 세상에서의 그의 생을 마쳤습니다.

요셉은 비록 자신의 당대에는 이루어지지 않았지만, 이스라엘 백성들이 언젠가는 반드시 아브라함과 이삭과 야곱에게 약속한 젖과 꿀이 흐르는 가나안 땅으로 돌아갈 것이라고 믿었습니다. 그래서 요셉은 그 형제들에게 "나는 죽으나 하나님이 당신들을 돌보시고 당신들을 이 땅에서 인도하여 내사 아브라함과 이삭과 야곱에게 맹세하신 땅에 이르게 하시리라" 고 유언했습니다.

25, 26절 요셉이 또 이스라엘 자손에게 맹세시켜 이르기를 하나님이 반드시 당신들을 돌보시리니 당신들은 여기서 내 해골을

메고 올라가겠다 하라 하였더라 요셉이 백십 세에 죽으매 그들이 그의 몸에 향 재료를 넣고 애굽에서 입관하였더라

요셉은 후손들에게 그들이 가나안으로 갈 때 자기의 해골을 가지고 갈 것을 맹세시켰습니다. 요셉이 확고한 믿음을 갖고 마지막으로 당부했던 이 유언은 그 후 약 400년이 지나서 모세의 인도로 이스라엘 자손들이 출애굽할 때 모세가 요셉의 해골을 가지고 감으로 이행되었습니다(출 13:19). 요셉의 유골은 이스라엘 자손들이 가나안 땅을 점령하고 땅을 분배받은 후 가나안 땅 세겜에 장사되었습니다(수 24:32).

이와 같이 창세기는 창조와 인류의 타락과 그 이후의 사건들, 그리고 족장들의 이야기에서 요셉의 죽음을 끝으로 그 대단원의 막을 내리고 있습니다. 그러나 타락한 아담에게 주신 최초의 구원 약속(창 3:15)은 여기서 끝나지 않고 하나님의 택한 백성을 통하여 계속 이어지게 됩니다. 요셉이 죽은 후 세월이 지나면서 애굽에서는 요셉을 알지 못하는 새로운 왕들이 즉위하여 통치하게 되었습니다. 그들은 엄청나게 번성하는 이스라엘을 두려워하여 급기야 이스라엘 자손들을 핍박하지 시작했습니다.

애굽의 혹독한 핍박은 날이 갈수록 극심해지고 이에 견딜 수 없는 이스라엘 자손들의 부르짖음이 하늘에 닿았습니다. 마침내 하나님의 작정하신 기한이 되자, 하나님께서 모세를 지도사로 세우심으로 이스라엘의 출애굽 대장정이 펼쳐지게 됩니다.

A COMMENTARY
ON THE GENESIS

조용기 목사 구약성경강해